DINHEIRO

FELIX MARTIN

Dinheiro
*Uma biografia não autorizada —
Da cunhagem à criptomoeda*

TRADUÇÃO
André Fontenelle

Copyright © 2013 by Failu Ltd.
Venda permitida apenas em território nacional.

A Portfolio-Penguin é uma divisão da Editora Schwarcz S.A.

PORTFOLIO and the pictorial representation of the javelin thrower are trademarks of Penguin Group (USA) Inc. and are used under license. PENGUIN is a trademark of Penguin Books Limited and is used under license.

Grafia atualizada segundo o Acordo Ortográfico da Língua Portuguesa de 1990, que entrou em vigor no Brasil em 2009.

TÍTULO ORIGINAL Money: The Unauthorised Biography — From Coinage to Cryptocurrencies
CAPA Evan Gaffney
PROJETO GRÁFICO Tamires Cordeiro
PREPARAÇÃO Mariana Delfini
ÍNDICE REMISSIVO Probo Poletti
REVISÃO Ana Maria Barbosa e Valquíria Della Pozza

Dados Internacionais de Catalogação na Publicação (CIP)
(Câmara Brasileira do Livro, SP, Brasil)

Martin, Felix
  Dinheiro : Uma biografia não autorizada : Da cunhagem à criptomoeda / Felix Martin ; tradução André Fontenelle. — 1ª ed. — São Paulo : Portfolio-Penguin, 2016.

  Título original : Money : The Unauthorised Biography : From Coinage to Cryptocurrencies.
  ISBN 978-85-8285-030-5

  1. Dinheiro – História I. Título.

16-04053   CDD-332.49

Índice para catálogo sistemático:
1. Dinheiro : História 332.49

[2016]
Todos os direitos desta edição reservados à
EDITORA SCHWARCZ S.A.
Rua Bandeira Paulista, 702, cj. 32
04532-002 — São Paulo — SP
Telefone: (11) 3707-3500
Fax: (11) 3707-3501
www.portfolio-penguin.com.br
atendimentoaoleitor@portfolio-penguin.com.br

Para Kristina

SUMÁRIO

1. O que é o dinheiro? 9
2. A medida do dinheiro 43
3. A invenção do valor econômico pelos egeus 65
4. Soberania financeira e insurreição monetária 83
5. O nascimento dos juros 101
6. A história natural da lula-vampira-do-inferno 119
7. O grande acordo monetário 135
8. As consequências econômicas do sr. Locke 151
9. O dinheiro através do espelho 169
10. As estratégias dos céticos 185
11. Soluções estruturais 203
12. *Hamlet* sem o príncipe: como a economia se esqueceu do dinheiro... 227
13. ... e por que isso é um problema 251
14. Como transformar gafanhotos em abelhas 273
15. As medidas mais ousadas são as mais seguras 297
16. Levando o dinheiro a sério 315

Agradecimentos 335
Notas 337
Referências bibliográficas 367
Créditos das imagens 381
Índice remissivo 383

CAPÍTULO 1

O que é o dinheiro?

Qualquer pessoa, menos um economista, sabe o que quer dizer "dinheiro", e até mesmo um economista é capaz de descrevê-lo ao longo de um capítulo ou mais.
A. H. QUIGGING, *A SURVEY OF PRIMITIVE MONEY: THE BEGINNINGS OF CURRENCY* [UMA PESQUISA SOBRE O DINHEIRO PRIMITIVO: O COMEÇO DA MOEDA], P. 1.

A ilha do dinheiro de pedra

A ilha de Yap, no oceano Pacífico, era, no início do século XX, um dos lugares mais remotos e inacessíveis da Terra. Paraíso idílico e subtropical, aninhado em um minúsculo arquipélago nove graus ao norte da linha do Equador e a mais de trezentos quilômetros de Palau, o vizinho mais próximo, Yap permaneceu quase ignorada pelo mundo para além da Micronésia até as últimas décadas do século XIX. É verdade que um breve momento de contato ocidental se deu em 1731, quando um grupo de intrépidos missionários católicos estabeleceu uma pequena base na ilha. No ano seguinte, porém, quando o navio que os abastecia voltou, descobriu-se que as ilhas de Yap, com seu clima ameno e palmeiras por toda parte, não se mostraram férteis para a pregação cristã. A missão inteira fora massacrada vários meses antes por feiticeiros locais, incomodados com a concorrência que a boa-nova representava. Yap foi abandonada à própria sorte pelos 140 anos seguintes.

Apenas em 1869 o primeiro entreposto comercial europeu — gerido pela empresa mercante alemã Godeffroy & Sons — foi criado no arquipélago de Yap. Passados alguns anos, tendo Godeffroy não apenas evitado a execução sumária mas até prosperado, a existência de Yap chamou a atenção dos espanhóis, que, por conta de seus territórios coloniais nas Filipinas — a meros mil quilômetros a oeste dali —, se consideraram senhores naturais daquela parte da Micronésia. A Espanha reivindicou as ilhas e pensou que sua posse fosse fato consumado quando, no verão de 1885, ali erigiu uma casa e instalou um governador. Não contava, porém, com a tenacidade da Alemanha de Bismarck em questões de política externa. Nenhuma ilha era pequena o bastante, ou remota o bastante, para não merecer a atenção do ministro das Relações Exteriores do império, se isso representasse uma adição potencial ao poderio alemão. A propriedade de Yap tornou-se objeto de uma disputa internacional. Por fim, a questão foi remetida — um tanto ironicamente, se considerarmos o histórico — à arbitragem do papa, que concedeu o controle político à Espanha, mas plenos direitos comerciais à Alemanha. O Chanceler de Ferro riu por último, contudo. Uma década e meia depois, a Espanha perdeu uma guerra danosa contra os Estados Unidos pelo controle das Filipinas, acabando com suas ambições no Pacífico. Em 1899, a Espanha vendeu Yap à Alemanha pelo total de 3,3 milhões de dólares.

A anexação de Yap pelo Império Alemão trouxe um grande benefício: chamou a atenção mundial para um dos sistemas monetários mais interessantes e incomuns da história. Mais especificamente, mostrou-se o catalisador da visita de um aventureiro norte-americano excêntrico e brilhante, William Henry Furness III. Herdeiro de uma família influente da Nova Inglaterra, Furness fez residência médica antes de se converter à antropologia e adquirir fama com um relato de suas viagens a Bornéu. Em 1903, fez uma visita de dois meses a Yap e, alguns anos depois, publicou um amplo estudo sobre sua composição social e física.[1] De cara, ficou impressionado ao ver o quanto Yap era mais remota e intocada que Bornéu. Apesar de ser uma ilha minúscula, com apenas alguns milhares de habitantes — "que pode ser percorrida em toda a sua largura e comprimento em um dia de caminhada", como descreveu —, Yap revelou possuir uma sociedade notavelmente complexa. Havia um sistema de castas, com uma tribo de escravos e sociedades fechadas representadas por fraternidades de pesca e de luta. Havia uma tradição riquíssima de dança e música, que Furness registrou para a posteridade com gosto especial. Havia uma religião nativa vibrante — como os missionários descobriram às próprias custas —, com direito a um intrincado mito da criação do mundo, que atribuía a origem dos yapeses a uma craca gigante presa num tronco à deriva. Mas sem sombra de dúvida a coisa mais extraordinária que Furness descobriu em Yap foi o sistema monetário.

Seria difícil qualificar como desenvolvida a economia de Yap, tal como se encontrava. O mercado compreendia meros três produtos — peixe, cocos e o único luxo de Yap, pepinos-do-mar. Não havia nenhuma outra mercadoria de troca digna de menção, nenhuma agricultura, artesanato escasso; os únicos animais domesticados eram porcos e, desde a chegada dos alemães, alguns gatos; e pouco contato ou comércio com forasteiros havia ocorrido. Impossível encontrar uma economia mais simples e isolada. Devido a essas condições antediluvianas, Furness não esperava encontrar nada mais sofisticado que o mero escambo. Realmente, como ele anotou, "em uma terra em que a comida, a bebida e as roupas prêt-à-porter dão em árvores e só precisam ser colhidas", não seria impossível que até o escambo propriamente dito representasse uma sofisticação supérflua.[2]

O oposto revelou-se verdadeiro. Yap tinha um sistema altamente desenvolvido de dinheiro. Impossível que passasse despercebido a Furness assim que ele pôs os pés na ilha, porque a cunhagem era extremamente incomum. Consistia em *fei* — "rodas de pedra grandes, sólidas e espessas, cujo diâmetro vai de trinta centímetros a quatro metros, tendo ao centro um buraco cuja dimensão varia conforme o diâmetro da pedra, dentro do qual se pode inserir uma trave, comprida e forte o suficiente para suportar seu peso e facilitar seu transporte".[3] Esse dinheiro de pedra vinha originalmente das pedreiras de Babelthuap, uma ilha a cerca de quinhentos quilômetros, em Palau, e havia sido levado para Yap em sua maior parte muito tempo antes, segundo se dizia. O valor das moedas dependia, sobretudo, de seu tamanho, mas também da fineza da granulação e da brancura da pedra calcária.

A moeda de pedra de Yap, fotografada por William Henry Furness III em 1903, com pessoas e palmeiras indicando a escala.

De início, Furness achou que essa forma esquisita de moeda poderia ter sido escolhida por causa de sua extraordinária importabilidade, e não apesar dela: "Quando são necessários quatro homens fortes para roubar o valor de um porco, ser assaltante pode mostrar-se apenas uma ocupação um tanto desmotivante", conjecturou. "Como é de esperar, quase não se tem notícia de roubos de *fei*."[4] Mas, à medida que o tempo passou, ele observou que o transporte físico de *fei* de uma casa para outra era, na verdade, raro. Diversas transações ocorriam — mas as dívidas assumidas, em geral, simplesmente se anulavam umas às outras, com qualquer dívida pendente sendo levada adiante na expectativa de alguma troca futura. Até quando se considerava que alguma conta em aberto devia ser acertada, era pouco comum que se trocasse *fei* fisicamente. "A característica notável dessa moeda de pedra", escreveu Furness, é que seu proprietário não precisa reduzi-la a uma posse. Depois de concluir uma negociação cujo valor é elevado demais para que um *fei* seja transportado de forma conveniente, seu novo proprietário se contenta em aceitar o mero reconhecimento da propriedade, e, sem uma marca sequer que indique o escambo, a moeda permanece sem ser incomodada nas instalações de seu proprietário anterior.[5]

Quando Furness exprimiu seu espanto em relação a esse aspecto do sistema monetário de Yap, seu guia lhe contou uma história ainda mais surpreendente:

> Havia no vilarejo vizinho uma família cuja riqueza não era questionada — por todos reconhecida — e no entanto ninguém, nem mesmo a própria família, jamais pusera as mãos nessa riqueza; ela consistia num enorme *fei*, cujo tamanho só era sabido por tradição; fazia duas ou três gerações que ele jazia, e assim permanecia, no fundo do mar![6]

Aquele *fei*, descobriu-se depois, estava num navio que naufragara numa tempestade, muitos anos antes, vindo de Babelthuap. No entanto,

> era universalmente reconhecido [...] que o simples acaso de sua perda no mar era trivial demais para ser mencionado, e que algumas centenas de metros de água em alto-mar não afetavam seu valor de mercado [...]. O poder de compra daquela pedra permanece, portanto, tão válido quanto se estivesse encostado na parede da casa do proprietário, e representa riqueza potencial tanto quanto o ouro escondido por um avarento na Idade Média, ou como nossos dólares de prata guardados no Tesouro em Washington, que nunca vemos ou tocamos, mas com os quais fazemos negócios por força de um certificado impresso atestando que lá se encontram.[7]

Quando o excêntrico relato de viagem de Furness foi publicado, em 1910, era pouco provável que chamasse atenção entre os economistas. Mas um exemplar acabou por chegar às mãos dos editores do *Economic Journal*, da Royal Economic Society, que encarregaram para resenhá-lo um jovem economista de Cambridge, recém-cedido ao Tesouro britânico em missão de guerra: um certo John Maynard Keynes. O homem que, nas duas décadas seguintes, revolucionaria a compreensão do dinheiro e das finanças mundiais ficou atônito. O livro de Furness, escreveu ele, "nos colocou em contato com um povo cujas ideias a respeito da moeda são, provavelmente, mais filosóficas que as de qualquer outro país. A prática moderna em relação às reservas de ouro tem muito a aprender das práticas mais lógicas da ilha de Yap".[8] A razão pela qual o maior economista do século XX acreditava que o sistema monetário de Yap comportava lições tão importantes e universais é o tema deste livro.

Mentes extraordinárias pensam igual

O que é o dinheiro e de onde ele vem?

    Alguns anos atrás, em um bar, fiz essas duas perguntas a um velho amigo — um empresário bem-sucedido com um negócio próspero no setor de serviços financeiros. Ele respondeu com uma história conhecida. Nos tempos primitivos, não havia dinheiro — apenas escambo. Quando alguém precisava de algo que não podia produzir por conta própria, tinha de encontrar alguém que possuísse aquela coisa e que estivesse disposto a trocá-la por aquilo que você produzisse. Naturalmente, o problema com esse sistema de escambo é que era muito ineficiente. Você tinha de encontrar outra pessoa que tivesse exatamente aquilo que você queria, e que por sua vez quisesse exatamente o que você tinha — mais do que isso, ambos exatamente ao mesmo tempo. Por isso, em algum momento, surgiu a ideia de escolher uma coisa que servisse como "meio de troca". Essa coisa podia, em princípio, ser qualquer coisa — desde que, por consenso geral, fosse aceita como pagamento universalmente. Na prática, porém, o ouro e a prata sempre foram as opções mais comuns, porque são duráveis, maleáveis, portáteis e raros. Em todo caso, o que quer que fosse, essa coisa passou a ser desejada, daquele momento em diante, não apenas por seu valor intrínseco, mas porque podia ser usada para comprar outras coisas e para armazenar riqueza para o futuro. Essa coisa, em suma, era o dinheiro — e é daí que vem o dinheiro.

É uma história simples e poderosa. E, como expliquei a meu amigo, é uma teoria da natureza e das origens do dinheiro com um pedigree muito antigo e distinto. Uma versão dela pode ser encontrada na *Política* de Aristóteles, a mais antiga discussão sobre o assunto em todo o cânone ocidental.[9] É também a teoria formulada por John Locke, o pai do liberalismo político clássico, em seu *Segundo tratado sobre o governo civil*.[10] Para completar, é a mesma teoria — quase literalmente — defendida por ninguém menos que Adam Smith, no capítulo "A origem e o uso do dinheiro" do texto fundador da economia moderna, *Uma investigação sobre a natureza e as causas da riqueza das nações*:

> Quando a divisão do trabalho estava apenas em seu início, este poder de troca deve ter deparado frequentemente com grandes empecilhos. [...] O açougueiro tem consigo mais carne do que a porção de que precisa para seu consumo, e o cervejeiro e o padeiro estariam dispostos a comprar uma parte do produto. Entretanto, não têm nada a oferecer em troca, a não ser os produtos diferentes de seu trabalho ou de suas transações comerciais, e o açougueiro já tem o pão e a cerveja de que precisa para seu consumo. [...] A fim de evitar o inconveniente de tais situações, toda pessoa prudente, em qualquer sociedade e em qualquer período da história, depois de adotar pela primeira vez a divisão do trabalho, deve naturalmente ter se empenhado em conduzir seus negócios de tal forma que a cada momento tivesse consigo, além dos produtos diretos de seu próprio trabalho, certa quantidade de alguma outra mercadoria — mercadoria tal que, em seu entender, poucas pessoas recusariam receber em troca do produto de seus próprios trabalhos.[11]

Smith compartilhava até o agnosticismo do meu amigo em relação à mercadoria que deveria ser escolhida para servir de dinheiro:

> Provavelmente, muitas foram as mercadorias sucessivas a ser cogitadas e também utilizadas para esse fim. Nas épocas de sociedade primiti-

va, afirma-se que o instrumento generalizado para trocas comerciais foi o gado. [...] Na Abissínia, afirma-se que o instrumento comum para comércio e trocas era o sal; em algumas regiões da costa da Índia, o instrumento era um determinado tipo de conchas; na Terra Nova era o bacalhau seco; na Virgínia, o fumo; em algumas das nossas colônias das Índias Ocidentais, o açúcar; em alguns outros países, peles ou couros preparados; ainda hoje — segundo fui informado — existe na Escócia uma aldeia em que não é raro um trabalhador levar pregos em vez de dinheiro quando vai ao padeiro ou à cervejaria.[12]

E, como meu amigo, Smith também acreditava que ouro, prata e outros metais eram, em geral, as escolhas mais naturais:

Entretanto, ao que parece, em todos os países as pessoas acabaram sendo levadas por motivos irresistíveis a atribuir essa função de instrumento de troca preferivelmente aos metais, acima de qualquer outra mercadoria. Os metais apresentam a vantagem de poder ser conservados, sem perder valor, com a mesma facilidade que qualquer outra mercadoria, por ser difícil encontrar outra que seja menos perecível; não somente isso, mas podem ser divididos, sem perda alguma, em qualquer número de partes, já que eventuais fragmentos perdidos podem ser novamente recuperados pela fusão — uma característica que nenhuma outra mercadoria de durabilidade igual possui, e que, mais do que qualquer outra, torna os metais aptos como instrumentos para o comércio e a circulação.[13]

Eu disse, então, ao meu amigo que ele estava de parabéns. Sem ter formação em economia, tinha chegado à mesma teoria do grande Adam Smith. Mas não parava por aí, expliquei a ele. Tal teoria sobre a origem e a natureza do dinheiro é mais que uma simples curiosidade histórica, como o modelo astronômico geocêntrico de Ptolomeu — um conjunto de hipóteses obsoletas, superadas há muito por teorias mais modernas. Pelo contrário, ela pode ser encontrada, hoje, em quase todos os livros canônicos de economia.[14] Mais do que isso, nos últimos sessenta anos suas ideias fundamentais representaram o pilar de um extenso corpus de estudos detalhados a respeito de questões monetárias, tanto teóricos quanto empíricos. Com base em seus pressupostos, os economistas formularam sofisticados modelos matemáticos — a fim de investigar por que, exatamente, uma mercadoria dentre todas é escolhida como moeda e o quanto dela as pessoas desejarão reter — e construíram um amplo aparato analítico para explicar cada aspecto referente ao valor e ao uso do dinheiro. A teoria forneceu ainda a base de um dos ramos da economia — conhecido como "macroeconomia" —, que busca explicar expansões e retrações da economia e dar conselhos para mitigar esses chamados ciclos econômicos pela gestão das taxas de juros e dos gastos governamentais. Resumindo, as ideias do meu amigo não eram apenas conversa de bar. Continuam a ser, basicamente, tanto entre leigos quanto entre especialistas, a teoria monetária convencional.

Àquela altura, meu amigo já estava transbordando de regozijo. "Eu sei que sou genial", disse, com a modéstia habitual, "mas ainda assim me espanta que eu, um completo leigo, possa me alçar ao nível das mentes mais brilhantes do pensamento econômico, sendo que até hoje nunca tinha me preocupado com o assunto. Não lhe faz pensar que você talvez tenha desperdiçado todos esses anos estudando para tirar o diploma?" Tive de concordar que era algo que certamente causa desconforto. Mas não por ele ter sacado a teoria sem nenhuma formação em economia. E sim pelo contrário, porque nós, que tivemos *anos e anos* de formação, regurgitamos essa teoria. Pois, por mais simples e intuitiva que seja, a teoria monetária convencional tem um defeito. Está inteiramente errada.

Economia da idade da pedra?

John Maynard Keynes tinha razão a respeito de Yap. A descrição que William Henry Furness fez da curiosa moeda de pedra da ilha pode, à primeira vista, parecer nada além de uma nota de rodapé pitoresca na história do dinheiro. Mas ela põe a teoria monetária convencional diante de questões complicadas. Veja, por exemplo, a ideia de que o dinheiro surgiu do escambo. Quando Aristóteles, Locke e Smith afirmaram isso, fizeram-no puramente com base na lógica dedutiva. Nenhum deles tinha testemunhado uma economia que funcionasse inteiramente por meio do escambo. Mas parecia plausível que tal sistema tivesse existido no passado; e, caso tenha existido, também parecia plausível que ele fosse tão insatisfatório que alguém tentaria bolar um jeito de melhorá-lo. Nesse contexto, o sistema monetário de Yap surge como uma relativa surpresa. Era uma economia tão simples que, em tese, deveria funcionar com o escambo. E, no entanto, não: ela tinha um sistema monetário completamente desenvolvido. Yap podia ser uma exceção à regra. Mas se uma economia tão rudimentar já possuía o dinheiro, então onde e quando seria possível encontrar uma economia de escambo?

Durante um século, desde a publicação do relato de Furness sobre Yap, essa pergunta intrigou os estudiosos. À medida que se acumulavam evidências históricas e etnográficas, Yap foi deixando de parecer uma anomalia. Por mais que se buscasse, pesquisador algum foi capaz de encontrar uma sociedade, antiga ou contemporânea, que fizesse comércio regular por escambo. Nos anos 1980, os principais antropólogos do dinheiro deram como definitivo o veredicto. Em 1982, o acadêmico americano George Dalton escreveu: "O escambo, no sentido estrito de troca comercial sem dinheiro, nunca foi um modo de transação dominante ou quantitativamente importante em qualquer sistema econômico passado ou presente sobre o qual tenhamos informações sólidas".[15] A antropóloga Caroline Humphrey, de Cambridge, concluiu: "Nenhum exemplo de economia de escambo, pura e simples, jamais foi descrito, muito menos o surgimento, a partir dela, do dinheiro; toda a etnografia disponível indica que jamais existiu tal coisa".[16] Essa ideia começou a se infiltrar até entre as parcelas intelectualmente mais aventurosas da profissão de economista. Por exemplo, o norte-americano Charles Kindleberger, grande historiador da economia, escreveu na segunda edição de sua *Financial History of Western Europe* [História financeira da Europa Ocidental], publicada em 1993, que ocasionalmente, os historiadores da economia sustentaram que a evolução no intercâmbio econômico passou de uma economia natural, ou de escambo, para uma economia monetária, e, por fim, a uma economia de crédito. Essa visão foi proposta, por exemplo, em 1864, por Bruno Hildebrand, da escola alemã de economia histórica; ocorre que ela está errada.[17]

No começo do século XXI, um raro consenso acadêmico foi alcançado entre aqueles com interesse nas evidências empíricas de que era falsa a ideia preconcebida de que o dinheiro nasceu do escambo. Como explicou, com termos duros, o antropólogo David Graeber, em 2011: "Ao passo que não há evidência nenhuma de que isso um dia ocorreu, também há uma enorme quantidade de evidências de que não ocorreu".[18]

No entanto, a história de Yap não representa apenas um desafio à versão da teoria ortodoxa sobre a origem do dinheiro. Também levanta sérias dúvidas a respeito de seu conceito do que realmente é o dinheiro. A teoria ortodoxa sustenta que o dinheiro é uma "coisa" — uma mercadoria escolhida dentre um universo de mercadorias para servir como meio de troca — e que a essência da troca monetária é a permuta de bens e serviços por essa mercadoria/ meio de troca. Mas o dinheiro de pedra de Yap não se encaixa nesse esquema. Em primeiro lugar, é difícil acreditar que alguém pudesse ter escolhido "rodas de pedra grandes, sólidas e espessas, com diâmetro compreendido entre trinta centímetros e quatro metros" como meio de troca — já que, na maioria dos casos, movê-las seria mais difícil que mover as coisas sendo negociadas. Mais preocupante que isso: ficou claro que os *fei* não eram um meio de troca no sentido de uma mercadoria cambiável por qualquer outra — uma vez que, na maior parte do tempo, nem eram trocados. Na verdade, no caso do famigerado *fei* que afundou, ninguém sequer havia visto a moeda em questão, muito menos a passou adiante como meio de troca. Sem sombra de dúvida, os habitantes de Yap tinham uma curiosa indiferença pela sina dos *fei* propriamente ditos. A essência de seu sistema monetário não eram as moedas de pedra usadas como meio de troca, mas outra coisa.

Uma reflexão mais profunda sobre a visão de Adam Smith a respeito das mercadorias escolhidas como meio de troca indica que os habitantes de Yap tinham descoberto alguma coisa. Segundo Smith, em diferentes épocas e lugares, diversas mercadorias foram escolhidas para servir de dinheiro: bacalhau salgado em Terra Nova, atual Canadá; fumo na Virgínia; açúcar nas Índias Ocidentais; e até pregos na Escócia. No entanto, suspeitas em relação ao valor de alguns desses exemplos já eram aventadas uma ou duas gerações depois da publicação de *A riqueza das nações*, de Adam Smith. O financista norte-americano Thomas Smith, por exemplo, argumentou no seu *Essay on Currency and Banking* [Ensaio sobre a moeda e os bancos], em 1832, que, embora Adam Smith acreditasse que essas histórias representavam evidências do uso de mercadorias como meio de troca, na verdade elas nada tinham a ver com isso.[19] Em cada um desses casos, tratava-se de exemplos de comércio contabilizado em libras, xelins e *pence*, como na Inglaterra moderna. Os vendedores registravam créditos em seus livros, e os compradores, dívidas — todos representados em unidades monetárias. O fato de que alguma diferença líquida que restasse entre eles pudesse ser acertada com o pagamento de alguma mercadoria ou algo semelhante no valor da dívida não significava que essa mercadoria fosse "dinheiro". Atentar para o pagamento em mercadoria, e não para o sistema de crédito e compensação por trás dele, era interpretar tudo às avessas. Assim, considerar que a própria mercadoria era o dinheiro, como fez Adam Smith, poderia fazer sentido à primeira vista, mas se revelaria absurdo no fim das contas. Alfred Mitchell Innes, autor de duas obras-primas subestimadas sobre a natureza do dinheiro, resumiu de forma crua mas precisa o problema com a história do dinheiro-bacalhau de Terra Nova, contada por Adam Smith:

> Uma breve reflexão mostra que uma mercadoria básica não poderia ser usada como dinheiro, pois *ex hypothesi* o meio de troca é igualmente recebível por todos os membros da comunidade. Assim, se os pescadores pagassem em bacalhau pelos seus suprimentos, os negociantes também teriam de pagar pelo bacalhau com bacalhau, um evidente absurdo.[20]

Se os *fei* de Yap não eram um meio de troca, então o que eram? Para ser mais preciso, se não era o *fei*, o que era de fato o dinheiro em Yap? A resposta de ambas as perguntas é incrivelmente simples. O dinheiro de Yap não era o *fei*, mas o sistema subjacente de contas de crédito e compensação que ele ajudava a controlar. Os *fei* não passavam de símbolos com os quais essas contas eram registradas. Como em Terra Nova, os habitantes de Yap acumulavam créditos e dívidas no comércio de peixe, cocos, porcos e pepinos-do-mar. Para acertar os pagamentos, uns compensavam outros. Qualquer pendência ao fim de determinada troca, de um dia ou de uma semana, podia ser acertada pela troca de uma moeda de valor apropriado, se as partes assim desejassem — um *fei*, registro visível e tangível do crédito pendente de que o vendedor gozava perante o resto de Yap. Moedas e divisas, em outras palavras, são símbolos úteis no registro do sistema subjacente de contas de crédito e na implementação do processo de compensação subjacente. Podem até ser necessárias em uma economia maior que a de Yap, onde moedas podiam cair no fundo do oceano, que nem assim alguém questionaria a riqueza de seu possuidor. Mas uma moeda não é, em si, dinheiro. Dinheiro é o sistema de contas de crédito e compensação representado pela moeda.

Se isso soa natural — e até óbvio — para o leitor atual, é porque é assim mesmo. Afinal, pensar na moeda como uma mercadoria e na troca monetária como a permuta de bens por um meio de troca tangível pode ter sido intuitivo no tempo em que as moedas eram cunhadas com metais preciosos. Pode até ter feito sentido no tempo em que a lei outorgava ao detentor de uma nota do banco central norte-americano ou inglês o direito de apresentá-la na Constitution Avenue ou na Threadneedle Street[*] e resgatar certa quantidade de ouro em troca. Mas esses dias acabaram há muito tempo. Nos regimes monetários atuais, não há ouro algum servindo de lastro a dólares, libras ou euros — e não há nenhuma lei que regule a troca deles por ouro. As cédulas atuais claramente não são nada além de símbolos.

---

[*] Endereços respectivos do Federal Reserve e do Banco da Inglaterra. (N. T.)

Além disso, a maior parte da moeda em nossas economias contemporâneas nem sequer existe fisicamente como cédula. A maioria esmagadora da nossa moeda nacional — cerca de 90% nos Estados Unidos, por exemplo, e 97% no Reino Unido — não carece de nenhuma existência física.[21] É representada simplesmente por nossas contas bancárias. Hoje, na maioria dos pagamentos monetários, os únicos dispositivos tangíveis são um cartão de plástico e um teclado. Só um teórico muito corajoso tentaria sustentar que um par de microchips e uma conexão WiFi são uma mercadoria usada como meio de troca.

Por uma estranha coincidência, John Maynard Keynes não é o único gigante da economia do século xx a louvar os habitantes de Yap pela compreensão clara da natureza do dinheiro. Em 1991, aos 79 anos, Milton Friedman — que muito provavelmente não compartilhava a ideologia de Keynes — também topou com o livro obscuro de Furness. Da mesma forma, exaltou Yap por ter escapado da cunhagem, obsessão comum mas pouco sadia, e por ter reconhecido, com sua indiferença à moeda física, que o dinheiro não é uma mercadoria, mas um sistema de crédito e compensação. Ele escreveu:

> Durante mais de um século, o mundo "civilizado" enxergou como manifestação de sua riqueza metais desencavados do solo profundo, refinados com enorme esforço e transportados a longas distâncias apenas para serem reenterrados em sofisticadas e profundas caixas-fortes. Será mesmo que essa prática é mais racional que a outra?[22]

Ser louvado por um dos dois maiores economistas monetários do século xx pode ser visto como sorte; ser louvado pelos dois merece atenção.

Vandalismo monetário: o destino das talhas do Tesouro britânico

A visão de mundo econômica de Yap, elogiada tanto por Keynes quanto por Friedman — o dinheiro como um tipo especial de crédito, a troca monetária como a compensação de créditos e as moedas como meros símbolos de uma relação de crédito subjacente —, também teve seus próprios e enérgicos defensores históricos. Entre aqueles que lidavam com o lado prático da gestão do dinheiro — sobretudo *in extremis* —, a visão do dinheiro como crédito, e não como mercadoria, sempre teve imensa acolhida. Um exemplo famoso nos é dado pelo cerco a Valeta, a capital de Malta, pelos turcos, em 1565. À medida que o embargo otomano se arrastava, o suprimento de ouro e prata começou a baixar, e os Cavaleiros de Malta foram obrigados a cunhar moedas de cobre. O lema que eles gravaram nelas, para lembrar à população a origem do valor daquelas moedas, teria sido facilmente compreendido pelos habitantes de Yap: "*Non aes, sed fides*" — "Não o cobre, mas a fé".[23]

No entanto, é inegável que, ao longo dos séculos, a menina dos olhos de teóricos e filósofos tenha sido o convencional paradigma do dinheiro como mercadoria, da troca monetária como a permuta de bens por um meio de troca e do crédito como o empréstimo da mercadoria dinheiro. O pensamento econômico foi dominado por isso — e a política econômica também — por boa parte desse tempo. Mas se a teoria ortodoxa do dinheiro está tão obviamente errada, por que uma elite tão prestigiosa de economistas e filósofos acreditou nela? E por que os economistas de hoje, na grande maioria, persistem no uso dessas ideias básicas tradicionais como fundamentos do pensamento econômico atual? Por que, em suma, a teoria ortodoxa do dinheiro é tão persistente? Há duas razões básicas, e vale a pena nos aprofundarmos nelas.

A primeira razão tem a ver com as evidências históricas da existência do dinheiro. O problema não é o fato de restarem poucas evidências de épocas mais antigas, mas o fato de elas serem todas de um único tipo — moedas. Museus do mundo inteiro transbordam moedas, antigas e recentes. Moedas, e o que está inscrito nelas, são uma das principais fontes arqueológicas para a compreensão da cultura, da sociedade e da história antigas. Quando decifradas por acadêmicos astutos, suas imagens e inscrições abreviadas valem por bibliotecas inteiras de conhecimento sobre a cronologia de antigos reis, a hierarquia das divindades clássicas e as ideologias das repúblicas da Antiguidade. Uma disciplina acadêmica inteira — a numismática — se dedica ao estudo das moedas; longe de ser o equivalente acadêmico da filatelia, como pode dar a impressão aos não iniciados, a numismática está entre os campos da pesquisa histórica que mais dão frutos.

Mas, é claro, a verdadeira razão da importância das moedas no estudo da história antiga, e a razão pela qual elas dominaram o estudo da história do dinheiro em particular, é que foram elas que sobreviveram.[24] Moedas são feitas de metais duráveis — e frequentemente de metais não perecíveis, como ouro e prata, que não oxidam ou sofrem corrosão. Como resultado, tendem a resistir melhor ao efeito devastador do tempo. Além disso, as moedas são valiosas. Disso resulta uma tendência constante a escondê-las ou enterrá-las em tesouros — ideal para serem descobertas décadas, séculos ou até milênios depois por um historiador ou numismata aventureiro. O problema é que em nenhum outro campo essa fixação por aquilo que sobreviveu fisicamente pode ser tão enganosa quanto na história do dinheiro. Uma amostra disso é o caso infeliz da destruição total de uma das mais importantes coleções que já existiram de material de pesquisa para a história do dinheiro.

Durante mais de seiscentos anos, do século XII ao final do XVIII, a gestão das finanças públicas inglesas repousou em uma peça simples, mas engenhosa, de tecnologia contábil: as talhas do Tesouro britânico. A talha era um pedaço de madeira — geralmente tirado dos choupos que cresciam à beira do Tâmisa, perto do palácio de Westminster. Na talha eram gravados — sempre com entalhes na madeira e às vezes também com inscrições — detalhes de pagamentos feitos pelo ou para o Tesouro britânico. Alguns eram recibos de impostos pagos à Coroa pelos proprietários de terras. Outros diziam respeito a transações em direção oposta, registrando as somas devidas em empréstimos de súditos importantes ao soberano. Por exemplo, pode-se ler "9£ 4s 4p de Fulk Basset para a fazenda de Wycombe", em uma talha que chegou a nossos dias, relativa a uma dívida de Fulk Basset, bispo de Londres no século XIII, ao rei Henrique III. Até propinas, aparentemente, foram registradas em talhas do Tesouro:

uma talha de uma coleção particular porta o suspeito eufemismo "13s 4d de William de Tullewyk pela benevolência do rei".²⁵

Uma vez registrados os detalhes do pagamento, a talha era dividida, em sentido longitudinal, de modo que cada uma das partes da transação pudesse guardar um registro. A metade do credor era chamada de *stock*; a do devedor, *foil*: daí vem o termo inglês *stock*, ainda em uso, para denominar os títulos do Tesouro. O padrão singular dos veios da madeira do choupo fazia com que fosse praticamente impossível falsificar uma talha de forma convincente, ao passo que o registro da transação em um formato portátil — em comparação a uma simples inscrição nos livros contábeis de Westminster, por exemplo — fazia com que os créditos do Tesouro pudessem ser transmitidos por seu detentor original a terceiros como pagamento de dívidas sem relação com a original. No jargão financeiro moderno, as talhas seriam um título ao portador: obrigações financeiras como títulos, certificados de unidade de participação ou cédulas bancárias cujo beneficiário é aquele que detém o registro físico.

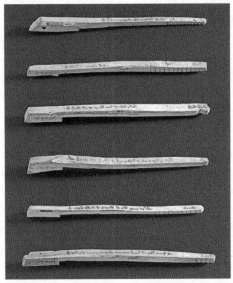

A coleção de talhas do Tesouro britânico: raros sobreviventes de um dos episódios de maior vandalismo cultural do século XIX.

Há consenso entre os historiadores de que a imensa maioria das operações fiscais na Inglaterra medieval deve ter sido realizada usando talhas, e eles supõem que grande parte das trocas monetárias também tenha sido realizada com elas.[26] Afinal, um crédito com um Tesouro registrado em uma talha seria um pagamento bem-vindo para qualquer um cujos impostos estivessem próximos do vencimento. É impossível, porém, saber ao certo. Pois, embora milhões de talhas devam ter sido fabricadas ao longo de séculos, e embora saibamos com toda a certeza que, até o início do século XIX, vários milhares delas ainda existiam nos arquivos do Tesouro britânico, hoje existe apenas um punhado de amostras. A culpa definitiva por essa infeliz circunstância cabe ao famigerado zelo dos partidários da reforma administrativa na Inglaterra novecentista.

Apesar de o sistema de talhas ter se mostrado notavelmente eficiente nos cinco séculos anteriores, no final do século XVIII sentiu-se que era hora de deixá-lo de lado. Manter uma contabilidade com pedaços de pau talhados — sem falar do uso de lascas de madeira em concomitância com os elegantes títulos em papel do Banco da Inglaterra — passara a ser visto como algo quase bárbaro e certamente incompatível com o enorme progresso alcançado pelo comércio e pela tecnologia. Em 1782, um ato parlamentar aboliu oficialmente as talhas como meio principal de contabilidade do Tesouro britânico — embora, devido a sinecuras ainda em vigor no sistema antigo, a lei tenha tido que esperar mais meio século, até 1826, para entrar em vigor. Mas em 1834 a instituição ancestral da Receita do Tesouro foi enfim extinta, e a última talha, substituída por um título em papel.

Uma vez abolido enfim o sistema de talhas, surgiu a questão de o que fazer com o imenso arquivo de talhas no Tesouro. Entre os partidários da reforma, elas eram vistas como nada mais que relíquias vergonhosas da forma como até então se mantinham as contas fiscais do Império Britânico, "do mesmo modo que Robinson Crusoé contava os dias em sua ilha deserta", e decidiu-se incinerá-las.[27] Vinte anos depois, Charles Dickens relatou as consequências indesejadas:

Decidiu-se que elas seriam queimadas num forno na Câmara dos Lordes. O forno, abarrotado dos odiados pedaços de pau, ateou fogo aos painéis; os painéis atearam fogo à Câmara dos Lordes; a Câmara dos Lordes ateou fogo à Câmara dos Comuns; as duas casas foram reduzidas a cinzas; arquitetos foram convocados para erguer novas; entramos agora no segundo milhão dos custos decorrentes disso...[28]

Podiam-se reconstruir as casas do Parlamento, evidentemente — e assim se fez, o que deu origem ao esplêndido palácio de Westminster que hoje margeia o Tâmisa. O que não se pôde ressuscitar do inferno, porém, foi o inestimável registro da história fiscal e monetária da Inglaterra que as talhas constituíam.[29] Os historiadores são obrigados a se basear no punhado de talhas que sobreviveram por acidente ou que estão em coleções particulares, e temos sorte de contar com alguns relatos contemporâneos que revelam como elas eram usadas.[30] Mas se perdeu irremediavelmente a imensa riqueza de informações sobre a situação das finanças e do dinheiro da Inglaterra ao longo da Idade Média, riqueza que o arquivo de Westminster reunia.

Se para a história do dinheiro na Inglaterra medieval isso já seria um problema, a situação é infinitamente pior em relação à história do dinheiro de maneira mais geral — e principalmente nas sociedades pré-alfabéticas. Com bastante frequência, o único traço físico do dinheiro que resta são as moedas: só que, como mostra o exemplo do sistema inglês de talhas de madeira, a cunhagem de moedas pode ter sido apenas a ponta do iceberg monetário. Uma imensidão inexplorada de história financeira e monetária está fora do nosso alcance — simplesmente pela ausência de evidências físicas de sua existência e de seu modo de operação. Para entender a gravidade do problema, basta pensar no que os historiadores do futuro poderiam esperar reconstituir, de nosso sistema financeiro contemporâneo, se um desastre natural destruísse os registros digitais. Só nos resta supor que prevaleceria o bom senso, e que eles não sustentariam sua compreensão da vida econômica moderna com base na suposição de que todo o nosso dinheiro tenha existido apenas sob a forma das moedas de libras, euros e dólares que porventura sobreviveriam.

As vantagens de ser um peixe fora d'água

A segunda razão para a teoria ortodoxa do dinheiro resistir tanto tem relação direta com uma dificuldade ainda mais intrínseca. Um antigo provérbio chinês diz: "O peixe é o último a conhecer a água". É uma explicação concisa da razão pela qual as ciências "humanas" ou "sociais" — antropologia, sociologia, economia etc. — são diferentes das ciências naturais — física, química e biologia. Nas ciências naturais, estuda-se o mundo físico; e é — pelo menos em princípio — possível obter uma visão objetiva. As coisas não são tão simples nas ciências sociais. Nestas, estudamos a nós mesmos, como indivíduos e grupos. A sociedade e nós mesmos não temos existência independente, alheia a nós — e, em contraste com as ciências naturais, isso torna excepcionalmente difícil obter uma visão objetiva das coisas. Quanto mais próxima uma instituição está da nossa vida cotidiana, mais complicado é se afastar dela para analisá-la — e mais controvertidas serão as tentativas de fazê-lo. A segunda razão de ser tão difícil definir a natureza do dinheiro, e de sempre ter sido e continuar sendo motivo de tanta polêmica, é exatamente *porque* ele é uma parte tão inseparável de nossas economias. Ao tentarmos entender o dinheiro, somos como o peixe do provérbio chinês tentando conhecer a própria água em que se move.

Isso não significa, porém, que toda ciência social seja uma perda de tempo. Visualizar objetivamente nossos hábitos, costumes e tradições pode não ser possível; mas, ao estudá-los sob diferentes condições históricas, é possível ter uma visão mais objetiva do que se não o fizéssemos. Assim como, ao caminhar por uma trilha, podemos usar duas perspectivas diferentes de um ponto distante para obter sua posição por triangulação, podemos aprender muita coisa a respeito de um fenômeno social que nos é conhecido ao observá-lo em outras épocas, em outros lugares e em outras culturas. O único problema, no caso do dinheiro, é que ele é um elemento tão básico da economia que é complicado encontrar oportunidades para esse tipo de triangulação. Na maior parte do tempo, o dinheiro é apenas parte da paisagem. O véu só sai dos nossos olhos quando a ordem monetária natural é perturbada. Quando ela se dissolve, é como se a água tivesse sido temporariamente tirada do aquário, e por um instante crítico nós nos tornamos peixes fora d'água.

Por isso, é exatamente para as ocasiões em que uma desordem irrompe na sociedade e na economia que temos que olhar, de modo a aprender o que é, de fato, o dinheiro. E já que, como mostra o destino das talhas do Tesouro britânico, estamos à mercê de evidências escassas na investigação da história do dinheiro, mais vale aprendermos com a história recente, em que é mais fácil obter evidências. Se quisermos entender a natureza do dinheiro, em outras palavras, precisamos estudar episódios de desordem monetária aguda nos tempos modernos. Felizmente, não faltam casos assim.

O dinheiro em uma economia sem bancos

Em 4 de maio de 1970, um anúncio apareceu em destaque no maior jornal diário irlandês, o *Irish Independent*, com um título simples, mas alarmante: "FECHAMENTO DE BANCOS". O anúncio — publicado pela Comissão Permanente dos Bancos Irlandeses, um grupo que representava os principais bancos da Irlanda — informava ao público que, como resultado de uma forte ruptura na relação entre os bancos e os bancários, "chegou-se a uma posição em que se torna impossível para os bancos supracitados sequer oferecer o recente serviço limitado em toda a República da Irlanda". "Nestas circunstâncias, é com pesar", prosseguia o anúncio, "que estes bancos são obrigados a anunciar o fechamento de todas as suas agências na República da Irlanda a contar desta sexta-feira, 1º de maio, até segunda ordem."

Pode causar espanto saber que praticamente todo o sistema bancário de uma economia avançada possa ter sido fechado da noite para o dia, em um ano tão recente quanto 1970. Naquela ocasião, porém, esse desdobramento era esperado por todos — até porque já ocorrera uma vez, em 1966. A razão da disputa entre bancos e bancá-

> **IRISH BANKS' STANDING COMMITTEE**
>
> # CLOSURE OF BANKS
>
> As a result of industrial action by the Irish Bank Officials' Association for the past eight weeks, a position has now been reached where it is impossible for the undermentioned banks to continue to provide even the recent restricted service in the Republic of Ireland.
>
> In the circumstances it is with regret that these banks must announce the closure of all their offices in the Republic of Ireland on and from Friday, 1st May, until further notice. Notwithstanding this closure and the suspension of normal banking services, the Special Import Deposit Scheme, whereby the Irish Banks provide the funds to meet the U.K. deposit requirements on manufactured goods, will continue to function.
>
> Bank of Ireland
> Hibernian Bank Limited
> Munster and Leinster Bank Limited
> The National Bank of Ireland Limited
> Northern Bank Limited
> Provincial Bank of Ireland Limited
> Royal Bank of Ireland Limited
> Ulster Bank Limited
> Chase and Bank of Ireland (International) Limited.
>
> IRISH BANK'S STANDING COMMITTEE.
> R. F. BRENNAN, Secretary.

rios era bem conhecida na Europa do final dos anos 1960: os salários não eram compatíveis com o custo de vida. A alta inflação de 1969 — no outono, o custo de vida havia subido mais de 10% em relação aos quinze meses anteriores — levou o sindicato dos bancários a exigir um novo acordo salarial. Diante da recusa dos bancos, a Associação dos Bancários Irlandeses votou uma greve.

No início, esperava que o fechamento dos bancos durasse bastante. Dessa forma, a primeira reação das empresas foi estocar cédulas de dinheiro e moedas. Segundo o *Irish Independent*,

> houve saques expressivos de dinheiro por empresas do país inteiro, que acumularam reservas em razão de um possível fechamento dos bancos. Seguradoras, vendedores de cofres e empresas de segurança esperam

uma alta nos negócios enquanto os bancos permanecerem fechados. Fábricas e outras instituições com extensas folhas de pagamento se planejaram para obter dinheiro vivo de grandes varejistas, como supermercados e lojas de departamentos, na tentativa de cumprir o pagamento dos salários.[31]

Mas, no primeiro mês da crise, tornou-se claro que a situação não seria tão ruim quanto se temia. Deliberadamente, o Banco Central da Irlanda se preparou para a demanda adicional de dinheiro em março e abril, de modo que em maio havia cerca de 10 milhões de libras a mais que o normal em circulação, em notas e moedas. Ocorreu uma tendência inevitável: o fluxo de pagamentos gerou excesso de troco em alguns lugares — lojas e varejo em geral — e escassez em outros — normalmente atacadistas e instituições públicas que não tinham motivo, nos negócios cotidianos, para receber dinheiro em espécie. O banco central chegou a fazer, em vão, um apelo à empresa de ônibus estatal, sugerindo que devolvesse dinheiro trocado aos passageiros. Mas esses gargalos na circulação de moedas e notas se revelaram um inconveniente relativamente menor.

A razão da crise foi que a imensa maioria dos pagamentos continuou a ser feita com cheques — em outras palavras, a transferência de uma conta bancária de pessoa física ou jurídica para outra —, muito embora os bancos em que essas contas eram mantidas estivessem fechados. Em seu relatório geral sobre o caso, o Banco Central da Irlanda observou que, antes do fechamento, "cerca de dois terços dos haveres monetários agregados se encontram na forma de créditos em contas-correntes, consistindo o restante de notas e moedas".[32] A questão crítica, portanto, era se esse "dinheiro bancário" continuaria a circular. Para as pessoas físicas, sobretudo, não havia nenhuma outra opção real, pois, para quaisquer despesas que excedessem o dinheiro vivo em suas mãos quando os bancos fecharam as portas, em 1º de maio, restava apenas assumir dívidas sob a forma de cheques e torcer para que fossem aceitos.

Incrivelmente, com o passar do verão, as transações ocorriam normalmente e os cheques continuavam a ser trocados, quase do mesmo jeito de sempre. A única diferença, é claro, era que nenhum dos cheques podia ser descontado nos bancos. Em geral, é isso que livra o vendedor da maior parte do risco de aceitar pagamentos a crédito: cheques podem ser depositados diariamente, no fim do expediente. Com o fechamento do sistema bancário, porém, os cheques não passavam de promissórias de pessoas físicas ou jurídicas. Os vendedores que os aceitavam faziam-no com base na própria avaliação do crédito do comprador. O maior risco desse sistema improvisado era, portanto, o abuso. Dado que os cheques não podiam ser descontados, em princípio nada impediria as pessoas de assinar cheques de quantias que não possuíam. Para o sistema funcionar, os recebedores tinham de confiar que os cheques dos pagadores não seriam devolvidos — tudo isso sem ter uma ideia clara de quando os bancos reabririam para permitir-lhes descobrir. O jornal londrino *The Times* acompanhou o caso irlandês com interesse, e no mês de julho observou duas coisas: o fato extraordinário de que muito pouca coisa tinha mudado e a aparente fragilidade da situação. "Os números e as tendências disponíveis indicam que a querela, até agora, não teve um efeito adverso na economia", escreveu o correspondente do jornal. "Isso se deve a diversos fatores, em especial a prudência exercida pelas empresas em relação ao consumo excessivo." Mas até quando duraria esse malabarismo? "Existe agora, porém, um risco psicológico de que, caso a briga se arraste, a cautela seja deixada de lado, sobretudo pelos pequenos negócios."[33]

Como seria de esperar, começaram a aparecer algumas rachaduras aqui e ali. Depois de um mês de fechamento, houve pânico quando parte dos pecuaristas anunciou que não aceitaria mais cheques de particulares.[34] Em julho, um fazendeiro de Omagh, condenado anteriormente pelo contrabando de sete suínos, não conseguiu pagar a multa de 309 libras que lhe fora imposta, por falta de espécie.[35] Ao longo do verão, o lobby dos empresários — estimulado pelos bancos e exasperado com o custo decorrente dos improvisos para driblar o fechamento — começou a espalhar boatos nos jornais. Afirmava-se, por exemplo, que "uma paralisia que cresce rapidamente está se espalhando pela economia devido à briga dos bancos".[36]

Mas, depois que a crise foi enfim resolvida, em novembro de 1970, as evidências reunidas pelo Banco Central da Irlanda mostraram exatamente o contrário. O relatório sobre o fechamento dos bancos concluiu não apenas que "a economia irlandesa continuou a operar, por um período razoavelmente longo, com seus principais bancos comerciais fechados", mas também que "o nível de atividade econômica continuou a aumentar" ao longo desse período.[37] Tanto antes quanto depois dos fatos, parecia inacreditável — mas, de alguma maneira, funcionou: durante seis meses e meio, em uma economia que estava então entre as trinta maiores do mundo, "um sistema de crédito altamente personalizado, sem um horizonte de tempo definido para a compensação de débitos e créditos, tomou o lugar do sistema bancário institucionalizado existente".[38]

No fim, o maior obstáculo criado por esse sistema altamente bem-sucedido foi a logística. Quando os bancos e seus empregados chegaram enfim a um novo acordo salarial, e a reabertura dos bancos foi anunciada para 17 de novembro de 1970, um enorme volume de cheques não compensados se acumulara nas mãos de indivíduos e empresas. Publicaram-se anúncios nos jornais, alertando os clientes para que não apresentassem todos de uma vez e informando que seriam necessárias várias semanas até que os saldos das contas fossem regularizados. Só depois de mais de três meses — até meados de fevereiro de 1971 — a situação enfim voltou à completa normalidade. Àquela altura, compensara-se um total superior a 5 bilhões de libras de cheques assinados durante o período de fechamento dos bancos. Foi o dinheiro que o povo irlandês criou para si mesmo enquanto os bancos estiveram em greve.

Como esse aparente milagre de cooperação econômica espontânea pôde ter dado certo? O consenso geral, a posteriori, foi que diversas características da sociedade irlandesa contribuíram de forma singular para o êxito. Uma das principais foi a mais famosa de todas: o pub irlandês. O desafio principal era filtrar o risco de crédito daqueles que pagariam com cheques sem fundos. Uma vantagem da Irlanda era o fato de que as comunidades, tanto no interior quanto nas cidades, mantinham laços estreitos. Os indivíduos conheciam pessoalmente a maior parte daqueles com quem tinham que negociar, o que os deixava mais à vontade para formar um juízo em relação ao crédito concedido. Entretanto, nem sempre acontecia dessa maneira. Em 1970, a economia irlandesa já era diversificada e desenvolvida, e então os pubs e as lojinhas típicas da Irlanda fizeram valer sua tradição, servindo como elos do sistema, recebendo, endossando e compensando cheques como um sistema bancário fantasma. "Ao que parece", concluiu com admirável circunspecção o economista irlandês Antoin Murphy, "os gerentes dessas casas de varejo e desses pubs tinham um elevado grau de informação a respeito de seus clientes — afinal de contas, não se serve uma bebida a alguém durante anos sem descobrir algo a respeito de seu patrimônio líquido."[39]

O cerne da questão

O caso do fechamento dos bancos irlandeses oferece uma oportunidade rara e útil para entender mais claramente a natureza do dinheiro. Como no relato de Furness sobre Yap, ele nos obriga a repensar o que é essencial para o funcionamento de um sistema monetário. Mas, por ser mais próximo à nossa época e à tecnologia de hoje, o caso irlandês é bem mais apropriado para a triangulação econômica. A história de Yap mostra que a teoria ortodoxa sobre a origem e a natureza do dinheiro é confusa, mas o caso do fechamento dos bancos irlandeses ajuda a apontar o caminho para uma alternativa mais realista.

A história de Yap afasta uma ideia preconcebida fundamental e enganosa — que confundiu os economistas durante séculos — a respeito da natureza do dinheiro: que o essencial era a moeda, a cunhagem de uma mercadoria com a intenção de funcionar como "meio de troca". Yap mostrou que em uma economia primitiva, assim como no sistema atual, a moeda é efêmera e cosmética, uma vez que a essência do dinheiro é o mecanismo subjacente de crédito e compensação. Isso nos deixa com um quadro da natureza e da origem do dinheiro bem diferente daquele pintado pela teoria ortodoxa. No cerne dessa visão alternativa do dinheiro — desse conceito primitivo, como queira — está o crédito. O dinheiro não é um meio de troca em forma de mercadoria, mas uma tecnologia social composta de três elementos fundamentais. O primeiro é uma unidade abstrata de valor, usada para denominar o dinheiro. O segundo é um sistema contábil, que mantém registro do crédito dos indivíduos ou das instituições e das dívidas que eles assumem ao fazer negócios uns com os outros. O terceiro elemento é a possibilidade de o credor inicial, em uma transação, transferir a obrigação do credor a um terceiro, como acerto de uma dívida sem relação com a original.

Esse terceiro elemento é crucial. Todo dinheiro é crédito, mas nem todo crédito é dinheiro: e o que faz a diferença é a possibilidade de transferência. Uma promessa de dívida limitada para sempre a duas partes não passa de um empréstimo. É crédito, mas não é dinheiro. Só quando essa promessa de dívida pode ser passada a um terceiro — quando ela pode ser "negociada" ou "endossada", no jargão das finanças — é que o crédito ganha vida e começa a servir como dinheiro. Dinheiro, em outras palavras, não é apenas crédito — mas crédito *transferível*. Como colocou o economista e advogado novecentista Henry Dunning Macleod:

> Essas considerações simples mostraram de imediato a natureza fundamental de uma moeda. Fica bem claro que sua utilidade primária é medir e registrar dívidas, além de facilitar sua transferência de uma pessoa para outra. Todo meio adotado para este fim, seja ele ouro, prata, papel ou qualquer outra coisa, é uma moeda. Podemos assim estabelecer nosso conceito fundamental de que moeda e dívida transferível são termos conversíveis; o que quer que represente dívida transferível, de qualquer espécie, é moeda; e qualquer que seja o material que componha a moeda, ela representa dívida transferível, e nada mais.[40]

Como veremos, a inovação que representou a transferibilidade de dívidas foi um desdobramento crítico na história do dinheiro. Foi isso, e não a evolução a partir de uma lendária economia de escambo, que revolucionou historicamente as sociedades e as economias. Na verdade, quase não há exagero — descontando o inconfundível toque vitoriano de melodrama — em afirmar, como disse Macleod:

> Se nos perguntássemos: "Quem fez a descoberta que afetou de forma mais profunda os destinos da raça humana?". Acreditamos, depois de uma plena reflexão, poder responder com segurança: "O homem que descobriu, em primeiro lugar, que uma dívida é uma mercadoria vendável".[41]

É importante reconhecer esse terceiro elemento fundamental do dinheiro. Ele explica o que determina o valor do dinheiro — e por que o dinheiro, embora não seja nada além de crédito, não pode ser simplesmente criado pela vontade de alguém. Para que um vendedor aceite como pagamento uma promessa de dívida de um comprador, precisa antes se convencer de duas coisas. Ele precisa ter razões para acreditar que o devedor cuja obrigação está para aceitar será capaz, se necessário, de cumpri-la — precisa acreditar, em outras palavras, que o expedidor do dinheiro é digno de crédito. Isso seria o suficiente para sustentar a existência do crédito bilateral. Mas o teste para o dinheiro é mais rigoroso. Para que o crédito vire dinheiro, o vendedor também precisa acreditar que terceiros estarão igualmente dispostos a aceitar como pagamento a promessa de dívida do devedor. Ele precisa acreditar que a promessa de dívida é — e continuará a ser por tempo indefinido — transferível, que o mercado para esse dinheiro é líquido. Dependendo da força das razões para essas duas crenças, mais fácil ou mais difícil será para uma promessa de dívida circular como dinheiro.

É por causa desse terceiro elemento fundamental de transferibilidade que o dinheiro emitido por governos (ou por bancos reconhecidos e garantidos por governos) é considerado especial. Na verdade, há uma influente escola de pensamento — conhecida como "cartalismo" — segundo a qual os únicos emissores viáveis de dinheiro são os governos e seus agentes.[42] Mas a história do fechamento dos bancos irlandeses revela esse juízo preconcebido como igualmente enganoso. O fechamento mostrou que o sistema de criação e compensação de crédito não precisa de sanção oficial. O sistema oficial — representado pelos bancos — ficou suspenso por quase sete meses. Mas o dinheiro não desapareceu. Como o famigerado *fei* que foi parar no fundo do mar, os bancos associados desapareceram de uma hora para outra — e, com eles, o aparato oficial de contabilidade e compensação de crédito —, mas mesmo assim o dinheiro continuou a existir.

O fechamento dos bancos irlandeses demonstra que a parafernália oficial de bancos, cartões de créditos e cédulas solenemente impressas com insígnias infalsificáveis não representa o essencial do dinheiro. Tudo isso pode desaparecer e ainda assim o dinheiro continua a existir: um sistema de créditos e débitos, que se expande e se contrai sem cessar como um coração batendo, garantindo a circulação dos negócios. O que de fato importa é que existam emissores que o público considere dignos de crédito, além de uma crença suficientemente ampla de que as obrigações desses emissores serão aceitas por terceiros. Em geral, é fácil para governos e bancos cumprir esses dois critérios, enquanto, para empresas, que dirá indivíduos, é normalmente difícil. Mas, como mostra o exemplo irlandês, essas regras gerais não se aplicam de forma universal. Quando o sistema monetário oficial se desintegra, a eficiência da sociedade para improvisar uma alternativa revela-se surpreendente.

E daí?

Meu amigo empreendedor não parecia nem um pouco impressionado.

"O.k.", ele disse, "talvez você tenha razão. Talvez, num exame bem de perto, a minha teoria — ou melhor, a de Adam Smith — tenha alguns furos. Mas então eu queria lhe fazer uma pergunta. E daí? Que diferença faz, no mundo real, se eu pensar no dinheiro como uma tecnologia social, e não como uma coisa? E que importa se essa tecnologia social não depender necessariamente do Estado?"

Respondi que eram perguntas justas. No fim das contas, tudo o que eu estava pedindo era uma simples mudança de ponto de vista. Mas mudanças simples de ponto de vista podem ter consequências drásticas. Meu próprio poder de persuasão estava vacilando. Recorri, então, à ajuda de uma história conhecida, a do grande físico Richard Feynman.

Famoso por suas explicações de física em programas de televisão, Feynman tentou numa delas resumir como, na ciência, uma diminuta mudança de perspectiva pode às vezes mudar radicalmente nossa visão de mundo — e como nossas ideias preconcebidas podem fazer essa mudança de perspectiva parecer um contrassenso.[43] Ele exemplificou com a eletricidade estática gerada por um pente de plástico, que pode ser usada para atrair pedacinhos de papel. Essa experiência sempre nos fascina, explicou Feynman. O motivo é que estamos acostumados a forças que podemos ver — por exemplo, nossa mão tocando o pente, sentindo sua resistência e podendo, assim, segurá-lo e erguê-lo. Por isso, achamos que essas são as únicas forças que são reais. Em compensação, as forças que não conseguimos ver — por exemplo, a ação exercida à distância pelo campo eletromagnético que atrai o papel para o pente — parecem mágica. Mas, na verdade, nossa percepção está totalmente invertida. É a força que não podemos ver — o campo eletromagnético — que é a força fundamental. Invisível, o campo eletromagnético está por trás tanto da ação à distância da eletricidade estática, aparentemente mágica, quanto da solidez de tudo que estamos acostumados a ver.

Com o dinheiro é a mesma coisa. Como vimos, há uma forte tentação a achar que moedas e similares, tangíveis e duráveis, são dinheiro — a base sobre a qual se ergue o sistema mágico e intangível de crédito e débito. A realidade é exatamente o contrário. A força fundamental — a realidade monetária primordial — é a tecnologia social do crédito transferível. Os *fei* de pedra de Yap, as talhas da Inglaterra medieval, as cédulas, os cheques, os títulos, as promessas de dívida de incontáveis episódios de desordem monetária ao longo da história e os bilhões de bits de dados eletrônicos usados pelos sistemas bancários das economias avançadas de hoje, tudo isso são símbolos que monitoram o saldo estrutural e a variação cambial de milhões e milhões de relações de crédito e débito.

Para a compreensão de nossa realidade econômica, as consequências dessa mudança de ponto de vista em relação ao dinheiro são tão dramáticas em seu escopo quanto as consequências da mudança da perspectiva newtoniana para a teoria quântica na tentativa de desvendar a nossa realidade física. O próximo capítulo vai começar a explicar essas consequências.

CAPÍTULO 2

A medida do dinheiro

A biografia do dinheiro: uma história de ideias

Em junho de 2012, uma galeria nova e esplêndida, dedicada à história do dinheiro, foi aberta no Museu Britânico, em Londres. A administração do museu concluíra que o público havia se desinteressado pela antiga Galeria do Dinheiro. Os visitantes simplesmente não se sentiam mais tão atraídos por aquelas intermináveis fileiras de moedas antigas, nem pelas explicações acadêmicas de sua origem. Uma abordagem nova se fazia necessária. O resultado foi um triunfo do design. Ao lado de uma coleção de moedas mais limitada, porém mais fascinante, dispôs-se todo tipo de objeto exótico que já serviu como moeda: búzios da Arábia e da África, sementes das ilhas Salomão, uma cédula de dinheiro chinesa do século XIV e até um *fei* de Yap. Mas há ainda uma série de outros objetos curiosos que são a ilustração viva do papel central do dinheiro na história humana: de uma caixa de doações de cerâmica esmaltada do século XVI, que os cidadãos de Siena usavam para expiar Deus com riquezas, a uma homenagem de Andy Warhol ao dólar americano, em silkscreen, de 1982. Há, no entanto, algo estranho nessa magnífica nova galeria. Ela foi criada graças ao generoso patrocínio de um banco; para ser mais exato, pelo então maior banco do mundo, o conglomerado norte-americano Citibank. "Os bancos representam uma parte bastante importante da história do dinheiro", diria o senso comum. No entanto, não há nenhum banco exposto na Galeria do Dinheiro.

Isso não se deve, claro, a nenhuma conspiração sinistra para camuflar o verdadeiro funcionamento do sistema financeiro, mas sim ao fato de os projetistas da galeria saberem muito bem que expor um banco dentro de um museu não resultaria em nada muito informativo. Um banco não passa de um prédio de escritórios, praticamente indistinguível de outro prédio de escritórios. Olhar para algo assim pouco ou nada diria a respeito do dinheiro. O problema é que o dinheiro não é, de modo algum, uma coisa, e sim uma tecnologia social: um conjunto de ideias e práticas que põe ordem naquilo que produzimos e consumimos e na forma como vivemos em sociedade. Quando se trata de dinheiro propriamente dito — e não dos símbolos que o representam, os livros contábeis onde o registramos ou os prédios, como os bancos, onde ele é gerenciado —, não há nada físico para observar.

Isso tem uma consequência importante, se quisermos investigar as origens, a natureza e a influência do dinheiro na história e em nossa vida. A abordagem antropológica adotada pela nova Galeria do Dinheiro do Museu Britânico é, em si, importante e interessante. Mas, se quisermos entender de verdade o dinheiro, precisamos embarcar em outro tipo de expedição arqueológica. Nossa missão será recuperar e analisar não metais preciosos, moedas ou restos carbonizados de talhas de madeira — ou seja: não recuperaremos e analisaremos *coisa* alguma —, e sim ideias, práticas e instituições. Mas, acima de tudo, a ideia de valor econômico abstrato, a prática da contabilidade e a instituição da transferibilidade descentralizada.

Como em qualquer escavação, a primeira pergunta é *onde* cavar. Já vimos que, se o dinheiro representa efetivamente o sistema operacional usado por nossas sociedades e economias, obter uma visão objetiva é um desafio considerável. Deparar com o caso de um sistema monetário oficial que tirou férias, como aconteceu na greve dos bancos irlandeses, não é tão difícil; e por meio desse cenário conseguimos aprender, de certa forma, até que ponto o dinheiro realmente depende do Estado. Se quisermos mergulhar mais fundo, porém, precisamos realizar uma triangulação mais absoluta e radical: precisamos explorar um tempo e um lugar em que o dinheiro nunca tenha existido. Pode parecer uma missão impossível — mas acontece que estamos com sorte. Não apenas possuímos uma descrição vívida e detalhada da época imediatamente anterior à invenção do dinheiro, como essa descrição por acaso está contida em dois dos maiores poemas já escritos.

A ira de Aquiles: o mundo antes do dinheiro

A *Ilíada* e a *Odisseia* — os dois poemas épicos que representam as obras mais antigas da produção cultural grega a chegar a nós — são festejadas como as fontes a partir das quais nasceu toda a literatura europeia subsequente. Mas o valor das épicas homéricas não vem apenas de seus méritos literários. A *Ilíada* e a *Odisseia* também apresentam um registro histórico singular da sociedade e da cultura grega em um período a respeito do qual sabemos muitíssimo pouco. As grandes civilizações palacianas de Cnossos e Micenas, que floresceram no segundo milênio antes de Cristo, deixaram ricas evidências arqueológicas. Para compreender as cidades-estado da Grécia clássica que emergiram de meados do século VIII a.C. em diante, é possível examinar não apenas sua arte e sua arquitetura, mas também sua literatura e sua filosofia. Porém, entre esses dois períodos, há uma era sobre a qual não existe quase nenhuma evidência, de nenhum tipo: a chamada Idade das Trevas grega. Quando a sociedade micênica entrou em colapso repentino, por volta de 1200 a.C. — provavelmente devido a ataques de invasores inimigos —, quase todos os vestígios dessa grande civilização desapareceram no decorrer de uma única geração. Tudo desapareceu: os palácios monumentais, as enormes populações, as terras fecundas e as relações cosmopolitas. O mundo grego regrediu a um grupo disperso de comunidades tribais isoladas: pequenas, rústicas e analfabetas. Nossa única fonte de conhecimento da cultura e da sociedade do Egeu dos quatro séculos seguintes é a tradição da poesia oral, que chegou ao ápice nas epopeias de Homero.

Felizmente, esses poemas pintam um imenso quadro. A *Ilíada* é famosa, sobretudo, por suas descrições realistas da carnificina da guerra e dos excessos viris de seus heróis. Um simples relato de um ataque de um comandante solitário pode se estender por mais de mil versos, a maioria deles descrevendo em detalhes como se livrar dos inimigos de forma repugnante.[1] Mas a riqueza da vida apresentada nos poemas vai muito além de simples existências heroicas. Em um trecho famoso da *Ilíada*, por exemplo, que descreve o escudo que Hefesto, o deus dos ferreiros, forjou para Aquiles, descobrimos costumes rurais da Idade das Trevas, da agricultura à criação de animais, dos ritos nupciais às litigâncias criminais.[2] O tema da *Odisseia* é ainda mais amplo. O herói Ulisses, no retorno de Troia, perambula pelo mundo conhecido. É seduzido por feiticeiras e aprisionado por ciclopes. Disfarça-se de mendigo e banqueteia-se com monarcas nos maiores palácios daquela época. Depois de exaurir em terra todas as possibilidades, desce até o Hades, onde encontra seus antigos irmãos de armas e se compadece de seu destino sombrio. Mesmo assim, em todo esse panorama espantosamente rico da sociedade da Idade das Trevas, há algo cuja ausência é gritante: não existe dinheiro.

Para nós, que vivemos num mundo em que os mercados e o dinheiro são as principais ferramentas da organização da vida social, isso enseja uma pergunta óbvia. Se as sociedades tribais da Idade das Trevas grega não tinham nem uma coisa nem outra, como se organizavam? A surpresa de encontrar uma sociedade cujas regras são completamente diferentes da nossa foi corretamente resumida pela pergunta feita ao economista britânico Paul Seabright pelo diretor de panificação da cidade russa de São Petersburgo, pouco tempo depois do colapso da União Soviética. "Por favor, queira entender que estamos dispostos a migrar para um sistema de mercado", explicou o ex-diretor comunista, "mas precisamos compreender como tal sistema funciona. Diga-me, por exemplo: quem cuida do fornecimento de pão à população de Londres?"[3] A resposta, obviamente, é que ninguém cuida — é o sistema descentralizado de mercados e dinheiro que mantém os londrinos abastecidos de tudo, do pão de fôrma industrial ao pão artesanal. Mas, assim como a mente soviética ficou abismada com a ideia de que uma economia possa funcionar sem um plano e sem um planejador para coordená-lo, nossa mente pode se espantar com o oposto: a ideia de uma sociedade que opere sem mercado nem dinheiro algum. Antes do mercado e antes do dinheiro, o que fazia tudo andar? A *Ilíada* e a *Odisseia* nos dão uma resposta rica e detalhada.

É um sistema político simples, mas rígido. Um mundo aristocrático de líderes tribais, sacerdotes e soldados rasos. Mas a hierarquia é plana: um líder, em meio a seus seguidores, assemelha-se mais a um *primus inter pares* que a um monarca moderno. Agamêmnon, o comandante da força expedicionária grega em Troia, parece estar no mesmo patamar de outros líderes. Ainda que relativamente modestas, as distinções sociais eram, porém, rigorosamente obedecidas. Quando um soldado descontente acusa Agamêmnon de arrogância diante da tropa reunida, o líder Ulisses reage à quebra de protocolo de maneira rápida e brutal, surrando-o com seus acólitos e ameaçando despi-lo e humilhá-lo acampamento afora. Esse exercício puro de poder, sem a mediação de instituições sociais mais civilizadas, pode chocar o leitor moderno. Para os gregos da Idade das Trevas, não havia nada mais natural e apropriado. "'Ah, na verdade são aos milhares os feitos valentes de Ulisses,/ tanto na primazia dos conselhos como na autoridade guerreira!'", dizem os soldados uns aos outros em tom de aprovação no relato no poeta. "'Mas esta foi a melhor coisa que ele fez entre os Argivos,/ visto que cortou o palavreado a este caluniador desavergonhado.'"[4]

E isso basta sobre a arte da política. Mas, na falta de dinheiro, de que outra forma se organizava a sociedade grega da Idade das Trevas? No que diz respeito às necessidades básicas — água, comida e vestimenta —, a resposta é simples, por se tratar de uma economia essencialmente formada por lares autossuficientes, onde cada membro da tribo subsistia do produto de seu próprio patrimônio. Mas os poemas também dão ênfase a três instituições sociais que desempenhavam papéis importantes na organização da comunidade. A *Ilíada* trata de um estado de guerra. Nele, o mecanismo mais importante é a partilha do espólio depois do saque de uma cidade ou da vitória sobre um inimigo. Como sistema de distribuição de renda, está longe do ideal, evidentemente. As regras ficam sujeitas a constantes brigas. Afinal, a trama do poema gira em torno da querela entre o melhor guerreiro grego, Aquiles, e seu comandante, Agamêmnon, a respeito da parte de cada um em um butim.

No tempo da *Odisseia*, a paz voltou ao mundo. O poema acompanha Ulisses em sua trajetória de volta para casa, retornando de Troia, e seu filho, Telêmaco, viajando pelo Egeu em busca do pai. Dessa feita, outra instituição toma conta do cenário: o costume da troca de presentes entre chefes. Era comum, ao acolher colegas aristocratas ou se despedir deles, dar presentes, que seriam retribuídos na visita seguinte. A intenção dessa forma primitiva de intercâmbio econômico era exprimir, de forma visível e tangível, o elo entre iguais, reforçando o cimento da infraestrutura social do futuro. Como na distribuição de um espólio de guerra, as regras eram às vezes contestadas: a própria Guerra de Troia foi fruto de uma quebra de protocolo cometida por Páris, que roubou a mulher de Menelau, a bela Helena. Mas, quando não se estava em guerra, esse era o sistema de interação econômica mais importante da Idade das Trevas do mundo grego; um sistema, na verdade, tão central na visão de mundo grega que, dois séculos depois de Homero, quando outro poeta tentou capturar num único verso a essência da vida feliz, escreveu: "Feliz o homem que vive com seus filhos, seus cães, seus cavalos — e um amigo de terras estrangeiras".[5]

O princípio puro e simples da lei do mais forte, ainda que mitigado pela distribuição de pilhagens e pela troca de presentes, parece muito rústico para servir de base mesmo para uma sociedade simples. Na verdade, os poemas descrevem uma terceira instituição, crucial e mais profunda: o sacrifício de bois aos deuses e a distribuição de sua carne assada, em partes iguais, para a congregação da tribo. Por meio desse ritual solene, talvez se expressasse de forma visível — e até comestível — o mais básico dos princípios da organização política grega: o fato de que todo membro da tribo do sexo masculino tinha o mesmo valor na sociedade e, por essa lógica, a mesma dívida em relação à comunidade como um todo.[6]

Esses três mecanismos simples de organização social na ausência de dinheiro — as instituições interligadas da distribuição de pilhagens, da troca de presentes e da partilha dos sacrifícios — estão longe de ser exclusivos da Idade das Trevas grega. Em vez disso, estudos recentes de antropologia e história comparada mostraram que são costumes típicos de sociedades pequenas e tribais.[7] Evidentemente, tais instituições sociais pré-monetárias se apresentaram sob diversas formas, refletindo as circunstâncias peculiares e as crenças de cada povo. Mas os antropólogos Maurice Bloch e Jonathan Parry identificaram uma classificação dupla e bastante difundida. Estudos comparados de sociedades de Madagascar aos Andes revelam "um padrão similar de duas ordens transacionais relacionadas, mas separadas: de um lado, transações relativas à reprodução da ordem social ou cósmica no longo prazo; de outro lado, uma 'esfera' de transações relativas ao âmbito da competição individual".[8] As instituições pré-monetárias do mundo homérico obedecem a esse esquema. De um lado, havia a instituição primitiva do sacrifício, a distribuição igualitária e o consumo comunal de sua carne — a expressão ritual da solidariedade tribal diante das divindades, provavelmente herdada do passado indo-europeu mais remoto.[9] Era essa instituição que regia a "ordem transacional de longo prazo". Do outro lado, havia as convenções da troca de presentes e da distribuição do espólio de guerra. Essas eram as regras que regiam a "ordem transacional de curto prazo", relativa não à ordem cósmica e à harmonia entre classes, mas ao problema mais mundano de garantir que os negócios cotidianos da sociedade primitiva — beber e caçar, em tempos de paz; estupros e pilhagem, nos tempos de guerra — não se desmanchassem em meio à desordem e à violência.

A antiga Mesopotâmia: a UR-burocracia

No entanto, os costumes sociais primitivos descritos nas epopeias de Homero e atestados pelas evidências arqueológicas no Egeu estavam longe de ser o único modo conhecido de organização social na Idade das Trevas grega. A apenas 1500 quilômetros a leste dali havia civilizações muito mais antigas, muito maiores e muito mais sofisticadas. Eram as antigas sociedades hidráulicas da Mesopotâmia. Num violento contraste com a geografia rochosa, montanhosa e costeira da maior parte do mundo grego, a paisagem da Mesopotâmia era tremendamente fértil, abarcando desde as colinas onduladas do Crescente Fértil, ao norte, até a rica planície aluvial dos rios Tigre e Eufrates, ao sul. Deve-se sem dúvida a essas condições ambientais básicas o fato de a Mesopotâmia ser considerada o berço de tantas características fundamentais da civilização humana. Perto dos limites setentrionais do Eufrates, na área que hoje compreende a Turquia, foi inventada a agricultura, e, em razão desse advento, ali se descobriram as evidências mais antigas do estabelecimento de homens sedentários.[10] E, no delta dos dois grandes rios mesopotâmicos, no atual Iraque, aparentemente se desenvolveu pela primeira vez a técnica da irrigação.

Essas descobertas científicas fundamentais possibilitaram — para os padrões da época — vastas concentrações populacionais. Disso resultou o surgimento da maior e mais influente inovação social da Mesopotâmia: cidades. No início do terceiro milênio antes de Cristo, a cidade de Uruk, no extremo sul, prosperava às margens do Eufrates. Estendia-se por 5,5 quilômetros quadrados e abrigava milhares de habitantes.[11] Mas Uruk foi apenas a primeira de várias grandes cidades-estados que floresceram por toda a Mesopotâmia e que, mil anos depois, se uniram no primeiro estado regional do mundo, cuja capital era a grande metrópole de Ur.[12] No início do segundo milênio antes de Cristo, mais de 60 mil pessoas viviam dentro da cidade propriamente dita. Enquanto isso, no interior, cultivavam-se tâmaras, gergelim e cereais em milhares de hectares de terras, e centenas de outros eram usados para a produção de leite e a criação de ovinos. Nos pântanos do sul havia piscicultura e cultivo de juncos, e na cidade ateliês de artesãos fabricavam potes, cestos e objetos de luxo para os rituais religiosos. A escala e a diversidade dessas atividades, bem como a sua concentração num único centro populacional, eram inimagináveis na Grécia da Idade das Trevas.

Dessa forma, não surpreende que o sistema social que surgiu fosse radicalmente diferente do tribalismo primitivo do mundo grego da Idade das Trevas. Em Ur, o poder verdadeiro era partilhado pelo palácio — sede de um rei semidivino que acumulava os papéis de líder militar e juiz supremo — e pelos templos — sede tanto das divindades, que se acreditava ditarem as regras universais, como de um numeroso clero burocrático cujo papel era ditar na Terra as regras da economia da cidade. O centro da cidade era dominado por templos de arquitetura monumental — o grande zigurate consagrado ao deus Nanna, ainda hoje em pé; o templo de Ningal, sua esposa celestial; e a Ganumah, um imenso galpão que servia também como sede da administração clerical.[13] Essas autoridades eram responsáveis pela coreografia de praticamente todos os aspectos da economia de Ur: "os campos, rebanhos e mangues pertenciam na maior parte aos templos, que usavam os cidadãos para cuidar do trabalho cotidiano. Os administradores do templo, porém, eram sempre as autoridades finais".[14] O contraste com a Grécia não poderia ser mais gritante. Na Mesopotâmia, a geografia e o clima engendraram escala e complexidade, que por sua vez engendraram a primeira sociedade burocrática do mundo — e a primeira economia planificada.[15]

Um Estado com uma forma de organização tão complexa, hierárquica e burocrática exigia tecnologias de cooperação social e controle totalmente diferentes daquelas das instituições primitivas que governavam as sociedades diminutas e tribais da Grécia da Idade das Trevas. Por isso, não espanta que a Mesopotâmia tenha testemunhado a invenção de três das tecnologias sociais mais importantes da história da civilização humana: a escrita, os números e a contabilidade.

O Vale do Silício do mundo antigo

Para o mundo antigo, a origem da escrita foi motivo de espanto. Parecia inconcebível que uma tecnologia tão obviamente fundamental à vida civilizada pudesse ter sido criada por mortais de intelecto inferior. Por isso, a única explicação possível é que ela tenha vindo dos deuses — seja na forma de dádiva, seja obtida através de roubo. Os egípcios, por exemplo, acreditavam que Tot, o deus do conhecimento, que tinha cara de babuíno, havia presenteado os mortais com a escrita; os gregos achavam que Prometeu fizera o mesmo. Na antiga Mesopotâmia, em compensação, sustentava-se que o segredo da escrita fora obtido de forma sorrateira. A grande deusa Inanna o teria roubado para Uruk, sua cidade, aproveitando-se da embriaguez de Enki, o deus da sabedoria.

No século XVIII, quando os acadêmicos começaram a se interessar por essa questão, eles reforçaram sua confiança no poder da criação humana. Reuniram-se evidências arqueológicas, e, já no início do século XX, estava criada uma teoria plausível, com duas hipóteses. De acordo com a primeira, a escrita não foi resultado de uma evolução gradual, mas uma invenção — não se sabe de quem, porém se presume que de sábios que "chegaram a um acordo quanto a um método convencional de registrar [a linguagem] em símbolos escritos [...], compreensível a todos os colegas e seus sucedâneos".[16] Já a segunda hipótese postulava que os primeiros escritos haviam sido "pictográficos" — ou seja, figuras estilizadas daquilo que se desejava representar —, uma vez que os sábios teriam dificuldade em chegar a um acordo em relação aos símbolos para disseminá-los facilmente entre a população.[17]

Até o início do século XX, todas as evidências disponíveis pareciam corroborar a teoria pictográfica das origens da escrita. A inscrição mais antiga, de fato, surgiu repentinamente nos registros arqueológicos sob a forma dos hieróglifos egípcios, dos antigos caracteres chineses e dos pictogramas coloridos dos códices astecas pré-colombianos. Em 1929, porém, uma nova descoberta virou as teorias de ponta-cabeça. Escavações em Uruk, na Mesopotâmia, desenterraram um enorme arquivo de tabuletas de argila inscritas com relatos detalhados de transações no palácio e no templo. Datadas do final do quarto milênio antes de Cristo, as inscrições nessas tabuletas representam, de longe, os exemplares mais antigos já descobertos. Mas, ao contrário das inscrições pictográficas do Egito, da China e da América Central, estas consistem de símbolos abstratos, executados por meio de combinações de traços de cálamo (uma espécie de estilete feito de um pedaço de cana ou junco) — a chamada escrita "cuneiforme". Ao longo da metade do século XX, à medida que as escavações avançavam, cada vez mais evidências surgiam. A escrita mais antiga conhecida não era representada por pictogramas, mas por um sistema qualitativamente similar ao alfabeto moderno. Se a segunda hipótese da teoria aceita estava incorreta, talvez a hipótese inicial da invenção espontânea também fosse defeituosa. De súbito, as origens da escrita mergulharam de novo na obscuridade: foram necessárias quatro décadas até que se lançasse uma nova luz sobre a velha pergunta, dessa vez de um ângulo bastante inesperado.

As escavações em Uruk durante o entreguerras que revelaram os escritos mais antigos fizeram parte de uma "idade de ouro" da exploração arqueológica na Mesopotâmia, do final do século XIX a meados do XX. Expedições norte-americanas, alemãs e britânicas ao longo desse período desenterraram os sítios de incontáveis colônias arcaicas e renderam um vasto e impressionante tesouro do artesanato das civilizações mesopotâmicas, do estatutário monumental à delicada joalheria. Em meio a esses achados de alto valor, porém, também estavam espalhados milhares e milhares de pequenos objetos de argila — a maioria menor que bolas de gude. Os formatos e tamanhos eram os mais variados — cones, cilindros, bolas —, mas, fora isso, absolutamente nada os distinguia. Por isso, durante décadas, esses pedacinhos de dejetos foram quase totalmente ignorados pelos arqueólogos. Até a década de 1970, não havia nem sequer consenso em relação ao que representavam. Especulava-se, em geral, que fossem "brinquedos infantis", "amuletos", ou "peças de jogos".[18] Constantemente eram identificados apenas como "objetos de uso ignorado". Um arqueólogo norte-americano respeitado escreveu em seu diário de campanha que "dos níveis 11 e 12 surgiram cinco misteriosos [...] objetos de argila, que se assemelham a coisa alguma, a não ser supositórios".[19]

A verdade era, ao mesmo tempo, mais prosaica e mais crucial. Em 1969, Denise Schmandt-Besserat, uma jovem arqueóloga francesa, decidiu organizar um catálogo mais abrangente desses misteriosos pedaços de argila. Analisados em conjunto, ficou claro que suas formas e tamanhos genéricos e variados eram comuns a sítios de toda a Ásia Ocidental, do sudeste da Turquia ao atual Paquistão. Schmandt--Besserat percebeu que esses artefatos, ignorados por muito tempo, não eram peças de xadrez nem laxantes primitivos, e sim símbolos usados para a chamada correspondência "um a um", ou biunívoca — registrar uma quantidade pelo uso de uma quantidade idêntica de outra coisa. A correspondência biunívoca não exige nenhum tipo de sofisticação numérica: tão somente a capacidade de conferir se duas quantidades batem.[20] É a técnica mais antiga de enumeração que se conhece: acredita-se que ossos de animais entalhados, descobertos e datados como do início da Idade da Pedra, tenham sido usados como correspondência biunívoca para registrar a passagem dos dias ou o número de animais mortos.[21] Schmandt-Besserat se deu conta de que, na Mesopotâmia, um sistema complexo de objetos de argila possibilitou um nível de sofisticação até então inédito para essa antiga técnica. Cada objeto de forma e tamanho diferentes representava um tipo de mercadoria e uma quantidade diversa: cones com incisões eram o pão; itens ovalados eram o óleo; paralelogramos eram a cerveja, e assim por diante.[22] A representação dos números por meio desse complexo sistema de objetos foi usada na economia agrícola para registrar números de animais ou quantidades de sementes.

Durante milhares de anos, esse sistema permaneceu essencialmente inalterado.[23] Com a ascensão da civilização urbana e da economia do templo, houve um forte aumento na demanda por contabilidade. Por volta de 3100 a.C., na Uruk mesopotâmica, houve uma inovação crucial. Passou-se a fazer o registro usando não apenas os conjuntos de objetos em si, mas gravando a imagem desses objetos nas tabuletas de argila. Assim, uma ovelha não era mais representada por um pequeno cone guardado em uma caixa, mas pelo triângulo que a impressão desse cone fazia na argila. A partir da introdução desse sistema, e uma vez conhecidas as impressões que correspondiam a cada objeto, o passo seguinte era apenas dispensar os objetos propriamente ditos. Era muito mais fácil usar um cálamo e fazer uma impressão, com tamanho e forma corretos, na argila úmida de uma tabuleta. O sistema antigo de ícones tridimensionais foi transposto para um novo sistema, de símbolos bidimensionais. Ocorria, assim, uma evolução histórica: nada menos que o nascimento da escrita.

Ter estimulado a invenção da escrita já seria por si só um grande feito. Mas a complexidade crescente das economias mesopotâmicas exerceu pressão constante para que surgissem técnicas cada vez mais eficientes e flexíveis. Representar números por meio dos novos símbolos escritos era, com certeza, mais eficiente que dar forma, aquecer e armazenar milhares e milhares de pequenos símbolos de argila. Mas ambas as técnicas ainda se baseavam na correspondência biunívoca — um objeto ou símbolo correspondente a cada coisa a ser contada. Pouco tempo depois da invenção da escrita, porém, outra melhoria significativa foi feita. Em vez de inscrever cinco símbolos de ovelhas para representar cinco ovelhas, criaram-se símbolos distintos para o número "cinco" e para a categoria "ovelha". A partir daí, bastavam dois símbolos, em vez de cinco. A vantagem prática é considerável se pensarmos que em uma única tabuleta desencavada consta o recebimento de 140 mil litros de grãos.[24] As consequências de longo prazo, porém, foram ainda maiores. A correspondência biunívoca não exige a noção abstrata de número; em outras palavras, não exige pensar no número como algo diverso da coisa a ser contada. No novo sistema, sim. Não apenas Ur havia inventado a escrita, mas quase ao mesmo tempo inventara o conceito de número — abrindo caminho, assim, para o surgimento da matemática.

A invenção da escrita e do número abstrato armou o cenário para o surgimento da terceira tecnologia fundamental para a sociedade mesopotâmica: a contabilidade. O controle hierárquico da atividade econômica pela burocracia clerical exigia um sistema de informação administrativa: uma técnica para a quantificação do estoque e do fluxo de matérias-primas e bens finais; para o uso desses números no planejamento do futuro e para verificar se o planejamento estava sendo corretamente executado no terreno. A contabilidade foi uma tecnologia social que combinou a capacidade de guardar registros de forma eficiente — através da escrita e dos números — com medidas padronizadas de tempo, a fim de que as quantidades pudessem ser rastreadas como estoques em balancetes e os fluxos em declarações de renda.[25] Tanto para as economias da Mesopotâmia antiga quanto para as grandes empresas de hoje, foi um sistema consistente de contabilidade que permitiu que as diretrizes de escalões superiores pudessem ser traduzidas em instruções práticas — e que o cumprimento dessas instruções fosse verificado por aquela figura que representa o mais conhecido, mais proibitivo e, ao que tudo indica, o mais antigo dos profissionais: o contador.

Assim, em quase todos os aspectos, as sociedades da antiga Mesopotâmia representam um contraponto radical em relação àquelas da Grécia da Idade das Trevas. No lugar da sociedade tribal primitiva e igualitária de Homero, deparamos com uma cidade com dezenas de milhares de habitantes governados por um rei semidivino e organizada numa hierarquia de vários níveis. Em vez do exercício puro do poder do líder sobre seus pares, sofisticadas regras de um sistema contábil gerenciado pela burocracia do templo. Em vez de uma economia simples, governada pelos princípios da reciprocidade e do sacrifício ritual, conhecidos por incontáveis tribos primitivas ao longo de vários milênios, uma economia complexa, regida conforme um sistema de planejamento econômico detalhado — que possivelmente seria reconhecido até pelo gerente de uma multinacional moderna. Mas, apesar dessas diferenças gritantes, havia um aspecto vital em que as economias da Mesopotâmia antiga eram idênticas àquelas da Grécia da Idade das Trevas: nem no planejamento burocrático do templo nem nas instituições tribais primitivas da Idade das Trevas gregas havia lugar para o dinheiro.[26]

Por que essa extraordinária civilização comercial — a economia mais avançada que o mundo já vira, responsável por inventar a escrita, os números e a contabilidade — não inventou o dinheiro? A resposta é que um ingrediente crítico não foi desenvolvido — o pré-requisito mais importante para o dinheiro e seu componente central. Para entender que ingrediente é esse, temos de fazer um desvio para um ambiente burocrático muito mais recente: o 11º encontro da Conferência Geral de Pesos e Medidas, em 14 de outubro de 1960, em Paris.

Tirando as medidas

Grandes burocracias internacionais não costumam ser responsáveis por progressos revolucionários da civilização humana. O mais comum é que elas sejam bastiões de dogmas e reacionarismo contra os quais pioneiros solitários tiveram de lutar na busca corajosa do conhecimento e da verdade. Mas o campo da metrologia — a ciência das medidas — representa uma exceção notável a essa regra geral. Em 14 de outubro de 1960, a quadrienal Conferência Geral de Pesos e Medidas se reuniu para avaliar uma série de propostas feitas pelo Comitê Internacional de Pesos e Medidas, que as recebeu do Escritório Internacional de Pesos e Medidas. Impossível maior reunião de burocracias internacionais obscuras — receita garantida para uma agenda entediante de questões avaliadas em seus mínimos detalhes pelos participantes, antes da suspensão da sessão para um longo almoço com tudo pago. Nada mais longe da verdade, porque foi nesse encontro que, pela primeira vez na história, chegou-se a um acordo para um sistema simples e universal de unidades de medida baseado em padrões consensuais — o *système international d'unités*, ou somente SI.

Não foi pouca coisa. Até o século XIX, uma padronização coerente das unidades de medida em qualquer extensão geográfica era algo totalmente desconhecido. Em 1790, por exemplo, encomendou-se um estudo para estabelecer o comprimento-padrão do *arpent*, uma unidade de área comum na França. Para o desânimo dos pesquisadores, foram encontrados nove padrões diferentes em uso apenas nos Baixos Pireneus. Em Calvados, havia nada menos que dezesseis.[27] Exemplos assim nem de longe eram incomuns: em se tratando de consistência, a França estava do lado bom do espectro europeu. "Em geral, reinava um estado de chocante confusão", escreveu o polonês Witold Kula, grande estudioso da metrologia, a respeito de sua terra natal: "Só no vilarejo de Jastrzebie, na parte norte usavam-se as medidas de Pszczyna, enquanto na parte sul usavam-se as medidas de Wodzislaw, e até a década de 1830 o vigário mantinha as duas medidas".[28]

Outro problema era a proliferação das unidades propriamente ditas. De acordo com o SI, o comprimento — qualquer comprimento, de qualquer coisa — deve ser medido pelo metro, suas subdivisões ou múltiplos. Na Europa da Idade Média e do início da Idade Moderna, conceitos metrológicos aplicáveis em tais contextos universais eram algo desconhecido. Ainda hoje, no Reino Unido, o uísque é medido em *gills*, a cerveja em *pints* (pintas) e a gasolina em *gallons* (galões). Mas no antigo sistema eslavo de medida, por exemplo, o *foot* (pé) era a unidade de comprimento usada para medir hortas, enquanto o *pace* (passo) era usado para descrever distâncias percorridas. O *fathom* (braça) era usado para registrar a profundidade do mar, enquanto o *ell* (vara) era usado para medir tecidos. É claro que em todas essas situações o que estava sendo medido era a mesma coisa, o comprimento. Mas em cada contexto específico era usada uma unidade diferente. Esse caldo de unidades vernáculas resultava numa terminologia que soa quase absurda a um ouvido moderno: "Um pescador se referiria a sua rede como tendo trinta braças de comprimento e dez varas de largura".[29]

Esse era o lamentável estado de coisas que a Conferência Geral de Pesos e Medidas fora convocada a remediar, e a criação do SI foi o ápice de quase um século de esforços internacionais para simplificar e padronizar os pesos e medidas do planeta. Foi um progresso revolucionário, sob vários aspectos. Em termos de simplificação, criou um conjunto de seis unidades básicas, o suficiente para a medida de qualquer aspecto do mundo físico: o metro para extensões lineares, o quilograma para a massa, o segundo para o tempo, o grau Kelvin para a temperatura, a candela para a intensidade luminosa e o ampère para a corrente elétrica.[30] Em termos de padronização, os feitos foram ainda mais espetaculares. Não apenas a Conferência estabeleceu padrões aceitos internacionalmente para essas unidades básicas, como pela primeira vez definiu-os em termos de constantes universais encontradas na natureza, em vez de referências a exemplos específicos consensuais. Assim, o metro do SI, por exemplo, deixou de ser definido com base em um metro-padrão guardado em Paris, mas com base no comprimento de onda da radiação emitida por um elemento químico específico.[31]

À primeira vista, essa longa marcha rumo à simplificação e à padronização pode parecer meramente cosmética. Afinal de contas, qualquer que seja sua origem específica, toda unidade de medida, ainda que arcaica, tem relação com as outras e com as unidades modernas numa proporção fixa. O que seria mais inofensivo do que a benevolência de um costume local — ou mais típico de uma burocracia internacional sem rosto que a ânsia de erradicá-lo? Mas isso seria uma compreensão equivocada da natureza e da origem dos sistemas de medida. Essa pergunta, afinal, pode ser invertida. Por que todos adotaram unidades de medida diferentes para fins tão limitados, se podiam adotar unidades aplicáveis de modo universal? Antes de tudo, em outras palavras, por que ocorreu essa proliferação absurda de unidades locais e de uso restrito?

Uma tentativa precoce de simplificação e padronização: uma charge francesa de 1795 explica os méritos do novo sistema "métrico".

61

A verdade é que havia um método nessa aparente loucura. A característica comum aos conceitos metrológicos tradicionais era que eles surgiram de baixo para cima, para utilização em contextos específicos — e que capturavam precisamente o aspecto mais relevante da atividade em questão. Hoje, por exemplo, para definirmos a área de um pedaço de terra, medimos seu perímetro. Para o camponês medieval, porém, nada mais inútil que saber a medida quadrada de um pedaço de terra arável. Como explicou Witold Kula, em vez disso "dois aspectos qualitativos de toda terra cultivável têm importância crucial: o tempo que leva para cultivá-la e a colheita que ela pode render".[32] O resultado é que as unidades tradicionais de medida de terras agrícolas costumavam ser definidas pela área que um homem podia arar num dia ou pela área que renderia determinado volume de grãos. A dimensão quadrada de uma unidade definida dessa maneira pode, é claro, variar de forma significativa conforme a qualidade da terra; mas o que para uma cabeça moderna parece um desperdício da oportunidade de generalizar era, naquele tempo, um ganho proporcionado pela utilidade precisa para a tarefa em questão. Esse exemplo ilustra uma questão geral: o alcance adequado e a padronização de qualquer conceito metrológico dependem de seu uso.

Claro que a metrologia não é estática: assim como evolui a utilização que se lhes dá, também evoluem as unidades de medida e seus padrões. Mais do que isso, é uma via de mão dupla: assim como os costumes e as técnicas dão origem a unidades de medida, a criação de conceitos metrológicos mais amplos e a implantação de padrões mais consistentes ensejam o florescimento de novas formas de cooperação tecnológica e econômica. Incontáveis sistemas de medida e padrões que variavam de vilarejo em vilarejo eram o que bastava para uma economia de propriedades agrícolas pequenas e isoladas; mas a era industrial — a era das máquinas e da produção em massa — exigia padronização, e a explosão do comércio internacional e da indústria exigia unidades em comum, em nome da eficiência. Hoje, a necessidade de unidades universais calibradas com padrões em comum é mais premente do que nunca. Em agosto de 2011, a revista *The Economist* analisou a origem dos 178 componentes do iPhone 4, da Apple: um quarto vinha da Coreia do Sul, um quinto de Taiwan, um décimo dos Estados Unidos e outras frações do Japão, da China e de diversos países da Europa.[33] As cadeias de abastecimento da indústria global — sem falar da colaboração internacional na medicina, na ciência e no comércio — seriam inconcebíveis sem unidades de medida globalmente compreendidas. Nada disso existiria se não tivesse ocorrido o processo coroado pela criação do SI.

A invenção gradual das unidades de medida de uso geral, portanto, não foi de modo algum uma evolução cosmética. As unidades de medida que existem em determinado momento refletem os conceitos existentes naquela época. Quando as léguas, as braças, as polegadas foram originalmente criadas, por exemplo, simplesmente não havia o conceito universal de extensão linear. Não passava pela cabeça de ninguém que se estava medindo a mesma coisa tanto ao jogar uma pedra para saber a profundidade do mar quanto ao contar os passos até chegar ao vilarejo seguinte. Na ausência de um conceito universal de extensão linear, era pouco provável que surgisse uma unidade para medi-la. A criação do SI foi, portanto, a manifestação visível e material de uma mudança invisível, mas profunda, na evolução das ideias humanas. Foi um processo que levou séculos — milênios, provavelmente. O século de trabalho do Escritório Internacional de Pesos e Medidas apenas deu-lhe os toques finais. Mas a decisão de 14 de outubro de 1960 da Conferência Geral, de codificar as seis unidades básicas do SI, foi mais que um divisor de águas prático para qualquer atividade que exija cooperação além das fronteiras nacionais e a quantificação do mundo físico. Essa decisão foi o reflexo do êxito de uma evolução gradual da abstração ao longo da história. Não apenas das noções distintas da altura do cavalo e da altura do cavaleiro para a ideia geral de altura, por exemplo, mas dos conceitos gerais de altura, comprimento e profundidade para o conceito universal de extensão linear. Foi uma decisão que marcou nada menos que uma transição fundamental nos conceitos que a maior parte da humanidade usa para quantificar o mundo físico. No fim das contas, nada mau para um dia de trabalho de uma burocracia internacional sem rosto.

A invenção de uma unidade de medida aplicável universalmente, seu papel central na tessitura de uma economia moderna e globalizada e seu impacto radical no desenvolvimento do pensamento humano. Onde mais um triunvirato revolucionário como esse pode ser encontrado? Onde mais, a não ser no caso do dinheiro?

CAPÍTULO 3

A invenção do valor econômico pelos egeus

O dólar invisível

O que é, afinal de contas, um dólar? O que é uma libra, um euro ou um iene? Não uma nota de dólar ou de iene, nem uma moeda de libra ou de euro, mas um dólar, uma libra, um euro ou um iene propriamente ditos? A tentação é achar que esse nome se refere a algo físico. Seria até natural pensar assim quando ele está inscrito em algo físico, como uma moeda — principalmente uma moeda feita de metal precioso. Pode ser uma força quase irresistível, se houver uma legislação em vigor — como houve, na maior parte do mundo, no século XIX e no início do XX — que exigia dos bancos que pudessem resgatar, quando requerido, notas de dólar, libra ou outras por quantidades determinadas de ouro de certo quilate. Naquela época, as aparências pareciam dar forte indicação de que era isso — determinado peso de um metal precioso — que um dólar "era". Aparências enganosas, porém. Um dólar, sob o padrão-ouro ou não, é algo que seria intimamente compreendido pelos burocratas sem rosto do Escritório Internacional de Pesos e Medidas: é uma unidade de medida, uma evolução arbitrária numa escala de abstrações. Portanto, tanto quanto um metro ou um quilograma, um dólar, em si, não se refere a absolutamente nada físico — ainda que se estabeleça por consenso um padrão de comprimento, massa ou valor de determinada coisa física. Na formulação lírica do grande acadêmico monetário Alfred Mitchell Innes, "os olhos nunca viram, tampouco as mãos tocaram um dólar".[1] Assim como tampouco os olhos viram ou as mãos tocaram um metro ou um quilo, mesmo que os olhos tenham visto e as mãos tenham tocado uma régua de madeira de um metro ou um peso de ferro de um quilo.

Sendo o dólar uma unidade de medida, o que ele mede? A resposta, diante disso, é simples: valor — ou, mais precisamente, valor econômico. Mas, se é assim, a história da evolução das unidades físicas de medida e os conceitos que elas refletem demandam algumas perguntas adicionais. Se o metro do SI passou a ser a unidade de medida única e universal da extensão linear, até que ponto o conceito de valor econômico é universal — e qual é o seu padrão? Em outras palavras, se os poderes da Conferência Geral de Pesos e Medidas fossem estendidos também ao mundo social, o que os burocratas de Paris encontrariam?

Sem dúvida eles esperariam encontrar esse conceito no mesmo estado de terrível atraso constatado durante séculos na metrologia física. E, inicialmente, essa expectativa não seria desmentida. Eles encontrariam uma grande variedade de noções de valor disputando a atenção em nossa tomada de decisões. Nós preservamos monumentos em razão do "valor histórico"; admiramos quadros por seu "valor estético"; deixamos de roubar ou trapacear graças a nossos "valores morais"; abstemo-nos de álcool e oramos cinco vezes por dia por causa de nossos "valores religiosos"; valorizamos as joias de família da nossa avó devido a seu "valor sentimental". São conceitos de valor de emprego restrito. Cada um deles é rei em seu próprio mundo, nenhum deles impera fora dele. Da mesma forma que os antigos conceitos físicos da altura de um cavalo, da profundidade do mar ou da largura de uma rede, os valores sentimentais, estéticos e religiosos são conceitos específicos, criados no contexto de atividades específicas. A padronização do valor pareceria ainda menos evoluída que a padronização daquelas antigas unidades físicas de medida. Alguém, afinal, já ouviu falar de um padrão internacional de valor sentimental? Quando tratamos da realidade social, não é nem um padrão para cada vilarejo; é um padrão para cada pessoa. Como diz o ditado, *"de gustibus non est disputandum"* — gosto não se discute.

Mas, ao contemplarem esse vasto território a desbravar, os burocratas sofreriam um choque formidável. Ocorre que, em meio a esse blá-blá-blá de conceitos de uso restrito, eles deparariam com o conceito de valor econômico; e, em se tratando de generalidade, o conceito de valor econômico inspiraria não apenas admiração, mas inveja entre as autoridades. Isso porque o valor econômico pode ser aplicado não apenas a coisas que possuem determinada propriedade física — temperatura, comprimento ou massa, por exemplo — mas, pelo menos em princípio, a toda e qualquer coisa. Bens têm valor econômico, mas os serviços também. As três dimensões físicas não são uma limitação: afinal, tempo é dinheiro. Noções abstratas não estão imunes à avaliação monetária: qual é o preço do sucesso? Nem mesmo uma existência puramente espiritual foi um obstáculo, no tempo em que as pessoas se importavam com essas coisas: o salário do pecado poderia ser imediatamente compensado por indulgências clericais cujo valor era medido, e pago, em libras, xelins ou *pence*. Na verdade, parece não haver limite intrínseco ao alcance do conceito de valor econômico. Até à própria vida humana economistas governamentais atribuem regularmente um valor econômico, nas análises de custo-benefício que utilizam para estudar novas leis. Em 2010, o Departamento de Transporte dos Estados Unidos elevou sua estimativa do valor da vida humana de 3,5 milhões para 6,1 milhões de dólares, por exemplo, o que levou à decisão de exigir que se duplicasse a resistência do teto da cabine dos caminhões, medida que preveniria 135 mortes por ano.[2] O sindicato dos caminhoneiros autônomos protestou. Mas eles se queixavam porque um valor menor teria representado uma regulamentação menos custosa, e não por ter sido estabelecido um preço para a vida. O valor econômico atingiu a última palavra em universalidade — sem interferência de burocrata nenhum.

Mesmo assim, ainda que os burocratas descobrissem sua inutilidade quando se trata de simplificação, a padronização não poderia, ainda, representar uma agenda respeitável? Afinal de contas, o conceito de valor econômico pode ter a singularidade de ser universal, mas seus padrões continuam a ser claramente nacionais: a libra no Reino Unido, o iene no Japão, o euro na zona do euro. Só o dólar norte-americano aspira seriamente à aplicabilidade universal tão cara à Conferência Geral, e ainda assim de forma um tanto esparsa. Eis aí, portanto, algo em que as autoridades poderiam meter o nariz: construir um consenso em torno de um padrão único e internacional — de preferência definido nos termos de constantes universais encontradas na natureza. Neste ponto, porém, os burocratas também encontrariam de imediato um obstáculo. O problema é que há uma diferença fundamental entre o conceito de valor econômico e os conceitos medidos pelo SI. O valor econômico é uma propriedade da realidade social, enquanto a extensão linear, a massa, a temperatura etc. são propriedades da realidade física. A escolha do padrão de medição de conceitos físicos é uma questão de eficiência técnica. Mas a utilização das medidas da propriedade social do valor econômico é muito diferente, do ponto de vista qualitativo; por isso, a escolha de seu padrão também é muito diferente. A escolha do padrão de medida do valor econômico — em outras palavras, a escolha do padrão de unidade monetária — não afeta a construção de uma ponte, mas afeta a distribuição da renda e da riqueza e afeta a atribuição do risco econômico. É, portanto, uma decisão não apenas técnica, mas também ética; e o critério de escolha não é apenas se a unidade-padrão é eficiente, mas se é justa. É evidente que a determinação daquilo que é "justo" é apenas política. E, como no mundo de hoje a política é uma competência nacional, os padrões usados para a medida do valor econômico — as unidades monetárias — são essencialmente nacionais. Se os burocratas quisessem criar um padrão internacional, primeiro teriam que forjar uma entidade internacional — tarefa além do alcance até mesmo do Escritório Internacional de Pesos e Medidas.

Apesar do desapontamento por ver que o valor econômico já é um conceito universal, e da derrota diante do fato de que seus padrões são irremediavelmente políticos e nacionais, o Escritório Internacional ainda poderia, no entanto, dar uma contribuição com a experiência da assembleia que criou o SI: contar a história da evolução do valor econômico. Pode até ser que a unidade monetária — a medida do valor econômico —, tão poderosa, já goze no mundo social da mesma universalidade de que gozam no mundo físico as seis unidades do SI. Mas, assim como estas, ela não teria sofrido transformações ao longo do tempo? Se até o conceito de extensão linear, hoje conhecido por todos, um dia não existiu, o mesmo teria ocorrido com o valor econômico? Houve alguma época e algum lugar em que não existia o conceito de valor econômico universal, em que a sociedade se organizava e os atos eram motivados meramente por conceitos de valor tradicionais, incomensuráveis e de uso restrito?

Houve. E já estivemos lá. Era o mundo antes do dinheiro: a Grécia da Idade das Trevas e a antiga Mesopotâmia. O elo perdido na invenção do dinheiro era a criação do conceito de valor econômico universal. É hora de voltar ao Egeu arcaico para descobrir como essas ideias foram concebidas.

O elo perdido do dinheiro

A sofisticação tecnológica e cultural nunca foi garantia de progresso. A história está repleta de exemplos de civilizações antigas e avançadas cuja relutância ou incapacidade de absorver ideias novas abriu caminho para que fossem superadas por nações mais atrasadas, menos sobrecarregadas pelo peso das conquistas alcançadas. Não foi diferente no mundo antigo. A Mesopotâmia tinha grandes cidades e economias complexas, administradas pelo sistema social mais avançado e inovador daquela época — a burocracia —, que otimizava a eficiência e o desempenho graças ao uso de tecnologias sociais de última geração, a escrita, os números e a contabilidade. Seria pouco provável que tais ápices da civilização humana tivessem algo a aprender das tribos de vândalos sem cultura do Oeste, aglomerados em pequenos grupos e ainda organizados com base em instituições de tribos incultas de que a Mesopotâmia se livrara, literalmente, milênios antes.

O contrário, é claro, era outra história. Para os gregos, eram absolutamente evidentes os enormes benefícios práticos advindos da adoção da escrita e da numeração. Portanto, não causa surpresa o quão generalizada foi a adoção dessas novas tecnologias no mundo grego, assim que o contato com o Oriente foi restabelecido de forma apropriada. É muito provável que essa transmissão tenha se dado inicialmente por meio dos fenícios do Levante — marinheiros extraordinários e comerciantes com quem os gregos fizeram amplo contato desde o final da Idade das Trevas. A evidência arqueológica mais antiga de uma escrita grega é uma famosa taça de beber com a inscrição de três versos simples, descoberta em 1954 na Ísquia e datada entre 750 e 700 a.C.[3] Em questão de décadas, tanto a escrita quanto a numeração já tinham se disseminado pelo mundo grego, do Extremo Oriente, no mar Negro, às colônias da Sicília e do sul da Itália, a oeste.

Foram notáveis os efeitos dessas novas tecnologias na cultura grega.[4] Os cem anos posteriores a 650 a.C. testemunharam uma revolução intelectual sem precedentes — uma emancipação do pensamento, possibilitada pela nova capacidade de quantificar, registrar, refletir e criticar o que estava escrito.[5] A revolução começou no Oriente, na cidade de Mileto, a capital comercial da costa iônica da Ásia Menor. Foi ali, em 585 a.C., que o filósofo Tales previu corretamente um eclipse do Sol — um feito que espantou o mundo grego. O que havia de notável a respeito disso, porém, não era a previsão propriamente dita; fazia séculos que os cálculos astronômicos exigidos para essa análise já eram conhecidos dos egípcios e mesopotâmicos. Era o método novo e científico usado por Tales para chegar ao resultado — e a visão de mundo nova sobre a qual ele se assentava. Tales rejeitava a ideia de um mundo subjetivo, regido pelos caprichos de deuses antropomórficos que era preciso apaziguar com magia e rituais. No lugar desse mundo ele instalou, pela primeira vez, a ideia de um universo governado por leis naturais, impessoais, e seu corolário igualmente revolucionário — o conceito do observador individual separado dos fenômenos físicos objetivos sob seu olhar.

O poder dessa nova perspectiva ressoou por todo o século seguinte. Pela visão de mundo antiga, o universo consistia apenas daquilo que era possível ver: até os deuses e deusas, acreditava-se, viviam no mundo físico. Nessa nova versão, havia também um mundo metafísico: o reino das leis naturais que regem o mundo visível — uma realidade final, além das aparências. Era uma revolução na compreensão humana do universo físico: nada menos que "o surgimento do pensamento racional abstrato, da filosofia e da teoria científica, numa forma que ainda pode ser reconhecida por seus praticantes modernos".[6] Exatamente por causa do extremo atraso em relação às civilizações antigas da Mesopotâmia e do Egito, foi no Egeu grego, e no espaço de poucas décadas de transição de uma cultura inteiramente analfabeta, que se inventou a visão de mundo científica moderna.

Mas o fértil encontro entre o sofisticado Oriente e o primitivo Ocidente não revolucionou apenas a compreensão humana do universo físico. Ele também mudou profundamente a compreensão do mundo social. A organização da sociedade terrena era concebida, pela tradição, como espelho da morada divina acima, nos céus. Mas se a ideia de um universo subjetivo, regido por deuses caprichosos, fora substituída pela noção científica de uma realidade objetiva governada por leis impessoais, então a compreensão antiga da sociedade não deveria ser também superada? Não deveria ser aplicada a seguinte analogia: não existiria uma coisa chamada sociedade, separada do eu — uma realidade social objetiva, o contraponto da realidade física objetiva, governada também por leis impessoais?

Era uma ideia irresistível — e continua a ser ainda hoje. Mas suscitava uma pergunta. A nova perspectiva do universo físico postulava alguma substância fundamental, da qual o universo físico era feito e em cujos termos suas leis eram formuladas. Fosse essa substância o fogo de Heráclito ou o número de Pitágoras, teria que ser algo que constituísse a realidade por trás das aparências — o equivalente antigo do conceito de energia que hoje é o fundamento da física teórica. A nova visão de sociedade exigia algum conceito análogo, em cujos termos a estrutura básica da realidade social objetiva poderia ser descrita e compreendida pelo pensamento científico. Mas o que poderia ser? E por que, ao fazer essa pergunta, a cultura primitiva dos gregos estava explorando um terreno novo, desconhecido para as civilizações avançadíssimas da Mesopotâmia?

A resposta é que, nessa nova compreensão da sociedade e da economia, assim como na nova ciência do mundo natural, as ironias do progresso histórico estavam mais uma vez em evidência. Foi por causa do relativo atraso, e não apesar dele, que a civilização grega alcançou o limiar de uma revolução intelectual fundamental. Isso porque a Grécia teve uma ideia que faltava à Mesopotâmia: um conceito de uma substância única, universal, abstrata, que podia responder à exigência de uma nova compreensão da sociedade, e em cujos termos a realidade social objetiva podia ser compreendida. Camuflado em meio a suas formas culturais bárbaras e primitivas, a Grécia possuía um tesouro reluzente: uma ideia nascente de valor universalmente aplicável.

O sofisticado sistema mesopotâmico de contabilidade e planejamento não era, evidentemente, desprovido de noções de valor. Embora no estágio inicial de sua evolução esse planejamento fosse expresso apenas em unidades físicas, a burocracia do templo desenvolveu posteriormente unidades de valor abstrato com as quais alocava recursos entre categorias diferentes de entrada e saída. Mas essas unidades foram projetadas para uso apenas em setores específicos e como parte do processo de planificação: em virtude da sofisticação do sistema de controle burocrático propriamente dito, não havia necessidade de uma unidade universal de valor que pudesse ser aplicada de forma mais geral e à margem da hierarquia administrativa. Assim como o camponês medieval tinha unidades de comprimento de uso restrito, todas elas perfeitamente adequadas a sua tarefa particular — as braças, as léguas, os pés —, os burocratas do templo tinham conceitos de valor de uso restrito e unidades correspondentes para contabilizá-los: "Conforme o setor da economia, os meios de comparação ou a medida dos deveres e normas-padrão podiam ser a prata, a cevada, o peixe, ou 'dias de trabalho', isto é, o produto do número de trabalhadores multiplicado pelo número de dias trabalhados".[7]

Quando as antigas tecnologias mesopotâmias da escrita, da numeração e da contabilidade entraram em contato com as instituições tribais primitivas da Grécia, elas foram transplantadas a um ambiente inteiramente diferente. E uma dessas instituições — o ritual da distribuição do sacrifício — carregava consigo o germe de um conceito de valor bastante diferente. O ritual da festa de sacrifício consistia na matança cerimonial da vítima, a queima de suas entranhas e sua oferenda aos deuses e a preparação e distribuição de sua carne à congregação. Todos os membros da tribo de sexo masculino participavam, e as partes eram distribuídas por igual — pois se tratava de um ritual antigo, cujo fim era expressar, ensaiar e assegurar a compreensão do conjunto da tribo. Como a troca de presentes, esse ritual era baseado na reciprocidade — mas, aqui, a reciprocidade era entre o indivíduo e a tribo: reafirmava-se o indivíduo como um membro igual a todos da tribo e com idêntica obrigação de garantir a sobrevivência desta. As ideias básicas em jogo são tão fundamentais, e tão conhecidas por nós hoje, que não é difícil não prestar atenção nelas. Mas eram ideias completamente estranhas à cosmologia hierarquizada e à sociedade de castas da Mesopotâmia. Essas ideias eram: o conceito de valor social — propriedade de que gozava todo membro da tribo de sexo masculino, pelo simples fato de pertencer à comunidade — e a noção de que, sob esta medida, todo membro tinha o mesmo valor.

Enquanto essas ideias permaneceram em seu contexto original, o ritual tribal da distribuição do sacrifício, elas não passaram de uma relíquia dos tempos bárbaros. Mas quando se misturaram às novas tecnologias do Oriente e à nova perspectiva de mundo que elas suscitaram, foi uma catálise vulcânica. A noção de valor social era um conceito atômico sobre o qual era possível erigir uma realidade social objetiva. E a ideia do valor igual de cada membro da tribo era uma constante social: um padrão contra o qual era possível medir o valor social. Em outras palavras, no coração da sociedade grega nascia, prêt-à-porter, nada menos que um conceito de valor universal e um padrão para medi-lo. Ali estava uma resposta à pergunta suscitada pela nova perspectiva em relação à economia e à sociedade. Onde a nova compreensão da realidade física colocava o homem, observador de um universo objetivo, a nova compreensão da realidade social colocava a ideia do eu, separado da sociedade — esta, uma entidade objetiva, formada por relações mensuráveis numa unidade-padrão na escala universal do valor econômico. Esse foi um desdobramento conceitual crucial — o elo perdido, no nível intelectual, para a invenção do dinheiro.[8]

Jovens atenienses levando touros ao sacrifício, do friso norte do Partenon: a mais famosa de todas as representações de um dos rituais centrais da civilização grega.

Durante milênios, a Mesopotâmia teve um dos três componentes do dinheiro: um sistema de contabilidade, baseado em suas descobertas da escrita e da numeração. Mas a enorme sofisticação da economia planejada e burocrática da Mesopotâmia dispensava um conceito universal de valor econômico. Ela exigia, e aperfeiçoou, uma série de conceitos de valor de uso restrito, cada um deles com seu padrão específico. Portanto, não desenvolveu o primeiro componente do dinheiro: uma unidade de valor econômico abstrata e universalmente aplicável. A Grécia da Idade das Trevas, em compensação, tinha um conceito primitivo de valor universal e um padrão para medi-lo. Mas a Idade das Trevas grega não conhecia nem a escrita nem a numeração — muito menos um sistema de contabilidade. Tinha, de forma nascente, o primeiro componente do dinheiro, mas lhes faltava o segundo. Nenhuma das duas civilizações tinha todos os ingredientes para o dinheiro. Mas quando as tecnologias ultramodernas do Oriente — escrita, numeração e contabilidade — combinaram-se à ideia de uma escala universal de valor incubada no Ocidente, os pré-requisitos conceituais para o dinheiro estavam, finalmente, disponíveis.

Uma regra para a anarquia

Não demorou muito para que esses pré-requisitos produzissem resultados práticos. Um conceito de valor único, aplicável universalmente, evoluiu no contexto de uma instituição política — o ritual da distribuição do sacrifício — e começou a ser aplicado de forma mais geral em outros contextos sociais, religiosos e legais. Aquilo que, desde tempos imemoriais, eram obrigações rituais, cujo valor relativo não ocorreria a ninguém comparar, passou a ser visto em termos de uma nova medida de valor — a unidade monetária. Já no início do século VI a.C., inscrições começaram a proclamar o valor monetário das oferendas religiosas no templo de Hera, na ilha de Samos — a maior instituição religiosa grega da época.[9] Em Atenas, mais ou menos no mesmo período, as recompensas do Estado aos vencedores das competições atléticas pan-helênicas começaram a ser atribuídas em termos monetários — cem dracmas para um campeão dos Jogos Ístmicos; quinhentas dracmas para um campeão dos Jogos Olímpicos.[10] Esse conceito novo e engenhoso de valor econômico universal não estava sendo adotado apenas em avaliações oficiais — estava sendo usado por indivíduos também. Uma inscrição pitoresca num cinto de metal do ano 500 a.C., aproximadamente, atesta que seu proprietário recebeu, por um contrato como escrivão público, a considerável soma de vinte dracmas.[11]

    A disseminação dos dois primeiros componentes do dinheiro — a noção de uma unidade de valor aplicável universalmente e o hábito de contabilizá-la — deu força ao surgimento do terceiro: o princípio da negociabilidade descentralizada. A ideia nova do valor econômico universal possibilitou a criação de obrigações que não dependiam de uma autoridade centralizada. E a ideia nova de um espaço econômico objetivo engendrou a confiança na existência dessa possibilidade por tempo indefinido. Para que um mercado exista é preciso que existam pessoas capazes de negociar uma venda ou aceitar um salário por conta própria, em vez de submeter sua opinião a uma autoridade central à espera de uma diretriz para agir. Mas uma negociação bem-sucedida exige uma linguagem comum — uma ideia compartilhada do significado das palavras. Para que um mercado funcione, portanto, é preciso que haja um conceito de valor compartilhado e unidades padronizadas para medi-lo. Não uma noção comum do valor de determinado bem ou serviço — é aí que começa a barganha —, mas uma unidade de valor econômico comum, de modo que possa simplesmente existir a barganha. Se não houvesse uma concordância geral em relação ao que é um dólar, discutir preços em dólar no mercado seria o mesmo que conversar com pássaros e abelhas.

O dinheiro passou a abrir um horizonte ainda mais radical: as obrigações sociais tradicionais podiam não apenas ser avaliadas numa escala universal, mas transferidas de uma pessoa para outra. O milagre do dinheiro tinha um gêmeo igualmente miraculoso — o milagre do mercado.[12] Com a invenção da cunhagem de moedas, nascia uma tecnologia ideal para registrar e transferir obrigações monetárias de uma pessoa para outra. As moedas mais antigas que se conhecem foram cunhadas na Lídia e na Jônia, na atual Turquia, no início do século vi a.C. Mas foi nas cidades-estados do Egeu grego que se adotou a cunhagem como o método ideal de representar o conceito inovador do valor econômico, a partir do final do século vi a.C. Espalhou-se pelo mundo grego de forma rápida e generalizada: por volta de 480 a.C., havia quase uma centena de fundições no mundo grego.[13]

O resultado foi uma aceleração ainda maior do ritmo da monetização. Em toda parte, obrigações sociais tradicionais se transformaram em relações financeiras. Em Atenas, meeiros agrícolas tradicionais passaram a ser locatários contratuais que pagavam aluguel em dinheiro. As chamadas "liturgias" — antigas obrigações cívicas que os mil habitantes mais ricos da cidade honravam para garantir serviços públicos que iam dos corais para o teatro aos navios para a Marinha — passaram a ser avaliadas em termos financeiros. No quarto final do século v a.C., "não apenas os soldos militares e os ordenados públicos e particulares, aluguéis e preços de mercadorias, mas também os pagamentos sociais, como os dotes [...] eram constantemente estabelecidos como somas de dinheiro".[14] As cidades-estados da Grécia clássica tinham se transformado nas primeiras sociedades monetárias.

É difícil exagerar o impacto social e cultural dessa experiência de monetização inicial e revolucionária.[15] Chegava ao fim a era da sociedade tradicional — da autoridade indiscutível sobre a economia centralizada e da hierarquia social imutável. Começava a era da sociedade monetária — do mercado como princípio organizador do comércio, dos preços como instruções orientadoras da atividade humana, da ambição, do empreendedorismo, da inovação. Morria a antiga cosmologia e, com ela, a antiga ideia da ordem social justa como microcosmo dessa cosmologia na Terra. Em seu lugar, surgia uma noção objetiva da economia em que a posição social era determinada apenas pela capacidade de acumular dinheiro. No antigo regime, a posição social era absoluta: quem nascia camponês morria camponês; quem nascia chefe morria chefe. No novo mundo, tudo era relativo. A única medida verdadeira do valor de um homem era o dinheiro — e a acumulação de dinheiro não tinha limites intrínsecos. "Dinheiro! O dinheiro é o homem!" era o famoso aforismo de Aristodemo, aristocrata de Argos, dito com desgosto absoluto diante da nova e degenerada ordem das coisas, quando ele "perdeu a fortuna — e, com ela, os amigos".[16] A partir do momento que o dinheiro passou a determinar a posição social, nada mais valiam berço, honra e tradição. Se você perdesse sua fortuna, não era mais ninguém.

Era de esperar que aqueles com interesses estabelecidos na sociedade tradicional se queixassem. Mas o que há de fantástico no dinheiro é seu apelo não apenas a outro grupo com interesses escusos — o campesinato proletário que não tirou a sorte grande no antigo regime. O grande temor associado à transgressão das regras de conduta costumeiras sempre foi que ela resultasse em anarquia: a ordem social tradicional se dizia o único baluarte contra a desordem civil e a guerra generalizada. O iluminismo monetário tinha outra visão. Nos níveis político e econômico, o dinheiro prometia algo até então inexistente: a combinação de mobilidade social com estabilidade política. Uma sociedade com dinheiro podia ter o melhor de dois mundos. As limitações estéreis de um sistema social imutável e absoluto podiam ser desprezadas em favor da ambição, do empreendedorismo e da mobilidade social: o dinheiro seria o solvente universal no qual todas as obrigações tradicionais se dissolveriam. A sociedade resultante, porém, não iria desmoronar no caos, o que é crucial. Isso porque o dinheiro, o conceito de valor universal e a ideia de um espaço econômico objetivo surgiram com base na antiga instituição do sacrifício ritual; e, assim sendo, com base na comunhão invisível, mas irresistível, da espécie humana. Também no nível pessoal o dinheiro operava a milagrosa promessa de combinar aparentes opostos. Apelava a dois aspectos fundamentais da psicologia humana: o desejo de liberdade e o desejo de estabilidade. A ética da sociedade tradicional sacrificara aquele no altar deste. O mundo novo da sociedade monetária prometia as duas coisas.

 Já era surpreendente, por si só, a promessa do dinheiro de uma nova organização social que não terminaria em desastre, mas que combinaria o poder da mobilidade social e da liberdade pessoal com a estabilidade social e a segurança econômica. Mas restava uma última implicação, ainda mais espantosa, dessa nova visão de mundo: que o reinado do dinheiro seria não apenas eficaz, mas justo. O dinheiro prometia reunir as "ordens transacionais" tanto de curto quanto de longo prazo — governar para sempre tanto as minúcias de compra e venda do cotidiano e a profundidade da harmonia social. Era uma ideia verdadeiramente revolucionária, bem estranha à teologia e à ética tradicionais: a noção de que toda conduta humana, da negociação de galinhas na praça do mercado às negociações de Estado e ao governo de impérios, poderia ser regida por uma lógica única e uma tecnologia social única.[17] Como veremos, os próprios gregos nunca aceitaram bem esse conceito contraditório: seriam necessários mais 2 mil anos até que os filósofos do Iluminismo europeu o fizessem. Mas a sociedade monetária se impôs na prática mesmo assim — coisa que nenhum outro sistema social conseguira antes.

"A grande pergunta que sempre perturbou a humanidade"

Nos dias de hoje, conhecemos profundamente as tensões criadas pela disseminação da sociedade monetária e pelo imperialismo do mercado. É notável, e até assustador, o quanto o pensamento econômico se tornou natural e o quanto o conceito de valor econômico universal se tornou dominante. Não são mais apenas os melhores assentos no cinema ou no avião que têm preços mais altos: na Califórnia, hoje, é possível pagar até por um *upgrade* na cela da prisão.[18] Há décadas se sabe da existência do tráfico ilícito de marfim e de carcaças de rinocerontes e elefantes: hoje, é possível comprar uma licença para matá-los legalmente — o direito de matar um rinoceronte-negro ameaçado sai por 250 mil dólares. Um século atrás, gozar da cidadania de um dos países mais ricos do mundo era como "ganhar o primeiro prêmio na loteria da vida".[19] Hoje, qualquer um pode imigrar para o Reino Unido, os Estados Unidos e vários outros países — basta levar dinheiro suficiente. E, se alguém não pode pagar por esses objetos de desejo, pode vender espaço publicitário na testa, pôr a saúde em risco como cobaia humana no teste de um novo medicamento ou — uma modalidade muito mais tradicional de apuro econômico, nem por isso menos preocupante para nossa sensibilidade contemporânea — alistar-se como mercenário para um dos contratantes militares particulares na ponta do esforço de guerra ocidental moderno. Como concluiu Michael Sandel, filósofo norte-americano que elaborou essa lista macabra: "Existem coisas que o dinheiro não compra — mas, hoje em dia, não muitas".[20]

É fácil acreditar que a invasão dessa maneira de pensar e o desconforto que ela nos causa são fenômenos modernos. É igualmente tentador acreditar que resultam da disseminação do sistema econômico capitalista. Nossa biografia dos primeiros anos do dinheiro nos ensinou, porém, que não é verdade. O capitalismo é, na realidade, um fenômeno moderno — um sistema que surgiu na Europa nos séculos XVI e XVII e que hoje é dominante. Mas, por baixo da disseminação incessante da mentalidade de mercado e do domínio arrogante da ideia do valor econômico universal, encontra-se algo muito mais antigo e arraigado de forma muito mais profunda na maneira como funcionam nossas sociedades: a tecnologia social do dinheiro. E as tensões e dissonâncias que sentimos hoje não são de modo algum novidade: ecoam ao longo dos séculos desde que o dinheiro foi inventado, mais de 2500 anos atrás, na costa do Egeu grego.

Se o dinheiro foi uma invenção tão poderosa — uma força revolucionária para a transformação da sociedade e da economia —, a pergunta seguinte é óbvia. Foi feita com brilhante clareza por John Locke, pai da filosofia política inglesa, em seu *Primeiro tratado sobre o governo civil*:

> A grande pergunta que em todos os tempos perturbou a humanidade, e lhe trouxe a maior parte dos problemas que arruinaram cidades, despovoaram países e desordenaram a paz mundial, não é se existe o poder no mundo, nem de onde ele vem, mas quem deve possuí-lo.[21]

É à eterna batalha pelo controle do dinheiro que voltaremos nossas atenções a seguir.

CAPÍTULO 4

Soberania financeira e insurreição monetária

A guerrilha monetária

Em dezembro de 2001, a crise econômica que vinha fermentando ao longo de três anos na Argentina chegou ao auge. O país atrelara o valor de sua moeda, o peso, ao dólar norte-americano por mais de uma década, sob o regime do chamado *currency board*, que trouxera estabilidade e prosperidade sem precedentes durante a maior parte da década de 1990. Mas em janeiro de 1999, quando o Brasil desvalorizou sua moeda, subitamente a Argentina se viu privada, em razão dos preços, de seu principal mercado exportador, e a economia mergulhou numa recessão. Nos dois anos seguintes, à medida que aumentava o apetite mundial pela "nova economia" americana, o dólar subiu sem parar, levando consigo o peso argentino — acarretando ainda mais problemas numa economia que, devido a sua dependência dos produtos agrícolas, parecia mais antiquada do que nunca. Em meados de 2001, o país completava quase três anos de recessão, e as finanças públicas entraram em parafuso, apesar de várias tentativas de planos de austeridade. A badalada taxa de câmbio fixa da Argentina se tornara um obstáculo de peso a sua competitividade internacional, e tanto o público quanto os mercados financeiros começaram a suspeitar de que ela era insustentável. Em abril de 2002 viu-se que ambos tinham razão, quando o sexto ministro da Economia em apenas um ano anunciou o fim do *currency board*. Em questão de semanas, a taxa de câmbio passara de um para quatro pesos por dólar, e a Argentina anunciou o calote de sua dívida externa e entrou num exílio do mercado de capitais que perdura até hoje.

Os árduos esforços do governo para impedir esse desfecho catastrófico colocaram o sistema financeiro e monetário da Argentina em maus lençóis ao longo dos meses que antecederam a crise. Um ano antes, Domingo Cavallo — o pai do *currency board*, o homem que, sozinho, livrara a Argentina de seu histórico turbulento de inflação e instabilidade — fora chamado de volta ao governo para galvanizar a população e recuperar a confiança dos mercados. Ao longo do verão, ele reafirmou seu compromisso inabalável com a manutenção do atrelamento ao dólar. O contínuo encolhimento da economia e as dificuldades cada vez maiores impostas aos bancos apresentaram como consequências a fuga do capital privado e a escassez cada vez maior de pesos. Em 2 de dezembro de 2001, o início de uma corrida total aos bancos forçou Cavallo a fazer o mais constrangedor dos anúncios. De modo a preservar a liquidez dos bancos, impôs-se um limite rigoroso à soma de dinheiro que os depositantes podiam sacar de suas contas. Essa medida desesperada provocou um extraordinário descontentamento popular. O chamado *corralito* ("curralzinho") de Cavallo conseguiu prevenir o colapso iminente do sistema bancário — mas ao preço de uma falta de liquidez imediata e grave em pesos.

A reação da população argentina à súbita seca de dinheiro foi tão empreendedora quanto a dos irlandeses, trinta anos antes. Onde o soberano não dá conta, dinheiros substitutos surgem espontaneamente. Províncias, cidades e até redes de supermercados começaram a emitir seus próprios títulos, que passaram rapidamente a circular como dinheiro — desafiando os esforços do governo para manter a menor liquidez possível e apoiar o peso. Em março de 2002, essas cédulas de emissão particular representavam quase um terço de todo o dinheiro em circulação no país.[1] Um artigo do *Financial Times* pintava um quadro vívido da situação:

Ao terminar seu chá com croissants, duas senhoras vestidas com elegância em um café de Buenos Aires perguntam ao garçom como podem pagar. Como se recitasse o cardápio de cor, o garçom lhes dá diversas opções: pesos, lecops, patacones (mas só os da Série I) e todo tipo de tíquetes-refeição que circulam de modo geral em restaurantes e supermercados da cidade.[2]

As autoridades monetárias ficaram arrasadas. Mas, por mais constrangedor que fosse para o presidente do Banco Central da Argentina testemunhar os próprios amigos pagarem o café da manhã com *patacones* assinados pelas autoridades da província de Buenos Aires, pelo menos eles eram obrigações provenientes de um governo de algum nível. E pelo menos ainda eram denominados na unidade contábil nacional. O pior, porém, ainda estava por vir. Em julho, constatou-se que cerca de um em cada dez adultos estava usando o *crédito* — um dinheiro de crédito mútuo emitido por clubes de câmbio locais conforme um padrão próprio e independente.[3] Até o papel bastante reduzido do peso como denominação natural para os contratos financeiros estava se enfraquecendo. Uma parte significativa da economia argentina passara a funcionar como um imenso bazar.

A matéria de que são feitos os pesadelos dos bancos centrais: uma nota valendo cinco *créditos*.

Há semelhanças evidentes entre essa irrupção de dinheiros sub-soberanos e particulares na Argentina, em 2002, e a economia de cheques e promissórias que floresceu na Irlanda durante o fechamento dos bancos. Mas também havia uma diferença crucial. Na Irlanda, o governo vinha envidando esforços para prevenir a paralisação do sistema monetário, e, ao se preparar para o fechamento, incentivou ativamente a busca de fontes de crédito monetário privado que pudessem substituir os depósitos bancários. Na Argentina, foi o próprio governo que impôs um fechamento dos bancos na prática, como ponto central de uma política visando impedir uma corrida aos bancos e prevenir a fuga do capital rumo a moedas estrangeiras. Da mesma forma, a criação de quase-moedas não foi feita numa aliança patriótica com o governo, contra um inimigo em comum. Foi um ato de desobediência aberta à política monetária draconiana do governo. A opinião geral era que o governo perdera o rumo. Que estava trabalhando pelo interesse de sanguessugas usurários e capitalistas estrangeiros; que suas políticas eram ruinosas e ilegítimas. Os políticos, as empresas e as comunidades locais que combateram essas políticas com a emissão de moedas privadas enxergavam a si mesmos como a versão monetária do famoso Maquis francês — o "exército das sombras" que organizou a resistência popular ao regime-marionete de Vichy durante a Segunda Guerra Mundial.[4] Para desolação das autoridades monetárias e de seus consultores, esse esforço deu certo. Em abril de 2002, o Fundo Monetário Internacional advertiu a Argentina de que o surgimento de dinheiros substitutos havia "complicado a gestão da economia, levantado a ameaça da inflação e solapado a confiança nas finanças públicas".[5] Enquanto o peso não recuperasse o monopólio monetário, o governo não teria controle sobre a economia.

A experiência argentina não é o único exemplo de guerra feita por uma guerrilha monetária contra a política econômica de um governo. Quando a União Soviética se desintegrou, no início dos anos 1990, aconteceu algo parecido. A terapia de choque financeiro tinha a intenção de impor fortes restrições orçamentárias a empresas que sobreviveram durante décadas graças a subsídios contínuos. A ideia era liquidar as empresas inviáveis, numa avalanche de destruição criativa, da qual emergiria um futuro empresarial mais brilhante. Mas os próprios gestores das empresas não estavam convencidos disso. Quando o acesso deles ao setor bancário oficial se extinguiu e eles foram convidados a deixar o palco de fininho, tiveram outra ideia. Criaram suas próprias redes monetárias, com as quais fechavam negócios — círculos de empresas conectadas por cadeias de abastecimento que podiam acumular créditos comerciais umas com as outras e usar esses créditos para abater dívidas sem usar a moeda nacional. Em 1997, estimava-se em cerca de 40% a parcela do comércio interempresarial realizado dessa forma na Rússia.[6] Operários eram pagos com títulos ou vouchers. Um analista ucraniano resumiu assim a dimensão da emissão de títulos: "O número de moedas privadas ou autônomas na Ucrânia chega a centenas, e na Rússia deve elevar-se a dezenas de milhares".[7] Um estudo contemporâneo desse fenômeno tinha um título que resumia bem o problema que as autoridades tinham diante de si. Chamava-se *O rublo evanescente*.[8]

Pode ser fácil contestar a autoridade de um governo cujo país está em desintegração. Mas as tentativas de fugir à soberania de uma moeda nacional não se restringem aos períodos de crise. Nos países desenvolvidos do Ocidente existem, hoje, milhares de moedas particulares em circulação — ainda que a maioria em escala limitada. Em toda a Europa e na América, cooperativas de crédito mútuo e organizações empresariais e comunitárias mantêm redes monetárias privadas, agrupadas genericamente sob o rótulo de Sistemas Comunitários de Intercâmbio Comercial (Local Exchange Trading Schemes, LETS). E as organizações que emitem essas moedas costumam propagandear suas ideologias idiossincráticas através do nome que dão a elas: o distrito de Brixton, em Londres, por exemplo, tem a Libra de Brixton — nome que combina o objetivo dos organizadores de conservar o poder de compra na economia local com o lustre histórico do nome da moeda oficial britânica. A cidade universitária de Ithaca, no interior do estado de Nova York, possui as Horas de Ithaca — com um deliberado toque marxista, já que a unidade contábil é uma hora de trabalho abstrata. Os maiores desses sistemas são bem grandes. A cooperativa de crédito mútuo WIR — um sofisticado clube de pequenas empresas na Suíça — tem mais de 60 mil empresas participantes e realizou transações num total de mais de 1,5 bilhão de francos suíços em 2011.[9] Os menores são muito pequenos: até um mero grupo de intercâmbio de baby--sitters, afinal de contas, é uma rede monetária particular.[10]

Esses dinheiros privados não representam uma ameaça à existência dos dinheiros oficiais nacionais, e em geral as autoridades os consideram distrações inofensivas. No entanto, cada presidente de banco central tem em mente a didática história argentina — um exemplo daquilo que pode acontecer quando um soberano perde seu privilégio sobre a instituição do dinheiro. E é uma história que até as nações mais desenvolvidas e poderosas conhecem em seu passado. Um dos atos mais provocadores da autoridade da Coroa britânica sobre seus territórios americanos foi tornar ilegal a impressão de dinheiro nas colônias — e um dos primeiros atos do Primeiro Congresso Continental das colônias americanas foi autorizar a impressão de uma nova moeda, com a qual financiar a Guerra de Independência. Se LETS e cooperativas de crédito mútuo crescessem além de seus modestos objetivos comunitários, é certo que os governantes condenariam imediatamente a violação de um elemento básico de seu poder constitucional.[11] Não é à toa que o primeiríssimo artigo da Constituição dos Estados Unidos dá ao Congresso a exclusividade do poder de imprimir dinheiro.[12]

Na cabeça de um político conservador, com boas razões históricas, há apenas um passo entre o *crédito* e o dólar continental — de uma afronta pitoresca à globalização para a insurreição monetária; e desta para a revolta política.[13]

Não chega a surpreender, por conseguinte, que o Estado moderno — a não ser quando forçado pela pior das crises, e excetuados alguns projetos comunitários esparsos e inofensivos — sempre tenha tentado se assegurar do controle exclusivo sobre a instituição do dinheiro, dentro de sua jurisdição.

Sempre mesmo?

O dinheiro na utopia — e no mundo real

Com a invenção, pelos egeus, do valor econômico e da economia como um espaço objetivo, os pré-requisitos conceituais estavam postos. Mas pré-requisitos conceituais são uma coisa, e a tarefa prática de organizar a sociedade usando dinheiro é outra. Na prática, como funcionaria o dinheiro? Na teoria, era simples. Com a existência de uma linguagem do valor econômico compreendida universalmente, seria possível discutir e combinar preços, créditos e dívidas acumuladas por indivíduos, e esse balanço poderia ser usado para compensar outras dívidas e créditos para com terceiros. Quem comprasse alguma coisa estaria, na prática, emitindo o próprio dinheiro — um compromisso no valor do preço acertado, equivalente preciso do crédito junto ao vendedor. O vendedor, por sua vez, podia transferir esse crédito a um terceiro ao acertar o preço de compra de alguma coisa. Todos teriam sempre a quantidade de dinheiro de que necessitassem, sempre haveria dinheiro o bastante em circulação, e seria realizada a promessa de liberdade e segurança trazida pelo dinheiro.

Essa utopia monetária é nada mais, nada menos que o modelo em que se baseiam cooperativas de crédito mútuo como os círculos de crédito soviéticos e, de uma forma mais sustentável, o WIR suíço. Quando um membro da cooperativa fornece a outro um bem ou serviço, recebe em troca o reconhecimento de um crédito. Esse crédito, por sua vez, é considerado bom para regularizar débitos não apenas junto ao comprador, mas a qualquer membro da cooperativa. Da mesma forma que os habitantes de Yap registravam suas contas com as pedras *fei*, trata-se de um crédito não junto ao emissor original, mas junto à sociedade como um todo — ou junto à organização política representada pelos membros de uma cooperativa de crédito. Há dois pré-requisitos básicos para que o funcionamento desse sistema dê certo. Em primeiro lugar, todos os membros devem manter a fiabilidade de seu crédito. Só assim a sociedade pode confiar no valor de seu dinheiro. Em segundo lugar, todos os membros devem se conhecer, se não diretamente, no máximo de segunda mão, ou dispor de outra maneira, convencionada ou compulsória, de aceitar a garantia da sociedade em relação ao crédito de um membro desconhecido. Nas cooperativas de crédito animadas por um espírito de comunidade e localismo, em associações de pequenas empresas organizadas e selecionadas com eficiência suíça, ou em pequenas ilhas do Pacífico, é possível satisfazer essas condições. Numa sociedade maior e menos coesa, porém — e mais do que isso, em qualquer sociedade que já possua as instituições de um Estado —, atingi-las é uma missão bem mais desafiadora.

Os teóricos da política conhecem bem esse problema. Como escreveu James Madison, principal articulador da Constituição dos Estados Unidos, em *O Federalista*: "Se os homens fossem anjos, não seria necessário governo algum".[14] E se os homens fossem anjos — se nunca gastassem demais, dessem calote ou fugissem, e se confiassem implicitamente uns nos outros —, tampouco seria necessária uma moeda governamental.[15] Todos poderiam emitir promessas de dívida, essas promessas seriam imediatamente aceitas por todos, e toda a economia funcionaria como uma imensa cooperativa de crédito mútuo. Mas os homens não são anjos, nem na economia, nem na política. Numa comunidade utópica, o dinheiro pode consistir em créditos acumulados junto a uma noção abstrata de sociedade — porque cada membro aceitou pertencer àquela comunidade. Mas, no mundo real, um credor implacável tem que lidar não somente com o nobre ideal comunitário, mas com a perspectiva menos idealista do emissor individual. E o problema com emissores individuais é que eles podem dar calote em suas obrigações — e que outras pessoas podem achar que ele vai dar calote. Portanto, o dinheiro, em qualquer escala significativa, não pode nunca consistir em crédito líquido acumulado junto à "sociedade". A alternativa é óbvia — e já era assim quando o dinheiro nasceu. Naturalmente, o dinheiro consistirá em crédito líquido acumulado junto à manifestação mais concreta da sociedade: o soberano.

Sob qualquer ponto de vista, o soberano goza de vantagens palpáveis como emissor de dinheiro. Em termos puramente práticos, soberanos fazem diversos pagamentos. Já no mundo antigo isso era verdade. Sob a Constituição de Atenas e de cidades-estados semelhantes, havia inúmeros cargos públicos a preencher — sem falar na necessidade de soldados. Antes do advento do dinheiro, o preenchimento desses papéis era considerado um dever público. No século v a.C., porém, Atenas já era, nas palavras do grande político Péricles, "uma cidade que atrai salários".[16] Os júris, a magistratura e o serviço militar eram todos pagos em dinheiro. Pagava-se aos cidadãos para que comparecessem aos festivais públicos e, no século IV a.C., para que comparecessem à assembleia para votar as leis.[17] Assim, o soberano realizava o maior número de transações econômicas, de longe, com o maior número de pessoas, também de longe. E o domínio econômico dos soberanos da Antiguidade não era nada, comparado à presença esmagadora do Estado moderno. Em 2011, a despesa do governo como percentual do Produto Interno Bruto (PIB — um cálculo aceitável do volume total de transações na economia) nos Estados Unidos era de 41%. Na França, era superior a 56%.[18] As cooperativas comerciais de crédito da Rússia e da Ucrânia costumavam se concentrar em torno de empresas públicas. Como estas eram ao mesmo tempo grandes compradoras e grandes cobradoras, era fácil receber e extinguir créditos junto a elas. Mas é muito mais fácil obter e quitar um crédito junto ao Estado, propriamente dito.

O soberano tem outras vantagens singulares. Acima de tudo, ele desfruta, por definição e ao contrário de qualquer agente particular, da autoridade política. Portanto, a fiabilidade do crédito do soberano repousa não na nossa avaliação de sua capacidade de obter crédito no mercado, mas na força de sua autoridade e na disposição do soberano de utilizá-la para acumular crédito junto a seus súditos por meio da taxação. Mais que seu tamanho representativo no mercado, é o poder dominante do soberano fora do mercado que torna suas promessas de dívida tão eficazes como dinheiro.[19] Mais do que isso, já se afirmou, o poder político do soberano confere a suas obrigações um status que transcende tanto o enorme mercado estatal quanto o poder legal. Enquanto o Estado for considerado legítimo, seu dinheiro goza de confiança não apenas comercial ou legal, mas também ideológica e até espiritual.[20] Nenhuma dessas vantagens significa que o soberano nunca dê calote, é claro; certamente isso pode ocorrer, e de maneira espetacular. Nem se está afirmando que o soberano possui o crédito mais confiável da praça. Mas são vantagens que explicam por que o soberano é diferente de todos.

Portanto, parece perfeitamente natural que o dinheiro que circula, em geral, seja o do soberano. É a condição necessária para o dinheiro no mundo real. Mas usar o dinheiro nacional, oficial, para regularizar transações particulares comporta seus próprios dilemas. Na verdade, olhando mais de perto, não fica evidente de imediato que essa solução convencional seja menos utópica que as cooperativas monetárias particulares universais criadas por excêntricos monetários. O problema é que, embora o soberano seja de fato o que há de mais parecido com uma manifestação concreta da sociedade, ele não é a sociedade. E se os interesses de ambos forem divergentes? E se o soberano usar seu quase monopólio sobre o dinheiro para sua própria vantagem — por exemplo, emitindo dinheiro em excesso para financiar gastos, apenas para garantir a própria popularidade ou a reeleição? E se ele manipular o sistema para que ele produza não a maravilhosa combinação de liberdade e estabilidade prometida pelo dinheiro, e sim algo totalmente diferente? O frio realismo pode dizer que os soberanos emitem o dinheiro — mas, como demonstrou o Primeiro Congresso Continental, isso apenas suscita a pergunta de quem gostaríamos de ter como soberano. Ou até — para ficar ao lado da guerrilha monetária — se não estaríamos melhor sem soberano de espécie alguma.

O pensamento monetário dos gregos da Antiguidade era ambíguo em relação a essas questões práticas e políticas. Como veremos, eles se preocupavam com outras áreas, até mais fundamentais. A única recomendação prática de política monetária de Platão era que houvesse duas moedas inconvertíveis, uma para transações domésticas e outra para realizar pagamentos oficiais e de comércio exterior — a melhor forma de evitar a importação de artigos de luxo estrangeiros para seu austero paraíso comunitário.[21] Mas ele não abordou a questão de quem deveria emitir e administrar essas moedas. Uma vez que sua República era, por definição, uma comunidade utópica, a questão mal se colocava. No Estado ideal, o controle da moeda pelo rei-filósofo, assim como todo o resto, não se discutia. Nem mesmo Aristóteles dedicou muito tempo à política do dinheiro. Talvez em Atenas a organização política fosse tão pequena e tão coesa — no tempo de Aristóteles, provavelmente, havia não mais que 35 mil cidadãos do sexo masculino — que a possibilidade de uma divergência significativa entre os interesses das autoridades públicas e os da sociedade de onde eles eram extraídos simplesmente não incitasse a tanto.[22] Qualquer que fosse a razão, o pensamento monetário não tocou nesse assunto.

Porém, ao mesmo tempo em que florescia em Atenas o famoso Liceu de Aristóteles, outra grande academia intelectual era fundada a 8 mil quilômetros dali, em um país onde a identidade do líder e dos liderados estava longe de ser garantida. As doutrinas ali elaboradas trariam uma compreensão bastante diferente do dinheiro e uma resposta inequívoca à pergunta de quem deveria ter o controle sobre ele.

"Paz e ordem no reino subcelestial"

O século IV a.C. foi o ápice do chamado Período dos Reinos Combatentes na China. A autoridade central da antiga dinastia Zhou desmoronara muitos anos antes, e seus antigos estados vassalos se envolveram em uma guerra que parecia interminável, desde o século VIII a.C., para reunificar o território chinês. Nenhum deles teve grande êxito. Depois de quase quatro séculos e meio de rebeliões e guerras, a memória de uma China unida e pacificada se tornara mais distante do que nunca. Diversos territórios menores foram absorvidos por vizinhos maiores, mas no século IV a.C. os senhores dos quatro estados mais poderosos — Qin, Jin, Chu e Qi — continuavam presos em intermináveis combates, tramando o tempo todo para proteger o próprio poder e derrotar os outros. Nenhum deles estava mais perto da vitória — portanto, da paz — que os outros. Foi quando, em meados do século IV a.C., na tentativa de quebrar esse impasse, o duque Huan, de Qi, teve uma ideia incrivelmente atual.

O pensamento chinês tradicional — a filosofia de Confúcio e Mozi — se debruçava predominantemente sobre a ética. Sua contribuição para as ciências administrativas foram, essencialmente, elaborações de seus ensinamentos morais. Se o líder agisse de forma justa e seus assessores, de forma eficiente, então o Estado seria justo e eficiente. Naquela situação caótica, essa teoria política minimalista oferecia pouca ajuda prática ao duque Huan. Por isso, ele convidou os maiores pensadores de sua geração para uma nova academia em Linzi, a capital de seu estado. Esses intelectuais receberiam uma alta patente e um generoso financiamento. A única obrigação que eles teriam seria aconselhar o líder de Qi quanto à melhor forma de governar seu país e derrotar seus inimigos. Foi o protótipo da política moderna do *think tank* — e essa política revelou-se um sucesso prodigioso. No auge, no final do século IV a.C. e no início do III a.C., a academia Jixia tinha um corpo docente de 76 professores e vários milhares de estudantes, tendo se tornado a mais famosa instituição educacional da China. Além disso, ela foi responsável por uma importante reforma do pensamento chinês. A filosofia moral deixou de ser o foco isolado. Surgiram novas escolas, com objetivos explicitamente mais mundanos: explicar em detalhes como um líder deve organizar seu Estado da forma mais eficiente para garantir sua sobrevivência e seu posterior domínio. Para esse fim, dentre as ferramentas que os intelectuais da academia Jixia consideravam mais importantes, estava a instituição do dinheiro.

As teorias monetárias elaboradas na academia Jixia foram reunidas na obra conhecida como *Guanzi*. Elas viriam a alcançar um status quase canônico no pensamento econômico chinês durante os 2 mil anos seguintes. Embora tenham sido escritas quase na mesma época que as obras de Aristóteles sobre o dinheiro, sua abordagem é radicalmente diferente. Aristóteles fundara a teoria monetária convencional do Ocidente, ao escrever em sua *Política* que "para fins de escambo, os homens fizeram um pacto recíproco para dar e aceitar alguma substância de tal modo que, sendo ela mesma uma mercadoria útil, fosse útil para carregar no uso diário, ferro, por exemplo, prata e outros metais".[23] Os intelectuais do *Guanzi* adotaram uma visão inteiramente diferente. O dinheiro, escreveram eles, é uma ferramenta do soberano, parte de seu instrumental de governo: "Os reis do passado usaram o dinheiro para preservar a riqueza e os bens, e assim regular as atividades produtivas do povo, de forma a trazer paz e ordem ao reino Subcelestial".[24]

Se o dinheiro era uma ferramenta do soberano, outras perguntas importantes decorriam disso: como, exatamente, ele funcionava, e para quais objetivos deveria o soberano valer-se dele? Para responder a essas perguntas, os acadêmicos da Jixia elaboraram uma teoria do dinheiro simples, mas poderosa. Antes de tudo, eles explicaram, o valor do dinheiro não tinha relação com o valor intrínseco do objeto específico utilizado: "As três formas de moeda [pérolas e jade; ouro; e moedas em forma de faca e de pá] não aquecem os despidos, nem forram o estômago dos famintos", proclama o *Guanzi*. Em vez disso, o valor do dinheiro seria diretamente proporcional à sua quantidade em circulação comparada à quantidade de bens disponíveis. O papel do soberano, portanto, seria modular a quantidade de dinheiro disponível de modo a variar o valor do padrão monetário em relação a esses bens. Ele poderia optar por uma política deflacionária — "se nove décimos da moeda do reino permanecem nas mãos do líder e apenas um décimo circula entre a população, o valor do dinheiro aumentará, e cairão os preços de uma miríade de bens" — ou inflacionária — "ele transfere dinheiro para o domínio público, enquanto acumula bens nas próprias mãos, fazendo assim com que os preços de uma miríade de bens multiplique-se por dez" — conforme a necessidade da economia.[25]

Variar dessa forma o padrão monetário poderia ser útil a dois objetivos. O primeiro seria fornecer uma maneira poderosa de redistribuir a riqueza e a renda entre os súditos, pois a inflação corrói a parte dos credores e reduz o fardo dos devedores, transferindo riqueza daqueles para estes — ou o contrário, no caso da deflação. Além disso, a redistribuição mais importante, caso fosse cunhada mais moeda, seria aquela do soberano para seus súditos, já que ele poria mais dinheiro em circulação a custo zero, essencialmente — o poder milagroso daquilo que os economistas da tradição ocidental viriam a denominar "senhoriagem". O segundo objetivo seria regular a atividade econômica, tornando mais ou menos disponível o instrumento primário da organização e do fechamento de negócios. Governos devem ter como objetivo uma sociedade harmoniosa, e a política monetária seria uma ferramenta poderosa para atingi-lo. Se mais alguém no reino fosse capaz de emitir moeda, atribuiria a si mesmo controle sobre o valor do padrão, usurpando, assim, parte do poder do soberano.

Desde sua criação, os preceitos da academia Jixia foram saudados pela clareza e pela lógica. Mas foi necessária outra amarga experiência para que eles se firmassem como os axiomas incontestados do pensamento monetário chinês — e, nesse meio-tempo, a questão do controle monetário foi contestada, em alguns casos com virulência. Nas décadas caóticas que sucederam à queda da dinastia Qi, em 202 a.C., os imperadores da recém-instalada dinastia Han seguiram uma política monetária e fiscal frouxa, gastando mais do que podiam e financiando o próprio déficit com a emissão de moeda. Por fim, foi preciso impor uma política monetária radicalmente deflacionária, visando recuperar a confiança na moeda imperial. O arrocho subsequente não poderia deixar de ter sido doloroso e impopular: mas, nesse caso, foi tão doloroso e impopular que, em 175 a.C. o imperador Wen foi convencido a fazer uma experiência sem precedentes, que contrariava os ensinamentos mais sagrados da escola Jixia. Dali por diante, outros emissores, além do imperador, foram autorizados a cunhar moeda. O grande historiador da dinastia Han, Sima Qian, explicou as consequências:

> As pessoas foram autorizadas a cunhar [moedas] à vontade. Como resultado, o rei de Wu, embora fosse apenas um senhor feudal, pôde, extraindo minério de ferro de suas montanhas e cunhando moedas, rivalizar a riqueza do Filho do Céu. Foi essa a riqueza que ele acabou por usar para iniciar sua revolta. Da mesma forma, Teng T'ung, que não passava de uma alta autoridade, conseguiu tornar-se mais rico que um vassalo do rei, cunhando moedas. As moedas do rei de Wu e de Teng T'ung logo

passaram a circular em todo o império e disso resultou que a cunhagem particular de moedas acabou por ser proibida.[26]

Empreendedores monetários conseguiram convencer o imperador de que, para mitigar os efeitos de sua política de estabilização, ele devia autorizá-los a emitir moeda. O problema é que emissores particulares exigem autoridade política, de modo a tornar líquidas suas obrigações. Criou-se um círculo vicioso. Emissores particulares tentaram conquistar autoridade política, de modo a garantir que o suposto paliativo monetário tivesse o efeito desejado; o poder financeiro que isso lhes conferia aumentava essa autoridade, e assim por diante. Não demorou a ficar claro que, quaisquer que fossem os méritos econômicos, moedas particulares e seus emissores representavam uma ameaça política à integridade do império. Conselheiros palacianos advertiram que o crescente caos político era resultado direto do desrespeito aos axiomas monetários da academia Jixia, e em 113 a.C. o imperador Wu restabeleceu o monopólio imperial sobre o dinheiro. Sang Hongyang, seu maior conselheiro em assuntos econômicos, explicou a lógica explicitamente política por trás das medidas repressivas: "Se o sistema monetário for unificado sob o controle do imperador, o povo não servirá a dois senhores".[27]

A experiência com a heterodoxia monetária fracassara. A concepção de dinheiro da academia e as recomendações de política dela advindas tinham se mostrado corretas. Quem quer que desejasse conservar o poder e ver seus domínios bem governados teria que zelar ciosamente pela gestão do padrão monetário e pelo monopólio da emissão. Nas palavras do *Guanzi*, "o líder clarividente retém as rédeas da moeda comum de modo a frear os Soberanos do Destino".[28]

A engenhosa iniciativa do duque Huan, de Qi, significou que a primeira grande obra do pensamento monetário chinês foi uma criação de funcionários de tribunais, cuja intenção era reforçar o privilégio monetário do soberano. Na Europa, a situação seria o exato oposto. Não somente o pensamento monetário europeu levaria vários séculos para evoluir além das máximas de Platão e Aristóteles, mas, quando o fez, os responsáveis pelo progresso não eram o soberano e seus súditos — e o objetivo não seria reforçar o controle do soberano sobre o dinheiro, e sim afrouxá-lo. No próximo capítulo, vamos descobrir por quê.

CAPÍTULO 5

O nascimento
dos juros

Paraíso perdido: as conquistas monetárias dos romanos

A cada ano que passa, descobrimos que os progressos tecnológicos do mundo romano foram maiores do que julgávamos. Cinquenta anos atrás, nossa tendência era adotar a visão popularizada por Virgílio em um trecho famoso da *Eneida*: que os romanos podem não ter sido muito bons na ciência, na tecnologia ou nas artes, mas que compensaram isso com a vocação para a excelência na criação de impérios e na conquista do mundo.[1] Agora, sabemos que seus generais possuíam computadores e que seus empresários ergueram fábricas mecanizadas.[2] Mas, por mais impressionantes que fossem os avanços tecnológicos de Roma, eles em nada se comparavam a sua sofisticação financeira. Poucos séculos depois de ter nascido no Egeu, o dinheiro se encontrava em toda parte em Roma. A infraestrutura financeira era ampla e complexa. Havia, é claro, uma cunhagem de moedas confiável, mas, como em qualquer economia monetária sofisticada, as moedas serviam antes de tudo às pequenas transações. Contas altas — e no auge de Roma havia algumas muito altas — eram pagas usando *littera* ou *nomina* — letras ou títulos. Cícero, o grande político e orador, resumiu o método comum para pagamentos elevados, no final da República, como "*nomina facit, negotium conficit*" ("o título foi feito e o negócio foi fechado").[3] O crédito não se limitava aos pagamentos elevados. Em sua obra satírica para os jovens apaixonados, *A arte de amar*, o poeta Ovídio adverte Lotário, em sua busca, que namoradas precisam receber presentes — e que não adianta dar a desculpa da falta de dinheiro, porque sempre se pode assinar um cheque.[4]

Já no início do período imperial, iam longe os dias em que a riqueza bem aplicada em Roma estava toda em terras. *"Dives agris, dives positis in faenore nummis"* ("Rico de campos e rico de dinheiro posto ao ganho"): assim o poeta Horácio descreveu o homem mundano de sua época em Roma.[5] Esse homem estaria à vontade na Inglaterra vitoriana, com seus rentistas, que se escusavam de pagar uma conta por estar com o dinheiro "todo investido em fundos no momento". Ontem, como hoje, havia aqueles que desprezavam bens reais inteiramente e preferiam ser ricos puramente sob forma monetária.[6] Os banqueiros já recebiam depósitos, faziam empréstimos e realizavam transferências internacionais.[7] Ontem, como hoje, essa elite financeira era especialista em confundir os neófitos com suas técnicas sofisticadas: sobre eles um descrente Cícero escreveu, com fina ironia, que "em relação à aquisição e à aplicação do dinheiro e seu uso, certos sujeitos excepcionais, cujo negócio fica perto do Templo de Jano, são mais eloquentes na conversa que qualquer filósofo de qualquer escola".[8]

Numa economia tão extensamente monetizada, não chega a surpreender que os romanos conhecessem bem outra característica comum das finanças modernas: a crise de crédito. Ocasionalmente, as similaridades com a idade moderna chegam a ser inquietantes. Em 33 d.C., as autoridades financeiras do imperador Tibério se convenceram de que a febre do crédito particular se tornara excessiva. Decidiu-se adotar uma regulamentação mais restrita para pôr fim à exuberância irracional. Depois de uma rápida revisão dos estatutos, descobriu-se que, muitas décadas antes, ninguém menos que o fundador da dinastia, Júlio César, baixara em toda a sua sabedoria uma lei estabelecendo limites estritos sobre a fatia do patrimônio que os ricos aristocratas podiam dedicar a empréstimos.[9] César tinha, em outras palavras, criado uma rigorosa exigência de adequação dos fundos próprios para os financiadores. A lei não podia ser mais clara. Mas, não pela primeira vez na história, emprestadores diligentes se mostraram incrivelmente hábeis para driblá-la. O historiador Tácito relatou que essas sonegações espertas, "embora continuamente derrubadas por novas regras, ainda assim reapareciam, por meio de estranhos artifícios".[10]

Dessa vez, porém, o imperador decretou o fim da brincadeira: a lei do antigo ditador seria obedecida ao pé da letra. As consequências foram caóticas. Assim que a decisão inicial foi baixada, constatou-se, com certo constrangimento, que a maior parte do Senado a violava. Vieram todas as características conhecidas de uma crise bancária moderna. Houve uma corrida desenfreada para reembolsar empréstimos e adequar-se à lei. Ao perceber o perigo, as autoridades tentaram suavizar o édito, flexibilizando seus termos e anunciando um longo período de transição. Mas era tarde demais. O mercado imobiliário entrou em colapso, porque as terras hipotecadas foram vendidas a preço de banana para bancar o pagamento de empréstimos. Bancarrotas em massa ameaçaram levar de roldão o sistema financeiro. Com Roma à beira de uma crise de crédito, o imperador foi obrigado a decretar um enorme plano de socorro. O tesouro imperial refinanciou os credores sobrecarregados com um programa de empréstimos de 100 milhões de sestércios, sem juros, por três anos, com terrenos sobrevalorizados como garantia. Para alívio do Senado, tudo acabou bem: "O crédito foi assim recuperado, e o financiamento privado gradualmente foi retomado".[11]

Esse florescimento inicial da sociedade monetária na Europa não durou, porém. Com o declínio do poder militar e político de Roma, declinou também seu rico ecossistema financeiro. No fim do século III d.C., com o Egito, cobiçada conquista romana, trocando de mãos o tempo todo, houve uma grave desordem monetária, incluindo uma alta de preços de 1000% em um único ano, entre 274 e 275 d.C.[12] A partir de 300 d.C., os banqueiros desaparecem por completo dos registros — aparentemente, dissolvera-se a estabilidade social e política necessária para sustentar as profissões financeiras.[13] À medida que as instituições de governo recuavam para os confins do império, recuava da mesma forma a instituição do dinheiro. Os efeitos foram mais profundos nas colônias mais remotas e marginais. Na Britânia, por exemplo, depois da retirada das legiões, no início do século v d.C., o sistema monetário romano desapareceu completamente no espaço de uma geração. Por dois séculos inteiros, a cunhagem de moedas foi esquecida como forma de representar o dinheiro, apesar de ter sido constante nos cinco séculos precedentes.[14] Por fim, em toda a Europa — até na própria Roma — a esplêndida sofisticação da sociedade monetária desvaneceu-se. Como na Grécia depois da queda de Micenas, a Europa mergulhou em sua própria Idade das Trevas — uma época que testemunhou uma regressão quase total de uma sociedade monetária para uma tradicional.

O ponto mais baixo da decadência da Europa rumo à barbárie monetária: tendo perdido todo o significado monetário, uma moeda romana é transformada em joia em um pingente britânico do século VII.

O renascimento monetário europeu

Quase total — mas não total. Embora tivesse sido esquecido o rico panorama de tecnologias financeiras, que ia de complexas técnicas de alta finança à simples conveniência da modesta cunhagem de moedas, um vestígio fantasmagórico sobreviveu: o conceito do valor econômico universal. O fluido tecido social recalcificou-se quase totalmente em relações tribais e feudais rígidas. Mas, com o passar do tempo, a persistência desse marco da sociedade monetária na memória coletiva revelou-se uma base de capital intelectual fixo, que viria a facilitar enormemente a remonetarização da sociedade europeia. Um renascimento inicial da sociedade monetária ocorreu com a consolidação do império dos francos, no final do século VIII d.C. No reinado de Carlos Magno, foram criadas as unidades monetárias da libra, do xelim, e do *penny* e, na maior parte da Europa, emitiu-se dinheiro num padrão consistente. Mas esse renascimento inicial teve vida curta, e só na segunda metade do século XII a remonetarização teve início para valer, seguindo a lógica implacável verificada quase dois milênios antes no Egeu.[15] A começar pelos Países Baixos, no último quarto do século XII, os títulos feudais que costumavam ser pagos em espécie começaram a se transformar, Europa afora, em *fiefs-rentes* — rendas resgatáveis em dinheiro.[16] A instituição da *corvée* — pela qual os vassalos eram obrigados a prestar serviços ao senhor durante certo número de dias ao ano — foi substituída pelo trabalho pago. O funcionalismo civil começou a trabalhar como um quadro profissional assalariado, e não mais uma versão pobre da nobreza hereditária. Isso, por sua vez, representou a reaparição da taxação direta, em dinheiro, pela primeira vez desde a era romana, nas regiões onde o tamanho da economia tornava isso possível.[17]

Não tardaram as consequências conhecidas da monetização de relações sociais antes estáticas: o ressurgimento da mobilidade social, o reaparecimento da ambição e da avareza como motivadores primordiais do comportamento e a migração da competitividade aristocrática das justas e do campo de batalha para a acumulação e a ostentação de riqueza.[18] "*Nummus nobilitas*" ("O dinheiro enobrece"), declamou, sarcástico, o poeta Hildeberto de Lavardin, ecoando a queixa de Aristodemo, "o dinheiro é o homem!".[19] Para a sociedade monetária, porém, a Europa medieval era um terreno maior, mais fértil e mais poderoso do que jamais pudera ser a Grécia Antiga. Por isso, o resultado de seu crescimento pôde ser ao mesmo tempo mais espetacular e mais grotesco — portanto, mais parecido com os excessos da sociedade monetária dos dias de hoje. Por exemplo, os aristocratas da cidade italiana de Bolonha — uma das cidades mais ricas do início da Idade Média — dedicavam sua energia redescoberta a uma paixão bastante moderna: rivalizavam uns com os outros para erguer a torre mais alta. O resultado foi uma Manhattan da Idade Média: 180 torres, algumas com mais de cem metros de altura, numa cidade de pouco mais de quatro quilômetros quadrados.

A durabilidade das unidades monetárias de Carlos Magno representou a base dessa vasta remonetarização, mas também deu origem a uma organização prática caótica. Enquanto a criação inicial do dinheiro, na Europa, ocorrera sob os auspícios de uma autoridade política unificada, Roma, sua recriação foi um modelo de descentralização. Desde a queda do império de Carlos Magno, faltava à Europa um espaço político unificado. À exceção da Inglaterra, nenhum território se estendia além de uma ou duas grandes cidades e seus arredores — muitos eram bem menores que isso. Assim, embora as libras, xelins e *pence* do império de Carlos Magno tenham se disseminado pela Europa e organizado práticas redivivas como a valoração, a negociação e o fechamento de contratos, toda padronização se perdeu. Emitiu-se uma cornucópia de moedas diferentes, correspondentes à enorme variedade de territórios que se atribuíam o privilégio de cunhar moedas e emitir dinheiro — de grandes reinos e principados a minúsculos feudos eclesiásticos e baroniais. O resultado era uma paisagem monetária que, na superfície, parecia simples — já que as libras, xelins e *pence* eram os nomes das unidades usadas em quase toda parte —, mas que era, na verdade, extraordinariamente complexa, uma vez que o valor real dessas unidades dependia do padrão específico adotado por cada emissor feudal.

Esse regime monetário revitalizado tinha uma característica particularmente atraente para os emissores feudais. Numa época em que a imposição de taxas diretas ainda era um desafio logístico e econômico para muitos deles, a arrecadação da senhoriagem por meio da manipulação do padrão econômico representava uma fonte de renda inestimável. Uma característica importante da tecnologia monetária daquela época era de execução simples. A tecnologia hegemônica para representar dinheiro era a cunhagem de moedas. Para as de maior valor, o metal de preferência era a prata; para os valores menores, o bronze ou outras ligas e metais menos valiosos. Mas, ao contrário das moedas de hoje, nas medievais era comum não se gravar nenhuma indicação do valor nominal: em nenhum dos lados havia números — apenas a efígie ou as armas do soberano emissor ou algum outro desenho identificador. Na época, o valor das moedas era estabelecido nos éditos publicados pelo soberano sob cuja autoridade política eram cunhadas. Esse sistema tinha uma enorme vantagem para o soberano. Bastava reduzir o valor nominal imposto a uma moeda para que se decretasse, na prática, um imposto de renda eventual sobre todos os portadores da moeda cunhada. Por exemplo, o soberano podia anunciar que determinada moeda não valia mais um xelim, mas apenas seis *pence*. A moeda tinha sido "depreciada"; ou, o que era a mesma coisa, podia-se dizer que o padrão fora "apreciado". Algumas vezes se oferecia, mediante apresentação à casa da moeda, a "recunhagem" da moeda conforme o novo padrão. Era cobrada pelo soberano, nesse caso, uma taxa sobre a operação de recunhagem.

    Tratava-se naturalmente de um procedimento impopular entre os usuários da moeda do soberano. Felizmente para eles, porém, havia uma defesa parcial e natural. Moedas de alto valor — cunhadas em prata, por exemplo — tinham um valor intrínseco, qualquer que fosse o valor nominal a elas atribuído: o preço de venda de seu peso em metal no mercado aberto, a ourives e joalheiros, ou até a casas da moeda rivais. Isso significa que elas possuíam uma "garantia colateral" à promessa de pagamento do soberano: havia um valor mínimo abaixo do qual o soberano emissor não podia depreciar sua moeda.

Se ela fosse depreciada além desse limite, a garantia colateral valeria mais que o crédito representado pela moeda, e seus portadores podiam vendê-las a um ourives pelo seu peso. Em compensação, o soberano inteligente podia reagir reduzindo o conteúdo em prata das novas moedas que cunhasse — o chamado "rebaixamento". Receita pronta para um jogo incessante de gato e rato entre o emissor de moeda e seu portador, em que até a quantidade de metal precioso de uma moeda — na prática, garantia colateral da fiabilidade do crédito do emissor — estava sujeita à erosão predatória do soberano.

Essa vulnerabilidade não era um risco apenas teórico. Os soberanos da Idade Média não tinham muitas opções para gerar receita, a não ser a partir das rendas de seus domínios pessoais. Arrecadar taxas, diretas ou indiretas, ia além dos poderes da maior parte das administrações feudais. Assim, a senhoriagem era uma fonte de renda excepcionalmente atraente e viável. Por isso, os soberanos medievais usavam e abusavam dela. A receita era relativamente modesta em circunstâncias normais, quando a senhoriagem era arrecadada apenas pelo aumento gradual da disponibilidade de moeda, conforme crescia a economia monetária. Mas quando surgia a necessidade, o soberano podia levantar enormes somas de dinheiro depreciando a moeda ou até retirando-a de circulação, convocando uma recunhagem das moedas a valores nominais menores. Em 1299, por exemplo, a receita da Coroa francesa elevava-se apenas a 2 milhões de libras, dos quais metade vinha das rendas de senhoriagem obtidas pela casa da moeda com uma desvalorização e a recunhagem subsequente.[20] Duas gerações depois, em 1349, uma recunhagem gerou quase três quartos de toda a receita arrecadada naquele ano pelo rei.[21] Sendo possível levantar somas tão altas, não admira que tenha ocorrido nada menos que 123 desvalorizações na França só no período entre 1285 e 1490.[22]

Assim, a remonetarização da Europa durante o chamado "século longo", do final do século XII a meados do XIV, gerou dois fenômenos que acabariam por entrar em conflito. O primeiro foi o surgimento de uma classe de indivíduos e instituições que fazia negócios, e cuja riqueza consistia em dinheiro — um "lobby financeiro", politicamente poderoso e alheio à corte do soberano. O segundo fenômeno foi a dependência cada vez maior dos soberanos em relação ao "milagre fiscal" da senhoriagem — milagre que foi aumentando na proporção do uso cada vez maior do dinheiro. Quanto mais atividades eram monetizadas e mais gente era atraída para a economia monetária, maior a base de arrecadação da senhoriagem. Como os soberanos constatariam, essa fonte aparentemente mágica de financiamento fiscal tinha limites práticos. Esses limites, porém, não eram técnicos, mas políticos. Em algum momento, o novo lobby financeiro acabaria por protestar contra o que considerava excessos do soberano. Esse momento foi em meados do século XIV. Ele gerou a primeira obra do cânone ocidental sobre um tema que viria, a partir dali, a receber muito mais atenção, mas que se tornaria muito mais obscuro: a política monetária.

O nascimento dos juros

No verão de 1363, a sorte da casa real de Valois — senhores do reino de França — andava em baixa. Oito anos antes, o rei João II sofrera uma derrota acachapante diante do Príncipe Negro inglês, em Poitiers, fora aprisionado e levado para a Inglaterra, pelo canal da Mancha. Para sorte de João, o conceito medieval de cativeiro — pelo menos para os reis — era generoso. Ele passou seu período na Inglaterra caçando e se banqueteando com seus anfitriões, desfrutando de uma imensa corte e hospedado à beira do Tâmisa, no palácio de Savoy — ainda hoje um sinônimo de fausto. Nesse meio-tempo, seus territórios franceses praticamente mergulharam na anarquia sob a autoridade nominal de seu filho, Carlos, o delfim. Só em 1360 assinou-se um tratado, segundo o qual João voltaria à França para levantar um resgate de 3 milhões de coroas, enquanto seu segundo filho, Luís, ficava confinado em Calais, como garantia para os ingleses. Relutante, João despediu-se do Savoy e voltou para seu reino devastado. Esses problemas não duraram muito. Em 1363, chegou a Paris a notícia de que Luís fugira de seus captores, quebrando os termos do tratado. João, invadido por um súbito ataque de *noblesse oblige*, não tardou a candidatar-se a voltar a sua prisão inglesa. Ele morreu um ano depois, e o dilapidado reino de França passou de vez para as mãos do delfim.

A volta do rei João à Inglaterra, em 1363, chocou o *establishment* francês — mas logo se percebeu que ela também representava uma oportunidade de ouro para cooptar seu herdeiro. Era a chance de acabar com a folia fiscal da Coroa francesa e, mais que isso, com a confiança excessiva na ruinosa senhoriagem. Nesse pormenor, durante a guerra com os ingleses, João experimentou novos limites. Em 1355, um ano antes de Poitiers, houve nada menos que oito desvalorizações, e mesmo assim o rei ainda foi forçado, no final do ano, a declarar uma moratória no serviço da dívida.[23] Era preciso convencer o príncipe de que, na nova era, a secular prática de passar o chapéu com a senhoriagem era um mal, não um bem. O delfim era jovem e, imagina-se, impressionável, mas não era bobo. A causa precisava de um advogado — brilhante em lógica, retórica e economia — que reunisse os argumentos mais coerentes nas escolas da época e os aplicasse no mundo real. Não era um desafio simples: a ortodoxia acadêmica daquele tempo dava mais valor a disputas insignificantes sobre o significado correto dos textos básicos, e não à investigação científica, menos ainda às políticas para pô-la em prática. Por sorte, essa regra geral tinha uma exceção: o recém-nomeado grão-mestre de uma das escolas mais reconhecidas de Paris, o Colégio de Navarra. O nome dele era Nicole Oresme. Ele aceitou o desafio no ato.

Oresme mudou-se de Lisieux, na Normandia, para Paris na década de 1340, para estudar com o grande escolástico Jean Buridan. A partir daí, mostrou-se o maior intelectual de sua época, realizando contribuições importantes em várias disciplinas, da matemática à astronomia, passando pela filosofia e pela teologia. Mas foi um folheto que ele endereçou por volta de 1360 ao delfim Carlos — *Pequeno tratado da primeira invenção das moedas* (*Tractatus de origine, natura, jure, et mutationibus monetarum*) — que o tornaria célebre.[24] O *Tratado* foi uma obra poderosa tanto para análise quanto para persuasão. De cara, Oresme definia quais os dois conflitos que ele pretendia dirimir: era direito do soberano manipular o padrão monetário? E, se fosse, no interesse de quem ele deveria fazer isso?

As respostas de Oresme foram revolucionárias. O pensamento escolástico tradicional sustentava que o dinheiro era parte do domínio feudal de seu emissor, e que a autoridade que cunhava a moeda podia fazê-lo como bem entendesse. Uma vez que o dono da casa da moeda era o soberano, seu interesse era o único levado em conta. Oresme apresentou uma perspectiva radicalmente diferente. O dinheiro, segundo ele, não é uma propriedade do soberano, mas de toda a comunidade que o utiliza. Em um mundo em que o dinheiro passara a ter muitos outros fins além do pagamento das despesas reais — um mundo em que transações particulares eram realizadas o tempo todo e inúmeros particulares tinham fortunas próprias sob forma monetária —, sua emissão constituía um serviço público essencial e, portanto, deveria ser feita no interesse do público em geral. Naturalmente, a noção de "público em geral" de Oresme era um tanto restrita. Afinal de contas, ele era o porta-voz dos grandes proprietários rurais da Igreja e da aristocracia, cujas rendas e economias, antes em obrigações em espécie, passaram a ser riqueza monetária. Eram essas pessoas, que Oresme definiu, sem pudor, como "as melhores classes da comunidade", que mais sofriam com a praga da senhoriagem redistributiva, e era no interesse delas que o soberano deveria gerir seu dinheiro. O soberano, decretou Oresme, "não é o senhor ou proprietário da moeda corrente de seu principado. Pois o dinheiro é um instrumento de equilíbrio para o intercâmbio da riqueza natural [...]. É, portanto, a propriedade daqueles que possuem tal riqueza".[25]

Sua posição privilegiada deu a Oresme uma perspectiva nova em relação aos méritos da manipulação do padrão pelo soberano — o maior medo das novas classes endinheiradas. Por um lado, Oresme logo mostrou, esse era um problema básico. No estado normal das coisas, a única razão para que ocorresse essa manipulação era o soberano arrecadar dos súditos a senhoriagem. "Haverá palavras fortes o bastante", perguntou ele, "para exprimir quão injusto e detestável é, especialmente para um príncipe, reduzir o peso sem alterar o valor?"[26] Tanto a justiça social quanto a eficiência econômica exigiam um sistema monetário mais sensato e previsível. Sendo um panfletário astuto e realista, Oresme se deu conta de que a campanha pela abolição total da senhoriagem — alinhando com exatidão o valor nominal da moeda com o valor de mercado do metal precioso nela contido — não ia decolar. Por isso, recomendou uma estratégia mais moderada. Em troca do benefício de usar o dinheiro do soberano, a comunidade deveria arcar com os custos da cunhagem e com uma modesta senhoriagem, de modo que o soberano pudesse continuar a desfrutar de "um patrimônio nobre e honorável, como convém à magnificência principesca ou à majestade real".[27]

Mesmo assim, Oresme estava ciente de que a reforma monetária que propunha levantava outra pergunta. Eliminar — ou pelo menos regulamentar rigidamente — a senhoriagem com certeza reduziria a margem de manobra do soberano na gestão do dinheiro. Mas se a quantidade de dinheiro em circulação não deveria ser determinada pelo valor de senhoriagem estabelecido pelo soberano, o que deveria determiná-la? Em tese, a resposta a essa pergunta é simples. Se o padrão fosse simplesmente fixo e imutável, a demanda particular por moeda bastaria para determinar a quantidade de dinheiro. Se as pessoas quisessem moedas, levariam prata à casa da moeda e esta seria cunhada, pagando apenas o custo da cunhagem e uma módica senhoriagem. O problema com essa solução *laissez-faire* é que ela provavelmente seria impraticável, porque não havia razão para supor que a oferta arbitrária de metal precioso acompanharia necessariamente a demanda por dinheiro.

Oresme concluiu, por fim, que a política monetária do soberano tinha um papel limitado. Em casos extremos, o rebaixamento da moeda podia ser necessário — mas apenas para garantir que a oferta de moeda cunhada fosse suficiente para atender às necessidades da comunidade, e apenas atendendo à demanda da comunidade: "Se [a comunidade] confia ao príncipe [o rebaixamento da moeda], dentro de um limite razoável [...], o príncipe não deve executá-lo como seu principal autor, mas como executor de uma ordenação pública".[28] Em qualquer outra circunstância, a política monetária do soberano devia consistir na tentativa de descobrir novas fontes de metal precioso para aumentar a oferta de moeda cunhada.

> Foi esse pensamento [escreveu Oresme] que levou Teodorico, rei da Itália, a ordenar que se removessem o ouro e a prata depositados em túmulos conforme o costume pagão, para que fossem cunhadas em proveito público, dizendo: "Era um crime manter inútil escondido entre os mortos aquilo que manteria vivos os vivos".[29]

Oresme tocara num paradoxo real e profundo que assombraria, como veremos, o pensamento monetário nos séculos seguintes. Era preciso haver uma forma de restringir o impulso inveterado do soberano de financiar a própria extravagância de graça, via senhoriagem. Isto é, era preciso haver uma regra que regesse a emissão de dinheiro: o padrão não podia ser infinitamente flexível. Mas se essa regra resultasse em escassez periódica de dinheiro, representaria uma restrição considerável ao comércio. Isso parecia exigir alguém com o poder de reagir ajustando a oferta de dinheiro e que o padrão não fosse fixado de forma imutável. Oresme não resolveu esse paradoxo: recomendar o recurso à violação de túmulos dificilmente se tornaria um esteio da política dos soberanos. No entanto, ele lançou uma ideia inovadora: levando em conta a capacidade da política monetária de redistribuir riqueza e renda e de estimular ou restringir o comércio, a prioridade não deveria ser dada às necessidades fiscais do soberano, mas ao bem-estar comercial da comunidade como um todo.

Essa perspectiva nova em relação ao dinheiro levou a uma conclusão política radical. Se a política monetária deveria ser dirigida ao interesse público, conclui-se que deveria ser controlada pela comunidade — e não pelo soberano, unicamente. A conclusão do *Tratado* não poderia ser mais direta: "A comunidade, tão somente, tem o direito de decidir se, quando, como e quanto [o dinheiro] deve ser alterado, e o príncipe não pode usurpá-lo de maneira alguma".[30] Mais que isso, propunha claramente uma limitação mais geral do poder do soberano e também reconhecia, sem medo: "Ele é maior e mais poderoso que qualquer de seus súbitos, mas menos rico ou poderoso que o conjunto da comunidade, e por isso situa-se no meio".[31] E, para quem ainda não tivesse entendido, Oresme arrematava com um capítulo discutindo o provável destino de um soberano que decidisse ignorar isso. O presságio agourento do nome do capítulo não deve ter passado despercebido ao delfim: *"Quod tyrannuns non potest diu durare"* — "o príncipe tirano não pode durar muito tempo".[32]

Por mais convincentes que fossem os argumentos de Oresme, sua eficácia não era garantida. O problema é que não havia maneira de obrigar um soberano a ouvi-los enquanto não houvesse essencialmente nenhuma alternativa ao dinheiro do soberano. É fato que o crédito em pequena escala já era disseminado na Idade Média, e existiam até moedas paralelas locais. Mas a restrição contínua à monetização do crédito privado e a geografia política fragmentada daquela época faziam com que o único dinheiro de uso geral viável fosse aquele emitido sob a autoridade do soberano. Na verdade, até a fiabilidade do crédito do soberano e sua autoridade política eram tão frágeis, em geral, que as moedas cunhadas com metais preciosos continuavam a ser a forma de dinheiro dominante. Se até o dinheiro do soberano exigia uma garantia colateral, na forma do conteúdo em metal precioso, que esperança haveria para emissores de menos peso político e econômico? Por isso, o monopólio sobre a emissão de dinheiro continuava na prática com os soberanos — e eles sabiam disso. O nascente lobby financeiro até podia contratar os melhores cérebros da Europa para argumentar que a senhoriagem devia ser restringida e que o soberano deveria administrar seu dinheiro conforme os interesses desse lobby. Mas não tinha meios de forçar o soberano a fazê-lo. Como emissor de dinheiro, ele simplesmente não tinha concorrentes sérios.

Como tantas vezes na história do pensamento econômico, porém, os argumentos de Oresme se tornaram obsoletos quase ao mesmo tempo em que foram expostos. À parte as fontes tradicionais de riqueza e poder abaixo do soberano — a aristocracia e a Igreja —, a revolução comercial estava começando a criar uma nova classe mercantil. As práticas dessa classe podiam não dispor do belo arsenal teórico de Oresme, mas os comerciantes não precisavam da lógica escolástica para justificar suas atividades. Eles estavam ocupados descobrindo uma nova invenção, que viraria pelo avesso a sociedade monetária, de uma forma que a argumentação brilhante do folheto de Oresme jamais conseguiria. Essa invenção era o banco.

CAPÍTULO 6

A história natural da lula-vampira-do-inferno

O misterioso mercador de Lyon

Por volta de 1555 ocorreu um escândalo na cidade de Lyon.[1] Um mercador italiano que lá se estabelecera fez enorme fortuna em curtíssimo intervalo de tempo. Até aí, nada particularmente surpreendente. Lyon era um dos grandes centros comerciais da França e da Europa. As trocas internacionais não lhe eram estranhas, tampouco a riqueza que poderia valer aos homens de negócio empreendedores. Tanto é que a magnífica feira que ali se realizava quatro vezes por ano fora criada, dizia-se, ainda nos tempos romanos, até se tornar o maior ponto de encontro comercial de toda a Europa em meados do século XVI.[2] O que causou rebuliço foi a maneira como o italiano alcançou tanto êxito. Ele chegara à feira sem trazer mercadoria de espécie alguma; nada mesmo, a não ser uma mesa e um tinteiro. Mais parecia um filósofo itinerante que um mercador, e passou os dias sem fazer nada de mais cansativo além de assinar o nome em pedaços de papel que os colegas mercadores lhe traziam. Mesmo assim, quando a feira chegou ao fim, algumas semanas dessa atividade tão pouco exigente tinham bastado para fazer daquele pálido rato de biblioteca um sujeito incrivelmente rico. A explicação era óbvia: aquele homem só podia ser uma fraude.

Já devia fazer algum tempo que fermentava o desconforto daqueles que, na época, testemunharam esse estranho espetáculo: não era um caso isolado. É bem verdade que feiras como a de Lyon haviam sido, no passado, ocasiões grandiosas para agregar versões gigantescas dos antigos mercados semanais realizados em cidades e vilarejos por toda a Europa continental. Haviam sido o principal ponto de comércio de artigos de luxo de alto valor, cujo intercâmbio além das fronteiras nacionais representava o aspecto mais dinâmico da economia medieval, e também o principal ponto de incontáveis transações locais de pequena escala e de bens perecíveis. Mas, durante o longo século XIII, a organização do comércio transfronteiriço havia mudado: o intercâmbio sofrera uma divisão do trabalho. Os donos das casas comerciais já não viajavam com seus bens. Eles ficavam em casa e recorriam a agentes, que tinham residência permanente em seus principais mercados exportadores, enquanto transportadores profissionais eram contratados para levar as cargas, por terra ou por mar. A principal preocupação do mercador passou a ser os aspectos legais e financeiros do comércio internacional — a troca de propriedade dos bens, o dinheiro recebido em troca e o cálculo financeiro para equilibrar a receita recebida numa moeda e as despesas realizadas em outra. A enfadonha tarefa de levar os bens de um lugar para outro foi delegada a uma classe inferior de empresários.[3]

Um resultado dessa mudança na organização do comércio foi uma evolução gradual da natureza das feiras mercantis. Outrora, feiras com a de Lyon funcionavam, do início ao fim, como uma grande pirâmide, incorporando na base o conjunto do varejo local, no meio o comércio dos atacadistas e comerciantes internacionais e no topo a contabilidade acumulada nesses níveis inferiores. Mas, com o passar do tempo, esses encontros periódicos da classe mercantil europeia passaram, nas palavras do grande historiador francês Fernand Braudel, "a concentrar-se no crédito, e não nas mercadorias; na ponta da pirâmide, e não em sua base".[4] Eram cada vez menos oportunidades para o intercâmbio físico de mercadorias. E cada vez mais ocasiões de compensação e liquidação de créditos e débitos acumulados ao longo dos meses anteriores com o comércio internacional. Entre uma feira e outra, os pagamentos de importações internacionais costumavam ser feitos não em espécie, mas com crédito — usando letras de câmbio —, títulos de crédito vendidos pelas casas comerciais pan-europeias a seus clientes, que, por sua vez, podiam apresentá-las aos fornecedores de cidades estrangeiras como pagamento por mercadorias. Em 1555, o papel primordial da feira de Lyon era funcionar como câmaras de compensação de saldos credores e devedores acumulados pelas casas comerciais da Europa umas contra as outras ao emitir essas letras de câmbio para financiar o comércio. Lyon se tornara o mercado mais importante da Europa, não de mercadorias, mas de dinheiro.

O italiano distribuidor de papéis fazia parte desse sistema — que era tão misterioso e confuso, aos olhos dos não iniciados, quanto são os mercados financeiros globais de hoje. Em vez do clima animado e ligeiro das feiras de outrora — o ambiente de um dia de feira muitíssimo exagerado, com fogos de artifício e fogueiras, apostas e garotas, acrobatas e equilibristas —, passaram a existir as sombras pálidas dos banqueiros mercantis, com seus livros-caixa incompreensíveis e seus dedos manchados de tinta. Nada mudava efetivamente de mãos, a não ser maços de títulos. O comércio se tornara um ramo da matemática. O livro referência sobre esse tema, publicado em Veneza em 1494 pelo frade franciscano Luca Pacioli, intitulava-se *De Arithmetica* [Sobre aritmética]. A maioria dos observadores via a atividade dessas pessoas como "uma cabala difícil de entender": o fato de levar de forma tão misteriosa, mas inexorável, ao enriquecimento sem esforço aparente, era desconcertante.[5] Quinhentos anos depois, a reação ficcional de um homem comum à então recente revolução financeira foi estranhamente parecida:

> Ossie, seu marido inglês, agora ele está podre de rico, mas trabalha com dinheiro, puramente com dinheiro. O trabalho dele não tem nada a ver com nada, a não ser dinheiro, a coisa propriamente dita. Nada de se aporrinhar com ações, cotas, commodities, futuros. Só dinheiro. Sentado em suas torres fantasmagóricas na Sexta Avenida e em Cheapside, o louro Ossie usa o dinheiro para comprar e vender dinheiro. Equipado

apenas com um telefone, ele compra dinheiro com dinheiro e vende dinheiro com dinheiro. Ele opera nas fendas e aberturas das moedas, comprando e vendendo nas margens, surfando nas ondas diárias do câmbio. Por esse serviço ele é recompensado com dinheiro. Um monte de dinheiro.[6]

Como demonstrou o escândalo de 1555, o espanto pode se transformar rapidamente em ressentimento. Por mais difícil que seja entender os detalhes, o sistema de crédito regido pelas feiras e por seus participantes era considerado, em geral, como o ápice do novo sistema de câmbio monetarizado que, cada vez mais, governava até a vida do mais humilde fazendeiro. Mas essa compreensão genérica terminava aí. Inúmeras questões continuavam a incomodar as mentes desconfiadas. O que exatamente faziam os mercadores com suas letras de câmbio, e por que elas lhes conferiam influência tão grande sobre a vida de pessoas que nunca puseram os olhos em seus conclaves exclusivistas? Como e por que isso os tornava tão ricos? E qual a relação entre o surgimento dessas congregações de mercadores, poderosas e que não prestavam contas a ninguém, e o poder político estabelecido — o soberano, a nobreza e a Igreja? Para resolver essas charadas, eram necessários observadores mais bem informados e com mais conhecimento de finanças.

Gente assim não se encontra em toda parte; mas existia. Como Claude de Rubys, outrora uma alta autoridade da Coroa francesa, escreveu em 1604, a característica mais notável da grande feira de Lyon era a forma como possibilitava a liquidação de um volume tão grande de transações sem o uso de espécie. Não era raro, escreveu ele, ver "um milhão de libras pagas em uma manhã, sem que um tostão sequer trocasse de mãos".[7] Em outras palavras, faziam-se dezenas de milhões de libras em negócios, sem que se visse o dinheiro do soberano em parte alguma. As grandes casas comerciais da Europa haviam redescoberto a arte bancária — como produzir e gerenciar o dinheiro particular em escala industrial.

O banqueiro mercantil, para quem o comércio se tornara um ramo da matemática, representado numa gravura alemã do século XVI.

Os segredos da pirâmide

As novas classes mercantis medievais tinham diante de si, essencialmente, o mesmo problema que seus similares modernos tiveram na União Soviética em dissolução, na Argentina pós-crise ou na Grécia de hoje: como gerir uma economia monetária quando os interesses do soberano divergem do seu próprio. Eles também sonhavam com uma utopia em que sempre haveria dinheiro suficiente para satisfazer as necessidades do comércio, e em que o soberano não tirasse vantagem de suas prerrogativas senhoriais para obter receita sem justificativa. Eles tentaram a persuasão, sob a forma dos engenhosos argumentos de Oresme, mas isso não funcionou.[8] A alternativa, como nos casos posteriores de guerrilha monetária, era a rebelião.

A forma mais óbvia de fuga era pela criação e compensação de cooperativas particulares de crédito mútuo. Onde quer que comerciantes atuassem, era natural que acumulassem saldos credores e devedores junto a seus clientes e fornecedores — e, até onde possível, compensá-los e diferir o resíduo de forma constante, em vez de liquidar todas as faturas usando a moeda do soberano. Como vimos, porém, o problema dessas cooperativas de crédito mútuo é a existência de restrições de escala, impostas pelo limite natural do conhecimento pessoal e comercial e pela fragilidade da confiança. Esse foi o problema desagradável enfrentado pelos patrocinadores de Nicole Oresme. Por mais que não gostassem da forma como o soberano gerenciava sua moeda, a única alternativa era insuficiente para apoiar o crescimento da nova economia comercial.

Porém, à medida que suas operações cresciam em tamanho e complexidade, as grandes casas comerciais da Europa perceberam que havia uma opção intermediária. Eles redescobriram a possibilidade de uma organização hierárquica do crédito. Uma promessa de pagamento de um comerciante local podia não ter muito valor para além de seu pequeno círculo de clientes e fornecedores. Mas a promessa de uma das casas comerciais internacionais, com suas longas histórias de sucesso, seu volume de negócios, seus estoques e reservas muito maiores, era outra questão. Se a palavra de um grande comerciante substituísse a de um comerciante local, uma promessa de dívida que antes teria circulado apenas dentro da economia local podia ser transformada em outra, que circularia onde quer que fosse reconhecido o prestígio daquele grande comerciante. Podia-se, assim, construir uma pirâmide de crédito: na base, as obrigações dos comerciantes locais; no meio, as de atacadistas maiores; no topo, as do círculo mais exclusivo, reconhecido e estreito de comerciantes internacionais. Em outras palavras, a casa comercial internacional podia se interpor entre os comerciantes locais e suas contrapartes finais — e, ao fazê-lo, transformar promessas de pagamento inertes e bilaterais em obrigações líquidas, que podiam facilmente ser passadas de um credor a outro e, assim, circular como dinheiro onde quer que a grande casa comercial tivesse crédito. Ou seja, o crédito comercial privado, até mesmo do mais humilde mercador local, podia romper as fronteiras paroquiais e, endossado por um nome comercial cosmopolita, tornar-se bom para realizar pagamentos do outro lado da Europa, mesmo que o emissor original e seu negócio fossem inteiramente desconhecidos.

Vem daí — da criação de um sistema privado de pagamentos — a invenção do banco moderno. Um berço tão humilde pode parecer decepcionante. Hoje, na imaginação popular, a rotina sem glamour do setor bancário, prestando serviços de pagamento, ocupa um distante segundo lugar perante as atividades empolgantes de financiamento e comércio. Mas a atividade fundamental do banco é financiar e liquidar pagamentos. É o papel especificamente monetário dos bancos. E é o que os torna tão especiais. Um banco é, na essência, uma instituição que, de um lado, assina promessas de dívida — são seus depósitos, títulos e cédulas; seu passivo, em suma — e, por outro, guarda promessas de dívida — seu portfólio de empréstimos e títulos; em suma, seus ativos. Todo negócio tem dívidas em aberto com fornecedores e tem créditos pendentes com clientes. Mas, para a maioria dos negócios, esse ativo e passivo financeiro — os pagáveis e recebíveis da contabilidade da empresa, no jargão dos contadores — é pequeno, perto do valor do ativo real do negócio: o prédio, o terreno, o inventário etc. Nos bancos, é o contrário. O italiano misterioso da feira de Lyon é o perfeito representante disso. O ativo real de um banco é sempre insignificante. O balanço de um banco moderno é vasto: em 2007, o orçamento de um único banco britânico, o Royal Bank of Scotland, era maior que o Produto Interno Bruto de todo o Reino Unido. Nenhum negócio industrial poderia, jamais, acumular um ativo de tal magnitude. A razão pela qual um banco pode fazê-lo é que quase todo o seu ativo não passa de promessas de pagamento, da mesma forma que quase todo o seu passivo.

Como já vimos, toda promessa de dívida tem duas características fundamentais: a fiabilidade do crédito — a probabilidade de que venha a ser pago, na data devida — e sua liquidez — com que rapidez pode ser realizado, seja vendendo-o a terceiros ou simplesmente exercendo-o se não houver venda. Os riscos associados a toda promessa de pagamento dependem dessas duas características. Aceitar uma promessa de pagamento para daqui a um ano implica mais risco do que aceitar uma promessa de pagamento para amanhã: a chance de algo dar errado é maior em um ano do que em 24 horas. Essa é a dimensão do risco de liquidez — que tem esse nome porque, a menos que possa ser vendida no meio-tempo, uma promessa de pagamento particular só se torna líquida na hora em que é liquidada em dinheiro soberano. Há ainda a possibilidade de o emissor da promessa de dívida ficar totalmente incapacitado de pagar, independente do prazo. Aceitar uma promessa de pagamento de um Ninja — ["No Income and No Job or Assets", ou seja, "sem renda, sem emprego nem bens"] — é mais arriscado que aceitar uma promessa de pagamento de Warren Buffett. Essa é a dimensão do risco de crédito.

Pode-se resumir toda a atividade bancária à gestão desses dois tipos de risco, já que eles se aplicam tanto ao ativo quanto ao passivo de um banco. Os bancos transformam créditos sem fiabilidade e sem liquidez sobre os ativos e a renda de quem os cede em créditos muito menos arriscados e mais líquidos — créditos tão menos arriscados e tão mais líquidos que são aceitos universalmente para liquidar dívidas. Eles operam essa transformação milagrosa por meio da gestão, por um lado, dos riscos de crédito e da liquidez dos empréstimos que fazem a governos, empresas e indivíduos; e por outro, dos riscos de crédito e da liquidez das obrigações devidas por eles junto aos depositantes e portadores de títulos.[9]

A gestão do risco de crédito — separar os Ninja dos Warren Buffett, elaborar a melhor cesta de devedores no portfólio geral e monitorá-los por toda a duração de seus empréstimos — é a parte mais visível da atividade dos bancos. Mas não é a mais importante.[10] Se reduzirmos ao essencial o balanço de um banco, a atividade mais básica, praticada até pelo mais conservador dos bancos, é o financiamento de curto prazo do comércio. Nesse tipo de atividade bancária, o risco de crédito é mínimo: em geral, os empréstimos são concedidos simplesmente para cobrir a aquisição e o transporte de mercadorias cuja venda já foi acertada, e os bens propriamente ditos são com frequência dados como garantia. Se contratar um bom seguro, o banco pode até eliminar totalmente o risco de crédito. Nunca dá para se livrar, porém, do risco de liquidez. Mesmo no financiamento de curto prazo do comércio, em que o empréstimo dura apenas os dias ou semanas necessários para levar as mercadorias do produtor para o mercado, o banqueiro assume um compromisso por um tempo definido. E na outra coluna do balanço ele tem seu próprio passivo — depósitos, cédulas e títulos —, também com vencimento. Sem as complicações maiores do risco de crédito, é possível concentrar-se na essência da arte do banqueiro. Ela é nada mais, nada menos que garantir a sincronia, no conjunto, do vaivém de pagamentos devidos no ativo e no passivo — que representam eles próprios, evidentemente, o conjunto de passivo e ativo de todos os seus credores e devedores. Essa foi a arte redescoberta pelos grandes comerciantes internacionais da Idade Média.[11]

Em economias locais, os efeitos dessa redescoberta se fizeram sentir já a partir do século XII. Ao fim desse século, na cidade-estado marítima de Gênova, na Itália, os mercadores fundaram bancos locais, que mantinham tanto contas de clientes quanto contas entre si, de modo que era possível fazer pagamentos por todo o sistema, do cliente de um banco para o cliente de outro.[12] No século XIV, o pagamento por meio dessas transferências bancárias já era o método favorito de realização de qualquer pagamento elevado em Florença; havia pelo menos oitenta bancos que ofereciam esse serviço.[13] Enquanto os proprietários das contas foram obrigados a se apresentar pessoalmente ao banco para aprovar pagamentos — como era o caso, por exemplo, em Veneza —, o sistema permaneceu limitado por um grau de centralização inconveniente. Mas, em meados do século XIV, o pagamento por cheques e outras promessas de dívida escritas já era comum nas cidades-estados da Toscana, em Gênova e em Barcelona. Esses instrumentos escritos podiam circular entre a comunidade mercantil sem autenticação no banco, antes de serem apresentados para resgate. Dessa forma, facilitavam uma compensação totalmente descentralizada, da mesma forma que a cunhagem de moeda pelo soberano. O exemplo mais antigo que sobreviveu — um cheque sacado pela família Tornaquinci, aristocratas de Florença, de seus banqueiros, os Castellani — data de 1368, menos de uma década depois do *Tratado* escrito por Oresme para o delfim

Carlos.[14] Ao mesmo tempo em que Oresme reivindicava uma gestão mais equitativa do dinheiro do soberano, a nova classe mercantil estava bolando formas de fugir totalmente da tirania dele.

Operando sob a jurisdição de determinado soberano, porém, a atividade bancária local estava sujeita ao escrutínio das autoridades políticas. A ressurreição de uma profissão especializada exclusivamente em transações financeiras reacendeu antigas suspeitas. Os escolásticos medievais, a começar por São Tomás de Aquino, dedicaram a maior parte de seus escritos sobre dinheiro à análise da condenação, por Aristóteles, do empréstimo a juros como sendo antinatural. Até Oresme, o defensor dos novos rentistas monetários, não tardou a criticar os "trocadores de dinheiro, banqueiros ou negociantes de metais" que "aumentam a própria riqueza com um negócio indigno [...] um comércio vergonhoso".[15] Havia, ainda, o aprendizado sobre os riscos macroeconômicos potenciais associados à atividade bancária de alta escala, contidos nos textos antigos, como o relato da crise financeira sob Tibério, feito por Tácito. Acima de tudo, prevalecia o interesse do soberano de garantir a continuação da preferência de seu dinheiro e, por conseguinte, da senhoriagem. Disso resultou que a invenção dos bancos foi submetida a uma regulamentação draconiana. Em 1321, quando as autoridades venezianas descobriram que os mercadores estavam praticando depósitos bancários mínimos — mantendo apenas uma diminuta proporção de seus ativos na moeda do Estado —, elas sancionaram uma lei especificando que os bancos teriam que ser capazes de honrar todo e qualquer saque num prazo de três dias.[16] No mesmo ano, as autoridades catalãs reviram uma norma de 1300 que obrigava banqueiros falidos a viver somente de pão e água até que todos os seus clientes fossem reembolsados. Doravante, qualquer banqueiro que deixasse de atender à demanda de seus clientes seria denunciado em público — e, então, sumariamente decapitado em frente ao próprio banco. Não era uma ameaça inócua, como descobriu o infeliz banqueiro barcelonês Francesch Castello.[17] Diante de regimes regulatórios tão inflexíveis, a atividade bancária local era de fato um negócio de risco.

No mundo paralelo dos bancos internacionais, as condições eram em geral mais favoráveis. Para começo de conversa, o comércio internacional era a parte mais dinâmica da economia medieval. A aristocracia foi a primeira a levar vantagem com a monetização das relações feudais. Foi o gosto dela pelos artigos de luxo estrangeiros que estimulou o comércio de alto valor. Mais do que isso: as grandes casas comerciais, com seus agentes fixados em território estrangeiro, suas vastas operações em um e outro país e sua nova expertise na atividade bancária, podiam oferecer ao comerciante local tanto crédito quanto serviços de câmbio internacional. Mas, mais importante que tudo, não havia, por definição, uma autoridade soberana para regulamentar o comércio entre duas nações, nem moeda soberana com a qual fechar as transações. Por isso, foi na esfera internacional que se realizou por inteiro o potencial dos bancos para acelerar a revolução comercial. A inovação central foi o aperfeiçoamento, em meados do século XVI, do sistema de "câmbio por letras": um procedimento de financiamento do comércio internacional usando crédito monetário emitido pelo círculo reduzido de bancos mercantis pan-europeus, expresso em sua própria unidade contábil abstrata, registrado em letras de câmbio e compensado na feira trimestral de Lyon.

O sistema era simples.[18] Um mercador italiano que quisesse importar mercadorias de um fornecedor nos Países Baixos podia adquirir uma nota de crédito, conhecida como letra de câmbio, de uma das grandes casas comerciais florentinas. Ele podia pagar por essa nota tanto na moeda soberana local quanto com crédito. Ao comprar essa letra de câmbio, o mercador italiano obtinha duas coisas. Primeiro, o acesso ao milagre dos bancos: ele transformava uma promessa de dívida garantida apenas por sua frágil palavra em uma promessa de dívida emitida por uma casa maior e mais confiável, que seria aceita em toda a Europa. Ele transformava seu crédito particular em dinheiro. A segunda coisa que ele obtinha era a troca de um crédito de certo valor de dinheiro florentino em um crédito de certo valor na moeda dos Países Baixos com a qual faria sua compra. A letra de câmbio, propriamente dita, era expressa em uma unidade monetária particular criada especialmente para isso pela rede de agentes de câmbio: o *écu de marc*. Não havia moedas soberanas expressas no *écu de marc*. Ele era um padrão monetário privado, exclusivo dos banqueiros de câmbio, criado de modo a permitir que negociassem uns com os outros o valor das várias moedas soberanas do continente. De maneira um tanto bizarra aos olhos de hoje, portanto, a transação de câmbio internacional embutida na letra de câmbio envolvia duas taxas de câmbio — entre a moeda florentina e o *écu de marc* e entre o *écu de marc* e a moeda dos Países Baixos.

O resultado final era a superação de uma série de obstáculos antes intransponíveis. O banqueiro de câmbio aceitaria como pagamento o crédito do importador, por conhecê-lo bem e a seu negócio, no mercado local. Enquanto isso, o fornecedor nos Países Baixos aceitaria como pagamento o crédito do banqueiro de câmbio, sabendo que este, por sua vez, liquidaria seja uma nota de importação, seja alguma transação local — e ficaria satisfeito por ser pago na moeda local. É claro que o banqueiro corria o risco de que as taxas de câmbio das duas moedas soberanas em relação ao *écu de marc* imaginário variassem entre a emissão da letra de câmbio e seu resgate nos Países Baixos. Mas ele se precavia para que sua remuneração e comissões valessem esse risco.[19]

À medida que continuavam subscrevendo e aceitando letras de câmbio para financiar o comércio entre as grandes cidades europeias, os banqueiros de câmbio acumulavam saldos credores e devedores. O círculo de agentes de câmbio era estreito. Por isso, havia enorme boa vontade para permitir o crescimento desses saldos. No entanto, para garantir uma visão clara de quem devia o quê para quem, compensações periódicas faziam-se necessárias. Elas podiam ser feitas bilateralmente, numa base ad hoc; mas as feiras periódicas ofereciam uma oportunidade natural para uma compensação mais generalizada — e foi exatamente nisso que elas, aos poucos, se transformaram. A cada trimestre, o círculo de grandes casas comerciais se encontrava na feira central de Lyon para acertar seus livros. Nos dois primeiros dias da feira, havia um frenesi de compras e vendas, de subscrição de novos títulos e cancelamento de antigos.

Ao fim desses dias, os livros trimestrais de todos os delegados eram fechados e conferiam-se os saldos resultantes entre as casas. O terceiro dia — o "Dia do Câmbio" — era o centro do processo. O grupo exclusivista de agentes de câmbio se reunia para chegar a um acordo quanto ao *conto*: a tabela de taxas de câmbio entre o *écu de marc* e as diversas moedas soberanas da Europa. Essa tabela era o eixo do sistema financeiro inteiro, já que essas taxas de câmbio seriam usadas para liquidar todos os saldos restantes no último dia da feira — o "Dia dos Pagamentos" —, seja para rolar os saldos até outra data de vencimento, seja para pagar em espécie.[20]

A tarefa de um agente de câmbio sensato, como o misterioso italiano de Lyon, portanto, era negociar durante os primeiros dias da feira de tal forma que, quando chegasse o Dia dos Pagamentos, ele pudesse compensar com perfeição seu saldo credor e devedor e obter lucro nessa negociação. Mas a verdadeira fonte do enriquecimento e do poder fenomenais dos agentes de câmbio não era simplesmente a habilidade para especular com as flutuações do emergente mercado de câmbio internacional. Por mais que fosse uma conquista notável, o sistema de câmbio por letras não era apenas um meio de facilitar o comércio ou o câmbio internacional. Era algo muito maior e de maior significado político. Peça por peça, os agentes de câmbio haviam reunido todos os elementos de uma grande máquina, que possibilitou a circulação do crédito particular, como dinheiro, por toda a Europa. Os três componentes fundamentais do dinheiro estavam postos. Como no *crédito* argentino, o sistema tinha uma unidade própria de valor abstrato, o *écu de marc*. Tinha seu próprio sistema contábil — as regras de contabilidade estabelecidas no *De Arithmetica* de Paciolo e, para aplicá-lo, os protocolos-padrão acertados entre as grandes casas comerciais. E tinha seu próprio sistema de transferência e compensação de saldos de crédito, usando as letras de câmbio e a gigantesca câmara de compensação que era a feira central. O sistema de câmbio por letras se tornara nada menos que um "dinheiro particular supranacional interagindo com as moedas públicas locais".[21] Ao coroar uma hierarquia pan-europeia de crédito com uma rede autorregulada e coesa de conspiradores, os agentes de câmbio pareciam ter conseguido criar a utopia. Com o aperfeiçoamento do sistema de câmbio por letras, eles construíram uma moeda particular viável em escala continental.

Era fácil perceber o significado econômico desse feito impressionante, tanto na revolução comercial que propiciou quanto na riqueza fabulosa dos homens que o construíram. Mas havia mais, muito mais, no novo sistema de dinheiro bancário. Havia também o mau presságio de uma mudança política histórica — que transformaria para sempre a cara da finança.

CAPÍTULO 7

O grande acordo monetário

Dinheiro particular e disciplina de mercado

Claude de Rubys — uma antiga autoridade da Coroa que, em 1604, escreveu sobre a feira de Lyon — foi um dos que perceberam o significado histórico do sistema internacional de câmbio por letras: ele permitia à classe mercantil deixar de depender do dinheiro do soberano. Como estadista experiente, De Rubys sabia que o controle do dinheiro de uma nação era uma das fontes mais fundamentais e lucrativas do poder do soberano. Também compreendeu que a criação e a gestão de dinheiro particular pelos banqueiros não eram apenas atos de inovação econômica, mas, potencialmente, de revolução política. O lobby financeiro dispunha, agora, tanto dos argumentos poderosos de Oresme — os conceitos de interesse público e necessidade comercial como princípios norteadores da política monetária — quanto de uma alternativa em potencial, caso o soberano se recusasse a atentar para eles. As grandes casas comerciais haviam descoberto uma forma de produzir uma moeda internacional, fora do controle de qualquer soberano. Além disso, essa elite cosmopolita era tão coesa e montou de forma tão inteligente sua hierarquia de cooperativas de crédito que não tinha necessidade de metal precioso como garantia de suas promessas de pagamento. Seu dinheiro era invisível, intangível, consistindo apenas na confiança mútua na capacidade do pequeno grupo de agentes de câmbio no topo da pirâmide de avaliar riscos para honrar os pagamentos nas datas de vencimento e limitar a emissão de crédito. Tratava-se de um inimigo impossível de controlar, que dirá derrotar — uma guerrilha monetária com um verdadeiro "exército das sombras". Era o lobby financeiro que podia então sustentar seus argumentos com ameaças — ameaças de abandonar a moeda do soberano, caso ela não fosse gerida conforme seus interesses. O poder tinha mudado de mãos.

Não surpreende que os soberanos tenham tentado, da retaguarda, agir contra esse novo inimigo. Os soldados mais úteis eram aqueles que conheciam em primeira mão os segredos dos banqueiros. Sir Thomas Gresham, agente real em Antuérpia desde 1551, foi um desses "vira-casacas". Gresham vinha de uma família mercantil importante. Seu pai fora um dos principais beneficiários da distribuição de bens monásticos por Henrique VIII, e ele negociou esses bens de modo a se tornar Lord Mayor de Londres.* O próprio Gresham, por sua vez, era um "empresário bem-sucedido, especialista em finanças e agente confidencial do governo".[1] Sua experiência nos dois primeiros papéis o ajudaria na condição de financiador-mor da Coroa inglesa nos Países Baixos, depois dos desastres financeiros da última década do reinado de Henrique VIII. A libra esterlina inglesa, que em 1544 chegou a valer 26 xelins flamengos, iniciara um declínio aparentemente inexorável, desabando em 1551 para apenas treze xelins flamengos — uma desvalorização de 50% em sete anos.[2] Como a Coroa inglesa era um dos maiores devedores em Antuérpia, essa queda brusca não era bem-vinda: aumentava na mesma proporção o fardo da dívida do rei. Além disso, embora fosse difícil negar que a Coroa inglesa estava se endividando excessivamente no exterior, a opinião da corte sustentava — como é da tradição histórica das autoridades governamentais, diante da pressão do mercado — que os verdadeiros culpados eram os agentes de câmbio, cuja opinião ne-

---

* Título honorífico, com mandato de um ano, cuja responsabilidade é representar Londres em diversas cerimônias. Ainda hoje existente, não deve ser confundido com o cargo de prefeito de Londres. (N. T.)

gativa em relação à fiabilidade do crédito inglês não passaria de uma farsa para obter lucros injustificados. Os maiores culpados, escreveu o ministro William Cecil, eram os misteriosos italianos, que "vão de um lado a outro e servem a todos os príncipes ao mesmo tempo [...], trabalham o quanto querem e lambem a banha de nossas barbas".[3]

Em 1551, a corte estava em desespero. Mas Gresham tinha um plano. Ao ser nomeado agente, lançou a ideia de um fundo de estabilização do câmbio, a ser usado para lutar contra a desvalorização indevida da libra esterlina. Ele requereu, para esse fim, um fundo secreto de 1200 ou 1300 libras por semana. Com essa munição, disse ele, era possível neutralizar o poder dos banqueiros de vender libras esterlinas sempre que fossem contrários à política da Coroa inglesa. Depois que a regência do jovem Eduardo VI se convenceu do plano, ele foi posto em prática. A trama de Gresham era, com certeza, premonitória — a intervenção de governos no mercado internacional de câmbio, por meio de fundos de estabilização, se tornaria uma ferramenta-padrão de política econômica no século XX. Infelizmente, ele também estava à frente de seu tempo na descoberta do poder limitado desses planos diante do ceticismo do mercado. Depois de apenas dois meses, o governo inglês parou de apoiar o custo das intervenções de Gresham, que pareciam sem efeito, e cancelou o programa. Inabalável, Gresham apresentou outro plano; dessa vez, porém, muito mais convencional. As reservas de moeda estrangeira dos mercadores ingleses em Antuérpia seriam requisitadas como um empréstimo compulsório à Coroa. As dívidas da Coroa em moeda estrangeira imputadas aos escorregadios agentes de câmbio seriam refinanciadas na forma de empréstimos em libras dos próprios súditos. Era engenhoso e eficaz — mas era uma confissão de derrota. Os agentes de câmbio eram imbatíveis no próprio jogo. A única solução para o soberano era exercer seu poder coercitivo sobre os súditos. Mas isso só aumentava o incentivo para estes se unirem à resistência.

Como tantas vezes na história do pensamento monetário, a teoria não conseguia acompanhar o ritmo da prática. Empresários, legisladores e os próprios banqueiros aprenderam o novo sistema a partir do começo; Gresham chegou a publicar um tratado sobre esse tema. Mas uma apreciação integral do significado político mais amplo da atividade bancária teria que esperar quase dois séculos, até que o Iluminismo francês fundisse os pensamentos econômico e político, ainda separados. A França estava madura para fazer esse papel de catalisador em meados do século xviii. Politicamente, continuava a ser o bastião do Ancien Régime — uma monarquia feudal conservadora em um continente que, muito tempo antes, já tinha sido varrido pelos ventos da reforma constitucional. Financeiramente, a França era um dos Estados mais atrasados da Europa Ocidental. Mas, intelectualmente, era o centro do mundo. Esse contraste extraordinário entre uma vida literária deslumbrante e instituições políticas e financeiras moribundas fez com que os pensadores do Iluminismo francês tivessem sido os primeiros a articular integralmente o elo entre o dinheiro, os bancos e a política.

A análise mais brilhante de todas surgiu na obra-prima do maior pensador constitucional de sua época: Charles-Louis de Secondat, barão de La Brède e de Montesquieu. *Do espírito das leis*, de Montesquieu, foi o coroamento do Iluminismo francês — uma combinação magistral de história, antropologia e análise política que pregava o estabelecimento de um governo constitucional nos moldes ingleses. Montesquieu dedicou atenção especial — e louvor especial — ao papel do comércio como uma força benéfica ao desenvolvimento político e reservou sua grande admiração para as finanças internacionais. "É espantoso que a letra de câmbio tenha tardado tanto a ser descoberta", escreveu, "pois não há nada de mais útil em todo o mundo."[4] Mesmo na França, embora o país estivesse um século atrasado em relação à Inglaterra na reforma política e no desenvolvimento monetário, a disciplina que o câmbio internacional impunha às políticas reais fazia com que, por mais absolutos que parecessem os poderes do rei, na prática eles ficavam seriamente limitados. Os abusos violentos do dinheiro soberano, como se praticava na Antiguidade e na Idade Média, escreveu ele,

> não poderiam ter lugar em nosso tempo; um príncipe poderia enganar a si mesmo, mas não enganaria nenhum outro. O câmbio internacional

permitiu aos banqueiros comparar todas as moedas do mundo e avaliar seus reais valores [...]. Eliminaram os grandes atos súbitos e arbitrários do soberano, ou pelo menos a efetividade desses atos.[5]

A ironia com que Gresham havia se deparado na prática foi então totalmente compreendida e elegantemente exposta na teoria. O abuso das prerrogativas monetárias por parte de soberanos irresponsáveis estimulou a redescoberta da atividade bancária e a invenção do grande sistema de letras de câmbio. Como resultado, agora eram os soberanos que tinham que dançar conforme a música do lobby financeiro, e não o contrário. De repente, a estranha imaterialidade das operações bancárias deixou de ser uma fonte de suspeita e passou a ser uma arma disfarçada na cruzada pelo governo constitucional. "Desta forma, devemos [...] à avareza dos governantes o estabelecimento de um artifício que, de certa forma, livra o comércio desse jugo", escreveu Montesquieu.[6] Ou, para ser mais exato, os governantes tinham atado as próprias mãos sem querer, ficando obrigados a gerir o dinheiro cada vez mais conforme o interesse da comunidade que Oresme defendera. Ao forçar o lobby financeiro a uma bem-sucedida rebelião, "os soberanos foram forçados a governar com maior sabedoria do que eles próprios desejariam [...]. [Agora] apenas o bom governo traz prosperidade [ao príncipe]".[7]

Em 1993, James Carville, estrategista-chefe da campanha que um ano antes elegera Bill Clinton presidente dos Estados Unidos, referiu-se numa entrevista ao *Wall Street Journal* ao incrível poder do dinheiro para impor restrições à ação política no mundo moderno. "Antigamente eu achava que, se houvesse reencarnação, eu queria voltar como presidente, papa ou craque do beisebol", brincou Carville, "mas agora prefiro voltar como o mercado financeiro. Você intimida qualquer um."[8] A formulação sucinta de Carville ficou famosa, com justiça; mas a ideia estava longe de ser nova. Ele estava se referindo à visão iluminista do dinheiro como uma força que pode disciplinar até o mais poderoso dos soberanos. Na verdade, a frase mais memorável sobre esse assunto, no passado, foi cunhada por outro James — o escocês James Steuart, cujo *Inquiry into the Principles of*

Political Economy [Investigação sobre os princípios da economia política], de 1767, foi uma das primeiras obras sobre economia em língua inglesa.[9] A avaliação de Steuart resumia de forma límpida a completa transformação do pensamento monetário ocorrida nos quatro séculos desde o *Tratado* de Oresme, quiçá desde os dias da academia Jixia. Os peritos do passado sustentavam que o dinheiro era, no fim das contas, um instrumento do soberano — e que o melhor a fazer era pedir que ele o usasse com sabedoria. A visão de Steuart era totalmente oposta. A sociedade monetária, escreveu, nada mais era que "o freio mais eficaz já inventado contra a loucura do despotismo".[10]

 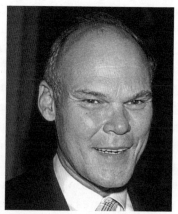

Dois James — Steuart (*à esq.*) e Carville (*à dir.*) — com uma ideia importante: que o dinheiro pode ser uma arma poderosa de controle do soberano.

O banco estatal: a pedra filosofal das finanças

Mas as coisas não eram tão simples. Não custa lembrar que há boas razões para que o dinheiro do soberano seja incerto. Nenhum emissor privado goza do mesmo alcance de mercado, da mesma capacidade de impor demanda por suas obrigações ou da mesma associação psicológica com a confiança da sociedade. Os banqueiros tinham erguido uma nova Jerusalém para si mesmos — mas essa Jerusalém era uma utopia monetária tão sujeita a ser invadida pela dura realidade quanto qualquer outra. Os emissores privados podem dar calote — deixando seus credores com papéis sem valor sacados de partes insolventes. A liquidez pode evaporar quando a confiança esmorece, desorganizando o mais cuidadoso dos planejamentos para sincronizar pagamentos. Até mesmo a pirâmide de crédito erguida pelos banqueiros tinha um limite — o círculo exclusivo dos financistas internacionais —, e mesmo o mercado monetário criado por eles podia passar por crises de confiança, ou simplesmente pelo impacto de eventos inesperados.

Na verdade, o destino do novo dinheiro privado não era menos irônico que o do antigo dinheiro do soberano. Por um lado, era essencial que a atividade bancária permanecesse como o privilégio de uma elite restrita. Só um círculo autorregulamentado podia gerar a confiança interpessoal necessária para fazer uma cooperativa monetária privada dar certo, e, uma vez entendidos seus princípios, as barreiras a recém-chegados eram mínimas. Ao contrário do soberano, os banqueiros não tinham poder coercitivo para impor seu privilégio. Como resultado, agarravam-se zelosamente a seus segredos e deram início a uma longa tradição de "envolver suas práticas num formalismo miúdo que se prestava com perfeição à conservação de seu monopólio".[11] Mas essas mesmas condições também impunham limites óbvios à sua expansão. As notas de crédito dos banqueiros internacionais podiam circular entre eles, mas fora desse círculo mágico elas eram um enigma. As mesmas características que garantiam o sucesso do dinheiro privado dos banqueiros eram aquelas que o impediam de substituir o dinheiro do soberano.

O resultado foi um desequilíbrio monetário crônico — uma guerra de guerrilha de longo prazo entre os soberanos e o lobby financeiro privado, que nenhum dos lados podia vencer. Isso viria a mudar com uma derradeira invenção histórica, no final do século XVII. Como fora o caso com o dinheiro propriamente dito, essa inovação foi o resultado do transplante de ideias avançadas de uma cultura comercial altamente sofisticada para um retardatário financeiro — mas um que gozava de uma herança política sem igual. Na reprise desse drama antigo, o papel do primo rico seria desempenhado pelos Países Baixos, e o do primo pobre, pela Inglaterra.[12] A tecnologia de ponta da Holanda eram as chamadas "finanças holandesas": o sistema mais avançado de gestão da dívida nacional até então existente. A contribuição inglesa foi a dolorosa, e então recente, adoção da monarquia constitucional. A invenção resultante foi o Banco da Inglaterra — e, com ele, a base de todos os sistemas bancários modernos e de toda a moeda moderna.

No final do século XVII, a Inglaterra ainda estava de joelhos devido à crise constitucional que desencadeou a guerra civil da década de 1640. A experiência com o regime republicano, sob os Cromwell, fracassara, e o filho do rei deposto Carlos I fora restaurado ao trono em 1660. Mas, embora as antigas divisões entre realistas e parlamentaristas estivessem desaparecendo, emergia uma nova oposição, estimulada pelos interesses divergentes dos conservadores, proprietários de terras, e dos liberais, de mentalidade comerciante. A razão não era nova. A incontinência fiscal do soberano, causa imediata da guerra civil, só fizera piorar. As finanças do restaurado Carlos II estavam num estado tão ruim que ele foi forçado a decretar a moratória de sua dívida, anunciando uma "Parada do Tesouro". O resultado, como era de esperar, foi um colapso do crédito da Coroa. Ao fim daquela década, o soberano inglês tomava empréstimos em condições muito piores que aquelas oferecidas aos mercadores particulares.[13]

Não contribuiu para a situação fiscal a engenhosa solução para a crise constitucional provocada anos depois pela morte de Carlos II e pela ascensão de seu irmão, Jaime — a Revolução Gloriosa de 1688, em que Guilherme de Orange foi convidado a assumir o trono da Inglaterra. Descobriu-se rapidamente que o motivo principal por trás da decisão de Guilherme de aceitar a proposta do Parlamento inglês não fora o generoso desejo de salvar a Inglaterra da influência papal,* e sim sua ânsia por recursos mais generosos para defender a Holanda contra as ambições predatórias da França de Luís XIV.

---

* Jaime II era católico e temia-se uma reaproximação da Coroa inglesa, protestante, com o Vaticano. (N. T.)

Mal subiu ao trono, Guilherme incluiu a Inglaterra numa coalizão continental que declararia guerra aos franceses. Arrecadou-se um total de 4 milhões de libras anuais em impostos — soma impensável nos tempos de Carlos II —, mas os gastos subiram ainda mais, a 6 milhões de libras anuais. A diferença foi levantada junto aos credores, por meios cada vez mais desesperados. Na primavera de 1694, a Inglaterra chegava ao quinto ano de pesados impostos de guerra — mais de um terço deles obtidos com a taxação de proprietários de terras. O peso, assim, se fez sentir sobretudo na aristocracia conservadora. Pior: o fim não estava à vista. A guerra se arrastava, o crédito do rei estava no chão e mais um ano de déficit alto se anunciava. Avizinhava-se a perspectiva de uma segunda moratória do esgarçado Tesouro.

Felizmente, o final do século XVII na Inglaterra não era apenas um período de caos constitucional. Também era um período de grande inovação nos campos monetário e das finanças públicas. Os ministros e conselheiros reais se viram sob uma enxurrada de propostas de chamados "projetistas", com novas ideias para financiar o déficit.[14] Algumas eram engenhosas, muitas eram desastrosas. Quase todas podiam ser resumidas em uma única ideia básica: encontrar um mecanismo para tomar empréstimos contra a promessa de futuras receitas fiscais. O truque seria descobrir uma fórmula que satisfizesse o desejo dos credores de ter mais segurança e mais controle, preservando ao mesmo tempo a dignidade do soberano. Mas, com a ameaça constante do déficit da guerra, os ministros reais não estavam em condição de escolher muito. Um dos novos planos era uma loteria estatal, que consistia na venda de 100 mil bilhetes de loteria, a dez libras cada, anunciada de forma descomplicada como "A aventura do milhão".[15] O dinheiro assim obtido foi emprestado ao Tesouro, como de costume, mas os investidores entediados pela monotonia do resgate de títulos tinham a possibilidade de ganhar prêmios em espécie de uma lista cuidadosamente escalonada.[16] Loucuras assim tiveram êxito em fazer investidores escaldados desembolsarem dinheiro, mas, uma vez pagos todos os prêmios, elas se mostraram tão caras quanto as outras. Não havia engenhosidade atuarial suficiente para esconder o fato de que o crédito do rei junto a seus potenciais emprestadores continuava baixíssimo.

Houve, porém, uma proposta que, no conjunto, se mostraria mais eficaz. Era o projeto de um banco que, fundamentalmente, reorganizaria a dívida do rei. Os investidores subscreveriam o capital do banco, e este emprestaria dinheiro ao governo. É certo que a criação de um banco para arrecadar dinheiro para o rei não era, em si, uma inovação. Nas cidades-estados do Mediterrâneo, bancos públicos existiram e deixaram de existir desde a Idade Média. Já em 1609 a Holanda tinha um banco público, em Amsterdã; a Suécia tinha um em Estocolmo desde 1656. O que havia de novo na proposta do projetista William Paterson era que o Banco da Inglaterra seria, na prática, uma parceria público-privada. Sua missão primordial seria, sem sombra de dúvida, melhorar o crédito e as finanças do soberano. Na verdade, a concepção, a governança e a gestão do banco seriam confiadas às classes mercantis, justamente para garantir a confiança em suas operações e no controle do crédito. Mas, em troca, o soberano concederia privilégios importantes. Acima de tudo, o banco teria o direito de emitir notas bancárias — uma licença para pôr em circulação papel-moeda representando suas próprias obrigações, que circulariam como dinheiro.[17] Literalmente, haveria um quiproquó.

O plano de Paterson poderia facilmente ter sido ignorado. Mas a ideia de um Banco da Inglaterra híbrido encontrou forte apoio num círculo de liberais importantes e ambiciosos que dominaria o primeiro governo partidário da Inglaterra. Eles se deram conta de que o projeto de Paterson poderia levar a um grande acordo monetário. Se, junto com o lobby financeiro privado representado por eles, conseguissem chegar a um acordo para financiar o rei em termos que lhes dessem, como diretores do novo banco, poder decisório, em troca o rei lhes concederia uma parte desse poder na prerrogativa mais antiga e ciosamente protegida: a criação de dinheiro e a gestão de seu padrão. Obter da Coroa o privilégio da emissão, o que ungiria, com a autoridade do soberano, as obrigações de um banco privado, era a pedra filosofal do dinheiro. Era o endosso que podia libertar o dinheiro dos bancos particulares de seus limites paroquiais. Eles emprestariam seu crédito ao soberano, e este emprestaria sua autoridade ao banco deles. O que eles plantaram ao emprestar, colheriam cem vezes mais podendo criar dinheiro privado com o endosso do soberano. Doravante, a senhoriagem seria compartilhada.

Os sábios daquela época estavam cientes de que a reforma da gestão das finanças públicas, na aparência uma questão técnica, era na verdade profundamente política. Os conservadores acreditavam ser arriscada, senão subversiva, qualquer concessão ao dinheiro dos liberais. Não era a primeira vez que a mágica misteriosa da atividade bancária era apresentada como solução para o problema da incontinência fiscal da Coroa. Em 1665, Sir Charles Downing já propusera que o Tesouro se tornasse, na prática, um banco estatal. O conde de Clarendon, conselheiro-mor do rei, rejeitou a ideia por razões explicitamente políticas, considerando-a "introdutória a uma comunidade de estados e imprópria a uma monarquia".[18] Essas suspeitas não se dissiparam com a fundação do Banco da Inglaterra, em 1694. Numa jurisprudência de 1702, o chefe de Justiça John Holt tentou uma espécie de contrarreforma, chamando a novidade das notas promissórias dos banqueiros — cujos maiores representantes passaram a ser as notas do Banco da Inglaterra — de "um novo tipo de especialidade, desconhecido do direito comum e inventado na Lombard Street para ditar as leis ao Westminster Hall".[19]

Outros analistas, porém, perceberam os benefícios para ambas as partes — e esse acabaria sendo o segredo do sucesso da estabilização. O quiproquó alimentou um círculo virtuoso. A bênção estatal garantiu a circulação universal das notas do banco. A propriedade e a gestão comerciais do banco melhoraram o crédito do Estado. Defensores antigos do lobby financeiro contra a monarquia davam mais ênfase a esta última vantagem, desprezando aquela. Sir James Steuart, por exemplo, não tardou a lembrar aos céticos que "[o] princípio que rege [o Banco], e a fundação da confiança nele, é o crédito mercantil".[20] Era verdade, até certo ponto. Mas Adam Smith, compatriota e contemporâneo de Steuart, viu as coisas mais amplamente e resumiu-as de forma sucinta: "A estabilidade do Banco da Inglaterra é igual à estabilidade do governo britânico".[21] A frase de Smith captou com precisão a natureza do círculo virtuoso. Sem o Estado, faltaria autoridade ao banco; sem o banco, faltaria crédito ao Estado.

O veredicto de Smith data de 1776. Quase um século havia se passado desde o estatuto inaugural do Banco da Inglaterra, de 1694, para que o grande compromisso monetário que ele representava se enraizasse na economia política do Reino Unido. Nesse período, o papel do banco como fonte de financiamento fiscal emergencial declinou, à medida que se expandiu o mercado de títulos do governo. Enquanto isso, o papel do banco como agente monetário do Estado — depositário de suas contas, agente de seus pagamentos, gestos de sua emissão de títulos — cresceu de forma inexorável, e seu status como ápice da pirâmide monetária apenas se reforçou. Em 1709, concedeu-se ao banco o monopólio efetivo da emissão de papel-moeda em território inglês.[22] Em 1710, o banco foi nomeado depositário do dinheiro público da loteria estatal e, cinco anos depois de todas as obrigações governamentais anuais.[23] Em 1769, o banco já geria mais de dois terços da dívida nacional.[24] Em 1781, já haviam sido esquecidas fazia muito tempo as dúvidas sobre a constitucionalidade do banco. Em junho daquele ano, o primeiro-ministro, Lord North, discursou para um Parlamento agitado, em meio à traumática guerra da Grã-Bretanha contra seus colonos na América. O clima era de revolução — mas ainda havia o consolo de algumas constantes. Onde os deuses estavam ausentes, nas palavras de conforto do primeiro-ministro à Câmara, sempre haveria o banco, "em virtude do antigo hábito e do uso de muitos anos [...] parte da Constituição", ou "se não parte da Constituição, pelo menos [...] para todos os fins importantes o Tesouro público".[25]

Com a fundação do Banco da Inglaterra, o lobby financeiro e o soberano haviam chegado a uma acomodação histórica. A guerrilha monetária adquirira enfim uma parte do poder; e em troca o exército das sombras trabalhava — pelo menos em parte — para o governo. Esse compromisso é o ancestral direto dos sistemas monetários que dominam o mundo de hoje: sistemas em que a criação e a gestão do dinheiro são quase totalmente delegadas aos bancos privados, mas em que o dinheiro soberano continua a ser o "derradeiro ativo liquidante"; o único saldo credor com o qual os bancos no penúltimo nível da pirâmide podem com certeza liquidar seus pagamentos entre si ou junto ao Estado. Da mesma forma, o dinheiro em espécie permanece apenas um símbolo de crédito perante o soberano, mas a maioria esmagadora do dinheiro em circulação consiste em saldos de crédito em contas de bancos privados. A fusão do dinheiro privado com o dinheiro do soberano, nascida do compromisso político firmado em 1694, continua a ser a pedra fundamental do mundo monetário moderno.

As consequências práticas do grande acordo monetário são óbvias. Mas suas consequências para o pensamento monetário foram igualmente revolucionárias; talvez até mais, a longo prazo. Estava para acontecer uma segunda transição importante no pensamento ocidental, em relação à questão central de quem deveria controlar o dinheiro. Antes de Oresme, via-se o dinheiro, implicitamente, como um instrumento do governo: parte do domínio feudal do soberano e instrumento de sua política. Oresme desafiou essa ideia e propôs um objetivo diferente de política monetária — atender às necessidades da comunidade. Mas ele o fizera de uma posição de fraqueza: não havia alternativa ao dinheiro do soberano. O resultado foi um impasse. A redescoberta da atividade bancária, porém, tinha virado a mesa. Agora havia uma concorrência genuína pela criação e gestão das redes monetárias. O pensamento monetário abandonou o tom queixoso e passou a abordar essa nova realidade. O dinheiro deixou de ser uma ferramenta do soberano e passou a ser uma ferramenta contra o soberano — não mais um instrumento com o qual o rei podia "frear os soberanos do destino", nas palavras do *Guanzi* chinês, mas, como escreveu James Steuart, "o freio mais eficaz já inventado contra a loucura do despotismo".[26]

As sucessivas respostas à pergunta de quem deveria controlar o dinheiro pareciam diametralmente opostas — mas a revolução seguinte no pensamento monetário revelaria o quanto elas tinham em comum. O grande acordo monetário daria origem a uma nova teoria da sociedade monetária: a ciência social da economia. Nessa teoria, o dinheiro sofreria uma transformação radical. Não seria nunca mais visto como uma ferramenta do soberano, nem como uma ferramenta contra o soberano: deixaria completamente de ser visto como algo político. Até então, ele era visto como uma tecnologia social poderosa; sua ideia central de valor econômico, como um engenhoso conceito em comum para a coordenação da atividade social; e o padrão monetário, como uma poderosa ferramenta para a redistribuição de riqueza e o estímulo ao comércio, cuja manipulação, outrossim, era merecido objeto de debate acalorado. Mas o dinheiro estava para se transformar num pedaço inerte de metal; o valor, numa propriedade inócua do mundo natural; e a política monetária — e, mais que isso, o debate a respeito dela —, numa expressão sem sentido.

Resumindo: estava para entrar em cena a visão convencional do dinheiro.

CAPÍTULO 8

As consequências econômicas do sr. Locke

O grande debate da recunhagem

O grande acordo monetário representou, para seus entusiastas na City* e no Parlamento londrinos, um progresso fantástico para a nova monarquia constitucional da Inglaterra. Outros, porém, não estavam tão certos disso. Por mais engenhoso que fosse o novo estado de coisas, uma pergunta crítica continuava em aberto: qual seria o padrão da nova moeda público-privado que o Banco da Inglaterra passaria a emitir?

Esse era o dilema de todas as políticas monetárias desde tempos imemoriais — a questão interminável debatida entre soberanos e súditos por centenas de anos. A criação de um projeto que se propunha a mediar os interesses do soberano e da classe comercial era válida. Mas ele seria realmente capaz de engendrar uma política monetária que levasse a um compromisso entre suas prioridades, que eram antagônicas? E, se isso ocorresse, como seria? A incerteza era total — e isso no momento em que o acordo político mais amplo entre o rei e o Parlamento acabara de ser estabelecido. Esse ato de fé era enervante para os partidários da monarquia constitucional: o fu-

---

* Nome dado ao centro financeiro de Londres e, por extensão, ao setor financeiro no Reino Unido. (N. T.)

turo do sistema pelo qual haviam lutado tanto, e pelo qual a Inglaterra mergulhara numa guerra civil, estava sendo posto em risco pelo esquema imaginado por uma camarilha de banqueiros da City. Se o grande acordo monetário representado pelo Banco da Inglaterra se revelasse nada mais que um meio de satisfazer o lobby financeiro, certamente fracassaria; e, o que seria ainda mais desastroso, levaria consigo o acordo político representado pela Revolução Gloriosa. Não havia alternativa: os partidários do novo sistema de governo tinham que cortar pela raiz essa possibilidade nefasta. Felizmente, uma oportunidade de ouro surgiu de imediato — e foi propiciada por um dos problemas monetários mais antigos do mundo.

Em 1696, menos de um ano depois de embarcar na experiência histórica da criação de uma nova forma de moeda, emitida pelo Banco da Inglaterra, o Parlamento decidiu que também era hora de atacar os problemas do antigo método — a cunhagem de moeda. Não havia nada de especialmente novo em relação a eles: mas se tornara impossível ignorá-los. Como vimos, o uso da cunhagem de metais preciosos representa um desafio técnico automático. Quando se permite que o preço de mercado do metal contido nas moedas exceda o valor legal da moeda propriamente dita, o desastre é imediato. As moedas são derretidas e vendidas a ourives ou exportadas como metal. Em princípio, essa deficiência pode ser superada pelas formas alternativas de representar o dinheiro — talhas de madeira, moedas de cobre, notas escritas. Na prática, porém, a cunhagem de prata de um país continua a ser a base principal da arquitetura monetária, e por isso uma escassez de moeda representa um sério estorvo ao comércio. Fazia décadas que a Inglaterra sofria desse problema crônico: desde o início do século XVII, o preço de mercado da prata flutuou constantemente perto do valor crítico e frequentemente acima dele.[1] O resultado foi uma redução gradual da oferta de moedas.

Em 1666, o Parlamento tentou remediar o problema aprovando uma Lei de Incentivo à Cunhagem, que adotou uma medida inédita ao abolir a arrecadação da senhoriagem e elevar, no mesmo grau, o preço que a Casa da Moeda pagava pela prata. Era uma tentativa de alinhar seu valor com o do mercado — mas não foi suficiente.[2] O preço de mercado da prata permaneceu um ou dois *pence* por onça acima do oficial. Uma moeda de prata, portanto, valia 2% a 3% mais como prata do que como moeda. Por conseguinte, embora desde 1663 tivessem sido cunhados 3 milhões de libras em moedas de prata, quase tudo tinha saído de circulação no início da década de 1690.[3] Para piorar as coisas, as moedas que ainda circulavam eram limadas, serradas e cisalhadas por usuários inescrupulosos, em busca de todo o metal possível de ser retirado sem tornar as moedas irreconhecíveis. Como a escassez geral e crescente levava à aceitação de qualquer moeda que não estivesse totalmente mutilada, esse tráfico podia ser bastante lucrativo. Em 1695, uma amostra analisada pelas autoridades mostrou que a esmagadora maioria das moedas em circulação continha apenas metade da prata original, e que as moedas de prata intactas tinham passado a valer 25% a mais como metal que como moeda.[4] Ficou claro que, a continuar assim, o pouco que restava de moedas na Inglaterra acabaria no esquecimento. A pergunta era: o que fazer em relação a isso?

Em busca da resposta, o Parlamento recorreu a William Lowndes, um veterano do Tesouro, onde acabara de ser nomeado secretário. Lowndes combinava vasta experiência prática e uma rede sem igual de contatos financeiros e comerciais com uma clareza de espírito e um conhecimento amplo da história monetária inglesa. O relatório que ele escreveu é um modelo de diligência, lógica, sofisticação e bom senso. Ele se deu conta de que, no final da Idade Média, haviam ocorrido dificuldades exatamente iguais. O problema subjacente era que o valor da libra esterlina caíra, qualquer que fosse o motivo. Em outras palavras, houvera inflação — e o preço da prata em libras, xelins e *pence* caíra. Como reação a esses acontecimentos, concluiu ele, "uma política constantemente praticada nas casas da moeda da *Inglaterra* [...] foi elevar periodicamente o valor da moeda, em sua denominação extrínseca, quando a exigência ou a ocasião se apresentava".[5] A cunhagem fora periodicamente "apreciada", em outras palavras, e o valor nominal oficial das moedas de determinado conteúdo em prata, elevado para acompanhar a depreciação da libra esterlina. Lowndes concluiu que, tanto por razões históricas quanto lógicas, essa era a única política razoável. Era preciso assumir a queda do valor da moeda elevando o preço pago na Casa da Moeda pela prata ou reduzindo a quantidade de prata nas moedas oficiais. O padrão monetário mudara — uma libra valia menos que antes. A política da Casa da Moeda tinha que se adaptar a esse fato: não fazia sentido enfrentar o mercado.

John Locke: médico, filósofo e, infelizmente, teórico monetário.

Lowndes estimou que a medida adequada seria uma redução de 20%, de uma vez só, do conteúdo em prata das moedas.[6] O preço da prata na Casa da Moeda era de 62 *pence* por onça, mas, quando da divulgação do relatório de Lowndes, o preço de mercado era de 77 *pence*.[7] Assim, a coroa de prata, cujo peso oficial era ligeiramente inferior a uma onça de prata, tinha um valor nominal oficial de sessenta *pence*, mas um valor de mercado como metal de 77 *pence*. Não admira que a moeda estivesse sumindo de circulação. Pela recunhagem proposta, uma coroa inglesa passaria a conter aproximadamente apenas quatro quintos de onça de prata — o equivalente a sessenta *pence* em metal, alinhada com o valor nominal oficial da coroa e eliminando dali em diante o incentivo para limá-la ou exportá-la. Salvo outro aumento inesperado no preço de mercado da prata, o novo preço da Casa da Moeda permaneceria atraente o bastante para que a prata fosse trazida para recunhagem, recompondo a oferta de moeda. Era, sobretudo, uma solução sensata e realista, baseada em sólidos precedentes históricos. Infelizmente, ela encontrou um opositor implacável na figura do mais respeitado intelectual público da época: o filósofo John Locke.

Como principal teórico do novo sistema de governo constitucional e maior guardião intelectual de seus princípios, Locke foi convidado pelo Parlamento a comentar o relatório de Lowndes. Ele respondeu, em dezembro de 1695, com uma crítica contundente à proposta e às ideias que a sustentavam. No entender de Locke, a argumentação de Lowndes repousava numa compreensão fundamentalmente errada da moeda e do padrão monetário. Lowndes se referia ao dinheiro como algo diferente da cunhagem propriamente dita. Locke advertiu que isso era, na melhor das hipóteses, um equívoco, e, na pior, uma típica cortina de fumaça da City para ocultar alguma trapaça malévola. A realidade era que o dinheiro era nada mais, nada menos que a prata propriamente dita. "A prata", principia a inequívoca resposta de Locke, "é o instrumento e a medida do comércio em todas as partes civilizadas e comerciantes do mundo" e "a medida do comércio por sua quantidade, que é igualmente a medida de seu valor intrínseco".[8] No que dizia respeito ao padrão monetário, portanto, o mistério era muito menor do que Lowndes queria fazer crer. Uma "libra" não passava de uma referência objetiva a determinado peso em prata. A realidade era que "[o]s homens, em suas barganhas, firmam contratos não com base em denominações ou sons, mas no valor intrínseco: qual a quantidade de prata garantida pela autoridade pública em peças dessas denominações".[9] Portanto, a lógica fantasiosa de Lowndes, pela qual existiria algum plano metafísico em que uma moeda conservaria seu "valor" mesmo perdendo 20% de sua prata, era uma fraude tão descarada e ridícula quanto afirmar que "dividir um pé em quinze partes, em vez de doze" e continuar a "chamá-las de polegadas", "aumenta o comprimento de um pé".[10]

Os erros conceituais de Lowndes significavam que a política que ele preconizava era perigosamente enganosa, isso se não fosse pura e simples traição. Seu relatório invertia tudo. A ideia de que a libra poderia, de alguma forma, simplesmente perder ou ganhar valor, independente do conteúdo em prata da moeda, era um completo absurdo. O padrão monetário não flutuava como um fantasma imaterial; ele era um fato natural. Uma libra esterlina não era mais nem menos que três onças, dezessete *pence* e dez grãos de prata esterlina. E nunca deixaria de ser.[11] Era categoricamente impossível que a libra tivesse perdido, de forma misteriosa, 20% de seu chamado "valor", e que a solução fosse reduzir o conteúdo em prata das moedas. O que ocorrera, na verdade, fora um surto maciço de descaminho criminoso, sem precedente na história da Inglaterra. As moedas foram limadas, aparadas e fundidas numa escala nunca antes imaginada. Como a moeda valia apenas a prata de que era feita, isso representava simplesmente o furto, à luz do dia, dos infelizes usuários das moedas. A libra perdera seu valor porque perdera seu conteúdo em prata — e não o contrário —, e, na verdade, a proposta de Lowndes, de respaldar esse desastre ao reduzir o conteúdo de prata oficial da libra esterlina, era, portanto, o equivalente à conivência com os destruidores de moedas. O único acerto de Lowndes, concluiu Locke, era a necessidade de uma recunhagem. Mas esta não podia compactuar resignadamente com a depreciação criminosa da moeda. Tinha que ser uma cunhagem que restabelecesse o peso original e total em prata das moedas mutiladas.

Para horror de Lowndes e da maior parte do establishment financeiro, o prestígio e a influência política de Locke prevaleceram. Em janeiro de 1696, o Parlamento ordenou que, a partir de junho daquele ano, as moedas mutiladas e desgastadas não tivessem mais curso legal. Seus portadores tinham que se apresentar antes daquela data para pagar seus impostos ou comprar títulos do governo. As moedas mutiladas assim recolhidas seriam recunhadas ao peso oficial, cabendo ao Tesouro assumir a diferença em prata que fosse necessária. Moedas leves que não fossem recolhidas até junho deixariam de valer e, a partir de julho, seriam aceitas apenas ao valor de mercado de seu conteúdo real em prata. Se alguém tivesse impostos a pagar ou simplesmente tivesse condições de levar suas moedas à Casa da Moeda dentro do prazo, sua riqueza estaria garantida. Se não tivesse, sofreria uma perda equivalente à diferença entre o valor do metal das moedas e seu valor nominal, agora obsoleto.[12]

Foi um desastre do início ao fim. Antes do prazo estabelecido, vigaristas perspicazes percorreram o país comprando moedas dos comerciantes atônitos, assustados com a perspectiva de ficar com moedas sem valor por não terem impostos a pagar. Em seguida, esses vigaristas subornaram funcionários corruptos da Receita, repassando as moedas leves para suas contas e recebendo, em troca, moedas com peso integral. Quando chegou o prazo, aqueles que ainda possuíam moedas leves sofreram perdas colossais. O Tesouro, por exemplo, recolheu 4,7 milhões de libras em moedas. Quando foi feita a recunhagem no peso integral e oficial, descobriu-se que essas moedas continham apenas 2,5 milhões de libras em prata. Por mais que isso fosse irritante para Lowndes, pelo menos ele tinha entendido a mecânica do problema — e o Parlamento a aceitou, ainda que contra sua opinião. Não se podia dizer o mesmo dos milhares de pessoas das classes mais pobres e menos informadas que não trocaram suas moedas a tempo. Houve tumultos em Yorkshire, Staffordshire e Derbyshire, e em julho o governo foi forçado a ceder parcialmente, oferecendo a troca das moedas leves de prata por um título especial do governo, no valor de seis *pence* por onça a mais do que a Casa da Moeda pagaria.[13]

Essa redistribuição abrupta de riqueza entre os bem informados e os que ficaram de calças na mão foi só o começo da confusão. A operação retirou de circulação boa parte da moeda existente. A recunhagem devolveu à circulação um número inferior de moedas. E, como as novas moedas, de peso integral, ainda valiam mais como metal no exterior do que como moedas na Inglaterra, a exportação delas foi imediata. Houve uma escassez de moeda instantânea e asfixiante. Sobreveio a deflação: os preços caíram, a confiança das empresas desabou e o comércio encolheu. No altar da filosofia monetária de Locke, entre tantos outros benefícios mal apreciados, foram sacrificados o crescimento e a estabilidade da economia inglesa. Edmund Bohun, um conservador radical, deu uma ideia do custo real desse trauma econômico autoinfligido, quando escreveu, em Norwich, em julho de 1696:

> Todo comércio se dá por confiança. Nossos locatários não conseguem pagar os aluguéis. Nossos produtores de milho nada podem pagar nem fazem mais comércio, de modo que tudo está parado. E a população está descontente ao máximo; muitos suicídios ocorrem em pequenas famílias, pela carência, e todas as coisas parecem muito sombrias [...].[14]

Dos louros de Olímpia ao padrão-ouro

Certa vez John Maynard Keynes comentou, a respeito de um livro de seu adversário intelectual Friedrich von Hayek, que se tratava de "um extraordinário exemplo de como, partindo de um equívoco, um lógico desprovido de remorso pode acabar num hospício".[15] Lowndes e outros homens de negócios de espírito prático devem ter sentido o mesmo a respeito da desastrosa política de recunhagem de John Locke. Eles ficaram abismados com a argumentação do grande filósofo, que parecia se chocar com fatos reconhecidos — a começar pela verdade, evidente por si mesma, de que não há nem nunca houvera relação intrínseca entre o conteúdo em prata de uma moeda e seu valor nominal. O padrão monetário sempre fora flexível: na verdade, sempre fora o motivo da luta entre o soberano e seus súditos comerciantes. O valor do dinheiro não dependia da matéria cunhada, mas da confiança no crédito e da autoridade do soberano que estabelecia o valor nominal oficial da moeda. "O *valor* do dinheiro emana da autoridade do governo, que o torna corrente, e fixa o preço de cada peça de metal", explicou na época o financista Nicholas Barbon; como resultado, "o dinheiro terá o mesmo *valor*, para todos os fins e intenções, ao ser cunhado mais leve [...] [p]ois se a autoridade é a mesma, o valor será o mesmo".[16] Essa compreensão da natureza do dinheiro derivava não de complexas teorias filosóficas, nem de teorias econômicas abstratas, mas da simples constatação de que até moedas muito desgastadas e mutiladas continuavam a circular ao valor nominal oficial. Para Lowndes e seus colegas da City, tal compreensão do dinheiro era tão indiscutível quanto inócua.

As ideias de Locke representavam um afastamento significativo do pensamento monetário dominante na Antiguidade e na Idade Média. Entre os antigos, o entendimento geral era que o valor econômico, obviamente, era uma propriedade do mundo social, e que o dinheiro era um fenômeno social arquetípico. O próprio termo que os gregos usavam para o dinheiro era *nomisma*, "algo adotado pelo uso ou costume corrente e estabelecido".[17] Na *República*, Platão chamava o dinheiro de "símbolo do valor das mercadorias permutadas".[18] Seu pupilo Aristóteles tinha a mesma visão, afirmando que "ele não existe por natureza, mas por convenção, e temos o poder de mudá-lo e torná-lo inútil".[19] Essa compreensão do dinheiro como instituição social e das moedas como símbolo de relações sociais tinha sua raiz numa cultura grega renomada no mundo antigo por sua "distinta inclinação [...] à substituição simbólica".[20] Heródoto conta que os persas mal podiam crer em seus ouvidos quando souberam que o prêmio disputado pelos atletas dos Jogos Olímpicos não era nada além de uma coroa de louros.[21] O dinheiro era uma tecnologia criada com base no conceito revolucionário de valor econômico — uma substância invisível que estava, ao mesmo tempo, em toda parte e em parte alguma, e que só se fazia presente no mundo físico por meio do simbolismo da moeda. Assim sendo, era natural que os gregos a adotassem.

Nas mãos dos escolásticos medievais, surgiu uma posição ainda mais radical — não somente a visão "nominalista" dos antigos, segundo os quais o valor do dinheiro era apenas uma convenção, mas a noção de que essa convenção é uma criação da vontade do soberano. O intercâmbio monetário, segundo São Tomás de Aquino, "foi inventado pela razão, e não pela natureza".[22] Era "a única medida de todas as coisas [...] não por sua natureza, mas porque o homem fez dele a medida".[23] Como tal, servia ao bel-prazer das autoridades relevantes, e, "se o rei ou a comunidade assim decidirem, ele perde seu valor".[24] Essa ideia ia um passo além da compreensão genérica dos antigos, do valor como propriedade da realidade social, e não da realidade física. Além disso, seguindo o mesmo pensamento, essa propriedade social era uma criação da autoridade política do soberano. Representava a origem do pensamento "cartalista".[25]

Portanto, a concepção lockiana do dinheiro era heterodoxa — ainda mais considerando que ele vivia em meio à revolução financeira. A moeda, embora ainda importante, perdia rapidamente a primazia na representação do crédito monetário. As novas tecnologias financeiras, os bancos e a atividade bancária estavam tomando conta. Os dois anos anteriores haviam presenciado a fundação do Banco da Inglaterra, propriamente dito, e sua primeira emissão de papel-moeda. É isso que deixava Lowndes e a City, decanos desse novo mundo, tão incrédulos com a argumentação de Locke e com seu êxito.

Mas esses homens tão sábios não perceberam uma coisa. A verdade era que Locke tinha plena consciência da importância política do padrão monetário. Na verdade, a origem da teoria monetária de Locke tinha a ver, exatamente, com seu pensamento político. Durante três décadas, ao longo de toda a agitação da Restauração, da crise da Lei de Exclusão e da Revolução Gloriosa,* Locke lutou sem cessar para desacreditar intelectualmente a monarquia absoluta e impor as reivindicações do liberalismo político e do governo constitucional. O axioma central desse sistema filosófico é a origem natural — e não por força da aprovação do soberano — do direito do indivíduo à propriedade. Nesse princípio Locke construíra sua defesa das liberdades civis contra as violações do poder absoluto, e nele se baseava ideologicamente o novo regime de governo constitucional. Sob hipótese alguma o dinheiro — por definição, uma das formas mais importantes de propriedade — podia ser excluído desse raciocínio.

---

* Crises sucessórias do trono inglês entre 1660 e 1688. (N. T.)

Era preciso adaptar retroativamente a teoria do dinheiro a essa nova filosofia da política. A premissa de Lowndes — e os ensinamentos dos escolásticos —, segundo a qual o valor do dinheiro de um cidadão inglês não era nada além de um fruto da autoridade do soberano, significava que o indivíduo "vive meramente à mercê do príncipe, sendo rico ou pobre, competente ou mendigo, livre ou acorrentado a seu desejo".[26] Todo o sistema filosófico de Locke fora criado para provar que a existência de um poder tão absoluto e arbitrário do soberano sobre seu povo não era apenas injusta, mas antinatural. A força de sua argumentação convenceu seus contemporâneos, e a Constituição da Inglaterra foi transformada pela Revolução Gloriosa e pela Declaração de Direitos. A proposta de Lowndes, de depreciar as moedas, era um cavalo de troia que não podia ter acesso, de modo algum, à cidade ideal do liberalismo político.

A fundação do Banco da Inglaterra só tornou mais urgente a eliminação dessas doutrinas monetárias potencialmente subversivas. A revolução financeira já demonstrara, como nunca antes, que a misteriosa arte da criação de crédito podia ser uma fonte de enorme poder político. O grande acordo monetário que o banco representava podia conceder a esse poder o Santo Graal da bênção do soberano. Era, ao mesmo tempo, uma enorme promessa e uma enorme ameaça. Com uma compreensão correta do dinheiro, o Banco da Inglaterra podia ser o instrumento ideal de coordenação do equilíbrio de poder entre o soberano e seus súditos — um equivalente financeiro do engenhoso conceito político do *King-in-Parliament*.* Se, no entanto, o povo se deixasse convencer pelas ilusões de homens como Lowndes e Barbon, e acreditasse que o valor da moeda seria simplesmente aquele que o soberano — e, agora, os banqueiros — dizia ser, a tirania política e financeira com certeza estaria à espreita. A única forma de tornar o grande acordo monetário seguro para o governo constitucional era comprometer-se inabalavelmente com um padrão monetário fixo, imune à interferência do soberano, dos

---

* Termo inglês que designa a fusão de poderes entre Coroa e Parlamento. (N. T.)

bancos ou de quem quer que fosse. A possibilidade de uma ordem monetária livre tinha que ser sacrificada para assegurar o triunfo de uma ordem política livre.

Como vimos, os resultados práticos iniciais da nova política de padrão monetário fixo não foram encorajadores. A adesão rígida ao padrão-prata levaria, no espaço de uma geração, à eutanásia dessa política: a prata desapareceu de circulação de tal forma que o ouro veio a substituí-la como padrão de metal precioso. Apesar disso, a relação estreita que Locke estabeleceu entre suas doutrinas monetárias e os princípios fundamentais do liberalismo político fez com que essas doutrinas não apenas sobrevivessem, mas prosperassem, não obstante esses percalços iniciais. A libra esterlina como um peso definido em ouro tornou-se a definição convencional do dinheiro: seria assim por natureza, e o dever do Parlamento era ratificar isso. "Em grande parte devido à influência de Locke", nas palavras de Sir Albert Feavearyear, grande historiador da moeda britânica, "três libras, dezessete xelins e dez *pence* e meio passaram a ser considerados o preço mágico da onça de ouro, do qual não deveríamos jamais nos afastar e ao qual, se o fizéssemos, deveríamos sempre retornar."[27]

Estava encerrada a discussão sobre a forma como o grande acordo monetário lidaria com o antigo dilema da gestão do padrão da moeda. Como o dinheiro era apenas metal precioso, a natureza exigia que o padrão fosse fixo — da mesma forma que o padrão de comprimento, de peso ou de tempo. As políticas monetárias dos soberanos medievais não passavam de assaltos à luz do dia, em que o abuso violento de autoridade permitiu o roubo da propriedade dos súditos. O dinheiro era metal precioso: o padrão era apenas outra forma de denominar o peso. Em bases intelectuais tão sólidas, o Banco da Inglaterra estava autorizado a emitir seu novo dinheiro público-privado sem pôr em risco ou infringir esse novo estado de coisas. Enquanto isso, a nova escola de economistas políticos podia, finalmente, criar aquilo que os antigos gregos, inventores do dinheiro, nunca conseguiram: uma base intelectual para explicar e justificar a sociedade monetária.

A chegada do zangão: a apoteose da sociedade monetária

Onze anos depois da fundação do Banco da Inglaterra e um ano após a morte de Locke, Bernard Mandeville — um médico francês que se mudara para Londres em 1699 — publicou um poema satírico intitulado *The Grumbling Hive, or, Knaves Turn'd Honest* [A colmeia ruidosa ou Os canalhas que viraram honestos].[28] O poema descrevia uma *"spacious hive well stock'd with bees,/ that lived in luxury and ease"*,* e explicava que a origem dessa prosperidade era nada mais que o apetite venal de seus habitantes. Para conseguir trabalho, os advogados inventam causas; as autoridades recebem subornos; os médicos pensam mais nos honorários que no bem-estar de seus pacientes; e os soldados lutam por dinheiro e honrarias, e não por amor pelo rei e pela pátria; mas o resultado de tudo isso é uma comunidade próspera e dinâmica. Então sobrevém o desastre: as abelhas se convencem de que precisam se converter ao caminho da virtude. A cobiça, a ambição e a desonestidade são condenadas. Os políticos e generais são censurados por serem escravos do próprio interesse, e não soldados do patriotismo. E o resultado irônico dessa conversão é que tudo para de funcionar: a economia regride, a população diminui e as abelhas voltam à condição primitiva de habitantes de um tronco de árvore. A moral do poema: *"Fools only strive,/ to make a great an honest hive./ T'enjoy the world's conveniencies, [...]/ Fraud, luxury, and Pride must live;/ Whilst we the benefits receive"*.**

O objetivo dos versinhos toscos de Mandeville era refutar a crítica conservadora à campanha militar que se desenrolava na Europa, e particularmente seu maior protagonista, John Churchill, o duque de Marlborough. Desagradava aos conservadores que Marlborough e os liberais, que o apoiavam, tivessem angariado riqueza e poder como

---

* "[...] e colmeia espaçosa bem fornida de abelhas, que viviam em luxo e conforto". (N. T.)
** "Os tolos só se esforçam,/ para criar uma colmeia honesta./ Para desfrutar dos confortos do mundo/ [...] Fraude, luxúria e orgulho devem viver;/ enquanto colhemos seus benefícios." (N. T.)

resultado do longo conflito. Suspeitavam, havia muito tempo, que o novo sistema de finanças públicas — e principalmente sua maior inovação, o Banco da Inglaterra — era pouco mais que uma máquina corrupta criada pelo lobby financeiro liberal e por seus sequazes, como Marlborough, para ganho pessoal. A parábola das abelhas libidinosas de Mandeville era uma tentativa de mostrar que, na política, nos negócios e na guerra, a venalidade era o preço de uma economia rica e de um Estado capaz de enfrentar seus inimigos. Homens como Marlborough não lutariam apenas pela glória — e era importante ter homens como Marlborough do seu lado, e não do outro. A alternativa puritana, defendida pelos críticos do duque, deixaria a Inglaterra enfraquecida, pobre e vulnerável.

Mandeville não tardou a perceber, porém, que essa polêmica passageira continha a semente de uma ideia mais profunda e atemporal. O caso particular do ganancioso Marlborough podia ser generalizado. Na verdade, não apenas algumas, mas todas as atitudes que aparentemente são más também são, de maneira perversa, boas. Em 1714, Mandeville publicou uma edição ampliada de seu poema. O título dessa nova versão — *The Fable of the Bees, or, Private Vices, Publick Benefits* [A fábula das abelhas ou Vícios privados, benefícios públicos] — ia direto a esse paradoxo. A própria existência da comunidade humana depende *"on neither the friendly qualities and kind affections that are natural to man, nor the real virtues he is capable of acquiring by reason and self-denial"*.* Em vez disso, ela depende *"upon what we call evil in this world, moral as well as natural"*.** É o incentivo ao qual devemos *"the true origin of all arts and sciences, and [...] the moment Evil ceases, the society must be spoiled, if not totally dissolved"*.***[29] O melhor — na verdade o único — jeito de alcançar o resultado ideal, para a comunidade como um todo, é o incentivo à

---

* "[...] não das qualidades amistosas e amáveis afeições que são naturais ao homem, nem das virtudes reais que ele é capaz de adquirir pela razão e pela abnegação." (N. T.)
** "[...] daquilo que chamamos de mal neste mundo, moral assim como natural." (N. T.)
*** "[...] a verdadeira origem de todas as artes e ciências, e [...] no momento em que cessa o mal, a sociedade é arruinada, senão totalmente dissolvida." (N. T.)

busca da ambição, da avareza e do puro interesse pessoal, em nível individual. O poeta satírico e partidário se tornara um economista político sério.

A tese de Mandeville causou indignação: filósofos e teólogos se apressaram em refutar essa proposta abominável. Seus poemas e ensaios foram proscritos. Mas, à medida que ganhava ímpeto a revolução financeira desencadeada pela fundação do Banco da Inglaterra, ficou claro que a argumentação paradoxal de Mandeville tinha captado o espírito do tempo. O dinheiro estava em toda parte. A cada ano novas empresas eram criadas. Até senhoras do interior só falavam em compra e venda de ações. O novo mundo forjado por essa revolução financeira e empresarial clamava por explicações e justificativas — e a ultrajante hipótese de Mandeville parecia fornecer ambas ao mesmo tempo. Quando foi encampada por uma das estrelas-guias do Iluminismo, o escocês Adam Smith, tornou-se a base de uma teoria coerente da sociedade monetária, que sobrevive até nossos dias.

Com sua *Investigação sobre a natureza e as causas da riqueza das nações*, Adam Smith formulou a primeira teoria sistemática relacionando o comportamento individual à organização da economia, e apresentou a primeira síntese convincente das noções dos pensadores do passado a respeito de como a revolução financeira transformara a sociedade tradicional. O crescimento do comércio e do dinheiro, segundo ele, havia introduzido "a ordem, o bom governo e, com eles, a liberdade e a segurança dos indivíduos".[30] Foi Smith que reconheceu a ironia histórica na acumulação e distribuição desse dividendo político. Os senhores feudais que haviam sido os primeiros beneficiários da sociedade tradicional foram enfeitiçados pela mágica do dinheiro. Seu amor pelo luxo os fizera encorajar a monetização de suas rendas feudais: "E assim, para a gratificação das mais infantis, mesquinhas e sórdidas de todas as vaidades, gradualmente mercadejaram todo o seu poder e autoridade".[31]

A metáfora de Smith para o processo paradoxal de Mandeville — a "mão invisível" que garante que "seguindo seu próprio interesse [o indivíduo] frequentemente promove o da sociedade mais efetivamente do que quando realmente pretende promovê-lo" — é tão célebre que de há muito adquiriu vida própria.[32] Smith também enfatizou que esse desfecho feliz é uma característica nem tanto das decisões do indivíduo, mas do próprio sistema: o indivíduo "de fato, em geral, não pretende promover o interesse público nem sabe o quanto o está promovendo".[33] Smith articulou uma visão da sociedade em que o valor econômico se tornara a medida de todas as coisas, e as relações sociais tradicionalmente estáticas estavam sendo substituídas por outras, monetárias e dinâmicas. Era uma visão da sociedade monetária como um sistema objetivo, que tenderia a um equilíbrio ao mesmo tempo econômico e político, pois, uma vez derrubada a sociedade tradicional, uma vez

> os rendeiros, destarte, tendo se tornado independentes e os seguidores sendo dispensados [...] um governo regular foi estabelecido no campo bem como na cidade, ninguém tendo força suficiente para perturbar sua operação em um como no outro.[34]

Smith produzira algo sem precedentes na história do pensamento monetário: uma justificativa completa da sociedade monetária, tanto em termos econômicos quanto políticos.

Era uma reconciliação dos planos intelectual e moral, que equivalia no nível prático ao grande acordo monetário. Os fundadores do Banco da Inglaterra acreditavam que o casamento entre os bancos privados e o dinheiro do soberano desencadeara a maior força motriz do progresso econômico e social em toda a história. Agora, os economistas haviam provado que eles tinham razão. E o próprio pai do liberalismo político decretara que — enquanto houvesse uma compreensão correta do dinheiro, sem desviar-se do padrão natural e imutável de valor econômico que ela implicava — tudo isso era perfeitamente compatível com o novo evangelho do governo constitucional. O dinheiro atingira sua apoteose.

Havia, porém, um problema.

CAPÍTULO 9

O dinheiro através do espelho

O calcanhar de aquiles da sociedade monetária

Esse problema era a dívida — mais especificamente, sua tendência a se acumular até níveis insustentáveis. Hoje é bem conhecida a vulnerabilidade da sociedade monetária àquilo que chamamos eufemisticamente de "instabilidade financeira". Mas a crise financeira global iniciada em 2007 é apenas a última de uma longa lista de memória recente — das crises internacionais da dívida soberana, como a moratória argentina de 2002 e a moratória russa de 1998, às crises financeiras domésticas, como o colapso da bolha de ações de tecnologia nos Estados Unidos, em março de 2000, a crise de poupança e empréstimos nos Estados Unidos no início dos anos 1990 ou o *crash* da Bolsa britânica em outubro de 1987. Mas a persistência incomum da crise atual despertou um interesse mais profundo dos economistas pela incidência de crises de dívida de longo prazo. Os leitores se apressaram em consultar Charles Kindleberger, grande historiador das finanças.[1] Tomar conhecimento da descoberta de Kindleberger, de que "crises financeiras tenderam a surgir a intervalos de cerca de dez anos ao longo dos últimos quatrocentos anos, aproximadamente", pode ser reconfortante ou inquietante, conforme o ponto de vista.[2] Poucos anos depois dele, porém, os economistas Carmen Reinhart e Kenneth Rogoff publicaram uma investigação ainda mais completa da história das crises financeiras. Seu subtítulo agourento era uma advertência ao leitor: não esperar apenas quatro, mas "oito séculos de loucura financeira".[3] E, como mostra o relato de Tácito sobre a crise de crédito sob o imperador Tibério, a sociedade monetária sempre foi suscetível ao problema do endividamento crescente que desemboca numa crise de solvência por um período ainda mais longo que oito séculos.

A razão é que essa instabilidade é intrínseca à promessa milagrosa do dinheiro de combinar segurança e liberdade. O diferencial do dinheiro é combinar estabilidade social e mobilidade social de uma forma que a sociedade tradicional, com sua estrutura social imutável, nunca conseguiria. Foi essa a promessa que tornou o dinheiro uma invenção tão revolucionária e tão irresistível. E de fato sua disseminação mostrou-se extraordinariamente eficiente em permitir ambição e inovação onde antes a tradição travava a sociedade e a economia. Na verdade, o dinheiro foi um agente de mudança generalizado e vigoroso numa escala jamais sonhada — sem falar da revolução política fomentada por seu maior cúmplice, os bancos. Não sem razão, dois dos maiores céticos em relação a seus benefícios, Karl Marx e Friedrich Engels, reclamam, em relação à sociedade monetária altamente desenvolvida do século XIX, que "todas as relações sólidas e enferrujadas, com seu séquito de venerandas e antigas concepções e visões, se dissolvem; todas as novas envelhecem antes mesmo que possam se solidificar. Evapora-se toda estratificação, todo o estabelecido; profana-se tudo que é sagrado".[4]

O problema é que nunca havia sido tão simples quanto afirmavam os céticos. A fluidez social era apenas metade do negócio. A outra metade era a promessa paradoxal da estabilidade contínua. A sociedade monetária não prometia a anarquia — a ideia nunca "pegaria". Em vez disso, prometia uma anarquia organizada: ao mesmo tempo, mobilidade e estabilidade, liberdade e segurança. E a característica do dinheiro que propiciava o cumprimento da segunda metade de sua promessa era o axioma fundamental do valor nominal fixo do crédito e do débito. Onde quer que as obrigações sociais tivessem sido destruídas, as obrigações financeiras — dívidas — tomavam-lhes o lugar. E a importância das dívidas era que, ao contrário das obsoletas obrigações sociais que elas substituíram, não seriam "dissolvidas". Smith e sua escola haviam construído uma teoria cujo objetivo era mostrar como as duas partes da promessa do dinheiro ficavam de pé — como as leis objetivas que governam a sociedade monetária se harmonizam de maneira que as obrigações financeiras fixas não iriam contra a incansável promoção, pelo dinheiro, da mudança social. Mas a realidade da sociedade monetária está — e sempre esteve — surpreendentemente em conflito com essa ideia.

O defeito no esquema proposto pelos economistas, incapaz de lidar com o problema central da sociedade monetária, não era apenas cosmético. Como redescobrimos na sequência da crise financeira global, a acumulação insustentável de dívidas pode representar uma ameaça à sociedade monetária não apenas momentânea, mas existencial. A tendência intrínseca do dinheiro a gerar instabilidade, em outras palavras, é um risco não apenas para as vítimas de *crashes* e recessões, mas, no fim das contas, para o dinheiro propriamente dito. Quando uma crise financeira resulta em metade da população sem emprego, servidores públicos ameaçados de demissão para financiar o pagamento de estrangeiros detentores de títulos, as soluções convencionais disponíveis no atual sistema econômico começam a parecer pouco atraentes. Banqueiros centrais e ministros da Finança trabalham com a suposição de que a sociedade monetária funciona corretamente por si só. Suas regras devem ser respeitadas, aconselham eles, e quaisquer injustiças resultantes devem ser remediadas por uma taxação mais progressiva ou por transferências dos benfeitores ricos do estrangeiro. Mas o humor daqueles do lado desfavorecido da crise da dívida é menos sereno. Por que respeitar as regras do sistema, perguntam os manifestantes do movimento Ocupe Wall Street e os *indignados* de Madri, se o sistema gera crises constantes?

Não é nova a ideia de que o pior inimigo da sociedade monetária é sua tendência, ao ser deixada entregue a si mesma, a gerar dívidas insustentáveis. Em junho de 1919, John Maynard Keynes renunciou a seu mandato na delegação britânica das negociações de paz de Versalhes. As potências aliadas, determinadas a arrancar compensações maciças dos alemães derrotados, lhes impuseram o pagamento de reparações dolorosas. Só assim, argumentavam, aprenderiam as lições da agressão e a paz futura seria assegurada. Keynes percebeu, porém, que os novos encargos financeiros alemães não eram realistas — e que tentar impô-los acabaria em desastre. No livro *As consequências econômicas da paz* — a incrível exposição das negociações, por ele publicada em dezembro de 1919 —, ele implorou aos Aliados que encontrassem uma maneira de reduzir o endividamento imposto de forma precipitada. Seu apelo foi rejeitado como um nonsense perigoso: uma tentativa imatura de brincar levianamente com as regras das finanças internacionais, fiadoras básicas da estabilidade e da paz. Mas o prognóstico de Keynes mostrou-se sensato. Impossibilitada, em consequência disso, de reerguer sua economia manca ou de gerar receita suficiente, e assolada por conflitos civis, a Alemanha derivou rumo ao colapso econômico total — incluindo a hiperinflação mais extrema já registrada. Em 1923, a moratória prevista publicamente por Keynes ocorreu, e os Aliados foram obrigados a revisar o acordo de reparação.

Àquela altura, Keynes já tinha preparado uma análise cortante das lições gerais dessa política equivocada. O espectro de Versalhes assombrava seu *Tract on Monetary Reform* [Tratado sobre a reforma monetária], publicado naquele mesmo ano. Dívidas insustentáveis não são criadas apenas por políticos pusilânimes em negociações de paz, escreveu Keynes: o problema é intrínseco à sociedade monetária: "O poder da usura ininterrupta é imenso. Se a acumulação de interesses estabelecidos crescesse sem freios por gerações a fio, uma metade da população não seria mais do que escrava da outra".[5] Por isso, aqueles que idolatram o respeito aos contratos, mas ignoram que um direito mais elevado estipula que todos os contratos financeiros devam ser justos, para ser sustentáveis — os vencedores de Versalhes, os discípulos de Locke —, serão, no fim das contas, os responsáveis pela própria frustração.

Tais pessoas [escreveu Keynes], ao negligenciarem um dos maiores dentre todos os princípios sociais, a saber, a distinção fundamental entre o direito do indivíduo de repudiar um contrato e o direito do Estado de controlar os interesses estabelecidos, são as piores inimigas daquilo que desejam preservar. Pois nada pode preservar a integridade do contrato entre indivíduos, a não ser uma autoridade estatal discricionária para rever aquilo que se tornou intolerável.[6]

As doutrinas monetárias de Locke, em outras palavras, levam a uma profunda ironia: o puro respeito ao contrato não apenas é insuficiente para a sobrevivência e a prosperidade da sociedade monetária, mas "os absolutistas do contrato [...] são os verdadeiros pais da revolução".[7]

Keynes tinha razão. A real natureza tanto das crises de endividamento quanto das maneiras de resolvê-las revela um defeito fundamental do raciocínio de Smith e sua escola. O dinheiro promete organizar a sociedade de uma maneira que concilia liberdade e estabilidade. Chegaria a tanto, primeiro, transformando as obrigações sociais — os direitos e deveres tradicionais, fundamentalmente irreconciliáveis uns com os outros — em obrigações financeiras — ativos e passivos medidos pelas mesmas unidades de valor econômico abstrato; depois, tornando líquidas essas obrigações financeiras — permitindo sua transferência de uma pessoa para outra. O problema é que o mundo é um lugar imprevisível. A liquidez evapora, a solvência é reavaliada: a rede de endividamento, que num momento é sustentável, no outro não é mais. A rede tem que se readaptar. E é aí que mora o problema. O dinheiro cria interesses estabelecidos nessa rede. A pergunta-chave é: o que acontece depois disso? Smith e sua escola não ofereceram nenhuma resposta a essa pergunta.

Como é possível que a economia, nova disciplina, tenha ignorado o problema da dívida e a instabilidade financeira que ela provoca? Por que os novos e gratos habitantes da cidade ideal não foram avisados dessas falhas nas fundações da cidade? Considerando a história financeira posterior, foi um esquecimento um tanto grave. Uma resposta óbvia, muito popular em qualquer época: o pensamento monetário, e a economia de forma mais ampla, seria simplesmente uma disciplina corrupta. Nicole Oresme deu o tom desse ponto de vista: os economistas ortodoxos estariam a soldo dos interesses estabelecidos, e suas teorias supostamente objetivas não passam de lobby das classes endinheiradas. O título do documentário do diretor norte-americano Charles Ferguson sobre o papel dos economistas na crise financeira global, ganhador do Oscar, resume isso. Os teóricos das finanças modernas, segundo o filme de Ferguson, não eram os cientistas imparciais que afirmavam ser. Eram apenas os líderes de torcida do lobby dos bancos, sobejamente remunerados para produzir a justificativa intelectual para uma empreitada comercial imoral. A crise da dívida não passaria de um *trabalho interno*.

Mas há outra possibilidade — que, no fim das contas, é até mais alarmante. E se a verdadeira razão da incapacidade crônica dos economistas de lidar com a realidade da sociedade monetária não forem os interesses estabelecidos? E se for consequência de um erro no âmbito das ideias? E se, em outras palavras, a falta de alerta para as falhas estruturais da sociedade monetária se dever à crença sincera dos teóricos de que não há problemas a relatar? O verdadeiro culpado pelo colossal buraco na teoria de Smith e sua escola não é um conjunto de interesses estabelecidos, mas uma ideia — nada menos que a compreensão convencional do dinheiro formulada por John Locke.

O dinheiro através do espelho

O problema é que o esforço bem-intencionado de John Locke para tornar o dinheiro seguro para o governo constitucional acarretou um custo pesado oculto. Como se viu com a grande recunhagem de moedas, a compreensão lockiana do dinheiro representava uma inversão total de ponto de vista em relação a Lowndes e seus amigos profissionais. Para eles, era evidente que a libra era tão somente um padrão arbitrário de valor econômico. Ela perdeu valor diante da prata — houve inflação e o preço da prata subiu. As moedas perderam conteúdo em prata porque a libra perdeu valor. Locke, em compensação, achava essa ideia completamente contrária à verdade. Uma libra não era nada além de um peso definido de prata. Perdera valor porque as moedas perderam sua prata. A compreensão antiga era que dinheiro é crédito e que a moeda é apenas uma representação física desse crédito. A nova compreensão era que dinheiro é moeda e que o crédito é apenas uma representação dessa moeda. Lowndes e sua laia acreditavam que a Terra girava em torno do Sol. Locke explicou que o Sol, na verdade, gira em torno da Terra.

Através do espelho: aonde leva a visão convencional do dinheiro...

As consequências dessa perspectiva se revelaram dramáticas. Foi como se o dinheiro fosse parar, com Alice, *através do espelho*, em um mundo onde dilemas monetários que foram fundamentais no passado simplesmente desapareceram. Para começo de conversa, havia a questão do alcance adequado da sociedade monetária: até que ponto iria seu papel como conceito central de valor econômico na coordenação da vida social. Esse dilema, como vimos, atormentou filósofos desde os tempos da invenção do dinheiro pelos gregos. No mundo através do espelho da compreensão convencional do dinheiro, porém, as coisas eram diferentes. O valor econômico seria meramente uma propriedade do mundo natural, como o comprimento, o peso ou o volume. Pode-se, da mesma forma, reclamar que não é ético medir a distância entre Pyongyang e Seul, a partir da pergunta de se é certo estabelecer um preço para a vida humana.

Em seguida, havia a questão do padrão monetário. Esse havia sido por séculos um tema de debate político acalorado. Foi o fiel da balança entre as reivindicações opostas do soberano e de seus súditos, e a posição do fiel era a questão fundamental da justiça política. No mundo através do espelho de Locke, porém, o dinheiro era uma coisa; o valor, uma propriedade natural; e o padrão monetário, portanto, um fato objetivo. O fiel da balança precisava de conserto — do contrário, como ele poderia gerar medidas corretas? No mundo antigo, o respeito aos contratos e ao padrão monetário era considerado princípio operacional; mas a moralidade da quebra de contratos ou do padrão monetário por meio da reestruturação de dívidas, da desvalorização ou da inflação era considerada uma questão política por excelência. No mundo através do espelho da compreensão monetária de Locke, porém, o respeito ao contrato e ao padrão monetário deixou de ser uma questão de justiça, passando a ser uma questão de precisão.

A verdade, é claro, é que esse mundo através do espelho — como aquele que Alice visitou — não passa de um sonho. O conceito de valor econômico está tão longe de ser uma propriedade natural do mundo físico que, como vimos, houve um tempo em que ele sequer existiu — porque o dinheiro não havia sido inventado. E, longe de existir qualquer padrão objetivamente verdadeiro pelo qual fosse possível medir o valor econômico, a escolha de um padrão econômico é sempre política — porque o padrão propriamente dito não representa nada além de uma decisão daquilo que vem a ser uma distribuição justa de riqueza, de renda e dos riscos da incerteza econômica. Por conseguinte, o triunfo da visão monetária de Locke levou não a uma nova era de objetividade nas questões econômicas, e sim, perversamente, ao exato contrário. Abriu o caminho para o predomínio de preconceitos privados, bastante arbitrários. Pior que isso, apagou suas pegadas sob um véu de pretensa objetividade científica.

Essa nova compreensão não dispensava o debate ético necessário sobre o dinheiro, nem de longe. Mas a ética do dinheiro passou a significar algo completamente diferente. Os antigos dilemas sumiram de vista. Se o dinheiro era uma coisa, e o valor, uma propriedade física, nem fazia sequer sentido discutir nenhum dos dois em termos éticos: afirmar que o padrão monetário era injusto equivalia a dizer que o tempo era injusto. Em lugar deles, os chavões liberais da "livre busca do interesse individual" e do "respeito aos contratos" se tornaram o foco exclusivo das atenções moralizantes. Agora, na sociedade monetária, "moralidade" significava a submissão incondicional à filosofia do *laissez-faire*, quer você pagasse ou não suas dívidas. Era preciso obedecer aos mandamentos do dinheiro, como aqueles da Bíblia: desobedecer-lhes é que representava comportamento antiético. Talvez *Alice através do espelho* seja uma analogia literária ligeira demais. Talvez seja mais justo dizer que o dinheiro fora transportado à Praga do *Processo*, de Franz Kafka, ou à França de *O lírio vermelho*, de Anatole France, em que a cínica Choulette aplaude "a majestosa equanimidade das leis, que interditam a ricos e pobres dormir debaixo das pontes, mendigar nas ruas e roubar pão".[8]

É aí, na ascendência do conceito de Locke sobre o dinheiro, que deve ser encontrada a origem da curiosa incapacidade do pensamento econômico ortodoxo para abordar as raízes sociais e políticas da instabilidade da sociedade monetária. O preço oculto mais alto da missão de Locke, de manter o dinheiro seguro para a democracia, foram suas consequências não no âmbito econômico, mas fora dele. Suas definições de dinheiro e valor econômico deram aos economistas uma autorização — mais que isso, uma necessidade — para tratar o respeito à ação sem freios do mercado como um dever moral de toda pessoa racional. Essa foi sua consequência mais funesta.

Os acontecimentos posteriores à recunhagem de moedas na Inglaterra do século XVII anunciaram a tragédia humana em que poderia acabar essa cegueira ética autoinfligida. Foi uma mera sombra diante das catástrofes que estavam por vir. Quanto mais generalizada a crença na visão dos economistas da sociedade monetária como milagrosamente capaz de se autorregular, maior a chance de um desastre moral quando os legisladores sucumbem ao encanto simplista do mundo através do espelho. A história de um dos episódios mais vergonhosos da história das políticas econômicas é um testemunho de quão ruim a situação pode ficar.

A mão invisível em ação

Em 1845, já fazia mais de quatro décadas que a Irlanda era uma das nações constituintes do Reino Unido e vários séculos que era um satélite do Estado britânico e de sua economia, ainda que muitas vezes à força. Mesmo assim, tanto na religião quanto na política e no idioma, a Irlanda manteve uma cultura bastante distinta da de seu vizinho: do ponto de vista econômico e social, era um país quase de outro tempo. No início do século XIX, a Grã-Bretanha era a maior economia industrial do mundo, enquanto a Irlanda era uma das mais atrasadas da Europa. A evidência mais representativa de sua pobreza era o fato de a população e a economia rurais dependerem quase totalmente de um único produto: a batata. Por isso, em 1845, quando começaram a surgir os primeiros relatos de uma quebra desastrosa da safra de batatas irlandesas, o governo em Westminster foi imediatamente informado.

A resposta inicial foi rápida. Enviou-se uma missão de investigação científica, constatou-se a gravidade da situação, e um Comitê de Solidariedade foi criado. À frente dele estava Sir Randolph Routh, ex-responsável principal pela logística da batalha de Waterloo. Ao mesmo tempo, o cabeça da ação governamental veio a ser o jovem secretário-assistente do Tesouro, Charles Edward Trevelyan. Trevelyan era um prodígio — um dos integrantes mais brilhantes de uma nova geração de progressistas modernizadores que começava, então, a dominar o serviço público britânico. Nas mãos de uma equipe que combinava princípios tão nobres e inatacáveis e tamanha experiência prática, a Irlanda não podia estar melhor.

Aqueles que rezavam pela misericórdia do Tesouro de Trevelyan deveriam ter prestado atenção na primeiríssima frase de um editorial da revista *The Economist*, no final de novembro de 1845. Ele começava com uma advertência de arrepiar: "A caridade é o erro dos ingleses como nação".[9] Não havia dúvidas quanto ao desastre econômico e à tragédia humana representados pela fome na Irlanda. Mas enviar ajuda, simplesmente, era uma maneira totalmente errada de ajudar. Violava dois princípios centrais da teoria econômica. O primeiro era a necessidade de evitar o risco moral. Enviar ajuda pode aliviar o problema imediato — mas ao preço do rebaixamento da Irlanda a um estado de dependência permanente. O segundo era o sacrossanto princípio de não intervenção na operação do mercado. Adam Smith provara que a forma mais eficiente de atingir o bem-estar social era permitir que o interesse particular operasse com a maior liberdade possível. Seria, portanto, um erro estúpido o governo interferir no funcionamento do mercado para resolver a crise.

Um segundo editorial da *Economist*, publicado em março de 1846, captou o consenso que dominava a visão do establishment britânico. A intervenção proativa do governo, advertiam os editores, seria inútil: "Alimentar os irlandeses, o que se é levado a tentar agora [...], é fisicamente impossível para o Parlamento".[10] Portanto, tentar fazê-lo poria em risco a autoridade do governo: não faria "senão prejudicar o legislador que interviesse impensadamente [...], ergueria contra si todos os desejos insatisfeitos do povo, e por fim destruir-lhe-ia o poder".[11] No fim das contas, faria mais mal do que bem: "O Parlamento, portanto, não pode ajudar a Irlanda de forma eficiente [...]. Não pode aliviar as necessidades dos irlandeses mais do que um homem pode curar o *delirium tremens* ingerindo diariamente doses cada vez maiores de aguardente".[12] Negar essas verdades, evidentes por si mesmas, seria prova não de uma disposição moral ou política alternativa, e sim de ignorância proposital de fatos objetivos e científicos. Pedir ao povo inglês que enviasse assistência à Irlanda, escreveram os editores da *Economist*, "seria como convocar-nos a desaprender as regras básicas da aritmética e fazer nossas contas partindo do pressuposto de que dois e dois são cinco".[13] Setenta anos depois de publicada, a teoria da sociedade monetária de Adam Smith atingira o status de verdade científica — e até matemática.

Como praticamente todas as autoridades e todos os políticos envolvidos com a Irlanda eram um seguidor devoto dessas doutrinas, eles ditaram a política britânica. Sir Robert Peel obteve do Parlamento uma única autorização para importar 100 mil libras de milho norte-americano. Mas logo depois seu governo caiu e, com ele, qualquer esperança de ajuda humanitária significativa. Essa falta de ação teve consequências catastróficas. Durante todo o inverno de 1845 e a primavera de 1846, houve fome numa escala sem precedentes na história da Irlanda. No verão de 1846, viam-se imensos grupos de pessoas empobrecidas vagando pelo interior, se alimentando de urtigas e ervas daninhas. O país estava à beira do rompimento da ordem civil: na prática, instaurou-se um regime militar. Mas o pior ainda estava por vir. Em agosto, para horror geral, a safra de batata sofreu uma segunda quebra consecutiva. Não era nenhum segredo: tudo foi ampla e claramente noticiado. Em 2 de setembro, um editorialista do *The Times*, de Londres, descreveu a situação simples, mas claramente, como de "aniquilamento total".[14]

Por incrível que pareça, o debate político em Londres continuava no nível dos princípios. Smith e seus seguidores haviam provado que interferir no funcionamento normal da sociedade monetária só acarreta o mal: era essencial não dar ouvidos ao canto da sereia daqueles que pediam a intervenção governamental. "Não temos conhecimento de nenhuma dedução ou teoria científica tão amplamente confirmada como esta, de Smith", trovejaram os editores da *Economist* em 2 de janeiro de 1847. Isso não tinha nada a ver com moralidade: o governo estaria caricaturando a razão se "retornasse aos princípios intervencionistas antigos e desacreditados e adotasse as práticas mais anticientíficas e censuradas".[15] Esse editorial foi publicado menos de quinze dias depois da aparição, no *Times*, do seguinte relato das condições no distrito de Skibbereen, enviado ao duque de Wellington por Nicholas Cummins, um magistrado de Cork:

Meu lorde duque, sem escusas ou prefácio, tomo a liberdade de abusar de vossa graça para vos endereçar, e, pelo uso de vosso ilustre nome, apresentar ao público britânico a seguinte declaração do que vi com meus olhos nos últimos três dias [...]. Fiquei surpreso de encontrar o desventurado lugarejo aparentemente deserto. Entrei em alguns dos casebres para investigar a causa, e as cenas que se apresentaram eram tais que nem língua nem pena alguma pode transmitir-lhe a mais pálida ideia. No primeiro, seis esqueletos famintos, que pareciam mortos, amontoavam-se num canto sobre uma palha imunda. Aproximei-me horrorizado, e um lamento fraco fez-me ver que ainda viviam — febris, quatro crianças, uma mulher e aquilo que fora um homem. É impossível repassar os detalhes [...]. Na mesma manhã, a polícia arrombou nas terras contíguas uma casa, vista fechada por muitos dias, e dois cadáveres congelados ali foram encontrados, jazendo no solo enlameado, semidevorados por ratos [...]. Uma mulher, ela própria febril, foi vista no mesmo dia a arrastar o cadáver da filha, uma menina de seus doze anos, inteiramente nua, e abandoná-la parcialmente coberta de pedras. Em outra casa, a quinhentas jardas do posto da cavalaria em Skibbereen, o médico do dispensário encontrou sete infelizes por terra, incapazes de se mexerem, sob o mesmo manto. Um estava morto havia várias horas, mas os demais não conseguiam mexer a si mesmos nem ao cadáver.[16]

Não podia haver condenação mais implacável de uma política equivocada e do terrível engano intelectual que levara gente humana e sensível a nela perseverar cegamente. E, por mais improvável que possa parecer à primeira vista, é na revolução lockiana no pensamento monetário que vamos encontrar a origem desse vergonhoso episódio, em que ficaram evidentes as terríveis falhas do pensamento econômico. Foi só depois que, com a ajuda de Locke, o dinheiro passou para o outro lado do espelho que os dilemas éticos tradicionais a respeito da sociedade monetária desapareceram como num passe de mágica. O maior desses dilemas era a questão de até que ponto o dinheiro deve ser realmente o mecanismo coordenador da vida social. Essa questão se tornou obsoleta com a nova visão do dinheiro como uma coisa — um inofensivo fato da natureza. Enquanto nova disciplina, a economia afirmava, com ousadia, que questões de justiça moral e política antes consideradas vitais podiam ser reduzidas à aplicação mecânica de verdades científicas objetivas. A conivência dessa nova visão de mundo com o desastre ético não passou despercebida a todos os observadores contemporâneos. Anos depois, Benjamin Jowett, reitor do Balliol College, em Oxford, referiu-se assim a Nassau Senior, titular da cadeira Drummond de economia política na Universidade de Oxford e um dos principais conselheiros do governo em relação à política econômica para a Irlanda: "Eu passei a sentir certo horror de economistas políticos desde que ouvi um deles dizer temer que a fome de 1848 na Irlanda não mataria mais de 1 milhão de pessoas, e isso seria insuficiente para fazer o bem".[17]

Felizmente, essa visão convencional do dinheiro não é a única. Como vimos antes, há outra tradição no pensamento monetário que nunca atravessou o espelho — uma tradição que nunca se encolheu diante das perguntas das consequências éticas do conceito de valor econômico universal e das realidades políticas e econômicas acarretadas pela escolha do padrão monetário. Uma tradição iniciada assim que o dinheiro foi inventado, entre os gregos.

CAPÍTULO 10

As estratégias dos céticos

As origens antigas da desconfiança moderna em relação ao dinheiro

Os gregos desconheciam a ideia brilhantemente paradoxal de que a busca do dinheiro, como um fim em si mesmo, pode ser um bem. Para eles, o dinheiro era algo novo e estranho. Eles o compreendiam corretamente como uma entre outras ideologias de organização social e o submetiam a uma análise crítica. A atenção deles se concentrava exatamente no aspecto que, 2 mil anos depois, seria varrido para debaixo do tapete pelo advento da compreensão convencional do dinheiro: a ideia central do dinheiro, o conceito revolucionário do valor universal do dinheiro. A experiência dos gregos com esse novo conceito, uma ideia nova para a organização da vida social, lhes permitiu distinguir os efeitos bons e ruins com uma clareza que não poderiam ter os pensadores cujo olhar se acostumou a séculos convivendo com a sociedade monetária. As preocupações dos gregos foram resumidas de forma brilhante numa das histórias mais populares e duradouras dos gregos: o mito de Midas.

Midas era o rei da Frígia e, dizia-se, o dono de um lindo jardim onde, sem necessidade de cultivo, "as rosas cresciam sozinhas, cada uma florindo por sessenta vezes, com uma fragrância sem igual".[1] Um dia, Midas encontrou o sátiro Sileno, que se perdera do séquito do deus Dioniso, saltitando em meio a suas lindas rosas.[2] Midas prendeu a divindade da natureza e o obrigou a revelar sua velha sabedoria. O que existe de melhor, perguntou ele, a que um homem pode aspirar? De imediato, o sátiro percebeu quem era Midas — um déspota raso e ganancioso. Como gostam de fazer os sátiros, Sileno fez troça da pobreza de espírito de Midas e deu uma resposta filosófica decepcionante. Disse que a melhor coisa que pode acontecer a um homem é nunca ter nascido; e a segunda melhor é morrer o quanto antes. Não era bem isso que Midas queria ouvir, é claro, e ele não fez segredo a respeito. "Bom", respondeu Sileno, "então seja como quiseres. Se me libertares, realizarei um desejo teu — e, se fores verdadeiramente sábio, poderás escolher o que quer que achares a melhor de todas as coisas!" Naturalmente, por acreditar que a fortuna é a melhor coisa que um homem pode possuir, Midas pediu que tudo aquilo que tocasse virasse ouro.

O deus malicioso realizou seu desejo, e Midas ficou maravilhado no início. Quebrou um pequeno galho, e ele se transformou em ouro! Segurou um punhado de terra: este também se transformou em ouro! Pegou uma maçã — e na mesma hora ela se tornou tão dourada quanto os famosos pomos das Hespérides! O velho rei avarento ficou tão embriagado por seu novo poder que "seus novos sonhos mal cabiam em sua mente, que sonhava em transformar em ouro todas as coisas".[3] Ele mandou fazer um esplêndido banquete para comemorar sua boa sorte. Foi aí que as coisas começaram a dar errado. Ele pegou uma casca de pão para comer — mas ela se converteu em ouro sólido. Ele serviu vinho para beber — mas, ao encostar em seus lábios, o vinho se transformou em ouro derretido. Em versões tardias do mito, Midas cometeu até o erro fatal de dar um beijo em sua filha querida — transformando-a em ouro frio e inerte. Amaldiçoando seu engano estúpido, "rico e ao mesmo tempo desgraçado, ele tentou fugir da própria riqueza e odiou aquilo que acabara de pedir".[4] Midas implorou que os deuses tomassem de volta seu terrível presente — e, para sua sorte, Dioniso se apiedou dele. Instruiu Midas a ir à fonte do rio Pactolo, na Lídia, e mergulhar cabeça e corpo na água para lavar o corpo de seus poderes. Assim fez Midas, perdendo seu dom agora detestado. Ao fazê-lo, ele o transferiu ao próprio

rio, que se tornou assim a fonte de ouro e prata da qual foram feitas as primeiras moedas — a fonte, em outras palavras, da questionável invenção do dinheiro em moeda para o resto da humanidade.

O tema central desse mito é a tendência intrínseca do dinheiro a reduzir tudo a uma única dimensão, medindo as coisas na balança do valor econômico universal. Da mesma forma que o dinheiro que tanto deseja, o toque de Midas reduz a imensa variedade da vida e da natureza — o galho, a maçã, o pão, o vinho, até seus irmãos humanos e sua família — a uma substância única e sem vida. Onde na natureza há variedade de substâncias — e onde na sociedade tradicional há várias dimensões de valor social —, a sociedade monetária impõe uma monotonia artificial. A lógica inexorável do dinheiro, perceberam os gregos, estipula um preço para tudo e faz com que todos pensem em todas as coisas, antes e acima de tudo, em termos unidimensionais. Isoladamente, um conceito de valor econômico aplicável em âmbito universal era, em certo sentido, revigorante, tanto quanto é hoje. Um metro simples que sirva de critério para qualquer decisão é maravilhoso para a organização de uma economia complexa. Mas, para os gregos, também era uma fonte de desconforto. Seria justo o dinheiro resolver não apenas a enfadonha questão de quantas galinhas levar ao mercado, mas também o dilema social de com quem casar sua filha — sem falar da indagação cósmica quanto a uma vida de acordo com a ordem divina do universo? Aristófanes experimentou o método tradicional de driblar o desconforto com a comédia, fazendo o bom e velho Hércules explicar a Dioniso que, hoje para atravessar o rio Estige e entrar em Hades, era preciso pagar em dinheiro vivo, na entrada.[5] Até no mundo inferior o dinheiro se tornara o poder organizador.

O mito de Midas é menos ambíguo, porém. A aplicação universal do novo conceito de valor econômico traz em seu bojo um problema maior: a ausência de qualquer limite intrínseco ao consumo, à acumulação e à busca de status. Midas queria não apenas ouro. Queria que tudo que tocasse se transformasse em ouro, porque só então teria certeza de que, o que quer que acontecesse, ele seria mais rico que todos: o máximo a que um homem pode aspirar na vida. A sociedade tradicional possuía limites intrínsecos — limites definidos pelas obrigações sociais imutáveis, devidas pelos camponeses aos senhores, pelos senhores aos sacerdotes, e assim por diante. A sociedade monetária, receavam os gregos, não tinha nenhuma. Não há limite intrínseco à acumulação de riqueza; e como na sociedade monetária o status é por natureza relativo, e não absoluto, essa sociedade corre o risco permanente de degenerar num interminável individualismo. "Ninguém se sacia de ti", diz o herói de Aristófanes, Crêmilo, ao deus da riqueza, Pluto: "Todas as demais coisas podem saciar" — desde uma virtude abstrata, como a virilidade, até algo tão concreto e mundano como uma simples sopa de lentilhas —, "mas ninguém nunca se sacia de ti. Se alguém possui treze talentos, anseia ainda mais possuir dezesseis; e, se vem a possuí-los, quererá quarenta, sem os quais a vida não valerá a pena".[6] E, o que é ainda pior, temiam os gregos, a falta de limites na necessidade absoluta de obter dinheiro pode levar à falta de limites naquilo que as pessoas farão para possuí-lo. Neste aspecto, Midas era um caso particular — a oportunidade caiu-lhe no colo. Mas, no mundo real, onde sátiros passantes não realizam desejos, certamente os incentivos para fazer de tudo na busca pela riqueza ilimitada seriam também ilimitados. Era o receio dos gregos.

O impacto da acumulação excessiva, do consumo e da competição por status é ainda hoje uma preocupação geral. Pensadores contemporâneos identificam diversos culpados em potencial. "Hoje, a lógica da compra e venda não se aplica mais apenas aos bens materiais, mas rege cada vez mais a vida como um todo", lamenta o filósofo norte-americano Michael Sandel em sua reflexão *O que o dinheiro não compra*: "É hora de perguntar se queremos viver assim".[7] Em outras palavras, o mercado é um problema — e nós devemos decidir, em plena consciência, que áreas ele deve alcançar ou não. *How Much Is Enough?* [Quanto é suficiente?], perguntam os pensadores britânicos Robert e Edward Skidelsky no título de seu recente livro, antes de afirmar que apenas uma concepção ética substantiva daquilo que significa uma boa vida pode responder a essa eterna pergunta; esperar que os mecanismos de mercado imponham limites a si mesmos é uma quimera.[8] É preciso que sejamos específicos em relação àquilo que consideramos certo e errado, e então ter a fibra moral de permanecer fiéis a nosso julgamento. Os neurocientistas, e os economistas que acompanham suas pesquisas, explicam que as perguntas de Sandel e dos Skidelsky são inúteis. Os mercados e a ética não passam de espuma. A concorrência por status está arraigada no cérebro humano — uma característica física que evoluiu para nos dar uma vantagem num mundo onde o melhor acasalamento e a maior quantidade de comida representam a sobrevivência dos próprios genes. A evolução é o problema — e não adianta muito se preocupar com isso.[9]

A desconfiança dos gregos em relação à falta de limites para o consumo compulsivo, à ambição e àquilo que as pessoas são capazes de fazer para saciá-los mostra que o debate nem de longe é recente. E a proximidade maior dos gregos em relação à invenção do dinheiro lhes dava uma perspectiva diferente. O problema não são os mercados, nem a moral, nem o homem propriamente dito: é o dinheiro. A fonte dessa falta de limites é o conjunto específico de ideias e convenções que compõe a tecnologia social mais precoce já inventada. Os gregos compreenderam que a vida na sociedade monetária envolve um comprometimento íntimo com a ideia de valor econômico universal, com as convenções de cálculo desse valor e com a possibilidade da transferência descentralizada de uma pessoa para outra. São exatamente essas as ideias que o distinguem das formas anteriores de organização social e econômica da vida. Uma vez aceitas essas ideias, o resto vem automaticamente. Como não há limite intrínseco ao valor econômico, não há ponto de referência fixo na sociedade monetária. É a partir desse conjunto de ideias que flui o constante imperialismo dos mercados, o incessante carrossel da competição por status e a insaciabilidade do desejo por dinheiro.

A partir desse prognóstico das consequências inevitáveis da liberdade total ao dinheiro, os gregos concluíram que, longe de ser um modo viável — até mesmo ideal — de organizar a sociedade, o dinheiro era na verdade uma contradição em si mesmo. Aristóteles apresentou a história de Midas como a expressão mítica do nominalismo: o fato de o valor econômico ser um artifício social, e não uma propriedade natural. A riqueza monetária, argumentou, é diferente da abundância de coisas físicas úteis e reais, como comida e lenha, exatamente neste aspecto: ela só tem valor — na verdade, só pode existir — dentro da sociedade. Elimine esse contexto social e se descobrirá rapidamente que o dinheiro é uma riqueza "de tal ordem que um homem pode dela dispor em grande quantidade e mesmo assim morrer de fome, como o famoso Midas da lenda".[10] Mas o mito também é um conto moral. O dinheiro e seu valor dependem de outras pessoas: mas é exatamente o poder de Midas de transformar tudo em ouro — a aplicação universal da ideia de valor econômico — que termina por isolá-lo de todos. Portanto, no centro do dinheiro reside um paradoxo. Ele é uma tecnologia social que depende de outras pessoas. Mas é uma tecnologia social que nos isola das outras pessoas, transformando a rica e variada ecologia das relações humanas numa engrenagem mecânica e monótona de relacionamentos financeiros.

As tragédias de Ésquilo, Sófocles e Eurípides — que representam o auge da arte e do pensamento clássicos da Grécia — tratam o tempo todo de expor as falhas desse extravagante empreendimento. Continuamente, os autores trágicos apresentam protagonistas que anseiam por dinheiro e poder, e os obtêm — mas a preço do isolamento de suas comunidades e famílias. Em algumas das ocasiões mais terríveis, a conexão com a lógica inexorável do dinheiro se explicita. Quando, na versão de Ésquilo para o famoso mito dos *Sete contra Tebas*, o protagonista Etéocles enfim resolve enfrentar o próprio irmão pela herança, o coro lhe implora que não o faça. Seria, adverte, um duelo mortal entre carne e sangue — "mancha que nunca envelhece" —, e tudo em nome do dinheiro.[11] "Rejeita desde o início a paixão do mal", conclama o coro.[12] Mas Etéocles explica que não pode se conter. A praga de seu pai, diz ele, sussurra em seu ouvido um conselho — conselho que resume tudo o que os gregos mais temiam em relação à sociedade monetária: "Primeiro o lucro, depois a ordem natural".[13]

A capacidade do dinheiro de proporcionar a libertação pessoal — das obrigações sociais tradicionais, até das obrigações familiares

— era uma perspectiva estimulante. Os gregos sabiam isso tão bem quanto qualquer um, nos dias de hoje, que teve que sofrer do lado errado do sistema de classes ou numa hierarquia familiar sufocante. A promessa do dinheiro, de fazer isso sem destruir a estabilidade e a segurança criadas por essas antigas instituições de segurança política e pessoal, soa quase boa demais para ser verdade. E, no fim das contas, como testemunham os heróis autodestrutivos dos trágicos gregos e o tolo Midas, solitário em meio a todo seu ouro, ela o é.

A solução espartana

Na Grécia Antiga, esse ceticismo em relação ao dinheiro não era apenas uma filosofice ociosa: era o tema de um animado debate político. Imediatamente depois da invenção do dinheiro, o contraste entre a sociedade tradicional e a monetária era gritante. Onde quer que as consequências sociais e políticas negativas do dinheiro pareciam superar as positivas, a insatisfação transbordava do simpósio e da academia para o conselho e o campo de batalha. E, embora tenham sido os artistas e pensadores de Atenas, extremamente cultos, que articularam a crítica mais sofisticada à sociedade monetária, a reação prática mais visceral e negativa veio do maior adversário ideológico de Atenas, Esparta. De certa forma, não foi uma surpresa: Esparta era um Estado marcial, totalitário, claramente mais complicado que a autointitulada "escola da Grécia".[14] Na verdade, para alguns contemporâneos a Constituição de Esparta parecia perigosamente fanática. Afinal de contas, era um Estado em que autoridades especiais exterminavam bebês considerados insuficientemente fortes para suportar sua filosofia militarista e que submetia os sobreviventes a uma rigorosa doutrinação a partir dos sete anos de idade. As crianças eram separadas de suas famílias aos doze anos, e a instituição da família era energicamente abafada em favor de uma vida comunitária com refeições de estilo militar e obediência incondicional ao Estado, tanto pelos homens quanto pelas mulheres. Havia igualdade legal dos sexos, algo extremamente incomum no mundo antigo; mas também havia um rígido sistema de castas, em que a classe inferior dos camponeses era submetida ao mais bárbaro terrorismo por parte da elite definida pelo nascimento.[15]

Mas, para muitos pensadores antigos, era exatamente essa vida civil ultradisciplinada, enraizada em convenções, tradições e preconceitos cegos, que fez de Esparta o que um eminente historiador chamou de "o mais importante modelo histórico de uma sociedade ideal".[16] Os próprios espartanos certamente pensavam assim. O fato de sua Constituição ter sobrevivido, supostamente sem alterações, por mais de quatro séculos era, a seus olhos, a evidência irrefutável disso — uma evidência amplamente corroborada por sua vitória sobre Atenas na decisiva guerra do final do século V a.C. Não chega a surpreender, então, que a reação de Esparta aos aspectos indesejáveis do dinheiro fosse mais radical que aquela de seu rival democrático. Afinal de contas, que uso o Estado ideal poderia ter para uma inovação social como o dinheiro? A maior de todas as liberdades não seria aquela assegurada pelo fato de pertencer a um exército, a uma tribo e, finalmente, ao Estado espartano? E que estabilidade seria maior que uma Constituição inalterada por quatrocentos anos? A conclusão era óbvia: o Estado ideal não tinha necessidade dessa invenção. Confiante na perfeição de sua arquitetura social tradicional, Esparta rejeitou o uso do dinheiro. Por isso, numa encruzilhada crucial da Guerra do Peloponeso, quando os espartanos obtiveram uma vitória decisiva sobre a democrática Mantineia, aliada de Atenas, eles adicionaram uma terceira e nova humilhação aos antigos costumes de fazer terra arrasada da cidade derrotada e reassentar os habitantes sobreviventes: aboliram o uso do dinheiro. De certa forma, essa estratégia de eliminação foi a parte mais esclarecida de sua política. Erradicar o dinheiro apenas alinhava Mantineia com o Estado ideal que acabara de derrotá-la: talvez seja o mais antigo exemplo conhecido de ajuda internacional à reconstrução pós-conflito.

Os espartanos acreditavam que a única maneira verdadeira de controlar os defeitos do dinheiro era livrar-se dele e retornar à sociedade tradicional. É uma estratégia para lidar com os pontos fracos do dinheiro que se mostrou popular de tempos em tempos ao longo dos séculos. No mundo antigo, até o maior filósofo de Atenas, Platão, expressou sua admiração por ela. Embora não tenha chegado a abolir por completo o dinheiro em sua *República* utópica, ele decretou que o dinheiro seria rigorosamente regulamentado, sujeito a controles de câmbio estritos e não seria usado de forma alguma pela casta mais elevada de cidadãos.[17] Mas, em seus próprios termos, a argumentação para a estratégia espartana sempre fez total sentido. Se as instituições não monetárias da sociedade fossem bem elaboradas, o dinheiro se tornaria obsoleto. É claro que, por mais perfeitas que sejam as instituições do Estado, sempre existe a possibilidade de seus cidadãos humanos irritantemente imperfeitos estragarem tudo. Como resultado, a estratégia espartana mostrou-se mais popular junto às tradições que acreditam que a humanidade é fundamentalmente boa — acima de todas, a tradição socialista ocidental.

Na ilha ficcional de Utopia, criada por Thomas More no século XVI, os habitantes levavam seus bens a armazéns coletivos, de onde tiravam aquilo de que precisavam, "vivendo em comum, sem o uso de dinheiro".[18] Enquanto isso, o quaker John Bellers, autor de panfletos sobre economia, reconhecia que o dinheiro tinha seu uso e seus atrativos — mas também sonhava com um mundo sem ele. "O dinheiro é para as instituições o que a muleta é para o corpo aleijado", explicou, "mas, quando o corpo é saudável, a muleta é importuna."[19] E, no século XIX, Karl Marx e Friedrich Engels não tardaram a apontar que aquilo que fora importuno nos primeiros dias da economia comercial era decididamente perigoso na era do capitalismo industrial maduro. Para eles, o dinheiro representava a libertação econômica — mas no sentido capitalista, do empreendedor burguês livre para explorar o proletariado, e não no sentido socialista da realização universal do potencial humano. O dinheiro representava as relações impessoais e desumanas que mantêm unida a máquina econômica na sociedade burguesa — não deixando "outro vínculo a ligar seres humanos que não o puro interesse, o insensível 'pagamento em dinheiro'" — no lugar das relações naturais e humanas que caracterizariam o paraíso socialista.[20] O dinheiro, da maneira como existia nas economias capitalistas, seria a antítese dos objetivos finais do projeto comunista — e no paraíso socialista por vir, portanto, o dinheiro não teria utilidade.

Como Platão, porém, o único regime comunista do século XX que realmente tentou implementar a solução espartana para o dinheiro descobriu que isso era mais difícil do que se poderia esperar. Como resultado, adotou em vez disso uma segunda estratégia geral: não de abolição, mas de contenção.

A solução soviética

Ostap Bender, o herói malicioso da novela satírica de 1931, *O bezerro de ouro*, de Ilya Ilf e Evgueny Petrov, é um homem em apuros. A primeira década da União Soviética o deixou absolutamente perplexo. Ele descobriu ser constitucionalmente inadequado à nova ordem. "Tive sérias diferenças com o regime soviético ao longo do último ano", confidencia a ele um colega de malandragem: "Eles querem construir o socialismo. Eu não. Construir o socialismo me aborrece".[21] As ambições de Bender na vida são muito mais simples e mais mundanas. Ele só quer enriquecer e, se houver a possibilidade, mudar-se para o Rio de Janeiro. Para fazer isso, precisa encontrar um milionário e roubar sua fortuna. Se ele vivesse no Ocidente, seria moleza. "Lá, os milionários são figuras populares", supõe Bender: "Seus endereços são conhecidos. Eles vivem em mansões em algum lugar no Rio de Janeiro. Você vai direto à casa deles visitá-los e ali mesmo, no salão, depois do cumprimento inicial, toma-lhes o dinheiro".[22] O problema é que ele vive na União Soviética, onde "tudo é escondido, tudo é subterrâneo".[23] Mesmo assim, onde há dinheiro, deve haver milionários: "Como há notas de dinheiro em circulação", raciocina ele, "deve haver gente que as tem em grande quantidade".[24] O desafio é simplesmente localizar uma.

Com a ajuda de um grupo heterogêneo de parceiros, esse é o projeto que Bender enceta. Um magnata do mercado negro, perfeito para eles, é logo identificado — um ferroviário burocrata avarento, chamado Koreiko, que acumulou uma fortuna impressionante por meio de esquemas que iam da especulação com estoques médicos do governo, durante uma epidemia de tifo, ao desvio de suprimentos de comida destinados a regiões assoladas pela fome. Koreiko se revela, porém, um vigarista perspicaz, de modo que extorquir-lhe o dinheiro exige uma série de aventuras improváveis. Por fim, depois de suportar uma viagem de trem absurdamente longa ao coração da Ásia Central soviética, Bender consegue ficar frente a frente com o velho avarento na viagem inaugural da nova ferrovia trans-soviética. Ali ele ameaça revelar ao partido os crimes de Koreiko, a menos que ele lhe pague um bom milhão de rublos. Koreiko acaba por reconhecer a derrota e entrega a Bender uma pasta recheada de notas de dinheiro. É o momento que o golpista esperou a vida inteira: ele fica em êxtase. A reação de Koreiko é mais tranquila, num mau presságio.

Bender logo descobre o motivo. Ele oferece ao desmoralizado Koreiko um jantar no melhor restaurante de Moscou, mas, quando eles tentam pegar o trem de volta para a capital, não são aceitos por não fazerem parte da delegação oficial. Inabalável, o novo milionário Bender segue para o aeródromo local, onde soube de um avião que estava para decolar. Tampouco ele está disponível, porém é um "voo especial" reservado para o uso do Planejamento. No fim, os únicos que aceitam seus rublos são um grupo de nômades cazaques de passagem, e os dois plutocratas são obrigados a fazer a viagem de volta de camelo. Eles não têm melhor sorte com hospedagem. Em uma cidade, ficam sabendo que todos os quartos de hotel já estão reservados para um congresso de cientistas do solo; em outro, para operários construindo uma nova usina. No fim, Bender é obrigado a recorrer "àquilo que ele costumava fazer quando possuía os bolsos vazios. Ele começou a adotar identidades falsas, como engenheiro, médico-assistente, tenor [...] para conseguir um quarto".[25] O milhão de rublos desejado por tanto tempo revelou-se, de certa forma, inútil — já que, numa economia planificada, não há quase nada que possam comprar. Tudo com que ele sonhara — transporte elegante, acomodações luxuosas, comida refinada — é alocado pelo partido e pelo Planejamento.

O herói frustrado de Ilf e Petrov foi uma vítima da segunda estratégia genérica para reparar os defeitos do dinheiro: a estratégia de contenção. No período do chamado "comunismo de guerra", logo depois da Revolução Socialista na Rússia, a jovem União Soviética tentara a solução espartana radical de abolir completamente o dinheiro.[26] "Numa sociedade socialista", explicara o comissário de Finanças num pedido de desculpas envergonhado ao primeiro Congresso de Toda a Rússia do Conselho da Economia Nacional, em 1918, "as finanças não devem existir, e por conseguinte peço que me desculpem por sua existência e por minha própria aparição aqui".[27] O novo regime não perdeu tempo em poupar o comissário de corar outras vezes. Com apenas dois meses de revolução, todos os bancos haviam sido estatizados; em três, todas as dívidas públicas haviam sido anuladas. Em junho de 1919, o Comitê Executivo Central de Toda a Rússia ordenou ao Comissariado de Finanças que "diligencie para estabelecer acordos isentos de dinheiro com vistas à abolição total do dinheiro".[28] Ao fim de 1920, o comissariado relatou que estava no caminho certo. Vangloriou-se, no financiamento da guerra civil em andamento entre vermelhos e brancos, da própria solicitude no "livre uso do sistema monetário".[29] Confiantes, portanto, suas autoridades previam o benefício acessório que isso certamente produziria, uma "depreciação progressiva e, por fim, o completo desaparecimento do dinheiro".[30]

Elementos mais pragmáticos, porém, permaneceram céticos. Uma autoridade, ninguém menos que Vladimir Ilyich Lênin, alertou contra a estratégia espartana. Até mesmo Marx e Engels, apontou ele, previram que a realização do verdadeiro socialismo levaria tempo — e que durante a transição o dinheiro, maior arma da classe burguesa, continuaria sendo necessário como meio de coordenar a atividade e o comércio com aqueles países incivilizados que a revolução ainda não abençoara. "Quando formos vitoriosos em escala mundial", tranquilizou o partido, "creio que usaremos ouro para construir banheiros públicos nas ruas de algumas das maiores cidades do mundo."[31] Nesse meio-tempo, porém, advertiu ele, o dinheiro teria que ser mantido. "Quando se vive entre lobos", lembrou a sua plateia, "deve-se uivar como um lobo."[32] O novo regime compreendeu tardiamente a sabedoria desse conselho. O resultado mais notável dos esforços bem-intencionados do Comissariado de Finanças para desmoralizar o dinheiro foi um colapso espetacular da produção agrícola e industrial. No início de 1921, uma reviravolta radical estava em andamento. Uma política monetária totalmente revisada foi apresentada no 9º Congresso de Sovietes de Toda a Rússia, em dezembro daquele ano. Sua prioridade, anunciou-se sobriamente, era a "transição para uma unidade monetária estável, que é absolutamente essencial para o movimento do comércio entre as unidades menores da economia".[33] Os bancos estavam de volta. O dinheiro não seria, de forma alguma, abolido.

A primeira sociedade comunista do mundo estava às voltas com um dilema fundamental. Uma economia socialista organizada pelas finanças e pelo dinheiro capitalista era um oximoro. Mas a experiência do comunismo de guerra tinha provado que a abolição do dinheiro era, pelo menos por ora, um sonho impossível. Seria necessário criar algum tipo de compromisso. O dinheiro teria que continuar a existir — mas impondo rigorosos limites a seus poderes. Essa seria a essência da estratégia soviética: obter a contenção do dinheiro pela redução de sua capacidade de proporcionar liberdade e ampliando seu compromisso com a garantia da estabilidade. Era uma estratégia que buscava, em outras palavras, um retorno parcial da sociedade monetária para a tradicional. É claro que os valores e a hierarquia a serem protegidos do ataque do dinheiro, e priorizados diante dele, não eram aqueles da sociedade feudal russa, que chegara a um inglório fim em outubro de 1917. Eram as prioridades políticas da revolução. Era preciso amaldiçoar o dinheiro e canalizá-lo, de modo que, em vez de inundar indiscriminadamente todos os cantos da sociedade, como ocorria nos países capitalistas, ele fluísse dali por diante apenas pelos canais que beneficiassem o progresso do socialismo. O dinheiro se tornaria, nas palavras de Stálin, o sucessor de Lênin, "um instrumento da economia burguesa que o poder soviético tomou em suas mãos e adaptou aos interesses do socialismo".[34] O resultado foi a galeria de espelhos financeira na qual Ostap Bender se viu encerrado.

"The Power of the Dollar" [O poder do dólar] para driblar todas as restrições legais e transportar o capitalista rico ao topo para controlar a máquina política, ilustrado neste cartaz soviético: a política monetária soviética foi projetada para refrear esse poder subversivo.

Na prática, a estratégia soviética de contenção foi realizada de duas formas. Ambas ganharam ímpeto no final da década de 1920. A primeira forma foi relegar o dinheiro e as finanças ao segundo plano em todas as tomadas de decisão econômicas. As prioridades eram estabelecidas pelo Planejamento, e nem ele nem o sistema de gestão centralizado criado para implementá-lo eram definidos em termos monetários. Em primeiro lugar vinham quantidades físicas e coeficientes tecnológicos. O papel do dinheiro era contabilizar, e não controlar. O orçamento anual de uma empresa era chamado, o que é significativo, de *techpromfinplan* — planejamento técnico, comercial e financeiro —, termo em que as finanças ocupavam propositalmente o último lugar. Na empresa, o primeiro lugar cabia a um técnico ou um engenheiro. A função financeira, nas empresas, ia pouco além de um exercício de contabilidade, e a figura poderosa do diretor financeiro ocidental era desconhecida. A castração do setor financeiro propriamente dito era ainda mais radical. O papel dos bancos não era filtrar projetos dignos de financiamento e monitorar os empréstimos concedidos. Era simplesmente criar dinheiro sob encomenda assim que uma ordem de pagamento fosse emitida na escrivaninha de um engenheiro. O processo era automático. O objetivo final era garantir que, privando-o de pessoal e negando-lhe responsabilidade, o dinheiro tivesse a menor interferência possível na organização da economia pelo Planejamento.[35]

O resultado inevitável desse rebaixamento do dinheiro a um papel passivo foi uma explosão de sua emissão. A tarefa cabia aos engenheiros, e não se incentivava a escutar o queixume irrelevante dos banqueiros em relação à viabilidade financeira. Os banqueiros podiam emitir apelos periódicos às empresas para que não exigissem tanto dinheiro novo com o contínuo aumento da produção que, por lei, eles tinham que financiar; mas quem ligava, se o que importava era a produção, e não o dinheiro? Um banqueiro exasperado caracterizou assim a atitude comum entre os chefes de empresas: "Vamos construir nossas fábricas, vamos produzir nossos bens: afinal de contas, ninguém julga os vencedores".[36] A enxurrada de dinheiro que resultou disso aumentou a necessidade da segunda parte da estratégia soviética: a imposição de limites cada vez mais rígidos para onde e quando o dinheiro podia ser usado. Com a introdução do primeiro Plano Quinquenal, em 1928, e a reformulação do crédito a ele relacionada, em 1930, o dinheiro, mesmo sob sua forma passiva, foi retirado gradualmente de um número cada vez maior de setores da economia. Como descobriu Ostap Bender, o dinheiro se tornava cada vez menos a tecnologia organizadora: em seu lugar, manipulando os cordéis, estavam o Planejamento e um sistema cada vez mais complexo de cupons e privilégios atribuídos a categorias específicas de trabalhadores ou a membros de determinados sindicatos. Até o componente mais básico do dinheiro — o conceito de valor universal — deixou de existir. Uma pletora de bens e serviços deixou de ter preço monetário, uma vez que não podiam ser comprados e vendidos com dinheiro; e, quando podiam, os preços eram administrados e o acesso era racionado, de modo que o papel do dinheiro como comparador universal não passava de uma farsa vazia.

Tanto a solução espartana de abolir o dinheiro quanto a solução soviética de tentar contê-lo concentram-se na restrição ou na eliminação da aplicabilidade da ideia fundamental do dinheiro: o conceito de valor econômico universal. Embora os defensores do dinheiro sejam uma espécie rara hoje, a ideia de restringi-lo tem recuperado popularidade: o filósofo Michael Sandel chegou a ser convidado a discursar sobre o assunto na conferência anual do maior partido de oposição do Reino Unido, em setembro de 2012. Mas métodos práticos de implementá-la continuam tão impalpáveis quanto antes.[37]

Porém há uma terceira estratégia histórica para lidar com as contradições do dinheiro, que se concentra não na tentativa de limitar ou extinguir seu uso, mas numa solução nova para a eterna questão de qual deveria ser o seu padrão. É uma estratégia que tem reaparecido atualmente, não na visão de revolucionários ou nas palestras dos filósofos pela internet, mas nas discussões de políticos e reguladores no âmago do sistema financeiro mundial. É a estratégia da inovação: a reforma estrutural do dinheiro.

CAPÍTULO 11

Soluções estruturais

A solução do escocês

"Alguns homens nascem grandes", diz Malvólio, o vaidoso antagonista de *Noite de reis*, de Shakespeare, "alguns alcançam a grandeza, e noutros a grandeza se lhes é empurrada." O caso do escocês John Law foi sem sombra de dúvida o último desses três. Em 1705, aos 34 anos, Law tinha uma carreira certamente empolgante — mas que não podia ser considerada prestigiosa, da maneira convencional. Filho de um importante ourives de Edimburgo, ele tinha um brilhante talento natural com números, porém sua educação comercial na Londres dos projetistas da década de 1690 foi interrompida antes da hora. Ele foi condenado por assassinato, em abril de 1694, como resultado de um duelo na Bloomsbury Square.[1] De algum jeito, ele conseguiu escapar da prisão no Ano-Novo de 1695 e fugiu para o continente, onde passou os oito anos seguintes empregando seu talento incomum para a matemática como apostador profissional, de Veneza aos Países Baixos. Em 1703, porém, cansado de viajar, teve que voltar à sua Edimburgo natal — e descobriu, consternado, que só se falava de uma união da Escócia com a Inglaterra. Fossem quais fossem os méritos políticos e econômicos dessa proposta, era bastante óbvio que, para Law, ela seria um desastre. Enquanto a Escócia fosse um Estado independente, Law seria um homem livre

— naqueles tempos não havia tratados de extradição —, mas uma união representaria, quase com certeza, sua prisão e julgamento. O problema é que muitos empreendedores no Parlamento escocês estavam fascinados com o sucesso da revolução financeira da Inglaterra e envergonhados com os próprios esforços para replicá-la.[2] Unir forças, acreditavam eles, era a única forma de se recuperar. A esperança de Law era convencê-los de que podiam andar com as próprias pernas. O problema da Escócia não era a necessidade de importar integralmente o novo sistema financeiro inglês, e sim a de criar seu próprio sistema monetário. Se Law quisesse salvar sua pele, tinha que explicar por que e como. O resultado, publicado em 1705, foi um dos tratados econômicos mais profundos e clarividentes de sua época ou de qualquer outra: *Money and Trade Considered, with a Proposal for Supplying the Nation with Money* [Considerações sobre o dinheiro e o comércio, com uma proposta para abastecer a nação de dinheiro].[3]

Law testemunhara em primeira mão os efeitos prodigiosos que os bancos e as finanças poderiam exercer e acompanhou atentamente o grande embate entre Locke e Lowndes. Mas sua análise superava em muito qualquer dessas duas eminentes autoridades, tanto na clareza quanto na profundidade. Ele começava resumindo numa fórmula concisa uma compreensão do dinheiro: "O dinheiro não é o valor pelo qual os bens são trocados, mas o valor com os quais eles são trocados".[4] Para entender a verdadeira natureza do dinheiro — e seu verdadeiro potencial para o bem ou para o mal —, é preciso enxergar além dos símbolos e ver o sistema subjacente de crédito e compensação. "Ouro, prata, cobre, notas, conchas marcadas e amarradas", explicou ele, "não passam de riquezas representativas, ou os sinais pelos quais as verdadeiras riquezas são transmitidas."[5] Até mesmo uma coisa tão sólida e substancial como uma moeda de ouro, era preciso recordar, é apenas um "sinal de transmissão": "Eu olho para uma coroa", explicou corajosamente, "como uma nota emitida nestes termos".[6]

Se o dinheiro é simplesmente crédito transferível, raciocinou Law, então na verdade o debate entre Locke e Lowndes errara de alvo. Eles não estavam discutindo a natureza do dinheiro propriamente dito, mas qual deveria ser o padrão do valor econômico abstrato. Law acreditava que essa era a pergunta mais importante de toda política econômica, por duas razões. A primeira era que, para que uma economia prospere, a escolha do padrão deve ser feita de modo a garantir uma oferta suficiente de dinheiro — objetivo reconhecido como importante por panfleteiros monetários desde Nicole Oresme.[7] A segunda era que a escolha do padrão também determina a distribuição da riqueza e da renda. Esse também era um tema antigo no pensamento monetário, pelo menos enquanto se tratava da senhoriagem — a capacidade da política monetária de redistribuir riqueza do soberano para os súditos. Mas Law percebeu que, no novo mundo em que dinheiro e finanças começavam a permear o setor privado, a importância econômica da inflação e da deflação era, cada vez mais, também fazer pender a balança do poder financeiro entre credores e devedores particulares. Uma economia comercial saudável, explicou ele, exige o primado das classes empresariais. Crédito monetário que nunca circula, mas se reverte em hipoteca bilateral do rentista para o empreendedor, é uma receita para a estagnação econômica. É o mesmo que retornar as obrigações feudais estáticas da sociedade tradicional.

O problema, explicou Law, é que o dinheiro, sozinho, não geraria condições saudáveis. Quanto mais as pessoas usassem o dinheiro para preservar sua segurança, menos esse dinheiro geraria riqueza e facilitaria a mobilidade. E nada, argumentou Law, exacerba esse defeito incipiente no cerne do dinheiro mais que a tendência a confundir o símbolo representativo com a tecnologia propriamente dita. Depressões econômicas ocorrem, explicou ele, quando os "súditos [...] guardam esses sinais de transmissão como um tesouro real, sendo a isso induzidos por algum motivo ou medo ou desconfiança".[8] Essa necessidade psicológica, alimentada pela incompreensão comum do dinheiro, "chamá-la-ei cega sempre", escreveu Law, "porque ela interrompe uma circulação que põe o Estado em perda, e o que é mais provável que qualquer outra coisa, traz a pobreza que eles temem, tanto aos outros quanto a si mesmos".[9] Sem uma intervenção apropriada, as promessas sedutoras do dinheiro são contraproducentes.

Pela primeira vez o problema do dinheiro era analisado detalhadamente. Qual seria a solução? A resposta, raciocinou Law, era simples. O emissor soberano do dinheiro precisava ter a capacidade de variar a oferta de dinheiro para adaptá-la às necessidades do comércio privado, das finanças públicas e do equilíbrio entre credores e devedores particulares. A escolha central, portanto, diz respeito ao padrão monetário: ele deve dar margem de manobra ao emissor do dinheiro. Isso levava a descartar de cara um padrão de metal precioso. Na verdade, se alguém vivesse num país sem minas de ouro e prata significativas, "seria contrário à razão", argumentou Law, "limitar a industriosidade do povo, fazendo-o depender de uma espécie [que] não está em nosso poder, mas no poder de nossos inimigos".[10] A economia de Law apontava para uma direção muito mais radical. Para obter tanto uma oferta suficiente quanto uma distribuição saudável, o dinheiro tinha que ser administrado. Para ser administrado, necessita de um padrão flexível. A "espécie" ouro ou prata, portanto, não resolve. Felizmente, Law informou ao Parlamento escocês, "possuímos uma espécie nossa, em todos os aspectos mais qualificada".[11]

O mundo teria que esperar mais treze anos para descobrir qual era exatamente a irresistível alternativa proposta pelo projetista escocês. Law não conseguiu convencer o Parlamento escocês de que a independência conforme seu plano seria melhor que a união com a Inglaterra. Assim, em 1706 ele retornou ao continente e retomou seu estilo de vida itinerante. Além das apostas, porém, passou a ter uma segunda vocação — tentar conquistar apoio político para suas ideias econômicas. Se Edimburgo não queria ouvi-lo, talvez Turim, Veneza ou algum outro principado de menos prestígio. Embora o escocês tenha jogado o anzol por toda parte, ninguém quis mordê-lo. Ironicamente, a oportunidade acabaria por se apresentar uma década mais tarde no maior, mais rico e mais poderoso de todos os países da Europa: o reino de França.

No início de 1715, já fazia quase meio século que a França estava envolvida em diversas grandes guerras. O efeito cumulativo sobre as finanças de seu monarca absoluto de longa data, Luís XIV — o "Rei-Sol" de Versalhes —, havia sido desastroso. Cada alqueire dos domínios reais fora hipotecado, e toda a receita de impostos estava comprometida. Todo um sistema de finanças públicas e toda uma estrutura social haviam sido erguidos em torno das intermináveis guerras do rei. Alguns ricos adiantavam dinheiro à Coroa em troca de títulos de longo prazo — *rentes* — e viviam dessa renda como *rentiers*, enquanto outros adquiriam cargos feudais que gozavam do direito de recolher diversas taxas e tarifas de determinadas populações. Os mestres desse aparato complexo não eram o rei e sua corte, mas um pequeno clube de banqueiros parisienses — por cujas redes era possível arrecadar dinheiro privado e para cujos clientes, em troca, afluíam sinecuras e títulos do governo. Esses grandes financistas eram os maiores magnatas da França: gente como Samuel Bernard, que havia financiado a Guerra de Sucessão Espanhola; seus amigos, os irmãos banqueiros Antoine e Claude Paris; e Antoine Crozat, que era proprietário pessoal da concessão de toda a América do Norte francesa.

Como a maioria dos magnatas, e principalmente aqueles que ganham dinheiro manifestamente furtando os cofres públicos, eles não eram homens unanimemente populares. Na verdade, eram popularmente conhecidos como *sangsues* — sanguessugas —, e praticamente o único consenso entre os nobres da corte e os camponeses do interior era que aqueles vampiros tinham que ser submetidos periodicamente a uma dolorosa *saignée* [sangria] para aliviar seu jugo sobre a nação. Quando as queixas atingiam um nível particularmente febril, o rei costumava reagir declarando a criação de um tribunal especial, a Câmara de Justiça, que providenciava a distribuição de castigos ruidosos. Mas o hospedeiro dependia excessivamente de seus parasitas. Assim que um pouco de carne fresca tinha sido jogado aos contribuintes mais descontentes e as sanguessugas tinham pastado por alguns meses, a máquina se punha de novo em marcha e as transfusões forçadas eram reiniciadas.

Em 1º de setembro de 1715, tudo mudou. Luís XIV, já então o monarca de mais longo reinado na história da França, morreu depois de

72 anos no trono, e seu sobrinho, Filipe, duque de Orléans, foi confirmado como regente. A prioridade do novo governante da França foi consolidar o próprio poder e adquirir o controle do calamitoso estado das finanças públicas. Um primeiro passo essencial foi uma demonstração inequívoca de força. Uma versão de gala da Câmara da Justiça foi, assim, anunciada em março de 1716, encarregada de uma orgia de recriminações. A evasão fiscal de muitos anos antes, desde 1689, seria investigada. Quem não fosse capaz de provar o pagamento em dia estava sujeito aos castigos mais extremos — as galés, o exílio, o confisco de bens, até a execução pública. Incentivos generosos eram oferecidos a informantes. A classe comerciante francesa e seu comércio ficaram aterrorizados. Law enxergou uma oportunidade.

A França era, aos olhos de Law, um caso especial — o maior desafio de governo da Europa, mas também a maior oportunidade. Como no caso escocês, acreditava ele, a França estava presa a uma crise monetária crônica. Ela simplesmente sofria de uma escassez de dinheiro, resultado da confiança medieval na pior combinação possível de um padrão monetário de metal precioso e uma dependência quase total de moedas. Mas a França também tinha um problema de dívida pública, provocado por décadas de despesas de guerra. Em teoria, uma inovação semelhante ao Banco da Inglaterra poderia atacar os dois problemas, como ocorrera do outro lado do canal da Mancha. Mas a situação na França, na visão de Law, já tinha passado havia muito daquele ponto. A dívida acumulada pela Coroa era simplesmente insustentável com a base de arrecadação representada pela economia então existente. Portanto, eram necessárias tanto uma revolução monetária quanto uma reorganização radical da dívida pública. Felizmente, as teorias de Law propunham um plano que podia atingir as duas coisas.

A primeira parte de seu plano era perfeita para atacar a falta de oferta de dinheiro suficiente para atender ao potencial econômico da França. Mal a Câmara de Justiça havia terminado de pôr para correr os antigos interesses financeiros, Law convenceu o regente a permitir que ele estabelecesse um Banco Geral — o primeiro na história da França com o poder de emitir notas. Inicialmente, o Banco Geral adotou um padrão de metal precioso convencional, e suas notas eram conversíveis em espécie quando solicitado.[12] Law pôs em ação uma rede de bancos correspondentes internacionais, de modo que as notas do Banco Geral pudessem ser usadas para pagar o comércio exterior, e o regente anunciou que seria possível pagar os impostos com essas notas. O banco revelou-se um evidente sucesso — suas notas começaram a circular amplamente e a estimular o comércio, como previra Law. Mas esse estágio inicial foi apenas um aquecimento. Ninguém que conhecesse bem o ataque vigoroso de Law, pouco mais de uma década antes, aos efeitos restritivos de um padrão monetário de metal precioso, duvidaria disso. Como era de esperar, em dezembro de 1718 o banco foi estatizado: o Banco Geral tornou-se o Banco Real, com toda a autoridade suplementar que isso acarretava. De maneira ainda mais relevante, anunciou-se que o número de cédulas que ele podia emitir não seria mais atrelado a suas reservas em ouro e prata. Dali por diante, a velocidade da emissão de notas seria regida unicamente por decisão do Conselho Real. O padrão monetário da França passou a consistir em nada além do próprio juízo do soberano. Se os usuários do dinheiro confiassem na prudência das emissões do Conselho Real, tudo iria bem; e muito melhor, segundo a teoria de Law, do que sob um padrão metálico restritivo. Se não confiassem, não haveria segurança: não haveria mais garantia de que as notas poderiam ser trocadas por uma quantidade-padrão de metal precioso. Bem a tempo do Natal de 1718, John Law apresentara à França e ao mundo a "moeda fiduciária".

Não se contentando em dotar a França de um sistema inteiramente novo de papel-moeda, Law também começou a atacar a segunda parte do problema econômico francês — seu sistema parasitário de finanças públicas e o nível insustentável da dívida pública. A solução antiga era passar uma foice nos direitos dos credores do soberano, por meio da desvalorização da unidade monetária ou simplesmente anunciando um calote. Porém o plano de Law era jogar não com o medo dos credores, mas com sua ganância. Em 1717, com o prestígio em alta graças ao êxito do banco, ele convenceu o regente a autorizar a criação de uma empresa de capital aberto, a Companhia do Ocidente, e atribuir-lhe os direitos de desenvolvimento da América do Norte francesa, até então dominada pelo arquissanguessuga Antoine Crozat. Law previu publicamente que aquele território vasto e virgem com certeza geraria lucros gigantescos para a nova companhia — e tudo isso com o aval da Coroa francesa. Os detentores de títulos soberanos foram convidados a trocar seus títulos de crédito junto à Coroa por ações na Companhia do Ocidente. Em vez de dívida do governo, investidores astutos podiam dali por diante gozar de uma espécie de participação acionária no governo.

A resposta foi imediata. Credores do governo se acotovelavam nos escritórios da companhia na esperança de trocar seus títulos por ações, e a nova companhia sofreu um excesso de demanda. Com essa afirmação de seu modelo de negócios — ou, pelo menos, de sua capacidade de levantar capital —, a Companhia do Ocidente embarcou numa onda impressionante de fusões e aquisições. Uma a uma, foram engolidas todas as corporações que detinham os direitos comerciais em cada uma das possessões francesas. A primeira foi a Companhia do Senegal; depois, a Companhia das Índias Orientais; em seguida, a Companhia da China, assim como a Companhia da África. Cada aquisição foi custeada da mesma forma. Os investidores entregavam seus títulos e cédulas do governo no escritório de Law, na rue Quincampoix, em troca de ações da cada vez maior Companhia. Em meados de 1719 — agora rebatizada oficialmente de Companhia das Índias, mais conhecida popularmente pelo nome de seu ativo mais glamouroso, Companhia do Mississippi —, a empresa gigante absorvera todas as grandes empresas de capital aberto da França.

Em agosto de 1719, Law pôs em marcha a fase final de seu plano. A companhia adquiriu os direitos de coletar todos os impostos indiretos na França. Ela não mais representava apenas os interesses externos da Coroa; sua receita, agora, derivava da economia francesa como um todo. Ao mesmo tempo, ela anunciou a intenção de comprar todo o restante da dívida do governo. Para financiar essas transações colossais, emitiu novas parcelas de ações. Era tanta a euforia em torno do "sistema" de Law, como passara a ser chamado, que a questão começara a recusar, mais que atrair investidores. O preço da ação da companhia subiu de quinhentas libras em maio para mais de 10 mil libras em dezembro — e, quanto mais subia, mais dívida pública era absorvida por novas emissões. Quando a transação se completou, Law alcançara um feito sem precedentes e jamais igualado: a completa troca da dívida do governo por ações do governo. Enquanto isso, por meio de sucessivos decretos do soberano dali até o final do ano, o ouro e a prata perderam seu status como curso legal no reino de França, e as notas do Banco Real passaram a tê-lo. A supremacia do dinheiro bancário e do padrão fiduciário era total.

Law se aproveitara da janela de oportunidade proporcionada pela Câmara de Justiça com efeito excepcional. Agora, o Banco Real estava resolvendo a crise monetária, e a economia estava em explosão. A Companhia do Mississippi colhia os lucros e os usava para resolver a crise da dívida pública. E a rigidez que restava no sistema — a relação entre o banco, com suas notas garantidas, e a Companhia, com seus ativos de risco — também tinha sido resolvida pela maior invenção de todas. O padrão monetário passara a ser criação exclusiva do soberano — assim, se a economia, e por conseguinte a Companhia, passasse por um momento difícil, o valor do dinheiro do banco poderia cair para refletir esse momento. De toda parte chegavam louvores aos feitos espetaculares de Law. O regente e sua corte ficaram extasiados. "A construção foi admirada por todos na França, e foi a inveja de nossos vizinhos, que ficaram verdadeiramente alarmados com ela", escreveu um contemporâneo melancólico duas décadas depois: "Foi um tipo de milagre em que a posteridade não acreditará".[13]

Com todas as características essenciais do sistema em seus devidos lugares, o raciocínio subjacente de Law começou a ficar claro. O problema com o dinheiro convencional do governo era consistir em créditos financeiros, de certo valor, garantidos por receitas cujo valor era intrinsecamente desconhecido. Os soberanos podem prometer o que quiserem e os súditos podem acreditar — e essas promessas e crenças podem ser solenemente inscritas em títulos e *rentes*. Mas no fim das contas só havia uma fonte de receita para o soberano: a indústria e o comércio da França. Se a economia prosperava, a arrecadação de impostos do soberano crescia, seu crédito melhorava e seus títulos rendiam o prometido. Senão, ocorria o oposto. Já que a realidade das finanças públicas é essa, por que não admiti-la honestamente? Foi a pergunta feita por Law. Em vez de fingir para os súditos que ele pode afastar num passe de mágica a incerteza inerente à atividade econômica, é melhor o soberano lhes dar acesso direto aos rendimentos — e, pelo mesmo critério, fazê-los arcar com os riscos. Com títulos do governo — ações na Companhia do Mississippi —, isso podia ser feito diretamente. Com crédito soberano transferível num padrão fiduciário — notas emitidas pelo Banco Real —, isso podia ser feito de uma vez só.

Em 5 de janeiro de 1720, John Law foi nomeado controlador-geral das finanças da França. Poucas semanas depois, ele coroou sua extraordinária ascensão ao poder com a fusão final da Companhia e do banco em um único e vasto conglomerado. Mas seu momento de glória teve vida curta. Quase imediatamente, começaram a aparecer fissuras no sistema. A longa sombra da Câmara de Justiça tinha, por fim, começado a esmaecer: os sanguessugas do antigo sistema financeiro estavam começando a se mexer de novo. Quando Law mandou ao regente um memorando propondo uma drástica simplificação do sistema fiscal, o regente expressou o temor de que a antiga oligarquia financeira finalmente se revoltasse. Law descartou os temores do regente: "O que vai acontecer com os ratos que moram no meu celeiro se eu tirar meus grãos e transportá-los a um lugar seguro?", respondeu tranquilo.[14] Mas Law tinha subestimado seus adversários e a fragilidade de seu êxito.

Como velhos e astutos financistas, os inimigos de Law sabiam que seu sistema — como todo sistema monetário — era vulnerável a um colapso de confiança. Com um histórico tão curto a apresentar, a menor suspeita em relação ao valor das ações da Companhia e à moeda fiduciária do banco poderia ser fatal. A fábrica de boatos pôs-se em funcionamento. Não faltava material de trabalho. Os colonizadores que seguiram felizes rumo aos cais, para cruzar o Atlântico, não estavam tendo vida fácil em suas propriedades franco-americanas. Metade morreu de malária; a outra metade era composta de mercenários que nunca fizeram a travessia. A Louisiana não era, como dissera Law, uma terra prometida do comércio, capaz de competir com a América do Norte britânica. Era um pântano irrecuperável que nunca daria lucro. Mas, acima de tudo, havia simplesmente um excesso de créditos monetários sustentando uma atividade real muito pequena. Fossem eles dívidas ou ações, notas do banco ou passivo da Companhia, o valor dos créditos não pagos do sistema era insustentavelmente grande em relação ao caixa da economia francesa. Por mais otimista que fossem em relação a seu futuro, esses créditos jamais seriam honrados.

Os espertos começaram a vender. Correu o boato de que altos integrantes da corte do regente tinham convertido suas notas bancárias em ouro no mês de dezembro anterior. O pânico se instalou. Law tentou engendrar uma desvalorização controlada das ações e notas do sistema. Tomaram-se medidas novas e mais draconianas para dissuadir, e depois proibir, a propriedade de ouro e prata. Intensificou-se o *crash* do mercado. No final de maio, em meio à desintegração do sistema, Law foi preso. Dois dias depois, ele recuperou a liberdade, mas só porque o regente, segundo um de seus conselheiros, se dera conta de que "o único homem capaz de tirá-lo do labirinto em que se encontrava era o sr. Law".[15] Com a confusão, a credibilidade de Law foi destroçada. Sacudindo sabiamente a cabeça, os *sangsues* ressuscitados aconselharam ao regente com pesar que adotasse rapidamente a única saída viável, a retirada. Em 1º de junho, o ouro e a prata foram restabelecidos como curso legal. Dois dias depois, as notas do banco foram abolidas. Em dezembro, Law já tinha fugido da França, temendo pela própria vida.

A ascensão do sistema foi tão rápida, e sua queda, tão brusca, que sempre foi fácil minimizar o caso como uma típica história de esquema financeiro inescrupuloso, com Law no papel de um Bernie Madoff do século XVIII. O escritor inglês Daniel Defoe pintou a carreira de Law, sarcasticamente, como um excelente modelo para um jovem em busca de fortuna:

O caso é simples [aconselhou ele], "deves cingir uma espada, matar um ou dois mancebos, ser preso em Newgate, condenado à forca, escapar da prisão, se puder — lembra-te disso, a propósito —, ir para algum país estranho, converter-te em acionista, lançar ações do Mississippi, criar uma bolha numa nação, e logo serás um grande homem.[16]

Avaliações assim são extremamente superficiais. O sistema de Law foi uma tentativa de alto valor histórico de aproveitar o poder do dinheiro, o arquétipo de uma terceira estratégia geral para colher os benefícios da sociedade monetária evitando ao mesmo tempo seus defeitos indesejáveis. As estratégias espartana e soviética desconfiavam, fundamentalmente, do dinheiro — e tentaram aboli-lo ou restringir sua aplicação. John Law, ao contrário, acreditava que a capacidade do dinheiro de desencadear a ambição e o empreendedorismo era sua qualidade mais valiosa. O ceticismo do escocês, em vez disso, foi reservado à segunda parte da promessa do dinheiro: sua capacidade de combinar essa mobilidade social com a segurança e a estabilidade proporcionadas pelas obrigações financeiras fixas. Sua estratégia, portanto, buscava não restringir o uso do conceito de valor econômico universal, mas, em vez disso, fazer a quadratura do círculo tornando intrinsecamente flexível o padrão de medida desse valor. Esse era o objetivo final do sistema: um novo arranjo financeiro em que os riscos inerentes à promessa contraditória do dinheiro fossem suportados total e explicitamente por todos os seus usuários, e não escondidos sob o véu das promessas do soberano, impossíveis de cumprir, de honrar esses pagamentos.

Ao fundir a única holding estatal com o único banco estatal, Law explicitou aquilo que ele acreditava estar obscurecido em um sistema monetário e financeiro descentralizado. Toda a renda e toda a riqueza emanam, no fim das contas, da economia produtiva — e o dinheiro, no fim das contas, representa apenas créditos sobre essa renda. Trata-se, porém, de uma renda incerta, porque o mundo é um lugar incerto. Portanto, o valor desses créditos é, na realidade, também incerto. A forma mais simples de admitir esse dado da realidade é transformar os créditos financeiros fixos que são em geral usados como dinhei-

John Law, antes da queda (*à esq.*) e depois (*de costas, à dir.*).

ro — as chamadas dívidas, em outras palavras — em créditos variáveis — as chamadas ações, em outras palavras. Isso exigia uma coisa que não existia nem na Holanda nem na Inglaterra, e desde então nunca existiu: uma empresa proprietária de todos os ativos do Estado, incluindo seu direito de arrecadar impostos, e da qual os cidadãos possam adquirir ações. Essa moeda-ação, é claro, proporcionaria muito menos segurança que o dinheiro tradicional, uma vez que seu valor poderia cair, como os investidores do sistema descobriram em 1720. Mas, ao mesmo tempo, proporcionaria muito mais mobilidade. Para aqueles que não tivessem estômago para tanta transparência, o sistema também oferecia uma opção menos poderosa: as notas emitidas pelo Banco Real. Elas tinham um valor fixo, em termos da unidade monetária padrão. Mas esse mesmo padrão passara a ser flexível, estabelecido pelo Conselho Real no patamar que este considerasse mais apropriado, de um ponto de vista econômico e fiscal. Em outras palavras, a única diferença era que, no que dizia respeito às notas, o valor do dinheiro era determinado pelo soberano, e não pelo mercado.

O sistema de Law era engenhoso e inovador e estava séculos à frente de seu tempo. Mostrou-se até profético quando, 250 anos depois, o padrão-ouro do câmbio internacional finalmente desintegrou-se, em 1973, e padrões monetários fiduciários se tornaram a norma mundial. Mesmo assim, o sistema fracassou espetacularmente. Onde estava o erro? É claro que um sem-número de problemas circunstanciais atrapalhou o ambicioso plano de Law. Ele superestimou a própria capacidade e subestimou os interesses escusos que sairiam perdendo com seu sistema. O plano tentou coisas demais em tempo de menos. E uma ideia de Law em particular, a de oferecer ao público ações do governo, em vez de dívidas do governo, estava na verdade tão à frente de seu tempo que desde então nunca mais se viu nada igual.[17] Mas, muito além desses problemas localizados, pesou bem mais uma falha fundamental na solução proposta pelo escocês. Era um defeito cujo conserto já havia sido descoberto por outro gênio monetário desprezado, mais de dois milênios antes.

A sabedoria de Sólon

Embora a reação de Esparta em relação à invenção do dinheiro tenha sido, provavelmente, a menos ambígua do antigo mundo grego, com certeza não foi a única. Em várias outras cidades-estados gregas, o dinheiro foi adotado com entusiasmo — apesar do ceticismo generalizado em relação a seus defeitos.[18] Tamanha receptividade era, segundo Aristóteles, um traço característico das cidades-estados democráticas, onde "o pagamento por serviços, na assembleia, nos tribunais e nas magistraturas é regular para todos".[19] Atenas era o maior exemplo. Tornara-se, no século v a.C., uma sociedade singularmente monetarizada — uma "cidade assalariadora", em que quase todos os aspectos da vida cívica eram mediados pelo dinheiro.[20] De uma maneira ou de outra, os cidadãos da Atenas clássica — cujos poetas, filósofos e dramaturgos eram a fonte de boa parte do profundo ceticismo em relação ao dinheiro — haviam elaborado formas de aproveitar de sua invenção precoce e potencialmente perigosa. Eles deviam essa descoberta inestimável a um de seus maiores filósofos, poetas e estadistas, cujo auge coincidira, por sorte, com a primeiríssima crise financeira de Atenas.

Na Atenas do final do século VII a.C., o dinheiro e a sua disseminação eram o problema social do momento.²¹ Até pouco tempo antes, Atenas havia sido organizada dentro de princípios tradicionais, com uma pequena classe de aristocratas donos de terras que as arrendavam aos lavradores em troca de uma parcela da colheita. No tempo em que as fileiras do exército eram compostas de aristocratas, havia um pacto de auxílio mútuo entre estes e seus arrendatários. Mas, no mundo competitivo e pulverizador da sociedade monetária, os camponeses, com a perspectiva de mobilidade social que se lhes abria e a exigência de lutar que se passou a impor a eles, se opuseram ao sistema tradicional de rendas da aristocracia. Os aristocratas, por sua vez, passaram a ver a posse de terras não como um patrimônio hereditário que eles tinham o dever de cuidar, mas como fonte potencial de ganho financeiro. O dinheiro estava despedaçando o tecido social. "Os próprios cidadãos, em sua selvageria, querem destruir esta grande cidade", lamentou o poeta Sólon, "por confiar, como confiam, na riqueza."²²

Se houvesse um cenário ideal para uma crise financeira, seria aquele. À medida que a classe credora dos aristocratas tentava maximizar seus lucros, deparava-se com uma resistência cada vez maior de seus clientes insubordinados. As querelas se multiplicaram, mas para dirimi-las não havia nada parecido com o direito dos contratos ou da propriedade — apenas os costumes e tabus que rapidamente desapareciam. Quanto ao registro de propriedade, não havia nada senão marcos de pedra gastos e apagados para resolver disputas de terras. A transição da sociedade tradicional para a monetária estava provocando uma guerra de classes confusa, gerada por uma crise da dívida. Essa crise era alimentada exatamente pelos defeitos que, sabiam os gregos, contaminavam a fantástica promessa trazida pelo dinheiro: obrigações financeiras não são capazes de cumprir todos os papéis que as obrigações sociais cumprem; não há limite intrínseco para a ambição na sociedade monetária; e, sem controles, a empolgante independência prometida pelo dinheiro se transforma em isolamento destrutivo. "Os líderes do povo [...] estão prontos para muito sofrimento por conta de sua grande arrogância", advertiu Sólon, "pois não sabem refrear sua ganância."[23] Algo tinha que ser feito para desarmar aquela situação.

Ocorre que havia um precedente. Mesmo que as grandes economias planificadas da Mesopotâmia nunca tivessem tido todos os componentes do dinheiro, elas possuíam, sim, a instituição do endividamento a juros. Como resultado, não eram novidade para eles as crises que isso pode gerar, e eles se preocupavam, tanto quanto os gregos, com o potencial que as dívidas têm para inutilizar o esforço de guerra das cidades: a privação de direitos provocada pela perda da propriedade minava o moral de uma categoria fundamental, a dos homens alistados.[24] Conhecendo o problema, conheciam também a solução, sob a ótica de sua cosmologia religiosa tradicional: era responsabilidade do rei, representante de Deus na Terra, restabelecer o equilíbrio social cancelando parte ou a totalidade dessas dívidas. Os exemplos mais antigos que se conhecem dessa prática mesopotâmica de decretar uma anistia quando o peso da dívida se tornava socialmente insuportável são quase tão velhos quanto a evidência mais precoce do endividamento a juros propriamente dito: datam do reinado de Enmetana de Lagash, por volta de 2400 a.C.[25] Foi uma tradição que sobreviveu no Oriente Próximo da Antiguidade até os tempos bíblicos, sob a forma da instituição do "jubileu", que o Levítico impunha aos hebreus declarar a cada cinquenta anos.[26]

Havia, porém, um problema fundamental com a aplicação, na Atenas do século VI a.C., desse remédio oriental testado e aprovado. Atenas era uma sociedade em pleno iluminismo científico. A cosmologia religiosa da sociedade não dava mais as cartas como oráculo definitivo da distribuição do poder na face da terra. "O homem controla seu destino" era o espírito da época.[27] Portanto, quem deveria determinar a distribuição justa da riqueza e do poder pelo dinheiro deveria ser o próprio homem. Mais uma vez, um costume oriental — dessa vez, a instituição do perdão de dívidas — foi importado pela Grécia. E novamente adotou-se uma inovação crucial, característica da cultura política diferenciada dos gregos. Um ideal de ordem social a posteriori seria, na verdade, imposto sobre o descontrole e os excessos da sociedade monetária. Mas esse ideal não seria um simulacro da ordem divina celestial. Seria uma noção humana de justiça social imposta pelo homem. Seria determinada, numa palavra só, pela política.

O homem que apresentou essa ideia radical foi ninguém mais, ninguém menos que aquele que mais fizera para diagnosticar o problema: o poeta-estadista Sólon. Eleito supremo magistrado da cidade em 594 a.C., Sólon pôs em prática uma série de reformas sociais conhecidas, desde então, como "Alijamento dos Fardos". A mais importante das reformas era o cancelamento das dívidas — mas um cancelamento que tinha uma diferença fundamental em relação à prática oriental do jubileu. Isso porque a decisão central em qualquer perdão de dívida — quem sai ganhando e quem sai perdendo — era uma questão de acordo político. Fazia-se crucial, é claro, a liderança de um político hábil. "Em grandes questões, é difícil agradar a todos", escreveu Sólon, anos depois, em defesa de seu maior legado, mas, "entre os dois lados opostos, eu me coloco como um marco fronteiriço."[28] Sendo Sólon um poeta, a metáfora que escolheu resumia de forma brilhante a essência da revolução que ele trouxera. Para que a sociedade monetária funcionasse, o antigo sistema de marcos fronteiriços fixos — o sistema que regulara a sociedade tradicional, com suas obrigações sociais imutáveis — tinha que desaparecer. Em seu lugar, haveria um novo sistema, em que os marcos fronteiriços — o padrão da justiça social — teria que ser adaptável à transformação social que o dinheiro traz por natureza. E num mundo em que a humanidade tem o controle sobre seu destino, só podia haver uma fonte de legitimidade para esse novo padrão de justiça: a política democrática.[29] O Alijamento dos Fardos não parava por aí. Aboliu-se a meação, foi criada a taxação por categoria econômica, em vez da classe, e garantiu-se o direito ao julgamento por um júri. Mais de dois séculos depois, Aristóteles afirmou, sobre essa última reforma, que "dela dizia-se ser a base principal do poder da multidão [...] pois o povo, adquirindo o controle sobre os tribunais, adquiriu assim o controle sobre o governo".[30]

Mas outro aspecto das reformas de Sólon era mais importante que qualquer medida individual. O papel crítico que as decisões políticas viriam a desempenhar no futuro, em relação ao que é ou não é economicamente justo, exigia um sistema novo e mais formal para registrar essas decisões e verificar seu cumprimento. O que era necessário — e que Sólon, portanto, providenciou, inscrito num famoso conjunto de tabuletas rotatórias de madeira — foi um corpo de leis abrangente.[31] Tendo Sólon conquistado um Estado democrático sob o império da lei, a fórmula para fazer funcionar o dinheiro estava completa.

O estabelecimento de um padrão: dinheiro divino, despótico ou democrático?

O ceticismo em relação ao dinheiro tem um pedigree respeitável, que começa desde sua invenção. Estratégias radicais, como a espartana ou a soviética, até hoje têm defensores. A mais antiga estratégia dos céticos, no entanto, é uma que tenta refazer o dinheiro, em vez de reprimi-lo ou suprimi-lo. É a estratégia que vê o dinheiro, fundamentalmente, como uma força do bem — mas que, se não for regulada, inevitavelmente fugirá ao controle. É a estratégia que impõe à sociedade monetária uma recalibragem periódica — drástica, como um jubileu isolado ou uma moratória unilateral, ou suave, como uma depreciação gradual do padrão monetário — ou até, como na experiência sem precedentes de John Law, tenta uma correção estrutural eliminando inteiramente a promessa de o dinheiro trazer a estabilidade. O foco dessas estratégias — a solução do escocês e, muito antes dele, a estratégia de Sólon — ataca a flexibilidade do padrão monetário. Elas exigem, portanto, uma resposta que as outras não pedem: em que termos devem ser feitas as correções no padrão?

Reside aí a divergência entre os defensores históricos dessa estratégia de gestão do dinheiro. As civilizações do antigo Oriente tinham seus perdões de dívida e seus jubileus. Para eles, a resposta era dada pela lei divina. Deixe o dinheiro à vontade durante cinquenta anos, diz o Levítico, e então "proclamem a libertação para todos os moradores do país. Será para vocês um ano de júbilo: cada um de vocês recuperará a sua propriedade e voltará para a sua família".[32] Mas a revolução científica dos gregos tornou essa visão de um mundo governado pela lei divina superada — e nós somos os filhos dessa revolução. Ninguém, no mundo de hoje, proporia aos participantes do próximo encontro do FMI ou do comitê de política econômica do banco central que passem a tomar decisões com base em suas convicções religiosas. Para o grande inovador John Law, isso estava bem claro. Quem deveria decidir, afirmou ele, era o homem, e não Deus ou a natureza. Esse era o significado de sua maior inovação, o padrão monetário fiduciário: um regime em que a emissão e o valor do dinheiro se tornaram, qualquer que fosse a circunstância, uma questão de política deliberada, e não de acaso arbitrário.

Mas é aí também que reside o defeito fundamental da versão da estratégia defendida por Law. Ele acreditava que um monarca absoluto devia implementá-la. Acreditava que o rei deveria determinar o padrão que levaria à eficiência econômica e à justiça social, e que os usuários do dinheiro deviam confiar-lhe essa missão. Na verdade, Law achava que apenas um monarca absoluto conseguiria fazer isso. Ele acreditava que as democracias e as repúblicas seriam incapazes de gerir adequadamente o dinheiro — sempre haveria debate em relação a quem deveria sair ganhando e quem deveria sair perdendo, e ninguém confiaria na palavra alheia. Monarcas absolutos eram diferentes. "Um príncipe sábio reduz infinitamente todas essas dificuldades", escreveu Law,

> um rei sempre se encontra em melhores condições de remediá-las que um conselho soberano, cujos debates e atrasos necessariamente tomarão tempo até que uma maioria de votos seja alcançada em relação aos negócios mais urgentes [...] um rei, agindo por si mesmo, é capaz de reduzir o todo a uma visão e de dar a seu reino um crédito geral, como o único capaz de obter até a confiança dos estrangeiros.[33]

É uma armadilha antiga e tentadora — a crença de que apenas o braço forte e o pensamento individual do "poder despótico" podem gerar autêntica lealdade na política e credibilidade nas finanças. A realidade, como a história começava a mostrar no mesmo momento em que Law estava escrevendo, era o exato oposto. Com o tempo, sua afirmação de que "os reis nunca falharam e nunca falharão no pagamento de suas dívidas" seria vista como tão pitoresca e obsoleta quanto a própria monarquia absoluta.[34]

Em vez disso, foi Sólon, bem no princípio, que viu como a estratégia poderia dar certo. Apenas os compromissos da política democrática podem decidir de forma durável o que é justo; e apenas as promessas dos governos democráticos podem durar confiavelmente. Esse era o segredo da recalibragem do padrão — o segredo para obter os benefícios do dinheiro evitando, ao mesmo tempo, seus defeitos. A sociedade tribal da Idade das Trevas grega conhecia a igualdade fundamental dos indivíduos. Essa era a ideia inestimável que sustentava um padrão de valor universal, que, combinada à tecnologia oriental da contabilidade e à revolução científica na visão de mundo intelectual da Grécia arcaica, levou à invenção do dinheiro. Desde o começo, porém, os gregos foram céticos em relação às prodigiosas promessas do dinheiro — e a experiência inicial com a sociedade monetária parecia confirmar seus receios. As contradições inerentes à promessa do dinheiro, combinar liberdade e estabilidade, ameaçavam o Estado recém-iluminista de Atenas. Sólon mostrou o caminho da quadratura do círculo. O padrão original de valor econômico — o padrão que permitira ao dinheiro atuar não apenas como um instrumento de organização do comércio ou a burocracia, mas de toda a economia e de toda a sociedade — expressava um ideal político: o valor social equitativo do membro individual da tribo. Mas, por natureza, o dinheiro permite a mobilidade social e a acumulação de riqueza e de poder em relação aos outros. Qualquer padrão fixo de valor monetário, portanto, necessariamente se torna obsoleto — e essa obsolescência representa um perigo mortal, por estar na raiz do conflito civil. Em vez disso, o Estado deve estar sempre vigilante para garantir que a arquitetura das obrigações financeiras reflita aquilo que a sociedade considere justo. Apenas a política — a política democrática, em atividade constante — pode proporcionar esse padrão mutável. E apenas a lei — seu debate, sua codificação, seu império — pode implementá-lo.[35]

Essa estratégia para realizar o potencial do dinheiro é tão relevante hoje quanto era dois milênios e meio atrás. Mas toda a tradição cética no pensamento monetário foi inteiramente encoberta pela compreensão convencional do dinheiro e pela nova disciplina da economia que foi construída sobre suas fundações. Já descobrimos o ponto cego da argumentação moral que esse infeliz equívoco gerou. Na esteira imediata da crise financeira global, os defeitos das políticas econômicas praticadas são a evidência mais gritante do problema. Por isso, o próximo tema que vamos abordar é a investigação das consequências da compreensão convencional do dinheiro na atual política econômica.

CAPÍTULO 12

Hamlet sem o príncipe: como a economia se esqueceu do dinheiro...

A pergunta da rainha

Em 5 de novembro de 2008, a rainha Elizabeth II estava na London School of Economics para abrir oficialmente uma ampliação, a um custo de 71 milhões de libras, da mais antiga instituição acadêmica do planeta dedicada ao ensino e à pesquisa econômica.[1] Depois de uma visita ao novo edifício magnífico, a rainha foi apresentada ao corpo docente da escola. A cerimônia estava marcada fazia meses — mas, apenas sete semanas antes, o Lehman Brothers, um dos mais importantes bancos de investimentos norte-americanos, sucumbiu à falência, desencadeando uma crise econômica global de gravidade sem precedentes. Era uma conjunção astral boa demais para deixar passar. A rainha perguntou, à aristocracia internacional de economistas ali reunida diante dela, o óbvio: por que nenhum deles previu a crise?

A pergunta refletia um sentimento geral. A imprensa popular se apoderou dela. Como é que todos aqueles brilhantes economistas, todos aqueles banqueiros regiamente pagos, com suas teorias complexas e seus modelos computadorizados, não previram uma catástrofe econômica daquele tamanho, à espreita no seio do sistema econômico? A Academia Britânica organizou uma conferência para formular uma resposta e, em julho de 2009, enviou-a à rainha.[2] A resposta desfiava uma ladainha de problemas àquela altura já bem conhecidos, incluindo desequilíbrios macroeconômicos globais, erros na gestão de risco dos bancos, excesso de otimismo devido a um período prolongado de inflação baixa e regulamentação frouxa. Admitia que nenhuma das partes interessadas se deu conta de que poderia precipitar um tombo tão cataclísmico. E localizava a razão disso — a resposta à pergunta da rainha — na incapacidade de todos de analisar a situação com uma visão ampla o bastante. "Em resumo, Vossa Majestade", escreveram os representantes da academia, "o fracasso [...], embora tenha tido muitas causas, foi sobretudo uma incapacidade da imaginação coletiva de diversas pessoas brilhantes, tanto neste país quanto internacionalmente, de entender os riscos do sistema como um todo."[3] O diagnóstico da Academia Britânica foi que, isoladamente, "todos pareciam estar fazendo sua parte devidamente, no que dizia respeito a cada um".[4] O problema residia, antes, no fato de que ninguém vira a situação como um todo: enquanto "riscos individuais podiam, corretamente, ser considerados pequenos [...], o risco para o sistema como um todo era imenso".[5]

Dessa vez não era o rei — ou, no caso, a rainha — que estava nu.

A história não conta como a rainha reagiu a essa resposta. Mas ela com certeza não seria considerada satisfatória pelo Comitê de

Supervisão e Reforma do Governo da Câmara dos Deputados dos Estados Unidos, que realizara sua quarta audiência sobre a crise quinze dias antes de a rainha fazer sua pergunta à London School of Economics. Dificilmente a resposta de que ninguém viu o conjunto satisfaria o comitê. Afinal de contas, ver o todo é exatamente o que se supõe que os macroeconomistas, os banqueiros centrais e os demais reguladores do mercado financeiro devam fazer. Portanto, não causou surpresa que uma das testemunhas convocadas pelo comitê tenha sido Alan Greenspan — o presidente do Federal Reserve de mais longo mandato na história e, indiscutivelmente, um dos legisladores mais importantes do mundo nas duas décadas que antecederam a crise. À diferença da Academia Britânica, Greenspan não fugiu da responsabilidade. Ele não negou que sua função fosse justamente entender o funcionamento da economia como um todo. O problema, explicou com admirável honestidade, era que sua compreensão estava simplesmente errada. "Encontrei uma falha [...]. Fiquei muito abatido com esse fato", declarou. "Encontrei uma falha no modelo que considerava a estrutura funcional crucial que define como funciona o mundo."[6]

A pergunta de vários trilhões de dólares era qual a falha no modelo adotado por Greenspan — e como ela se infiltrou em seu pensamento. A economia não é uma disciplina recente. Os bancos centrais não são novidade. Como era possível que a ciência social mais influente dos últimos dois séculos tivesse cometido um erro tão catastrófico? Um terceiro veredicto foi anunciado em abril de 2011 por Lawrence Summers — que deixara pouco antes o cargo de diretor do Conselho Econômico Nacional do presidente Barack Obama, e, ex-economista-chefe do Banco Mundial, um dos principais acadêmicos de economia dos Estados Unidos. Quando lhe perguntaram, numa conferência em Bretton Woods, se ele achava que a crise havia exposto a incapacidade da macroeconomia e da teoria financeira ortodoxas de compreender a realidade econômica, Summers fez uma espantosa confissão. Numa situação de ruptura, explicou ele, o "imenso edifício" da teoria econômica ortodoxa, construído desde a Segunda Guerra Mundial, fora praticamente inútil.[7] Mostrou que nada tinha a esclarecer sobre a queda livre da economia ou o que poderia ser feito para estancá-la.

Mas, disse Summers, havia outras tradições — muito menos valorizadas — que vieram em seu socorro. No final de 2008 e no início de 2009, quando o sistema financeiro norte-americano balançou na beira do abismo, Summers elegeu um trio de economistas como seus guias durante o pior período de decisões políticas na Casa Branca: Walter Bagehot, Hyman Minsky e Charles Kindleberger.[8] Ele reconheceu tratar-se de um time de pensadores econômicos bastante antigo e bem distante da linha ortodoxa da economia. Hyman Minsky, falecido em 1996, era um economista cujas ideias heterodoxas em relação ao funcionamento de uma economia monetária haviam sido quase totalmente desprezadas pelos colegas de profissão. Charles Kindleberger era um historiador da economia — disciplina considerada, pela maioria dos acadêmicos, como o primo pobre da teoria econômica — cujo trabalho mais conhecido fora publicado em 1978. Walter Bagehot — que a maioria dos economistas modernos mal considera como economista — foi um jornalista britânico, especializado em finanças, que morreu em 1877 e cuja principal obra data de 1873. Mesmo assim, foi à concepção desses três pensadores, antes obscuros e fora de moda, sobre os bancos e o mercado financeiro que ele se voltou no auge da crise. E, em relação à resposta política de médio prazo, depois de passada a fase mais aguda da crise, havia Keynes. Enquanto o grosso da pesquisa acadêmica da macroeconomia moderna "não foi algo que ajudou a informar de forma importante o processo de elaboração de políticas", disse Summers, "eu fui fortemente influenciado [...] pela visão geral básica [...] keynesiana".[9]

E o que haveria nessa tradição alternativa do pensamento econômico que tornava suas teorias tão mais úteis e realistas que o "imenso edifício" com o qual se despendera tanto esforço desde o pós-guerra? Como um livro tal qual *Lombard Street*, de Walter Bagehot — uma descrição do mercado monetário londrino no início dos anos 1870 — poderia ter mais a dizer ao diretor do Conselho de Consultores Econômicos, no meio da maior derrocada financeira da história, do que a produção mais recente e tecnicamente excelente dos melhores cérebros da economia do século XXI? Como disse Summers, "acho que a economia aprendeu bastante coisa; acho que esqueceu bastante coisa; e sua atenção foi desviada por bastante coisa".[10] As perguntas são: o que ela esqueceu? O que desviou sua atenção? E, talvez o maior mistério de todos, como isso tudo pôde acontecer?

"O modelo de todos os males nos negócios"

Sabe-se que o mercado tem memória curta. Poucos anos haviam se passado desde que o *crash* financeiro anterior ameaçara destruir o sistema bancário, a economia, talvez até o próprio capitalismo, e mesmo assim tudo isso fora esquecido durante o boom subsequente. E dessa vez parecia haver de fato uma razão para acreditar que tudo poderia ser diferente, pois tanto a economia mundial quanto as finanças propriamente ditas pareciam estar passando por uma transformação histórica. A década anterior testemunhara crescimento e inovação sem precedentes no mercado de capitais. Os protagonistas da criação de crédito na nova economia globalizada não eram mais os bancos tradicionais, mas uma nova geração de negociantes que criara e distribuíra títulos da dívida negociáveis. Individualmente, essas novas formas de crédito pareciam arriscadas e talvez sem liquidez — mas havia surgido uma categoria de empresas especializadas em dividi-las e transformá-las em pacotes diversificados e, portanto, de baixo risco. Aqueles que duvidavam do bom senso disso foram desprezados como inimigos da inovação econômica — até que a pirâmide de crédito apresentou as primeiras fissuras, quando as taxas de juros dispararam e algumas das empresas menores naufragaram. Surgiram, então, rumores de que um peixe realmente grande estava em dificuldade. Parecia inconcebível que os reguladores o deixassem à própria sorte: todos sabiam que ele era "grande demais para falir". No entanto, o discurso hipócrita que emanava do Banco Central, alertando para os perigos de um risco moral, estava longe de ser tranquilizador. Então, para surpresa geral, aconteceu. Houve uma corrida geral e o Banco Central deixou o peixe grande falir. A confusão foi total: um pânico como não se via em décadas. Enquanto os mercados financeiros despencavam, o crédito encalhara e a economia afundava, de repente o risco moral era a última coisa com que os banqueiros centrais estavam preocupados. Os legisladores se deram conta de que havia chegado a hora de pôr a máquina de imprimir dinheiro para funcionar no máximo e socorrer o setor financeiro antes da desintegração total.

Essa é, claro, a história da crise de 2008-9, em que Lawrence Summers desempenhou um papel muito importante na implementação de políticas. O que talvez não se saiba é que também é exatamente a história de outra grande crise financeira — que ocorreu mais de 140 anos antes, em 1866.

Nas duas gerações que sucederam à publicação da *Riqueza das nações*, de Adam Smith, a Grã-Bretanha passou por uma transformação tecnológica e econômica tão abrangente que foi quase imediatamente batizada de Revolução Industrial.[11] Como em toda boa revolução, havia uma vanguarda, ainda que um tanto inesperada: entre os empresários que tinham contribuído para a supremacia industrial britânica, um número surpreendente deles pertencia a uma seita protestante marginal, a Sociedade Religiosa de Amigos, ou, como são mais conhecidos, os quakers.[12] Contemporâneos invejosos costumavam atribuir o evidente êxito dos empresários quakers a nada além de uma capacidade maior de suportar a hipocrisia do enriquecimento cristão. Os pios irmãos quakers, cochichava-se, não apenas "se agarravam à fortuna mais que qualquer vizinho seu", mas até "consideravam a riqueza um dom e uma bênção de Deus".[13] O fato, porém, é que no modo de vida quaker havia muita coisa que conduzia ao sucesso na nova ordem mundial. No éthos dos quakers, honestidade pessoal, trabalho duro e conservadorismo eram valores centrais. A Sociedade dava grande ênfase à educação. E acima de tudo o movimento ressaltava a importância da solidariedade entre os amigos, reforçada no relacionamento cotidiano pela vestimenta peculiar e pelo linguajar e, de uma geração para outra, pelo forte incentivo ao casamento entre si. Todas essas características do quacrismo se encaixavam perfeitamente numa economia comercial em expansão, baseada, como era, na confiabilidade, na confiança pessoal e no conhecimento da leitura e das operações matemáticas.

Em nenhum outro setor da economia essas características eram mais valiosas que nos bancos. Clube comercial fechado, unido pela confiança implícita e ligado por uma ideologia superior, o setor bancário é o ambiente ideal para o florescimento da cooperação monetária particular. Por isso, não surpreende que os quakers tivessem preeminência acima do normal nesse mais que em qualquer outro setor. Ainda hoje, dois dos quatro maiores bancos comerciais britânicos, o Lloyds e o Barclays, são empresas originalmente quaker.[14] Mas o maior de todos os bancos quaker de meados do século XIX não existe mais. No tempo em que o Lloyds e o Barclays ainda eram pouco mais que casas contábeis provincianas, um banco reinava sobre a City como nenhum outro antes ou depois. Era a famosa casa quaker Overend, Gurney and Co., ou, como a chamava toda uma geração de financistas vitorianos, a "Corner House" ["casa da esquina"], porque ela se erguia como rival ao próprio Banco da Inglaterra não apenas no sentido metafórico, no mercado financeiro, mas na realidade concreta na esquina da Lombard Street com a Birchin Lane, no coração da City de Londres.

A família Gurney começou no comércio de lã, no próspero distrito agrário de East Anglia, e evoluiu naturalmente para um banco comercial, contraindo empréstimos em Londres, com seu bom nome na praça, e emprestando aos ovinocultores locais. Com o crescimento e a diversificação da economia britânica, a oportunidade de tirar proveito desse método básico de negócio — conectar os capitalistas locais em busca de crédito, na base da pirâmide, com os bancos londrinos nos escalões mais altos — foi se tornando cada vez mais atraente. Por fim, os Gurney de Norfolk decidiram se estabelecer em Londres, e em 1807 adquiriram uma pequena firma londrina, a Richardson, Overend. No começo, o negócio da firma era a pura e simples corretagem. Um potencial tomador de empréstimo do interior levava seus papéis à Overend para análise. Se a Overend aprovasse o crédito, buscaria um banco comercial em Londres que concedesse um empréstimo com a garantia desses papéis — um procedimento conhecido como "aceitação". Quanto mais versados nessa arte se tornavam corretores como Overend, Gurney, mais rapidamente suas recomendações eram aceitas pelos bancos. A corretagem de títulos se tornou um negócio de monta, e o mercado de títulos de dívida que eles intermediavam transformou-se no mecanismo que regeu a Revolução Industrial.

Com o passar do tempo, as corretoras começaram a atuar não apenas como agentes dos bancos comerciais, mas plenamente como instituições financeiras. Os bancos depositavam seus excedentes nas corretoras, quando necessitavam, e as próprias corretoras resgatavam os títulos de empresários provinciais ou estrangeiros.[15] O risco passou a residir nos balanços das corretoras — e eles ficavam com todo e qualquer lucro: na terminologia atual, deixaram de ser corretoras e se tornaram negociantes. Na metade do século XIX, as corretoras de títulos londrinas eram os bancos mercantis no coração do sistema financeiro global — herdeiros diretos dos banqueiros de câmbio da Europa medieval, mas senhores e mestres de um patrimônio incomparavelmente mais internacional, mais complexo e mais rico. Em 1857, quando o Parlamento britânico criou uma comissão de inquérito sobre o mercado de capitais londrinos, a reação de seus membros a uma descrição do papel das corretoras foi de absoluto espanto. O presidente do Banco da Inglaterra estava falando sério quando disse que "um homem não pode comprar [...] chá em Cantão sem obter crédito junto ao sr. Matheson ou ao sr. Baring?", perguntaram. "Assim é", foi a resposta curta e grossa. Mesmo a 10 mil quilômetros de distância, era o nome de um corretor de Lombard Street que se invocava para convencer um comerciante a se desfazer de suas mercadorias. Era por meio das corretoras de títulos que "o crédito inglês provê o capital de quase todo o mundo".[16]

Na década de 1830, a Overend, Gurney & Company já era a maior corretora de toda a Europa. Duas décadas depois, era a maior do mundo, faturando mais de 170 milhões de libras por ano, recebendo depósitos de todos os bancos da City e resgatando títulos de industriais e comerciantes de Lancashire, na Inglaterra, a Lahore, na Índia. A firma retornava a seus sócios lucros anuais de mais de 200 mil libras, e seu balanço era dez vezes maior que os dos dois maiores bancos da Grã-Bretanha juntos.[17] Nunca, na história, uma casa bancária tivera importância tão singular ou associara tanto seu nome e seu crédito ao crédito da economia de uma nação — ou até do mundo. Como atestou Walter Bagehot, o alcance do crédito da maior corretora de Londres era tamanho que "ninguém nos distritos rurais (disso sei por experiência própria) jamais creria numa palavra contra ela, o que quer que fosse dito".[18] Era "a firma privada mais confiável da Inglaterra": tamanha era a confiança do público no seu discernimento para analisar empréstimos que "provavelmente nem um milésimo dos credores das garantias da Overend, Gurney and Co. jamais imaginou ter que recorrer a essa garantia, ou a isso dedicou genuína atenção".[19] É exatamente essa confiança inabalável no crédito que constitui o ingrediente essencial da liquidez dos mercados financeiros, como bem sabia o presidente do Banco da Inglaterra: "A atividade bancária [...] depende a tal ponto do crédito", concluiu, "que o menor sinal de suspeita é suficiente para eliminar os ganhos de um ano inteiro".[20]

Essa lição foi repetida diversas vezes ao longo dos cinquenta anos anteriores. O ano de 1825 testemunhara a primeira crise financeira da era industrial, depois de uma bolha especulativa gerada pela expansão excessiva dos novos bancos do interior. Quando a bolha estourou, deixou o país "a 24 horas de um estado de calamidade".[21] A partir dali, as crises ocorreram com regularidade alarmante. Em 1836, estourou uma bolha nos títulos das ferrovias. Uma década depois, houve outro boom e outro estouro; e em 1857, o término da Guerra da Crimeia desencadeou um boom de investimentos que, mais uma vez, terminou em pânico e desespero. Mais de um banco sucumbira a uma ou outra dessas sucessivas crises; mas a Overend, Gurney e Co. sobreviveu a todas e prosperou. A crise de 1857, porém, levou a duas mudanças significativas na "Corner House".

A primeira foi um desdobramento regulatório. Desde que se transformaram em negociantes, cujos balanços comportavam riscos, após a crise de 1825, as corretoras passaram a ter acesso a empréstimos do Banco da Inglaterra em situações de crise. Mas, na visão do banco, a crise de 1857 expusera uma tendência à temeridade entre as corretoras: os diretores do banco perceberam que a parte do leão de seus empréstimos de emergência estava indo, pela primeira vez, para as corretoras de títulos, e não para os bancos.[22] Muito se comentou que o acesso aos recursos de emergência estava incentivando as corretoras a investir em títulos excessivamente especulativos. Por isso, em 1858 os diretores do Banco da Inglaterra decidiram negar acesso às corretoras de títulos.

No mesmo momento em que o ambiente de negócios sofria essa alteração, a casa de Overend, Gurney and Co. se viu diante de um segundo desafio. Os sócios-gerentes originais se aposentaram, e uma nova geração assumiu as rédeas. Tornou-se logo evidente que lhes faltavam algumas das características peculiares de seus ilustres antecessores quakers. Em contraste com a solidez sisuda dos pais, os filhos eram precipitados nas decisões, ambiciosos em relação às armadilhas da riqueza e — o mais perigoso de todos os defeitos para um banqueiro — crédulos. Se a década de 1690 foi a década dos projetistas em Londres, na de 1860 eram os promotores de empresas que se faziam onipresentes; e se aqueles fizeram fama com suas invenções incríveis, mas às vezes tresloucadas, estes se tornaram sinônimos de pouco mais que sorte — para não dizer fraude. Os novos sócios-gerentes da Overend, Gurney and Co. não tardaram a atrair muitos seguidores entre esses personagens; uma verdadeira "corte de Luís XIV em miniatura", nas palavras de um de seus próprios clientes.[23]

A intenção do Banco da Inglaterra ao deixar de ser o último recurso de empréstimo para as corretoras era desencorajar a ponta mais arriscada do negócio de resgate de títulos. Na Overend, Gurney, porém, o efeito foi exatamente o oposto. Os novos sócios não perderam tempo e encheram os portfólios da firma com uma série de investimentos especulativos, de longo prazo e alto risco. De cara, o próprio apetite pela famosa virtude quaker do trabalho duro começou a ceder, e eles passaram a delegar boa parte da estratégia de investimentos da firma a um assistente recém-contratado, um certo Edward Watkin Edwards. Ex-sócio de um escritório contábil reconhecido e ex-procurador do tribunal de falências, era "visto na 'Corner House' como um grande matemático e uma alta autoridade em finanças".[24] Sua verdadeira vocação era menos elevada: "Minha visão", disse ele a um candidato a empréstimo, "é ficar muito rico".[25]

A combinação de todas essas mudanças revelou-se desastrosa. No espaço de dois anos, o lucro anual de 200 mil libras da Overends se transformou em um prejuízo de 500 mil libras. Os novos gerentes tentaram recuperar a lucratividade assumindo mais riscos. Fizeram uma investida ousada em títulos de mercados emergentes, financiaram a ampliação de um porto na Irlanda e fizeram uma série de outros investimentos especulativos, de longo prazo, cujo único traço comum era o financiamento de todos, como era o modelo das corretoras de títulos, por meio de depósitos dos bancos comerciais que podiam ser sacados a qualquer momento. A partir daí, se, por infelicidade, houvesse um pânico no mercado e os bancos tivessem que pedir de volta esses depósitos, a firma perderia sustentação e ficaria indubitavelmente exposta como insolvente.

Em abril de 1865, a situação estava se tornando desesperadora, e os sócios se encontraram para sopesar as opções. Estava claro que era necessário capital novo para compensar as perdas e suprir os meios de reerguer os destinos da firma. A questão era de onde ele viria. Podia-se aceitar o capital de novos sócios; os antigos poderiam fazer um novo aporte; até a fusão com uma corretora rival estava sendo cogitada. Mas, no fim, optou-se pelo truque mais antigo do manual da City: uma oferta pública inicial que transformaria a empresa de fechada em limitada, jogando o fardo nos ombros daquele eterno salvador dos *insiders* da City — o público em geral.[26] Os bem informados ficaram desconfiados. A revista *The Economist* foi até onde podia sem sujeitar-se a um processo quando saudou o fato de que uma oferta de ações obrigaria a Overend a "publicar uma descrição da natureza de seu negócio", que, "por muitos anos, numa questão de conhecimento público [...] [tem sido] de uma natureza diversa daquela levada a cabo pelas corretoras 'pura e simplesmente' de títulos".[27] Mas, como bem sabiam os sócios, reprimendas tão sutis passavam longe dos olhos da maioria dos possíveis investidores. "Desnecessário dizer", escreveu um eminente historiador do episódio, "que o público não leu a revista, e, por conseguinte, a questão foi resolvida com enorme êxito."[28]

Durante os primeiros meses de existência, as ações da nova companhia de responsabilidade limitada, a Overend, Gurney and Co. Ltd., foram negociadas por um valor alto. Mas, no final daquele ano, o Banco da Inglaterra sentiu necessidade de dar outro arrocho no mercado. A taxa de juros foi elevada para 8%, e no início de janeiro de 1866 os primeiros sinais de desgaste apareceram no pior lugar possível. Um pequeno intermediário de títulos ferroviários deu um calote em obrigações de 1,5 milhão de libras. Por uma incrível falta de sorte, o nome dessa empresa, que não tinha a menor relação com a Overend, era Watson, Overend and Co. Dessa vez, a ignorância do mercado agiu contra a Overend. Supôs-se que havia um elo, e — só por precaução — os saques começaram. Circulou a notícia de que os sócios mais antigos estavam sendo obrigados a vender ativos. Os saques se aceleraram. Em dois meses, um total de 2,5 milhões de libras em depósitos escoaram da Overend, ao mesmo tempo em que a deterioração dos empréstimos se agravava e o pânico se generalizava. Numa aposta final, em 9 de maio, a gerência fez um apelo urgente e humilhante ao Banco da Inglaterra por ajuda emergencial. Mas uma crise geral estava no horizonte, e socorrer uma firma isoladamente exporia o banco à acusação de incentivo ao risco moral. A reação do presidente do banco, por isso, foi imediata e inequívoca. Não haveria bote salva-vidas. Às três e meia da tarde da quinta-feira, 9 de maio de 1866, a Overend, Gurney e Co. Ltd. suspendeu os pagamentos.

O efeito da falência da Overend foi catastrófico. "É impossível descrever o terror e a ansiedade que se apoderaram da mente dos homens pelo restante daquele dia e por todo o dia seguinte", relatou a *Bankers' Magazine*. "Homem algum sentiu-se em segurança. Teve início uma corrida imediata a todos os bancos, cuja magnitude é difícil conceber."[29] O dia seguinte — o dia que ficou conhecido no folclore da City como a Sexta-Feira Negra, o ancestral de vários "dias negros" desde então — foi pior. "Por volta do meio-dia, o tumulto transformou-se em revolta", relatou o *The Times*. "As portas das mais respeitáveis casas bancárias foram sitiadas [...] e multidões se acotovelando pela Lombard Street tornaram aquela estreita via intransitável."[30] Tratava-se de uma crise financeira clássica: "Não muito tempo atrás, os homens confiavam em todos; agora, dir-se-ia que não confiarão em ninguém".[31] Evaporara-se toda liquidez. Corretor algum negociava. Apenas o Banco da Inglaterra continuava a resgatar títulos, à taxa de juros punitiva de 9%. Durante a semana anterior, suas reservas haviam caído pela metade. Agora, num único dia, emprestara 4 milhões de libras. Os diretores do banco ficaram estupefatos. Como diria depois o presidente, "não creio que ocorreria a qualquer pessoa prever, nem mesmo imediatamente antes de ocorrerem, a dimensão de tais adiantamentos".[32]

No sábado, a confusão era total. De manhã, o chanceler do Tesouro, William Ewart Gladstone, tranquilizou a Câmara dos Comuns, afirmando que, embora houvesse "pânico e desespero [...] sem paralelo nem mesmo na memória dos mais antigos homens de negócios da City de Londres", ele não tinha "a menor razão para supor" que o banco lhe pediria para suspender a lei estipulando um rigoroso teto para a emissão de notas.[33] Gladstone retornou, então, ao Tesouro, apenas para encontrar o presidente do Banco da Inglaterra lhe dizendo que restavam apenas 3 milhões de libras de reservas, que o banco não poderia suportar outro dia como a sexta-feira, e pedindo-lhe exatamente aquilo. Gladstone concordou e assinou uma carta suspensiva, como aquelas que haviam sido necessárias em 1847 e 1857, sob a condição de que os juros do banco fossem elevados uma vez mais, para 10%. Como em crises anteriores, a simples notícia de que o poder de fogo do banco já não tinha limites fora o bastante para acabar com o pânico. A fase aguda da crise começou a esfriar, e, embora a demanda por dinheiro soberano tenha permanecido anormalmente alta durante meses após a crise, o foco passou para o rescaldo das vítimas na era pós-Overend. Elas não eram poucas. Três bancos ingleses e um anglo-indiano foram forçados à liquidação — em uma época em que não havia seguro para os depósitos. Dúzias de corretoras de títulos e companhias financeiras quebraram.

Mas, como sempre, as verdadeiras ramificações da crise foram sentidas além dos limites medievais da City londrina, muito tempo depois do fim do pânico mais agudo. Por todo o país, o arrocho do crédito provocado pela quebra da confiança levou a uma forte contração dos negócios. Mais de 180 falências foram registradas nos três meses que se seguiram à Sexta-Feira Negra.[34] O desemprego passou de 2,6% em 1866 para 6,3% em 1867, e elevou-se de novo em 1868, antes que começasse uma recuperação adequada. Setores que dependiam mais fortemente do crédito, como a indústria global da navegação que funcionava a partir dos cais do East End londrino, foram particularmente prejudicados: o relatório anual do Poplar Hospital, instituição de caridade para os portuários, registrou que "nunca houve um ano tão prenhe de desastre, tanto público quanto particular".[35] Tudo somado, fora o maior *crash* financeiro desde 1825 — na verdade, o maior de todos, se considerarmos o grau de desenvolvimento muito mais avançado e a importância internacional da City em seu tempo. Não espanta, por isso, que o editor de uma revista da época, analisando o naufrágio sete anos mais tarde, tenha chamado o colapso da Overend, Gurney, que desencadeara a catástrofe, de "o caso exemplar de todo o mal em negócios".[36]

O que a economia esqueceu

Essa revista era *The Economist*, e seu editor era ninguém menos que Walter Bagehot — o primeiro dos pensadores que Larry Summers identificou como representantes de uma tradição inestimável, mas desprezada, do pensamento econômico. Bagehot ocupa um lugar único na história da economia. Nasceu em 1826, e por isso não tinha instrução formal em economia: ele costumava se referir a si mesmo como "o último homem da era ante-Milliana", aludindo aos *Princípios de economia política* publicado em 1848 por John Stuart Mill, o primeiro manual verdadeiro de economia, que organizava o assunto para que fosse ensinado em escolas e universidades.[37] Bagehot aprendeu na prática tudo o que sabia — primeiro como banqueiro, trabalhando para um tio que controlava o maior banco do oeste da Inglaterra, e depois como jornalista financeiro. Mas a influência profunda de seus escritos depois que se tornou editor da *Economist*, em 1860, tanto sobre o pensamento econômico quanto sobre as políticas econômicas, não tinha precedentes. "A posição de Bagehot, dentre os economistas ingleses, é única", escreveu Keynes em 1815, resumindo o *conundrum*. "Algumas de suas contribuições para o tema são, em geral, reconhecidas como sendo do mais alto grau de excelência. E mesmo assim, em alguns aspectos, seria correto dizer que ele não era sequer um economista."[38]

Conhecer de perto os acontecimentos reais dos mundos comercial e financeiro, porém, era muito mais valioso que qualquer teorização abstrata. Essa verdade nunca se aplicou tanto quanto no caso da crise de 1866. Quando a Overland, Gurney faliu, Bagehot já tinha vivenciado três crises financeiras e suas depressões econômicas concomitantes. Acabou se dando conta de que essas crises eram uma característica intrínseca do sistema monetário moderno, da forma como se desenvolvera no século anterior. A ideia econômica preconcebida em relação à forma de administrá-las e evitá-las, porém — a sabedoria de Adam Smith e John Stuart Mill — era desesperadoramente desconectada da realidade. Bagehot acreditava que as potenciais consequências dessa desconexão eram catastróficas — e na década anterior ele dedicou várias páginas de jornalismo à tentativa de corrigi-la. Depois da crise da Overland, Bagehot decidiu pôr no papel, de forma simples, seus argumentos — algo que pudesse ser compreendido pelos políticos que teriam que reformar o sistema. O resultado, publicado em 1873, foi sua obra-prima — *Lombard Street: A Description for the Money Market* [Lombard Street: Uma descrição do mercado monetário].

Walter Bagehot, o grande responsável pela explicação das "realidades concretas" do mercado monetário.

Lombard Street era propositalmente curto, polêmico e vívido — "uma peça panfletária, dirigida aos magnatas da City e criada para enfiar-lhes na cabeça, para orientação de futuras políticas, duas ou três verdades fundamentais", como chamou Keynes.[39] Mesmo assim, era uma brilhante obra de explicação e análise econômica. Duas características, em especial, o distinguiam dos trabalhos de Mill e da escola clássica. A primeira era que a teoria econômica de Bagehot começava, explicitamente, com o dinheiro, os bancos e as finanças — que Bagehot via como a tecnologia por trás do sistema econômico moderno. A segunda era que Bagehot insistia que a teoria tinha que ser construída para se encaixar na realidade da economia monetária, e não o contrário. O próprio título e as frases iniciais de *Lombard Street* alardeavam com orgulho esse afastamento em relação aos antecessores clássicos de Bagehot. "Eu ouso chamar esse ensaio 'Lombard Street', e não 'Mercado monetário' ou nenhuma frase do gênero", escreveu Bagehot, "porque eu desejo tratar, e mostrar que eu desejo tratar, de realidades concretas."[40]

E aquilo que Bagehot via como a realidade mais básica a ser compreendida sobre a economia monetária moderna era que a noção convencional do dinheiro como ouro e prata — o conceito habitualmente adotado pelo homem comum e aquele promovido pelos economistas acadêmicos da época — era confusa. Bastava conhecer um pouco Lombard Street para entender que o dinheiro usado na esmagadora maioria pelos homens de negócios era constituído de crédito particular transferível: acima de tudo, depósitos bancários e notas. "O comércio na Inglaterra", explicou ele, "é em grande parte realizado com dinheiro emprestado."[41] Este fato simples e aparentemente inocente, afirmou Bagehot, tinha ramificações profundas na compreensão dos ciclos de expansão e retração da economia moderna e em como moderá-los. Se o dinheiro é, essencialmente, crédito transferível — em vez de um meio de troca em forma de mercadoria, como insistiam os economistas acadêmicos —, então os fatores que explicavam a demanda da economia por ele eram fundamentalmente diferentes. Atender à demanda por mercadorias é uma questão simples de assegurar uma oferta suficiente no mercado. Quando se trata de crédito transferível, porém, o volume sozinho não basta: a credibilidade do emissor e a liquidez da dívida entram em jogo. E ambos os fatores são determinados não tecnológica ou fisicamente, mas pelos níveis gerais de fé e confiança. "A essência peculiar do nosso sistema bancário", escreveu Bagehot, "é uma confiança sem precedentes entre um homem e outro: e, quando essa confiança fica muito enfraquecida por causas ocultas, um pequeno acidente pode prejudicá-la enormemente, e um grande acidente pode, por um instante, destruí-la."[42]

Somente a partir desse ponto de partida se poderia construir uma compreensão adequada da economia moderna, argumentou Bagehot. A importância crucial da propriedade intrinsecamente social da fé e da confiança exigia, para a análise econômica, um foco bastante diferente dos de Mill e da escola clássica. "O ponto principal em que um sistema de crédito difere de outro é a 'solidez'", escreveu Bagehot. "O crédito significa que se concede certa confiança e se atribui certa credibilidade. Essa confiança se justifica? E essa credibilidade é justa? Trata-se de perguntas essenciais."[43] E as respostas a essas perguntas essenciais não eram, infelizmente para seus decanos acadêmicos, propícias à teorização mecânica. "O crédito é uma opinião gerada pelas circunstâncias e varia junto com essas circunstâncias", de modo que uma compreensão genuína do funcionamento da economia exige um conhecimento íntimo de sua história, de sua política e de sua psicologia — "nenhuma argumentação abstrata e nenhuma computação matemática podem nos ensiná-lo".[44]

Essa mudança simples de perspectiva em relação à natureza fundamental do dinheiro, segundo Bagehot, implicava não apenas uma compreensão diferente de como a economia funcionava, mas uma mudança nas políticas para evitar crises e recessões. O primeiro passo era compreender que, embora todo dinheiro seja crédito transferível, há um emissor de dinheiro cujas obrigações são, em circunstâncias normais, mais dignas de crédito e mais líquidas que todo o restante: o soberano, que no sistema financeiro moderno havia delegado sua autoridade monetária ao Banco da Inglaterra. Esse papel dominante da autoridade do soberano no sistema monetário não era ilusório, advertiu Bagehot. O dinheiro depende da confiança da sociedade, e "o crédito, nos negócios, é como a lealdade em um governo", escreveu Bagehot numa comparação famosa. "É um poder que pode crescer, mas não pode ser inventado."[45]

Essa visão clara de como o dinheiro soberano é, em circunstâncias normais, qualitativamente diferente do dinheiro privado, permitiu a Bagehot explicar a importância permanente do grande acordo monetário e suas implicações práticas na economia moderna. Embora o sistema monetário moderno tivesse crescido, segundo ele, e se tornado muito maior que nos tempos da criação do Banco da Inglaterra, continuava a trabalhar com base em um mesmo princípio. O banco tinha casado o tino comercial de um grupo privilegiado de banqueiros privados com a autoridade pública do soberano para tornar o dinheiro do banco, ao mesmo tempo, digno de crédito e universalmente transferível. No século e meio que se seguiu, o próprio Banco da Inglaterra realizou o mesmo casamento em diversas ocasiões, com um harém cada vez maior de banqueiros particulares. Da mesma forma que o soberano tinha emprestado ao banco sua autoridade única, o banco tinha, com o tempo, adquirido o hábito de emprestar sua autoridade aos demais bancos e, até a guinada política de 1858 que representou o começo do fim para a Overend, também para as corretoras de títulos. O resultado foi uma economia monetária moderna em que "da sabedoria dos diretores de uma empresa de capital aberto depende *a solvência ou insolvência da Inglaterra* [...], todos os bancos dependem do Banco da Inglaterra, e todos os comerciantes dependem de algum banqueiro".[46]

Eis aí a razão, explicou Bagehot, pela qual Lombard Street representava o mercado monetário da economia de todo o planeta: era o local onde mais bancos podiam emitir dinheiro do que em qualquer ocasião na história do mundo. Da mesma forma que o dinheiro do Banco da Inglaterra pudera circular graças ao acordo com o soberano, o dinheiro emitido pelos bancos e pelas corretoras de títulos de Lombard Street podia circular graças ao Banco da Inglaterra, e o dinheiro emitido pelos bancos do interior podia circular graças aos bancos e corretoras de Lombard Street. Os bancos de Londres e do interior atraíam depósitos das economias dos empresários e rentistas; os bancos comerciais e as corretoras de título avaliavam oportunidades de investimento oferecidas pelos promotores de empresas para decidir onde aplicar esses depósitos. No ápice da pirâmide, ajustando e assim viabilizando o constante fluxo e refluxo de pagamentos entre depositantes e empresários, estava o maior corretor de títulos de todos — o Banco da Inglaterra, o primeiro banco central moderno. Numa crise, seu papel fundamental estava à vista de todos. O banco tornou-se, de repente, o corretor de títulos e o banqueiro de última instância, porque apenas ele seria sempre capaz de resgatar títulos, mesmo quando ninguém mais pudesse.

Esta infraestrutura monetária notável era o sistema operacional da Revolução Industrial, explicou Bagehot, e aquilo que distinguia a Grã-Bretanha de todos os demais países do mundo. Isso era uma boa notícia. Mas, pelo mesmo raciocínio, se a deixassem funcionar mal, os efeitos seriam catastróficos. E a maior de todas as tentações — aquela pela qual a teoria abstrata da escola econômica clássica tinha uma fraqueza insuperável — era esquecer que o banco central, como representante do soberano, é o único capaz de sustentar a fé e a confiança de que depende o sistema monetário; é, portanto, singularmente responsável pela saúde não apenas do mercado, mas de toda a economia, tanto em períodos normais quanto nos de crise. Bagehot escreveu: "Não devemos achar que nossa tarefa é fácil quando ela é difícil, ou que vivemos uma situação natural quando na verdade vivemos uma artificial. O dinheiro não vai gerir a si mesmo, e Lombard Street tem uma quantidade enorme de dinheiro para gerir".[47] A crise de 1866 expusera de forma impiedosa a governança e a política do Banco da Inglaterra como relíquias anacrônicas no âmago daquilo que se tornara o maior centro financeiro do mundo. Era chegada a hora da reforma.

Bagehot tinha dois conjuntos de propostas. Ambos se encontram até hoje no centro das práticas modernas dos bancos centrais. A primeira dizia respeito à reforma do status do próprio banco e de sua governança. O Banco da Inglaterra ainda era uma companhia privada, e o acordo que o colocava no topo da pirâmide monetária era tácito, intermitente e inteiramente sujeito ao capricho de sua administração, de indicação privada. Apesar do fato de "os diretores do Banco serem [...] de fato, senão de direito, representantes do público [...], longe de haver de [sua] parte uma clara disposição [...] de cumprir esse dever, muitos deles mal o reconheceriam, e alguns o rejeitariam inteiramente".[48] Quanto à supervisão política superior, "nove décimos dos homens de Estado ingleses, se perguntados sobre a administração do Banco da Inglaterra, responderiam que ela não lhes dizia nenhum respeito, ou ao Parlamento".[49] Essa situação não era mais sustentável. O banco central era um elemento essencial — *o* elemento essencial — do sistema monetário moderno. Esse fato tinha que ser reconhecido abertamente, e não mais às escondidas.

Até mais importante que a questão do banco central era a questão da política a adotar. Nas crises de 1847 e 1857 e até mesmo depois da crise da Overend, o banco fez valer seus poderes singulares para salvar o sistema financeiro do desastre. Mas em cada uma dessas ocasiões o banco só agiu quando a catástrofe era iminente. Como disse certa vez Winston Churchill, referindo-se aos Estados Unidos, sempre se podia contar que eles fariam o certo — depois de esgotar todas as demais possibilidades. Com base no testemunho dos diretores do banco após a crise da Overend, Bagehot argumentou que, em grande parte, o problema era simplesmente que eles não haviam formulado de maneira adequada os princípios da política monetária. Então Bagehot os formulou — de maneira simples o bastante para que os legisladores compreendessem.

 A primeira e mais básica prescrição de Bagehot: a responsabilidade do banco central como emprestador ou corretor de última instância deveria constar dos estatutos, e não ser deixada ao arbítrio dos diretores. Quando faltasse fé na segurança ou na liquidez do dinheiro particular, o Banco da Inglaterra deveria estar disposto a emprestar dinheiro soberano sem nenhum limite específico. Ao oferecer a troca das obrigações de bancos e empresários sem crédito na praça pelas suas, o banco podia e devia acalmar um pânico antes que ele acabasse se tornando real por causa de sua expectativa. Portanto, Bagehot apresentou uma argumentação em favor de uma política monetária proativa, e a primeira regra explicava qual devia ser a essência dessa política: "Em tempos de pânico, [o banco] deve sair de sua reserva e dirigir-se livre e vigorosamente ao público".[50]

 Em seguida, a segunda e a terceira regras de Bagehot estabeleciam dois aspectos importantes da aplicação dessa política. A segunda era que, em seu papel como emprestador de última instância, o banco não devia tentar fazer distinções bem-intencionadas entre quem é insolvente e quem meramente ficou sem liquidez no auge de uma crise. O banco devia emprestar "contra qualquer boa garantia bancária, e na quantidade que o público solicitar"; considerando-se uma boa garantia bancária qualquer uma que "em tempos normais é reconhecida como boa garantia".[51] O objetivo da operação é "evitar alarme, e, portanto, nada deve ser feito para causar alarme. Mas o modo de causar alarme é rejeitar aquele que tem uma boa garantia para oferecer".[52] Sempre existe o risco, se um emprestador de última instância está na retaguarda para evitar pânico, de que os bancos privados e os comerciantes se tornem temerários em sua especulação — que aflore uma situação de "risco moral", como chamam os seguradores e economistas. Por isso, Bagehot propôs seu terceiro princípio, para manter esse risco afastado. Empréstimos de emergência "devem ser feitos apenas a uma taxa de juros muito alta [...] [para] atuar como uma multa pesada sobre a timidez não justificada e [...] prevenir um maior número de solicitações da parte de pessoas que não necessitem deles".[53]

Por que essas ideias de Bagehot causaram tanta controvérsia? Por que Bagehot sentiu a necessidade de se dedicar com tanto zelo a um texto tão polêmico? Se tudo isso era tão óbvio para os envolvidos, por que tanto barulho? O motivo é que uma visão bem diferente em relação à natureza do dinheiro e ao funcionamento da economia circulava amplamente. Era a visão da escola econômica clássica, dominante — a escola que fora inaugurada com *A riqueza das nações*, de Adam Smith, refinada por homens como David Ricardo e Jean-Baptiste Say e sistematizada por John Stuart Mill em seu grande manual de 1848, *Princípios de economia política*. Bagehot estava simplesmente trazendo rigor lógico à sabedoria popular do mercado monetário e às regras básicas do banco central. Como pano de fundo, porém, persistia uma escola ortodoxa da economia clássica, com doutrinas claras e um catecismo preciso em questões monetárias e econômicas. E a disparidade entre seus ensinamentos e os de Bagehot não poderia ser mais gritante, tanto na compreensão da economia quanto nas consequências para a política econômica.

CAPÍTULO 13

... e por que isso é um problema

O que desviou a atenção dos economistas

Na raiz dessas diferenças entre Bagehot e seus antecessores clássicos estavam suas concepções em relação ao dinheiro e às finanças. Um fantasma assombrava as páginas de Adam Smith e de seus seguidores clássicos: o fantasma de John Locke e seu naturalismo monetário. O dinheiro, sustentavam os economistas clássicos em sua inabalável devoção a Locke, não era nada senão ouro ou prata. Assim, era uma mercadoria sujeita às mesmas leis da oferta e da demanda, como qualquer outra mercadoria. "O dinheiro, ou a espécie, como o chamam algumas pessoas", escreveu o economista francês Jean-Baptiste Say em 1803, "é uma mercadoria, cujo valor é determinado pelas mesmas leis gerais que as demais mercadorias."[1] "O dinheiro", enunciou John Stuart Mill 45 anos depois, "é uma mercadoria, e seu valor é determinado como o das demais mercadorias."[2] Instrumentos de crédito privado, por outro lado, não seriam dinheiro — seriam apenas substitutos do dinheiro, e só tinham valor na medida em que houvesse ouro ou prata de verdade disponível para resgatá-los.

A compreensão convencional do dinheiro levou os economistas clássicos a divergir radicalmente da visão de Bagehot em três pontos. O primeiro eram os princípios corretos de política monetária em uma situação de crise. Se estivesse correta a concepção clássica do dinheiro — se o dinheiro fosse apenas ouro e prata —, então, embora todos o desejassem durante uma crise, não era possível dispor de mais. O Banco da Inglaterra precisaria, então, proteger seu tesouro negando acesso a ele ou elevando a taxa de juros pela qual o banco emprestaria seu ouro. Essa era a política recomendada pelos economistas clássicos — uma política que Bagehot declarou, sem vacilação, "uma completa fantasia", "uma ilusão" e "absurda demais para ser sustentada continuamente".[3] Na realidade, explicou ele, essa era exatamente a pior política a adotar, porque era a mais suscetível de exacerbar o pânico. Em uma crise, o que passa a faltar não é ouro, mas a fé e a confiança — que somente o Banco Central seria capaz de restaurar, prontificando-se a trocar os títulos desacreditados dos emissores privados pelo seu próprio dinheiro soberano. Essa era a solução que, no fim das contas, os diretores do Banco da Inglaterra sempre adotavam em casos assim, com relutância e de forma reativa. Basta compreender que o dinheiro não é uma mercadoria, e sim crédito, e a lógica para fazer disso uma política explícita ficava clara.

Essas visões divergentes em relação à política apropriada numa crise bancária ficaram em segundo plano, porém, diante de uma discordância mais ampla em relação à necessidade de uma política governamental, e em particular de uma política monetária, para gerir a macroeconomia de maneira mais geral. A visão convencional do dinheiro como um meio de troca em forma de mercadoria era um dos pressupostos básicos por trás daquela que é, talvez, a afirmação mais famosa associada à escola clássica — uma suposta lei natural econômica, tão importante na prática quanto era paradoxal, formulada por Jean-Baptiste Say no seu *Tratado de política econômica* de 1803. Sendo o dinheiro uma mercadoria, escreveu Say, então não havia distinção efetiva entre dinheiro soberano e dinheiro privado: ouro é ouro, em forma de moeda ou não. Mais do que isso, sendo um tanto arbitrária a escolha da mercadoria que servirá como meio de troca, não pode nunca haver risco de escassez de dinheiro, uma vez que a classe mercantil empreendedora sempre será capaz de improvisar uma alternativa.

Até aí, tudo bem. Mas junte a esses fatos reconhecidos a teoria do mercado de Adam Smith e tem-se uma chave que abria a questão canônica da macroeconomia: qual é a origem das depressões? Smith havia mostrado como a interação de oferta e demanda gera, caso não haja interferência, um preço que regulará o mercado. Sendo o dinheiro apenas uma mercadoria, sujeita às mesmas leis das demais mercadorias, explicou Say, a discussão quanto ao funcionamento de mercados individuais pode ser generalizada de uma vez só a todos os mercados — inclusive o do dinheiro. Em outras palavras, adote-se a visão convencional do dinheiro, e a teoria de Smith sugere que os mecanismos de mercado, livres de restrições, gerarão um conjunto de preços que regulará todos os mercados da economia de uma vez só, de maneira que tudo aquilo que for produzido será consumido. Isso, por sua vez, implica, nas palavras de Say, "uma conclusão que pode parecer paradoxal à primeira vista, qual seja, que é a produção que faz surgir uma demanda por um produto"; ou, na versão moderna mais conhecida, que a oferta cria sua própria demanda.[4]

Essa conclusão, conhecida como a Lei de Say, se tornou bastante influente como princípio organizador central da macroeconomia clássica. Se a Lei de Say estiver correta, então as recessões não podem ser provocadas por um déficit de demanda. Em vez disso, elas devem ser provocadas por problemas do lado da oferta: desastres naturais que arrasam colheitas, panes inesperadas nas fábricas, trabalhadores em greve, rupturas na produção provocadas pela descoberta de novas tecnologias etc. Seria uma ilusão, portanto, a explicação popular — na verdade, o que à primeira vista é evidente — de que a recessão é causada por uma escassez de dinheiro. O fato de os compradores não ter dinheiro suficiente para fazer compras só pode significar que não há produção suficiente para vender. A oferta cria sua própria demanda: logo, naturalmente, se há uma interrupção da oferta agregada, aí — e somente aí — a demanda agregada declinará na mesma proporção. O resultado será uma queda no valor geral da produção da economia; em outras palavras, uma depressão.

Portanto, a economia monetária proposta por Bagehot implicava uma divergência radical em relação aos preceitos da escola clássica não apenas em relação à política correta para combater crises financeiras, mas também em relação à política correta de prevenção de recessões. A implicação política básica da Lei de Say era que não adianta tentar estimular a demanda agregada *per se*. Já que a origem das recessões está necessariamente do lado da oferta, as políticas antirrecessionárias devem se concentrar na melhoria da oferta — se é que se deve fazer alguma coisa. Regulamentações que inibem contratações devem ser revogadas; impostos e tarifas, reduzidos; e assim por diante. Tentar estimular a produção nacional por meio da política monetária, porém, seria colocar o carro à frente dos bois. É o aumento da produção que faz aumentar a demanda por dinheiro e sua oferta — e não o contrário. E de fato, considerando que a maioria das recessões atinge de surpresa a economia e termina relativamente rápido, é ainda mais simples a política que a Lei de Say verdadeiramente recomenda para os governos confrontados a uma recessão. Já que as condições do lado da oferta não podem em geral ser muito alteradas a curto prazo, a melhor coisa a fazer é não fazer coisa nenhuma.

A economia de Bagehot, por outro lado, sugeria que a concepção comumente aceita de que as recessões são o resultado de as pessoas não terem dinheiro suficiente estava, com toda a franqueza, correta — e que a Lei de Say, portanto, era a economia dos sábios idiotas. Quando a economia mergulhava numa crise, a demanda por dinheiro soberano não obedecia às mesmas regras da demanda por mercadorias. Ela não entrava em colapso quando a produção declinava e a confiança vacilava. Ao contrário: o caráter singular do dinheiro soberano fazia com que a demanda por ele aumentasse. O paradoxo era conhecido dos profissionais do mercado desde, pelo menos, a crise de 1825, quando Thomas Joplin, próspero comerciante de madeira de Newcastle e panfletista econômico, o resumiu bem: "Uma demanda por dinheiro em tempos comuns e uma demanda por ele em tempos de pânico", escreveu ele, "são diametralmente opostas. Uma é a demanda para que o dinheiro seja *posto* em circulação; a outra é para que o dinheiro seja *tirado* dela".[5] A solução adequada para uma recessão incipiente, portanto, não é o fatalismo político sugerido pela Lei de Say. É uma oferta maior de dinheiro soberano, para atender ao excesso de demanda e restaurar a confiança. E felizmente, como apontou Bagehot, a oferta de dinheiro soberano é, no mundo real, uma questão de política do banco central.

A assombração da visão monetária lockiana sobre a economia clássica tinha uma última consequência, que a longo prazo se mostraria ainda mais influente que suas implicações, tanto para a política do banco central numa crise financeira quanto para a política macroeconômica correta de combate a uma recessão. Na verdade, foi essa consequência da visão convencional do dinheiro que acabaria levando à "grande distração" a que Lawrence Summers se referiu: a dívida intelectual dos economistas clássicos para com Locke era muito maior que a simples ideia de que o dinheiro é, na verdade, ouro e prata. Também incluía a característica mais fundamental da compreensão lockiana do dinheiro: a ideia de que o valor econômico é uma propriedade natural, e não uma ideia pontual na história.

Essa afirmação teve uma consequência profunda para a natureza da análise econômica clássica. Na essência, simplificou bastante a tarefa de compreender a economia, pois, se o conceito de valor econômico fosse aceito incondicionalmente, a análise econômica poderia — e até deveria — ir em frente sem quaisquer preocupações em relação ao dinheiro. Afinal de contas, o valor econômico existia em estado natural, muito antes da invenção do dinheiro, dos bancos ou de qualquer outra complicação das finanças modernas. O próprio dinheiro seria simplesmente uma mercadoria, dentre um universo de várias, escolhida para servir como meio de troca e minimizar as inconveniências do escambo. Assim sendo, ninguém quer dinheiro propriamente dito: o que se deseja são as mercadorias que podem ser compradas com dinheiro. Nesse caso, o melhor e mais simples método de análise é começar por ignorar o dinheiro. A análise econômica deve ser feita em termos "reais", na expressão adotada pelos economistas. O dinheiro pode ser adicionado depois, se for um objeto de interesse em si mesmo — ou não, se não for.

Esse foi o atraente convite feito generosamente pelo naturalismo monetário de Locke, e os economistas clássicos o aceitaram avidamente. As finanças modernas podem parecer de grande importância econômica, reconheceu Adam Smith. Mas, na verdade, "o que o tomador de empréstimo realmente quer, e o que o emprestador realmente lhe fornece, não é o dinheiro, mas o valor do dinheiro, ou os bens que ele pode comprar".[6] A economia da produção e da distribuição de renda pode, portanto, ser analisada com segurança apenas com base nesses bens. É claro que, numa economia moderna, toda compra e venda é acertada com dinheiro, admitiu Say. Mas, quando se reflete mais profundamente sobre isso, "o dinheiro realiza apenas uma função momentânea nessa dupla troca: e quando a transação finalmente é fechada, sempre se descobrirá que um tipo de mercadoria foi trocado por outro".[7] Mas, como sempre, foi o grande sistematizador John Stuart Mill que formulou com mais clareza as implicações. "Por maior que seja a diferença entre um país que tem dinheiro e um que não tem", escreveu ele, "seria apenas uma diferença de conveniência; uma economia de tempo e de trabalho, como seria a diferença entre moer com força hidráulica em vez de fazê-lo manualmente."[8] Como resultado, o dinheiro foi relegado ao miolo da terceira parte do livro canônico de Mill e banido para as franjas exóticas da disciplina. Uma vez que os tópicos econômicos quintessenciais da produção, da distribuição e do câmbio são, todos, regidos pelo conceito-chave de valor, que é logicamente anterior ao dinheiro, tudo que vale a pena saber a respeito deles pode ser descoberto por meio da análise da economia "real". "Em suma, não pode haver intrinsecamente coisa mais insignificante", concluiu Mill, "do que o dinheiro na economia da sociedade."[9]

Nada capta de maneira mais sucinta a diferença entre a economia que os economistas clássicos erigiram usando a compreensão convencional do dinheiro e a economia que Bagehot tentou popularizar com a publicação de *Lombard Street*. E nada, à luz das crises tanto de 1866 quanto de 2008-9, poderia ser mais patentemente absurdo.

Como isso tudo pôde acontecer

Um observador inocente da história subsequente da economia ortodoxa poderia supor que as consequências do devastador ataque de Bagehot ao aparato irrealista da escola clássica seriam rápidas e mortais. Não seria surpresa, pensaria esse observador, que Bagehot fosse o primeiro nome na lista de Lawrence Summers dos oráculos a quem os líderes da maior economia do planeta se voltariam em meio à maior crise financeira da história. Afinal de contas, Bagehot finalmente livrou-se dos grilhões intelectuais da escola clássica e trouxe rigor analítico à questão prática do funcionamento do dinheiro no mundo real. Ele explicou como os princípios da política do banco central poderiam ser inferidos a partir de uma compreensão correta de uma economia monetária. E mostrou por que estava errada a insistência dos clássicos em afirmar que uma recessão não pode ser provocada por uma escassez de dinheiro soberano — e de que forma ela deriva de uma visão errada do dinheiro como uma coisa. Certamente as doutrinas tortuosas e irrelevantes da escola clássica, com sua cegueira para o mundo do dinheiro e das finanças, desmoronaram como um castelo de cartas diante do terrível furacão de 1866. Era de presumir que a perspectiva alternativa de Bagehot se tornasse o fundamento de toda a macroeconomia posterior.

O observador inocente seria perdoado caso sua certeza aumentasse ainda mais, considerando o incrível esforço de outro membro do cânone alternativo de Summers: o pensador econômico dominante na primeira metade do século XX, John Maynard Keynes. Dinheiro e finanças eram centrais em tudo aquilo que Keynes escreveu. No início dos anos 1920, ele ficou "absorto até o limite da histeria" numa tentativa de descobrir a origem definitiva das finanças na antiga Mesopotâmia — um episódio que ele ironizaria tempos depois como sua "loucura babilônica", admitindo ter sido "puramente absurdo e um tanto inútil".[10] Em 1923, porém, ele publicou o *Tract on Monetary Reform*, em que afirmava que a turbulência monetária do período durante e imediatamente depois da Primeira Guerra Mundial demonstrava a importância da inflação e da deflação, tanto para o crescimento econômico quanto para a distribuição de riqueza e renda. A estabilidade gerada pelas ortodoxias novecentistas do padrão-ouro e do *laissez-faire*, que os economistas clássicos alegavam ser uma necessidade científica, havia sido exposta como uma situação especial, inteiramente específica do pacto social particular do mundo pré-guerra. A experiência pós-guerra revelara que, como regra geral, a gestão intencional do padrão monetário era necessária para fazer frente aos desafios do crescimento e da distribuição. Era um argumento em favor do dinheiro como centro da economia e da política econômica — um argumento que John Law seria o primeiro a aprovar calorosamente.

Essas ideias eram completamente inaceitáveis para os economistas clássicos; na verdade, elas mal eram compreensíveis nos termos de suas doutrinas sem dinheiro. De maneira característica, Keynes decidiu que se suas ideias não se encaixavam na teoria ortodoxa, então a teoria teria que se encaixar em suas ideias. Por isso, resolveu reescrever inteiramente a teoria clássica. O resultado, publicado em 1936, foi sua *Teoria geral do emprego, do juro e da moeda* — a obra que inspiraria a macroeconomia e a tomada de decisões macroeconômicas pelo restante do século.[11]

Na *Teoria geral*, Keynes levou um passo além a crítica de Bagehot aos economistas clássicos. Uma visão realista do dinheiro, argumentou ele, implicava a necessidade de gestão intencional não apenas da política monetária, mas também da fiscal. Da mesma forma que Bagehot, ele situou a raiz das falhas da escola clássica em seu fascínio equivocado com a Lei de Say. O cerne da questão, argumentou, era que a Lei de Say não se sustentava necessariamente numa economia monetária. Não há garantia de que a oferta agregada sempre será equivalente à demanda, pela simples razão de que, numa economia monetária, em vez de ter que adquirir bens e serviços com sua renda, as pessoas podem reter o dinheiro. Quando o futuro parece sombrio, é exatamente o que a grande maioria das pessoas decide fazer — e o único dinheiro que serve para isso é o mais seguro e o mais líquido de todos, o dinheiro do soberano.

A experiência da prolongada depressão internacional do período entreguerras ensinou a Keynes algo que estava fora do alcance até mesmo da vasta experiência de Bagehot. Políticas proativas para estimular indiretamente a demanda, garantindo que haja dinheiro soberano suficiente na praça para sufocar o pânico e atender a uma demanda mais elevada por segurança e liquidez, são, de fato, condição necessária para combater uma depressão. Mas quando a confiança do setor privado é constantemente solapada pelo peso do excesso de dívidas, elas podem não ser suficientes. Quando se atinge esse estágio, é hora de uma abordagem direta. Se o setor privado não gasta, o governo tem que gastar. Esse era o "quadro geral [...] básico keynesiano" que, Summers explicou, viera em socorro dos legisladores na esteira imediata do *crash* de 2008.[12] É a hora da política expansionista, tanto fiscal quanto monetária.[13]

Uma vez mais, os acontecimentos pareciam ter exposto como inadequadas a escola clássica e a teoria ortodoxa do dinheiro: assim como a crise de 1866 refutara a teoria clássica do gerenciamento de crises, a instabilidade monetária e o desemprego em massa dos anos 1930 provaram o quanto a política fiscal e monetária do *laissez--faire* era inadequada. E, uma vez mais, um pensador brilhante e comunicador irresistível estava à mão para explicar como um quadro geral alternativo, baseado numa compreensão realista do dinheiro e das finanças, permitiria uma tomada de decisões mais embasada. Mas a história é repleta de registros da extraordinária persistência das ortodoxias intelectuais — e a teoria ortodoxa do dinheiro e a economia clássica construídas com base nelas se revelaram exemplos particularmente robustos. Como muitas igrejas modernizadoras, a reação da escola clássica a esses perturbadores reveses práticos e a essas irritantes críticas teóricas não foi a capitulação, mas a adaptação e a abstração. O dinheiro deixou de ser considerado literalmente uma mercadoria — apenas era certo pensar nele como se fosse uma. O valor não era mais explicitamente definido como uma propriedade intrínseca das coisas — embora continuasse a ser tratado como um fato natural. Era preciso reconhecer que o dinheiro soberano e o privado, à luz da experiência, não se substituíam perfeitamente um ao outro — mas, para explicar isso, não havia necessidade de abandonar o credo estabelecido em favor de perigosas heresias monetárias, como as de Bagehot ou Keynes. A economia sem dinheiro da escola clássica emergiu da Segunda Guerra Mundial maltratada, desacreditada e aparentemente ofuscada por um novo conjunto de ideias convincente. Mas emergiu. E em apenas uma década, após o fim da guerra, recebeu um novo estimulante poderoso — um estimulante que não apenas a redespertou, mas lhe deu um novo fôlego.

A escola clássica não tivera, nem de longe, que resistir sem ser alimentada espiritualmente por si própria. Apenas um ano depois da publicação de *Lombard Street*, o economista francês Léon Walras já apresentara uma formulação matematicamente rigorosa da teoria clássica de formação de preços em seu *Compêndio de elementos de economia pura*.[14] Em 1937, John Hicks, economista britânico e futuro agraciado com o Nobel, argumentou que as ideias centrais da *Teoria geral* de Keynes podiam, na verdade, ser harmonizadas com a ortodoxia clássica.[15] Foi em 1954, porém, que surgiu um artigo que foi considerado, por aqueles que nele acreditaram, a descoberta do quinto evangelho. O economista norte-americano Kenneth Arrow e o matemático francês Gérard Debreu publicaram a prova formal de que, considerados certos pressupostos, uma economia de mercado tenderia na verdade a gravitar na direção de um "equilíbrio geral", em que determinado conjunto de preços garantiria que não houvesse excesso nem de demanda nem de oferta, considerando todos os mercados juntos.[16] Era, em outras palavras, um argumento matador em favor da doutrina canônica clássica — uma prova formal da Lei de Say. Tudo aquilo que se suspeitava e se discutia para lá e para cá em vagos tratados literários, agora estava provado com absoluta precisão matemática. Quase imediatamente, porém, levantou-se uma objeção: qual seja, que a prova só servia para uma economia sem dinheiro.[17] Os devotos da nova teoria do equilíbrio geral mal podiam conter o riso. Problema? Pois se essa era a questão! A célebre prova de Arrow e Debreu mostrou, de uma vez por todas, que o dinheiro era alheio à verdadeira análise econômica. Tudo que importava podia ser logicamente provado com um modelo sem a presença do dinheiro.

A prova de Arrow e Debreu da existência de um equilíbrio geral tornou-se rapidamente uma ferramenta fundamental para toda a pesquisa macroeconômica dominante nos sessenta anos seguintes. É bem verdade que a realidade continuava a se intrometer. A experiência cotidiana ainda indicava que o dinheiro e os bancos eram fatores econômicos independentes importantes, e não coisas que podiam ser solenemente ignoradas. Os hereges continuavam a aparecer, pregando a necessidade de voltar atrás e dar atenção a visões alternativas que levavam o dinheiro a sério. Mas a maioria eram figuras marginais — desprezados como excêntricos bitolados, como Hyman Minsky, ou tachados de inofensivos provedores de detalhamento histórico, como Charles Kindleberger. De vez em quando, um especulador astuto como Milton Friedman surgia e se dirigia diretamente aos legisladores ou até ao público, para defender a importância do dinheiro na análise econômica. Mas o estimulante de Arrow e Debreu mostrou-se potente: a forma como reposicionaram o quadro geral clássico se mostrou uma flexibilidade quase ilimitada. Criticava-se a teoria original dos dois por ela ignorar o fato de que a economia não é estática, mas evolui ao longo do tempo: criou-se uma versão dinâmica. Foi dito que ela era excessivamente determinista, ignorando que o mundo real é um lugar incerto: as ferramentas da teoria probabilística clássica foram adicionadas, para incorporar a possibilidade daquilo que os estatísticos chamam de desdobramentos "estocásticos" ou aleatórios. Foi observado que, mesmo assim, muitos dos pressupostos exigidos para chegar à prova necessitavam de pressupostos implausíveis em relação à racionalidade e à bondade das pessoas, bem como em relação à perfeição e à universalidade do funcionamento dos mercados. Gerações de pesquisadores passaram incontáveis horas flexibilizando cada um desses pressupostos com delicadeza, um por um — alguns dos mais temerários chegaram a flexibilizar vários de uma vez só —, e tirando partido das consequências. Não havia objeção, ao que tudo indicava, a que a nova ortodoxia dos chamados modelos de equilíbrio geral estocásticos e dinâmicos não pudesse responder.

Só havia um porém. A prática cotidiana dos bancos centrais permanecia incomodamente ambígua em relação à chamada teoria "neoclássica". O meio acadêmico podia passar seu tempo elucubrando meditações transcendentais a respeito das abstrações místicas de uma teoria do equilíbrio geral da economia, desprovida de dinheiro, bancos e finanças. Os legisladores, porém, tinham que lidar com o mundo real, no qual coisas continuavam a fazer tanta diferença quanto antes e a política de juros do banco central continuava a ser a mais importante ferramenta disponível para disciplinar e incentivar o setor privado. Como resultado, "não [houve] muita interação frutífera entre os economistas dos bancos centrais e os acadêmicos" durante várias décadas, na expressão deliciosamente comedida de um importante economista monetário.[18] Era claramente uma situação desconfortável e até potencialmente constrangedora. Como era possível que a macroeconomia ortodoxa moderna se apresentasse como a rainha das ciências sociais, se ela não chegava sequer a convencer seus próprios executores? Fazia-se necessária uma doutrina ainda mais flexível. No final dos anos 1990, uma maneira aceitável de justificar um papel limitado para a política monetária foi, enfim, identificada — sem, é claro, recorrer a conceitos tão heréticos quanto "crédito" ou "risco de liquidez".[19] O golpe de misericórdia foi batizar essa versão atualizada da teoria clássica de "neokeynesiasmo" — para sugerir que, depois dos últimos retoques, ela representava uma formalização adequada de toda a sabedoria contida na *Teoria geral*. Essa mistura inebriante mostrou-se irresistível até para os banqueiros centrais. Sua resistência fora finalmente vencida, e modelos de equilíbrio geral neokeynesianos, dinâmicos e estocásticos rapidamente dominaram o planejamento das políticas dos maiores bancos centrais do mundo. Mas, no nível fundamental, todas essas modificações eram apenas operações de reparo. A verdadeira batalha de Bagehot e Keynes havia sido perdida muito antes. O bode na sala — o fato de que o principal burro de carga analítico da academia e dos legisladores não era uma teoria de uma economia monetária e "carece de uma descrição da intermediação financeira, de modo que o dinheiro, o crédito e os bancos não desempenham nenhum papel significativo", como colocou o presidente do Banco da Inglaterra em 2012 — tinha sido esquecido havia muito tempo, como lamentou Lawrence Summers.[20]

Esse era o destino de Lázaro da economia sem dinheiro da escola clássica. O destino da preocupação original de Bagehot com a importância central do dinheiro, dos bancos e das finanças foi, de início, menos feliz. Depois que sua ressurreição, nas mãos de Keynes, fora rebatida pela corrente dominante, essa preocupação definhava nas profundezas do pensamento econômico. Até que ela foi reanimada por um elixir mágico — que também mostrou possuir incríveis poderes transformadores —, quando os mundos do setor bancário e das finanças embarcaram numa era de desregulamentação depois da Segunda Guerra Mundial. A importância crescente dos mercados de títulos e participações gerou uma demanda, da parte dos envolvidos, por uma organização convincente que permitisse refletir sobre as atividades de investimento e negociação. Teóricos com interesse genuíno em dinheiro e finanças descobriram, assim, uma reserva intelectual particular onde poderiam trabalhar a salvo da inquisição da Igreja ortodoxa da macroeconomia. Infelizmente, o isolamento forçado costuma criar sua própria espécie de dogmatismo. Em pouco tempo, essa nova disciplina da ciência financeira se tornou tão desconectada da realidade econômica, aquela que obcecara Bagehot, Keynes, Minsky e Kindleberger, quanto a macroeconomia do pós-guerra. No caso dela, o problema não era falta de atenção à economia dos créditos financeiros. Pelo contrário: a ciência financeira decidiu não se preocupar com nada mais além delas. Escolheu, como foco exclusivo de investigação, a precificação das garantias financeiras nos mercados de capital privados — prosperavam as participações e os títulos que se tornavam cada vez mais importantes como políticas liberalizantes do período pós-guerra. Suas maiores inovações — a teoria do equilíbrio do portfólio, o Modelo de Precificação de Ativos Financeiros, a teoria da precificação de opções — foram adotadas com gosto pelos profissionais das finanças, uma vez que os investidores e seus agentes tinham um interesse natural em compreender o sentido daquilo que estavam fazendo.[21] No entanto, ao se concentrar exclusivamente na precificação de títulos nos mercados privados, a ciência financeira criou um espelho exato do defeito da macroeconomia neoclássica. Por ignorar o elo essencial entre os títulos financeiros negociados nos mercados de capitais e o sistema monetário operado pelo soberano e pelos bancos, a ciência financeira criou uma teoria das finanças sem a macroeconomia, da mesma forma que a macroeconomia neoclássica havia criado uma teoria da macroeconomia sem as finanças.

O ponto crítico que faltava era a visão de Bagehot, e de Joplin e Thornton antes dele, em relação à importância da liquidez como uma propriedade que distingue o crédito — a propriedade que, quando está presente, faz dele dinheiro, e, quando não está, faz dele apenas crédito bilateral inerte. Esse era o elo crucial entre as finanças e a economia real que Bagehot e Keynes lutaram tanto para enfatizar, e a lógica para as políticas macroeconômicas — uma vez que as obrigações do soberano gozam de um grau de liquidez ao qual nenhum emissor particular pode aspirar. A ciência financeira do pós-guerra, porém, abandonou sem pudor à macroeconomia a questão ideologicamente carregada de como e se o soberano deveria dar garantia à liquidez, e se preocupou apenas em revelar os segredos de como a confiança nos créditos financeiros negociados nos mercados particulares afetava seu preço. Assim sendo, não sentiu necessidade de complicar as coisas acrescentando a dimensão da liquidez. Em pouco tempo, como resumiu um importante intelectual, "na nova formulação, tornou-se impossível conceituar o risco de liquidez como uma categoria de risco à parte".[22] Da mesma forma que a macroeconomia ortodoxa moderna terminara como uma formalização matemática teórica das doutrinas sem dinheiro de Say, Ricardo e seus seguidores clássicos, a ciência financeira moderna terminara como uma formalização matemática teórica do dinheiro na utopia: um mundo com uma variedade infinita de créditos intercambiáveis, sem nenhuma menção ao dinheiro soberano.

Por que isso é um problema: a resposta à pergunta da rainha

A maioria das pessoas não se interessa pelos detalhes daquilo que os economistas fazem. Se esses desdobramentos teóricos tortuosos nas finanças e na macroeconomia ficassem encerrados em suas torres de marfim, as pessoas teriam razão para permanecer indiferentes. Mas não é, nem de longe, o que acontece. Raras são as crenças que, em algum momento, não se convencem do próprio acerto e saem pelo mundo tentando convertê-lo. No final da década de 1990, os discípulos tanto da macroeconomia ortodoxa moderna quanto da ciência financeira saíram às ruas carregando orgulhosamente suas respectivas bandeiras para lutar o bom combate e pregar seus evangelhos.

O caso da ciência financeira tornou-se mais notório. No início, seus proponentes mais velhos e mundanos ainda se indagavam a respeito da relevância de suas ideias. Em 1969, por exemplo, James Tobin, ganhador do Nobel, considerou evidência de uma preocupante falta de realismo que no mundo descrito pela ciência financeira "não houvesse espaço para a política monetária afetar a demanda agregada" e que "a economia real desse o tom para o setor financeiro sem que houvesse retorno no sentido contrário".[23] Essas características, ele ousou sugerir, mostravam a necessidade de um manuseio cuidadoso dessa teoria antes que ela fosse usada para orientar políticas no mundo real. À medida que o mercado de capitais crescia em tamanho e abrangência, à medida que a inovação se acelerava e à medida que a teoria se desenvolvia, porém, seus proponentes mais jovens argumentaram que os escrúpulos de Tobin eram irrelevantes, já que aquilo que estavam fazendo mostrava a forma maravilhosa como o mundo deveria ser, mesmo que ainda não fosse daquele jeito. O nível de fanatismo que se atingiu foi demonstrado pelo veredicto anunciado em 1995 por Fischer Black, um dos fundadores da teoria das opções, a respeito da cornucópia de novos instrumentos financeiros que seus modelos ajudaram a criar. "Não acredito que o mercado privado, ao criar essa maravilhosa variedade de derivativos, esteja criando algum risco sistêmico", argumentou Black; "no entanto, existe alguém na praça criando esse risco sistêmico: o governo."[24]

Não é preciso relembrar a maneira pela qual fantasias antigoverno desse tipo e a premissa automática em favor da desregulamentação financeira virtual que elas apoiavam foram subitamente interrompidas pela realidade no *crash* de 2008. Talvez menos conhecidas sejam as consequências práticas da conversão do mundo político às doutrinas da macroeconomia neokeynesiana ortodoxa, do outro lado do cisma. A mais importante delas dizia respeito aos objetivos corretos da política monetária. O único mal monetário permitido na teoria neokeynesiana era a inflação alta ou volátil, que era considerada um fator de redução do crescimento do PIB.[25] O objetivo apropriado, portanto, seria a inflação baixa ou estável, ou a "estabilidade monetária". Doravante, portanto, os governos deveriam se restringir a estabelecer uma meta razoável de inflação, e em seguida delegar o papel de definição das taxas de juros a um banco central independente, composto de técnicos competentes.[26] Com base nisso, em 1997 foi concedida independência ao Banco da Inglaterra e ele ganhou poderes para estabelecer metas de inflação, e em 1998 o Banco Central Europeu foi fundado como um banco central independente, de estabelecimento de metas de inflação.

Resta pouca dúvida de que, na maioria das situações, uma inflação reduzida e estável é algo bom, tanto para a distribuição de riqueza e renda quanto para o estímulo à prosperidade econômica. Mas, olhando para trás, fica claro que a "estabilidade monetária" por si só, perseguida da metade da década de 1990 até a metade da década de 2000, era um objetivo excessivamente limitado. Sinais perturbadores do desastre que estava por vir, na economia pré-crise — a bolha dos preços dos imóveis, uma forte subvalorização da liquidez no mercado de ativos, o surgimento de um sistema bancário "fantasma", a queda do nível de exigência para empréstimos, do capital dos bancos e das taxas de liquidez —, não foram tratados com a prioridade que deveriam, porque, ao contrário da inflação baixa e estável, simplesmente não foram identificados como relevantes. Como admitiu sem meias palavras a autoridade de serviços financeiros do Reino Unido em 2012, os bancos centrais tinham

> uma teoria defeituosa da estabilidade monetária [...] que acreditava ser suficiente atingir uma inflação corrente baixa e estável para assegurar a

estabilidade econômica e financeira, e que não percebeu que os ciclos de crédito e de preço dos ativos são fatores-chave de instabilidade.[27]

Na verdade, os frutos de uma década de culto fervoroso no altar da estabilidade monetária foram ainda mais ruinosos. A busca bitolada pela inflação baixa e estável não apenas desviou a atenção dos demais fatores monetários e financeiros que acabariam pondo a economia global de joelhos, em 2008: ela os exacerbou. Hyman Minsky, Cassandra herege, advertira a respeito dessa possibilidade malévola muitos anos antes.[28] Quanto mais bem-sucedido é um banco central em mitigar um tipo de risco por meio da inflação baixa e estável, mais confiantes se tornam os investidores e mais dispostos estarão a correr outros tipos de risco, investindo em títulos inseguros e sem liquidez. Apertar o balão em um ponto — eliminando a inflação alta e volátil — vai simplesmente enchê-lo em outro ponto — causando uma instabilidade catastrófica no mercado de ativos. A estabilidade monetária, no fim, acaba gerando instabilidade financeira.

Nem todos os legisladores ignoravam que a teoria ortodoxa poderia estar levando a um erro — e por que isso estaria ocorrendo. Em 2001, Mervyn King — macroeconomista de renome internacional e mais tarde presidente do Banco da Inglaterra — lamentava abertamente o fato de que, enquanto "a maioria das pessoas pensa que a economia é o estudo do dinheiro", ela na verdade não era nada disso. "A maioria dos economistas", explicou ele, "mantém conversas em que a palavra 'dinheiro' mal chega a ser empregada."[29] "Minha própria opinião", advertiu, "é que a ausência de dinheiro nos modelos-padrão usados pelos economistas causará problemas no futuro [...]. O dinheiro, tenho a impressão, vai recuperar um lugar importante na conversa dos economistas."[30] A crise financeira global mostrou que sua opinião era profética, mas justamente porque sua impressão não o era.

No fim das contas, o que frustrou a esperança de Bagehot e de Keynes em uma economia que levasse o dinheiro a sério? A resposta definitiva reside na poderosa influência das doutrinas monetárias de Locke. Quando Bagehot iniciou seu ataque, já era tarde demais. O dinheiro já tinha passado para o outro lado do espelho. A compreensão convencional do dinheiro como um meio de troca em forma de mercadoria já estava estabelecida — e não haveria evidência ou argumento em contrário que pudesse ser compreendido pelos que já estavam enfeitiçados por ela. Por isso, a crise de 1866 ou a famosa reação de Bagehot a ela não foi, como se viu, o ponto de convergência entre duas formas de pensar o dinheiro e a economia — mas o ponto em que elas se afastaram.

A partir da economia sem dinheiro da escola clássica, desenvolveu-se a macroeconomia ortodoxa moderna: a ciência da sociedade monetária ensinada nas universidades e executada pelos bancos centrais. A partir da economia do mundo real de Bagehot, enquanto isso, desenvolveu-se a disciplina acadêmica das finanças — as ferramentas ensinadas nas escolas de negócios e utilizadas por banqueiros e negociantes de títulos. Uma foi a base intelectual para a compreensão da economia sem dinheiro, sem bancos e sem finanças. A outra foi a base para a compreensão do dinheiro, dos bancos e das finanças, sem o restante da economia. O resultado desse apartheid intelectual foi que, em 2008, quando uma crise no setor financeiro causou o maior *crash* macroeconômico da história, e quando a economia não conseguiu se recuperar na sequência, devido à quebra do setor bancário, nem a macroeconomia moderna nem as finanças modernas conseguiram ligar os pontos. Felizmente, como apontou Lawrence Summers, havia alternativas em que se apoiar. Mas a resposta à pergunta da rainha — por que nenhum dos economistas viu que isso ia acontecer? — é simples. A base principal de sua compreensão da macroeconomia não incluía o dinheiro. E, pela mesma lógica, a pergunta que muitos gostariam de fazer aos banqueiros e seus reguladores — por que eles não perceberam que o que estavam fazendo era tão arriscado? — também se mostrou de resposta simples. A base de sua compreensão das finanças não incluía a macroeconomia.

Tudo isso teria sido cômico — ou simplesmente irrelevante — se não tivesse terminado num desastre econômico tão cataclísmico.

No fim de seu discurso em Bretton Woods, Lawrence Summers observou o quanto a economia tinha se afastado das finanças nas duas décadas anteriores — e reconheceu que o *crash* mostrou o quanto a própria economia, e por conseguinte o mundo, sofreu como resultado. Mas, como Keynes, Bagehot, e antes deles até William Lowndes, se apressariam a explicar, a divergência era muito mais antiga. E na raiz dela estava uma mudança de perspectiva enganosamente simples: a diferença entre duas concepções do dinheiro.

CAPÍTULO 14

Como transformar gafanhotos em abelhas

Podemos evitar a ilha do dr. Moreau?

Em novembro de 2004, Franz Müntefering, secretário-geral do Partido Social-Democrata da Alemanha, então no governo, pronunciou um famoso discurso atacando a cultura do capitalismo financeiro moderno. Ele lançou uma violenta diatribe contra os financistas contemporâneos, descrevendo-os como "pragas de gafanhotos irresponsáveis, que medem o sucesso em intervalos trimestrais, sugam a essência das empresas e as deixam morrer depois de carcomê-las".[1] Essa metáfora mexeu com o público em toda a Europa — e representou um contraste irônico com a analogia da colmeia empreendedora e cooperativa empregada no século XVIII pelo holandês Bernard Mandeville para convencer os céticos a respeito dos benefícios da sociedade monetária.[2]

Naquele momento, a invectiva de Müntefering parecia o ponto mais baixo da reputação pública da ciência financeira na Europa. Nove anos depois, o prestígio dos bancos e dos banqueiros em todo o planeta tinha afundado infinitamente mais. O catalisador imediato foi a crise financeira global de 2007-8. Foi no setor bancário, afinal de contas, que teve início o desastre macroeconômico que deixou milhões de pessoas sem emprego e as sociedades profundamente fraturadas; e para piorar as coisas o público em geral foi forçado a socorrer justamente as instituições que provocaram a crise. No sul da Europa, o ressentimento popular encontrou um alvo na "ditadura dos banqueiros".[3] Até nos centros do capitalismo global, a reputação do setor bancário apanhou tanto que, em meados de 2012, a revista porta-voz da elite financeira global, *The Economist*, precisou de apenas uma palavra para resumir sua impressão a respeito dos profissionais das finanças contemporâneas: *"banksters"*.[4]

A crise e suas consequências reviveram a antiga suspeita — captada com perfeição na retórica de Müntefering — de que os bancos são uma atividade parasita, mais que produtiva. Para quem é de fora, sempre foi difícil entender os bancos, mas os últimos quinze anos assistiram a um crescimento exponencial na taxa de inovação e sofisticação das finanças. Quando muitas dessas mesmas inovações foram parte integrante do *crash* e a conta sobrou para os contribuintes, e não para os banqueiros, antigas dúvidas ressurgiram. Para que serviam os CDO (*collaterized debt obligations*, ou obrigações colaterais de dívida) e os CDS (*credit default swap*, ou derivativos de crédito), o ABCP (*asset-backed commercial paper*, ou nota promissória e instrumento de confissão de dívida) e os SPV (*special purpose vehicle*, ou veículo de propósito específico) que nos presentearam as décadas de 1990 e 2000? Não eram apenas correntistas insatisfeitos e contribuintes exasperados que estavam expressando suas dúvidas, mas alguns dos luminares da própria indústria financeira. Em agosto de 2009, Adair Turner, presidente da Autoridade de Serviços Financeiros do Reino Unido, usou termos diplomáticos ao afirmar que pelo menos parte da década anterior de inovações financeiras fora "socialmente inútil".[5] Paul Volcker, o decano da regulamentação financeira global, foi mais direto. A única inovação financeira das duas décadas anteriores que adicionara algum valor genuíno à economia geral, disse ele com desprezo cortante, foi o caixa eletrônico.[6]

O resultado dessa reação poderosa e disseminada à crise é que hoje, pela primeira vez em décadas, há campanhas sérias em andamento em quase todas as economias mais desenvolvidas do mundo a fim de reformar o setor bancário, as finanças e toda a base das políticas monetárias e da regulamentação financeira. Houve uma série de investigações, relatórios, painéis e leis — que foram somados a outros esforços internacionais em andamento.[7] Os políticos e reguladores, aparentemente, têm se mostrado prontos a atender ao conhecido lema de Rahm Emanuel, ex-chefe de gabinete da Casa Branca: "Nunca deixe uma crise séria ser desperdiçada".[8]

Mas será mesmo? Se a biografia não autorizada do dinheiro — que aqui tratamos de vasculhar — revela alguma coisa sobre o que deu errado com as teorias e políticas econômicas antes e depois da crise, ela também teria alguma contribuição a dar ao atualíssimo debate sobre a questão mais estrutural da necessidade de reforma do sistema monetário e financeiro, de modo a evitar uma repetição da atual catástrofe econômica e social? Existe alguma coisa a aprender da tradição negligenciada do ceticismo monetário, que possa ajudar a resolver esse problema urgente de política econômica? E essa solução seria mais radical que as reformas atualmente em tramitação nos parlamentos e órgãos reguladores das capitais financeiras do mundo? O objetivo declarado de todos esses processos é colocar de novo os bancos e as finanças a serviço da economia real e da sociedade mais uma vez — transformar os gafanhotos de Franz Müntefering nas abelhas de Sir Bernard Mandeville. Mas, como bem sabem os conhecedores de filmes de terror, do romance *A ilha do dr. Moreau*, escrita em 1896 por H. G. Wells, ao filme *A mosca*, dirigido em 1986 por David Cronenberg, a engenharia genética é uma atividade perigosa. Se você errar, pode acabar virando um monstro.

Do "quiproquó" ao "alguma coisa por coisa alguma"

Em 14 de setembro de 2007, o chanceler do Tesouro do Reino Unido anunciou ter autorizado o Banco da Inglaterra a fornecer uma "estrutura de socorro à liquidez" — na prática, um saque a descoberto maior que o normal — ao Northern Rock, um banco britânico de médio porte especializado em hipotecas residenciais.[9] O Northern Rock entrara em dificuldades por ter financiado boa parte de seus empréstimos hipotecários — por natureza, um conjunto de promessas de pagamento a muito longo prazo — vendendo títulos e papéis de vencimento próximo aos investidores; isto é, promessas de pagamento de curto prazo. Quando surgiram os problemas no mercado financeiro internacional, durante o ano de 2007, esse financiamento de curto prazo desapareceu. E, quando os depositantes do Northern Rock viram para onde o vento estava soprando, também começaram a tirar o dinheiro. Uma corrida ao banco no mercado de financiamento conhecido como "atacadista" — mercado para seus títulos e papéis — se tornou uma corrida ao banco no mercado de financiamento "varejista" — os depósitos de indivíduos e empresas. Repentinamente, o Northern Rock estava às voltas com uma crise de liquidez clássica. A "corrida do Rock", como logo se tornou conhecida, havia começado.[10]

Não era nem de longe um problema novo no mundo dos bancos. Como vimos, a mais pura essência do setor bancário é a manutenção da sincronicidade dos pagamentos nas duas direções do balanço.[11] O desafio, em termos gerais, é que os ativos que os bancos detêm — os empréstimos concedidos por eles — serão reembolsados, em geral, num futuro distante, enquanto os passivos vencem potencialmente muito mais cedo — na verdade, à vista, no caso de muitos tipos de depósitos. Em outras palavras, há um descompasso intrínseco — uma "diferença de maturidade", como foi chamado — que não pode ser eliminado de um sistema bancário como o que existe atualmente. Na maior parte do tempo, a diferença de maturidade não é um problema. Na verdade, sua própria existência é, em certo sentido, a razão de ser do sistema bancário. Os depositantes do banco têm a liberdade de fazer saques ou pagamentos com seus depósitos a qualquer instante, ao mesmo tempo que recebem juros que só podem ser gerados por empréstimos arriscados e ilíquidos. Mas isso torna a sincronização de pagamentos uma arte particularmente delicada. Se, por algum motivo, depositantes e detentores de títulos deixam de confiar em massa na capacidade de um banco de honrar seus compromissos para com eles na data de vencimento, e por isso sacam seus depósitos e se recusam a rolar seus empréstimos, a diferença de maturidade representa um problema insuperável para o banco se ele depende apenas dos próprios recursos.

Felizmente, porém, os bancos modernos têm amigos nas altas esferas. Pelos termos do grande acordo monetário, o passivo de um banco, diferentemente do passivo de uma empresa normal, é um componente oficialmente endossado da oferta nacional de dinheiro. E, uma vez que o dinheiro é a instituição central de coordenação da economia, qualquer limitação de sua transferibilidade imporia um custo pesado ao conjunto da sociedade — não apenas ao banco específico que o emitiu. O dinheiro precisa, portanto, ser protegido das suspeitas que possam recair sobre qualquer um dos bancos que operam com ele. Da mesma forma que a eletricidade é fornecida por meio de uma rede em que a queda de uma única estação de energia pode ser desastrosa, a maioria esmagadora do dinheiro moderno é fornecida e operada por uma rede de bancos em que a queda de um pode derrubar o sistema como um todo. Na verdade, no caso do sistema bancário exige-se uma vigilância ainda maior. Para que ocorra uma interrupção na rede elétrica é preciso, no mínimo, que ocorra uma falha na infraestrutura física. No sistema bancário, uma simples perda de confiança em uma das partes pode ser fatal para o todo.

Há muito tempo, portanto, reconheceu-se que prevenir crises de liquidez nos bancos é uma importante responsabilidade do soberano: como vimos, foi Walter Bagehot quem formalizou as regras de como resolver uma crise quando ela ocorre. Se o pânico se instala e os depositantes e portadores de títulos de um banco sacam seus fundos, imaginou ele, a solução correta é o soberano assumir o lugar deles. Já que os detentores de títulos e os depositantes exigem pagamento, deve-se permitir ao banco que pegue um empréstimo no Banco da Inglaterra, para pagar a eles com dinheiro soberano. Cada vez mais seu balanço será custeado, na prática, pelo banco central, e cada vez menos pelos investidores privados. Pela mesma lógica, os investidores privados deterão cada vez menos créditos do banco privado e cada vez mais créditos do Banco da Inglaterra; ou, como esses créditos são mais comumente chamados, dinheiro. A solução de Bagehot se tornou uma prática-padrão no mundo inteiro. Até os Estados Unidos, país retardatário na adesão às maravilhas dos bancos centrais modernos, adotou o sistema em 1913. Foi o paliativo de longo prazo implementado em setembro de 2007 pelo Banco da Inglaterra — pela primeira vez, como foi dito, desde o colapso da Overend, Gurney 130 anos antes.[12]

Com o passar dos meses, porém, ficou claro que o problema do Northern Rock não era apenas de liquidez. Muitos dos empréstimos que o banco concedera eram ruins. Não era mais um problema de sincronização de pagamentos, que seriam feitos conforme combinado. Isso significava que, não importa quão boa fosse essa sincronização, a conta não ia fechar. O valor total do passivo do Northern Rock, aparentemente, era maior que o valor de seus ativos — independentemente do vencimento de um ou de outro. Sob circunstâncias normais — quando se trabalha corretamente —, o valor dos ativos de um banco é maior que o de seu passivo. A diferença entre os dois é o capital próprio do banco. Quando ele é positivo, diz-se que o banco é solvente, e, quanto mais positivo, maior o declínio no valor dos ativos que o banco pode suportar sem se tornar insolvente. Aparentemente, o Northern Rock estava voando perto demais do Sol. Operava com uma quantidade pequena de capital próprio. Quando o mercado imobiliário se deteriorou e a economia entrou em recessão, o valor das hipotecas que compunham boa parte de seus ativos começou a cair. O valor do passivo do banco, em compensação, permaneceu igual — como ocorre estranhamente com passivos. O capital próprio do banco reduziu-se rapidamente. Como reação, o preço de mercado da ação desse capital desmoronou. De um ápice acima de doze libras nos dias de auge de fevereiro de 2007, já caíra para cerca de sete libras no final de agosto, e então para três libras, dois dias depois do anúncio da operação do Banco da Inglaterra de socorro à liquidez. Agora, já caíra para menos de uma libra por ação. Na falta de assistência externa, estava claro que o mercado via o Northern Rock não apenas como ilíquido, mas insolvente.

Para a sorte do Northern Rock — ou pelo menos de seus depositantes, detentores de títulos e outros clientes —, a assistência externa estava disponível, pela segunda vez. Novamente, o soberano se apresentou, mas dessa vez não no lugar dos que emprestavam ao banco, mas de seus acionistas. Era necessário obter novo capital próprio para cobrir a diferença entre o valor do ativo e do passivo do banco — e fornecer um anteparo adequado contra possíveis novos declínios. A operação de socorro à liquidez consistira meramente na concordância do soberano em dar uma promessa de pagamento fixa — um crédito junto ao Banco da Inglaterra — em troca de outra promessa de pagamento fixa do mesmo valor — um crédito junto ao Northern Rock. O que se exigia agora, porém, era algo bem diferente. O soberano daria suas promessas de pagamento fixas em troca de capital: um crédito residual junto à diferença desconhecida entre o valor dos ativos do Northern Rock e seu passivo. O socorro à liquidez, pelo menos em princípio, não envolvia risco de lucro ou perda — apenas uma transferência de risco de liquidez dos investidores privados ao soberano. Aquela operação nova, em compensação, envolvia uma transferência de risco de crédito. Se as perdas com as hipotecas do Northern Rock parassem de aumentar, o soberano poderia não perder dinheiro. Mas, se não parassem, o soberano, como detentor de capital, ficaria pendurado. Aquela não era uma missão para o Banco da Inglaterra — a autoridade monetária. Se o soberano vai, deliberadamente, pôr em risco o dinheiro dos contribuintes, é melhor garantir que isso seja feito por seu governo democraticamente eleito. Portanto, a aquisição do capital do Northern Rock foi feita pelo Tesouro britânico — a autoridade fiscal. Em 17 de fevereiro de 2008, o banco foi estatizado.[13]

Entre o público em geral, a reação inicial foi de confusão, até de indiferença. O banco havia falido e fora socorrido — por qual instituição do Estado e como, francamente, pouco importava. Os legisladores e os profissionais das finanças, porém, reconheceram a atitude decidida do Tesouro britânico como uma política nova e radical — que deixava clara a escala potencial da crise pela frente e que estabeleceu um precedente radical para a resposta política a ela. Ao estatizar o Northern Rock, o soberano havia revelado sentir a necessidade de oferecer socorro não apenas à liquidez, mas também ao crédito do setor bancário. Os empréstimos do Banco da Inglaterra, de setembro a fevereiro, mantiveram incólumes os depositantes, detentores de títulos e do capital próprio do banco — supondo que o capital do banco ainda tivesse algum valor. Como o capital próprio do banco fora corroído pelas perdas, a sorte de seus acionistas tinha acabado. Na ordem normal das coisas, os detentores de títulos seriam os próximos na fila. Em vez disso, revelou-se, foi possível recorrer a uma segunda linha de defesa: a garantia do Tesouro britânico, antes não declarada, aos investidores do banco contra perdas de crédito. Graças ao chanceler do Tesouro, o contribuinte britânico estava pronto para assumir o risco de novas perdas que, do contrário, teria que ser assumido pelos detentores de títulos do Northern Rock.

As pessoas se perguntavam o que poderia ter levado o soberano a tão extraordinária generosidade. Uma coisa era o socorro à liquidez — política oficial desde os tempos de Bagehot e extraoficial até antes disso. Mas a garantia ao crédito e a recapitalização dos bancos, com custo direto para os contribuintes — essas eram políticas claras e polêmicas, historicamente reservadas para as piores circunstâncias. Isso era coisa da Grande Depressão — quando uma entidade especialmente bancada pelo governo, a Corporação Financeira da Reconstrução, foram criadas para recapitalizar os bancos norte-americanos — ou do colapso que a economia britânica quase sofreu nos anos 1970, quando o governo interveio para fornecer capital aos bancos secundários, no lugar dos investidores privados. Além disso, o socorro ao crédito sempre foi malvisto, com boas razões. Se o risco moral representava um dilema para o papel do banco central como emprestador de última instância, não seria um dilema ainda maior o papel do Tesouro nacional como acionista de última instância? Se todo banqueiro — e, tão importante quanto isso, todo investidor que financiava seu banco — soubesse que o soberano estava sempre pronto a cobrir suas perdas caso algo desse errado, como manter a disciplina em relação aos padrões e aos volumes de empréstimo?

O mercado começou a suspeitar de que havia algo terrivelmente errado. Por que outra razão a fronteira entre o socorro à liquidez e o socorro ao crédito teria sido ultrapassada, e por que a natural relutância dos políticos em obrigar os contribuintes a socorrer os bancos teria sido abandonada? Os legisladores sabiam melhor que ninguém a gravidade do que haviam feito e tentaram com todas as forças dissipar a impressão, que sabiam ser fatal, de que ninguém precisava mais ser cauteloso. "Deve-se permitir", anunciou a Comissão Parlamentar Especial do Tesouro do Reino Unido, numa tentativa desesperada de fechar a porteira, "que os bancos vão à falência, de modo a preservar a disciplina do mercado nas instituições financeiras."[14]

Mas a boiada já tinha passado pela porteira. Só uma advertência muito assustadora poderia trazê-la de volta. Por isso, quando o Bear Stearns, quinto maior negociante de títulos dos Estados Unidos, entrou em dificuldades, em março de 2008, as autoridades norte-americanas deixaram claro que só haveria socorro à liquidez. Quando se tornou público que o Bear Stearns estava à beira da falência, foi um investidor privado — o banco internacional, J. P. Morgan — que se apresentou para adquirir seu capital. Os legisladores se animaram. Talvez a boiada estivesse voltando para o curral. Quando um segundo grande banco norte-americano de investimentos, o Lehman Brothers, começou a sofrer uma corrida catastrófica, quase exatamente um ano depois da corrida ao Northern Rock, as autoridades americanas, encorajadas, mantiveram os nervos no lugar. Infelizmente, a boiada não tinha voltado. Uma piada que circulou bastante nos mercados financeiros na sexta-feira, 12 de setembro de 2008, dizia: "Eles podem matar o urso [*bear*], mas não podem matar os irmãos [*brothers*]". Apesar da posição assumida em relação ao Bear Stearns, os banqueiros e seus investidores permaneciam convencidos de que os legisladores iam capitular. A força de sua convicção foi medida pelo pânico absoluto que se deu quando, na segunda-feira, 15 de setembro, o socorro ao crédito do soberano foi rejeitado e o Lehman Brothers abriu falência.

O dano colateral que a falência do Lehman Brothers provocou no setor financeiro e na economia real superou qualquer expectativa. As tentativas heroicas dos legisladores de renegar a doutrina da garantia geral ao crédito foram por água abaixo. Afinal, de que adiantava tentar preservar a disciplina do mercado, quando os próprios mercados já não estavam funcionando? O fim do mundo estava próximo — ou pelo menos o fim dos bancos —, e tinha que ser evitado a todo custo — ou pelo menos a todo custo para o contribuinte.[15]

De uma hora para outra, a nacionalização do Northern Rock deixou de ser uma aberração constrangedora, impronunciável nos círculos sofisticados, por medo de dar ideias erradas aos banqueiros, e passou a ser o modelo de política correta. O resultado foi um grau de apoio estatal ao crédito do setor bancário mundial como nunca antes se vira. Vinte e cinco países passaram por crises bancárias de grandes proporções entre 2007 e 2012: deles, dois terços recorreram à garantia ao crédito para seus bancos.[16] A escala de algumas dessas intervenções foi simplesmente sem precedentes. Os Estados Unidos gastaram 4,5% do PIB recapitalizando seus bancos — o equivalente a todo o orçamento anual do país para defesa em período de uma grande guerra.[17] Em 1816, Thomas Jefferson advertira que "os establishments bancários são mais perigosos que exércitos permanentes".[18] Seu veredicto se mostrou assustadoramente próximo da verdade, ainda que não no sentido que ele imaginava. O Reino Unido gastou 8,8% do PIB — consideravelmente mais do que gasta ao ano com seu tão celebrado Serviço Nacional de Saúde.[19] O Estado irlandês gastou mais de 40% do PIB — mais que o orçamento médio anual de todos os departamentos do governo juntos. Não restava mais dúvida alguma: o Estado estava bancando os bancos.

Quando a poeira assentou e a grande recessão se instalou, o público começou a se dar conta do que ocorrera. Os bancos e seus investidores haviam feito uma aposta de mão única. O negócio dos bancos era — como sempre fora — gerenciar a liquidez e o risco de crédito. Mas, se não conseguissem sincronizar seus pagamentos, o banco central entraria em ação com garantia à liquidez. E, se seus empréstimos dessem errado e seu capital próprio diminuísse muito, o contribuinte arcaria com as perdas de crédito. Olhando para trás, era fácil prever o que ocorreria. Por todo o mundo, os bancos tinham crescido, reduzido seu colchão de capital, concedido empréstimos temerários e reduzido a liquidez de seus ativos. Disso resultou um inchaço implícito do nível de garantia ao crédito proporcionado pelo Estado. Só quando a crise sobreveio, e os esforços iniciais dos legisladores para controlar o risco moral fracassaram, é que a verdadeira escala desse subsídio se tornou evidente. Em novembro de

"SAME OLD GAME!"

Old Lady of Threadneedle Street. "YOU'VE GOT YOURSELVES INTO A NICE MESS WITH YOUR PRECIOUS 'SPECULATION!' WELL—I'LL HELP YOU OUT OF IT,—FOR THIS ONCE!!"

"O mesmo joguinho de sempre", de fato — porém hoje não é apenas liquidez, mas também o crédito, que o soberano generosamente garante.

2009, um ano depois do colapso do Lehman Brothers, o apoio estatal total ao setor bancário em todo o mundo foi estimado em cerca de 14 trilhões de dólares — mais de 25% do PIB mundial.[20] Essa era a escala do risco negativo que os contribuintes descobriram estar suportando todo aquele tempo — enquanto o risco positivo ficou com os acionistas, os investidores e os empregados dos próprios bancos.

Walter Bagehot não teria reconhecido esse mundo. A doutrina do banco central como emprestador de última instância transmutara-se na doutrina do Estado como perdedor de última instância. Essa inovação, o apoio generalizado ao crédito da parte dos Tesouros nacionais, criou uma dimensão nova e dramática para o cálculo político. Quando o banco central dá garantia à liquidez, ninguém sai perdendo em princípio — e preservam-se os benefícios de um sistema monetário sadio. Quando o governo dá garantia ao crédito, porém, os contribuintes arcam com um custo real. A pergunta é, evidentemente: quem sai ganhando? Uma resposta — aquela que mais atraiu atenção na esteira imediata da crise — é: os próprios banqueiros. Quando o governo socorreu os bancos, muitos funcionários dos bancos conservaram, pelo menos durante algum tempo, seus empregos e seus bônus. Politicamente, isso era discutível, mas na verdade a generosidade dos contribuintes não beneficiou apenas os banqueiros, propriamente ditos. Os detentores de papéis dos bancos e os depositantes — que concordaram, livremente, em apoiar os empréstimos dos banqueiros — também foram beneficiários da prodigalidade sem precedentes do Estado. Quando essa generosidade foi recusada, como no caso do Lehman Brothers, os detentores de títulos tiveram que engolir as perdas provocadas pelos empréstimos ruins que haviam sido concedidos. Quando não foi recusada, o Estado os aliviou desse desagradável fardo.

No passado, talvez a ideia de socorrer detentores de títulos bancários com dinheiro do contribuinte não tivesse sido controvertida, porque mal se fazia distinção entre esses dois grupos. De um jeito ou de outro, via investimento dos fundos de pensão e mutualistas, eles eram para todos os efeitos uma coisa só. Mas no mundo moderno, desenvolvido, duas poderosas forças conspiraram para solapar essa correspondência conveniente entre aqueles que financiam o sistema bancário e aqueles que vão socorrê-lo quando a coisa dá errado. A primeira força é a desigualdade cada vez maior entre riqueza e renda, que abriu um fosso entre a minoria rica que detém os papéis dos bancos e a maioria humilde que não os detém. Gastar dinheiro público para proteger investidores bancários tornou-se uma questão de ricos versus pobres. A segunda força poderosa foi a internacionalização das finanças. Em países como a Irlanda e a Espanha, a globalização do mercado de títulos fez com que os contribuintes domésticos se vissem pagando a conta de uma recapitalização bancária que beneficiou investidores estrangeiros. Demitir funcionários públicos para socorrer seu próprio fundo de pensão é uma coisa. Demiti-los para pagar pensionistas estrangeiros é, politicamente, outra bem diferente. Em 31 de janeiro de 2011, quando o Anglo-Irish Bank — recapitalizado com 25,3 bilhões de euros pelo contribuinte irlandês — honrou totalmente, e no prazo, uma emissão de 750 milhões de euros para seus investidores, ficou mais evidente do que nunca como estavam sendo repartidos os riscos sob o novo regime de apoio estatal ao crédito dos bancos. O total de cortes nos gastos sociais no orçamento irlandês daquele ano atingiu uma quantia ligeiramente maior.[21]

O descontentamento da opinião pública mundial com essa situação, portanto, não se deve a uma incapacidade de compreender como funciona e como deve funcionar o mundo financeiro. O público tem razão em suspeitar de uma fraude. A crise de 2007-8 e a resposta dos governos a ela revelaram uma verdade profundamente desconfortável: algo deu muito errado com o grande acordo monetário. O pacto histórico entre o soberano e o Banco da Inglaterra, em 1694, envolvia uma troca de favores cuidadosamente calibrada. Os banqueiros particulares conquistaram a liquidez para seus títulos. A autoridade da Coroa, ao contrário da deles, se impunha sobre o país inteiro, e o dinheiro sob sua bênção gozaria de curso universal. Em troca, os banqueiros entravam com o tino financeiro e a reputação na City que reforçavam o crédito da Coroa. Em termos atuais, a Coroa dava garantia à liquidez do banco, enquanto o banco dava garantia ao crédito do soberano. No entanto, a reação dos responsáveis políticos à crise revelou um mundo inteiramente distinto. Os bancos, é claro, mantiveram o privilégio de emitir dinheiro soberano — e o banco central garantia sua liquidez em caso de necessidade. Mas, longe de receber garantia ao crédito em troca, era o Estado que acabava apoiando o crédito dos bancos. Os bancos — seus funcionários, detentores de títulos e depositantes — obtiveram tanto a liquidez quanto a garantia ao crédito. O Estado — isto é, o contribuinte — não obtém nada. A crise revelou que o quiproquó histórico se transformara num "nada por nada": alguma coisa em troca de coisa alguma.

Já era bem ruim, mas ia ficar ainda pior. Assim que a crise evidenciou, com brutal clareza, a estranha morte do grande acordo monetário que durante trezentos anos garantira a paz entre Estados e bancos, revelou-se, de forma igualmente chocante, que a velha política monetária ainda estava vivinha da silva — e mais atuante do que nunca.

O golpe de Estado no mercado de crédito

A grande onda de desregulamentação e globalização econômica iniciada no final dos anos 1970, que se acelerou nos anos 80 e 90 e chegou ao auge nos anos pré-crise do início da década de 2000, trouxe consigo uma revolução na organização da indústria, desde a automobilística até a de energia elétrica, dos supermercados à produção cinematográfica. A palavra de ordem era "descentralização": as centenas de atividades antes realizadas por uma única grande empresa podiam ser passadas a outras, menores e mais especializadas, e coordenadas pelo mercado por meio de cadeias logísticas de incrível complexidade e alcance.[22] Alguns reclamavam, é claro, de excessos — aquilo que se economizava terceirizando o atendimento ao consumidor a *call centers* em Bangalore ou Manila estava, na verdade, sendo transferido aos clientes irritados na outra ponta da linha. Mas, no geral, poucos deixariam de reconhecer que, em cada setor da indústria, o resultado para o consumidor foi uma redução fenomenal de custos e um aumento no número de opções.

As finanças não ficaram alheias a esse terremoto na organização industrial. Até o final dos anos 1960, emprestar a empresas e indivíduos continuou a ser, em geral, uma atividade simples e familiar, realizada quase exclusivamente pelos bancos. O tomador do empréstimo ia ao banco; o analista de crédito estudava o pedido e o encaminhava à aprovação; o gerente do banco assinava a avaliação; o empréstimo era lançado nos livros do banco como parte de seus ativos; e um depósito era creditado na conta do tomador, como parte do passivo do banco. A transação inteira tinha apenas duas partes — o tomador do empréstimo e o banco —, e o balanço do banco era o lugar onde ocorria a gestão dos riscos de crédito e liquidez. Mas durante séculos também existiu uma maneira alternativa de conseguir dinheiro: vender títulos financeiros — promessas de pagamento, tais como ações no capital de uma empresa ou títulos pagando juros fixos ao longo do tempo — diretamente aos investidores. O mercado de capitais próprios — mais conhecido como "Bolsa de Valores" — sempre foi considerado um espaço democrático. Até empresas bem pequenas podem emitir ações; estas são negociadas publicamente; e os investidores individuais formam um verdadeiro exército. O mercado de títulos de dívida, por outro lado, era mais restrito. Tomar empréstimos com a emissão de valores mobiliários era "alta finança", reservada apenas às maiores corporações e, acima de tudo, ao próprio Estado. Da mesma forma, quem investia nesses valores mobiliários eram sobretudo os "investidores institucionais", como os fundos de pensão, as seguradoras e os fundos mutualistas, que congregavam as economias de milhares de indivíduos para atingir a escala necessária para entrar no mercado de títulos. Além disso, a compra e a venda de valores mobiliários não eram apregoadas na Bolsa, como peixe na feira, e sim feita por corretores através de redes pessoais, como móveis de antiquário que só pudessem ser vendidos para a casa certa.

No entanto, para a maior parte dos tomadores de empréstimos, os bancos continuaram a ser a fonte principal de capital até o fim dos anos 1970. Só então as revoluções na tecnologia da informação e na gestão da cadeia logística começaram a ensejar nas finanças a lógica da especialização e a divisão do trabalho que já existiam em tantos setores da indústria. Percebeu-se que o mercado de valores mobiliários representava uma imensa oportunidade para criar intermediários, especializados em cada uma das diferentes atividades que constituem os bancos; daí o potencial para gigantescos ganhos de eficiência. Os tomadores de empréstimos podiam continuar a se dirigir aos bancos, e os analistas de crédito a avaliar e formatar corretamente seus pedidos. Mas a atividade efetiva de aprovação e monitoramento dos empréstimos podia ser igualmente bem-feita

— talvez até melhor — pelos próprios investidores. O banco apenas organizaria, em vez de implementar, a alocação do crédito. O empréstimo propriamente dito jamais teria que ser lançado no balanço do banco. Em vez disso, seria um título financeiro devido pelo tomador do empréstimo e uma posse direta do indivíduo ou investidor individual. O modelo tradicional de banco, realizando toda a operação "em casa", começou a ceder terreno para um modelo novo, "originar e distribuir", especializado em identificar tomadores de empréstimo e investidores finais, e que delegava a outros a avaliação, o registro e o monitoramento dos empréstimos. A atividade dos indivíduos e das empresas financeiras começou a passar por uma grande migração, do mundo dos bancos para o dos mercados de títulos financeiros, que se distinguiam pelo risco de crédito dos emissores — mais conhecido como mercado de crédito.

A mudança foi mais profunda nos Estados Unidos, onde o financiamento baseado em títulos sempre foi mais forte que na Europa. No início da década de 1980, cerca de metade do capital alheio nas empresas norte-americanas era fornecida por bancos.[23] A partir da metade daquela década, porém, a parte do financiamento obtido no mercado de crédito começou a aumentar. A crise do sistema de poupança e empréstimo nos Estados Unidos, no final dos anos 1980 e no início dos 1990, deu um impulso ainda maior a essa mudança. Como grande parte do setor bancário comercial estava fechada para reforma, o mercado de crédito pegou o bastão. Ao fim de 1993, representava mais de 60% da dívida financiada das empresas norte-americanas. Uma década depois, essa parcela atingiu 70%. E não apenas a escala, mas também o alcance do mercado de crédito passava por uma transformação. No início dos anos 1980, quando Michael Milena criou, praticamente sozinho, de seu escritório em Beverly Hills, o mercado de títulos emitidos por empresas pequenas ou de crédito duvidoso, poucos teriam previsto que duas décadas depois as emissões daqueles que antes eram desprezados como *junk bonds* [obrigação especulativa] chegariam a 150 bilhões de dólares por ano e tomariam o lugar de grande parte do financiamento do setor bancário convencional dos Estados Unidos.[24]

Uma revolução ainda maior estava ocorrendo na oferta de financiamento de dívidas a pessoas físicas. A criação de técnicas para aglomerar e garantir grandes quantidades de empréstimos à pessoa física, imobiliários, de cartão de crédito e para compra de automóveis, gerou uma transferência quase completa na organização desses tipos de dívida, dos bancos para o mercado de crédito. Foi uma mudança drástica e fundamental em uma das funções mais básicas da economia capitalista. Fora-se para sempre o tempo em que as finanças convencionais eram uma atividade reservada aos bancos, e o mercado de capitais, uma especialidade obscura. Em 1968, Sidney Homer precisou de apenas três páginas de seu *The Bond-Buyer's Primer*, famoso guia para os iniciados no mercado de dívidas, para listar todos os emissores de valores mobiliários norte-americanos então existentes.[25] Eram tão poucos que todos tinham apelidos, uma demonstração eloquente da simplicidade da paisagem corporativa da época: "Rubbers" para os títulos da US Rubber, "Steels" para os da US Steel, e assim por diante. No final dos anos 1990, essa informalidade se tornara impensável. Já havia dezenas de milhares de debêntures, emitidas por milhares de emissores — e, quando a regulamentação jurídica foi enxugada, não havia mais a intimidade com cada emissor, apenas uma lista de emissores.

E isso foi apenas o começo. Nos anos 2000, o negócio da securitização — o agrupamento de diversos títulos de dívida, pequenos, para criar títulos novos e maiores — decolou. Hipotecas, empréstimos para a compra de carros, empréstimos de pessoas jurídicas, dívida de cartão de crédito — todo tipo de crédito podia ser empacotado, fatiado, avaliado por uma agência de classificação de risco e vendido a um novo grupo de investidores. Obter empréstimos via mercado de crédito era antes uma transação simples: uma debênture emitida por uma empresa, com a ajuda de um banco, era comprada por um indivíduo ou uma instituição. Agora era muito mais complicado. A empresa continuava a emitir o título. Mas, em vez de ser comprado pelo investidor-fim, ele podia ser adquirido e "armazenado" por outra empresa criada especificamente para esse propósito. Essa empresa emitia, então, um ABS (*asset-backed securities*, outro tipo de título) para um SPV (*special-purpose vehicle*, outro tipo de empresa), cujas dívidas seriam, por sua vez, "armazenadas" por uma quarta empresa, cujos próprios títulos podiam ser comprados por outro SPV, que os usaria para garantir CDOs (*collateralised debt obligations*, mais um tipo de instrumento financeiro), que seriam compradas por um *hedge fund* e, por fim, usadas coma garantia para um empréstimo em um MMF (*money market fund*, um fundo de investimento de curto prazo). Só então o investidor-fim voltaria a se materializar, na hora certa para comprar ações no MMF, proporcionando assim o dinheiro que acabaria fazendo de volta o caminho até a empresa emissora original — fora a taxa de administração, é claro.[26]

Esse aumento enorme na complexidade deixou os órfãos do *Bond-Buyer's Primer* de Sidney Homer perplexos. Qual era o sentido de tudo aquilo? Essas pessoas foram sumariamente ignoradas, tratadas como caipiras ultrapassados. Sob a magia poderosa das teorias modernas da ciência financeira e da macroeconomia ortodoxas, o consenso dominante era que essas inovações representavam o caminho ideal para tudo, da redução das hipotecas para os mutuários à estabilidade macroeconômica geral. Em 2006, o Fundo Monetário Internacional deu um veredicto particularmente memorável.

> Tem aumentado o reconhecimento de que a dispersão, pelos bancos, do risco de crédito para um grupo mais amplo e diversificado de investidores, em vez do armazenamento desse risco em seus balanços, ajudou a tornar tanto o sistema bancário quanto o sistema financeiro em geral mais resistente.[27]

Esse novo sistema, além disso, iria "ajudar a mitigar e absorver os choques no sistema financeiro", e entre seus inúmeros benefícios estavam "menos quebras de bancos e uma provisão de crédito mais consistente".[28] Mas o verdadeiro defeito dessas previsões tão confiantes não era o excesso de otimismo na apreciação daquilo que se achava que as mudanças no mercado de crédito provocariam. Era o fato de que aquilo que se achava que as mudanças provocavam não era, de modo algum, a questão mais importante.[29]

O senso comum supunha que as inovações do final dos anos 1990 e do início dos 2000 estavam transferindo o papel dos bancos na criação de crédito — mas não na criação de moeda — para o mercado de crédito. Não era uma suposição simples. A indústria global de fundos mútuos, afinal de contas, existia fazia décadas, acumulando poupança e escolhendo tomadores dignos de crédito para emprestá-la. O novo sistema apenas aumentara seu tamanho e seu alcance. Supôs-se que a atividade de sincronizar pagamentos de ativos de longo prazo e passivos de curto prazo — a gestão do risco de liquidez, que é o que permite aos bancos transformar dívidas em dinheiro — ainda era exclusividade dos bancos. Afinal de contas, só os bancos têm autorização do Estado, e só o Estado pode transformar crédito em dinheiro. Certo?

Para qualquer pessoa que tenha a mínima intimidade com a história da guerrilha monetária, isso teria soado muito ingênuo. Curiosidades secundárias, como as moedas comunitárias, mostram que a moeda privada pode existir sem a ajuda do Estado. O episódio da querela bancária irlandesa e o sucesso precoce dos banqueiros mercantis do século XVI na criação de moeda privada demonstram que a escala não é, necessariamente, um obstáculo. A história prova que o poder de emitir dinheiro tem uma atração irresistível. Se o Estado o permite, seja por comissão ou por omissão, os emissores particulares tirarão todo o partido que puderem. A década posterior à crise não foi uma exceção a essa regra geral. Para o estudioso da guerrilha monetária, a única pergunta importante seria como esse novo sistema do mercado de crédito poderia dar certo. A chave para a emissão de moeda é a capacidade de fazer a promessa encantada da estabilidade junto com liberdade. O Estado pode fazer essa promessa porque possui a autoridade. Cooperativas de crédito podem fazê-la porque compartilham uma ideologia. Dentro do grande acordo monetário, os bancos puderam fazê-la porque combinavam crédito na praça com o endosso estatal. Mas como fazer isso fora do sistema bancário regulamentado, no vasto mundo do mercado de crédito moderno? Como seria possível transformar a capacidade de criar e gerir crédito bilateral particular fora do setor bancário regulamentado, naquilo que fora o Santo Graal dos banqueiros privados desde, pelo menos, os tempos de Nicole Oresme: a capacidade de criar crédito privado transferível — moeda privada — sem as irritantes restrições impostas pelas políticas do Estado e de seus reguladores e bancos centrais?

A resposta se mostrou surpreendentemente simples: tornar tudo surpreendentemente complicado. Numa cadeia entre tomador de empréstimo e investidor-fim que envolvia sete entidades legais em lugares diferentes emitindo sete diferentes títulos, em vez de um emissor em um lugar emitindo um título, realizava-se um número de prestidigitação. Em algum ponto nessa longa fileira de intermediários, a questão crucial da sincronização de pagamentos tornava-se convenientemente nebulosa. A transação tradicional do mercado de crédito, entre o investidor-fim e o tomador do empréstimo por meio de um título, era de uma transparência imperturbável em matéria de liquidez. Quem comprava um título de três anos comprometia seu dinheiro por três anos; quem comprava um título de dez anos se comprometia por dez. Claro, quem quisesse recuperar o dinheiro antes podia tentar vender o título antes do vencimento — e, em condições normais de mercado, conseguiria fazê-lo. Mas não havia nada no papel garantindo essa fonte substituta de liquidez. Havia um elo claro e simples entre os termos da liquidez comprada pelo investidor-fim e os termos da liquidez prometida pelo tomador do empréstimo. Como na caixa de câmbio manual de um carro, havia uma relação simples entre aquilo que você escolhia e aquilo que você levava.

O novo estilo de transação no mercado de crédito era diferente. O investidor-fim podia comprar ações em um MMF que prometia conversão em espécie a qualquer momento — o equivalente a um depósito à vista num banco. O tomador do empréstimo, enquanto isso, podia lançar um título que prometia pagamento em dez anos. O estranho descasamento de liquidez entre os dois podia, então, ser sistematicamente disfarçado em algum ponto da longa cadeia de envolvidos. Como num carro com câmbio automático, poucos eram capazes de entender o que acontecia exatamente dentro da caixa, embora, se pensarmos bem, a capacidade de trocar marchas sem que o motorista faça qualquer esforço seja notável. Tampouco adiantaria consultar o manual do proprietário. A teoria por trás do novo sistema não se importava com algo tão trivial quanto a moeda. E, de qualquer maneira, se tudo estava funcionando tão bem, quem se importaria?

Da mesma forma que na derrocada do grande acordo monetário, a verdade só foi descoberta quando já era tarde demais. Décadas de especialização e divisão do trabalho crescentes levaram o setor financeiro a algo muito mais revolucionário — e menos inocente — que em outras indústrias. A substituição dos bancos tradicionais por uma rede desarticulada de empresas especializadas, interligadas por complexas cadeias logísticas, não era só uma questão de mais eficiência, maior liberdade de escolha e mais valor, como ocorrera na indústria automobilística ou na telefonia celular. Era uma ressurreição da guerrilha monetária: a descoberta de uma maneira nova, e milagrosa, de criar moeda privada fora do controle do governo. O resultado, em 2008, foi nada menos que um universo monetário paralelo: um vasto sistema bancário "paralelo", desprovido de regulamentação, mundialmente organizado dentro do mercado de crédito e convivendo com o sistema bancário regulamentado estatal. Só nos Estados Unidos, o balanço do sistema bancário paralelo se encontrava em torno dos 25 trilhões de dólares na véspera do *crash* — mais de duas vezes o tamanho do sistema bancário tradicional.[30] Na Europa, onde o mercado de títulos era menos popular, como o câmbio automático, o novo exército das sombras era menos numeroso — representando meros 9,5 trilhões de euros.[31]

Só quando a crise já estava instalada essas magnitudes começaram a ser compreendidas, e ficou clara a verdadeira dimensão do desafio que os Estados e os bancos centrais tinham pela frente. Não apenas o grande acordo monetário estava em frangalhos, e o setor bancário tradicional e regulamentado estava engolindo rapidamente bilhões de dólares de garantia ao crédito, mas havia também um gigantesco setor bancário paralelo, cuja existência era ignorada até então. A morte desse parasita monstruoso mataria seu hospedeiro:

assim como não era possível permitir o colapso dos bancos tradicionais, não se podia permitir sua quebra. A liquidez e a garantia ao crédito teriam que ser estendidas também a ele.[32] O resultado foi uma visão bizarra: o Tesouro norte-americano dando garantia ao crédito a uma seguradora e uma expansão do balanço do Banco Central numa escala antes impensável, à medida que ele absorveu o risco de liquidez que os bancos e pseudobancos não conseguiram administrar por conta própria. Nas seis semanas entre 10 de setembro e 22 de outubro de 2008, o balanço do Federal Reserve duplicou e o do Banco da Inglaterra mais que triplicou.[33] O Banco Central Europeu foi um salva-vidas mais hesitante no início — mas também foi forçado, depois de algum tempo, a bancar a promessa de transformação da liquidez que nem o setor bancário tradicional nem o paralelo foram capazes de cumprir.[34] Os analistas expressaram seu horror diante dessa expansão da oferta de dinheiro, advertindo para a ameaça iminente da hiperinflação, o colapso do dólar e a irrupção de guerras cambiais. Mas essas fantasias alarmistas partiam de uma premissa errada. Apenas se descobriu o que já vinha acontecendo. O dinheiro já existia — só estava escondido nas sombras.

Quando esse golpe de Estado foi exposto, a atenção voltou-se para a reação dos Estados. A pergunta de 25 trilhões de dólares parecia ser se os reguladores teriam poder de fogo para recuperar o controle sobre o sistema. No próximo capítulo descobriremos a resposta.

CAPÍTULO 15

As medidas mais ousadas são as mais seguras

Contrainsurreição monetária

O grande acordo monetário tornou-se uma aposta de mão única para os bancos, e a guerrilha monetária atuou numa escala sem paralelo na história. Nas últimas quatro décadas, parecia que a sociedade monetária rompera como nunca seus laços políticos. Por isso, não causa surpresa que a contrainsurreição esteja na ordem do dia. O que pode parecer um pouco mais surpreendente é que o quartel-general global da força de reação rápida tenha sido uma cidade interiorana do noroeste da Suíça. O principal fórum internacional para a coordenação da regulamentação financeira é o Comitê de Basileia de Supervisão Bancária, sediado no Banco de Compensações Internacionais — o chamado "banco dos bancos centrais". Quando sobreveio a crise, portanto, Basileia se tornou a primeira escala na definição de uma nova resposta regulatória. Foi em Basileia, afinal de contas, que haviam sido criadas as armas regulatórias convencionais mais importantes para minimizar o risco moral: regras que exigiam que os bancos reservassem em seus portfólios uma quantidade específica de espécie ou títulos de liquidez elevada para reduzir a probabilidade de ter que pedir empréstimos ao banco central; e outras regras, exigindo que os bancos mantivessem um capital mínimo regulamentar grande o suficiente para assegurar, antes de tudo, que não fossem à falência.[1]

Mas, ao longo do século XX, permitiu-se que o tamanho dos capitais mínimos protetores mantidos pelos bancos norte-americanos e britânicos caísse a uma razão de cinco.[2] A quantidade de dinheiro em espécie e títulos de alta liquidez em seus portfólios caiu em cinquenta anos na mesma proporção.[3] O diagnóstico de Basileia foi que não havia nada de errado *per se* com essas armas testadas e aprovadas, mas que havia necessidade de mais poder de fogo. Em dezembro de 2010, acordou-se uma nova instrução, exigindo dos bancos uma retenção maior de capital e de ativos líquidos em seus portfólios.[4]

A pitoresca cidade suíça de Basileia: o improvável quartel-general da operação mundial de contrainsurreição monetária.

Exigir a retenção de mais capital próprio e ativos líquidos é uma espécie de taxação sobre atividades arriscadas. Segundo a argumentação-padrão, deixa-se a atividade mais cara para os bancos, e diminui-se o número de mesas nas quais eles podem jogar, restabelecendo assim um equilíbrio saudável. Por esse ponto de vista, o desafio regulatório é esquemático, conhecido de qualquer setor que gere lucros privados e custos sociais. Uma indústria química, por exemplo, pode gerar lucros para seus acionistas e salários para seus empregados, mas também dejetos prejudiciais ao meio ambiente local. Se a fábrica não for obrigada a arcar com os custos dessa poluição, terá passe livre e assim produzirá mais do que o economicamente justificável. A solução é impor uma taxa que garanta que o poluidor pagará o custo econômico integral de sua produção.[5]

Muitos responsáveis pelo setor regulatório, porém, são céticos em relação a armas convencionais do gênero como forma de atacar os problemas profundos revelados pela crise. A poluição provocada pelo setor bancário, advertem eles, não é igual à poluição causada por uma indústria química, e por duas razões. A primeira é simplesmente a proporção do problema: o custo social potencial de operar o sistema monetário, na configuração atual, é simplesmente grande demais para que o sistema fiscal consiga desestimulá-lo. Recuperar o custo fiscal direto da garantia à liquidez e ao crédito talvez seja possível apenas por meio de um imposto sobre os bancos — mesmo que seja um imposto que elimine a maior parte de seus lucros.[6] Mas a conta integral da instabilidade financeira que se empoleirou desde 2007 inclui os custos do PIB perdido, do desemprego em massa e dos recursos desperdiçados. Estes montam a dezenas de trilhões de dólares: na prática, são grandes demais para sustentar.[7] Em outras palavras, para manter a terminologia bélica, vencer exigiria uma bomba atômica tão grande que destruiria a Terra.

A segunda razão pela qual a taxação não adiantaria, argumentam os críticos, é que a estrutura de rede do sistema bancário faz com que as atividades individuais dos bancos também gerem riscos emergentes ao nível do sistema como um todo. Por isso, à diferença do caso da indústria química poluidora, seria necessária, em tese, uma taxa extra para desestimular atividades que gerem riscos sistêmicos. Mas o sistema é internacional — e não existe autoridade política multilateral com autoridade para impô-la.[8] A vitória, para manter a terminologia bélica, exigiria um exército das Nações Unidas, competente e bem equipado.

Mas o principal argumento contra a persistência da estratégia de Basileia, de guerra convencional, não se baseia em nada além de seu histórico. As inovações do final da década de 1990 e da década de 2000 provaram que o setor financeiro é infinitamente inventivo na criação de formas de driblar regulamentações desse tipo, baseadas em taxações. Pior que isso: o pós-crise demonstrou que essas armas convencionais podem até ter um efeito perverso: exigir que os bancos elevassem seus coeficientes de capital na esteira do *crash* exacerbou o arrocho do crédito, restringindo a capacidade deles de conceder empréstimos no momento em que as empresas atingidas pela queda na demanda precisavam de linhas de crédito. John Kay, um dos mais respeitados economistas do setor regulatório britânico, foi franco: "A impressão de que versões mais complexas das regras de Basileia seriam mais efetivas no futuro representa o triunfo da esperança sobre a experiência".[9] Insistir com a abordagem convencional criaria o risco de uma batalha de Verdun regulatória, com cada vez mais recursos investidos na batalha em troca de um retorno cada vez menor.

Os reguladores deram início, portanto, a uma revisão básica da estratégia, reconhecendo que a raiz do problema não está nos banqueiros propriamente ditos, mas na estrutura das instituições que eles operam. Daniel Tarullo, maior autoridade em regulamentação bancária no Conselho de Governadores do Federal Reserve, advertiu em junho de 2012: "A estabilidade financeira é, em aspectos importantes, endógena ao sistema financeiro, ou pelo menos o tipo de sistema financeiro desenvolvido nas últimas décadas".[10] O risco moral é intrínseco ao sistema. É por isso que tentar minimizá-lo mexendo com coeficientes de capital ou exigências de liquidez é um trabalho de Sísifo. Enquanto a natureza do sistema bancário for conceder empréstimos de longo prazo e tomar empréstimos de curto prazo, e assumir risco de crédito ao mesmo tempo que promete nenhum risco, a pedra do risco moral sempre rolará montanha abaixo assim que os reguladores pensarem tê-la posto no lugar certo. O que se faz necessário é uma reforma dirigida à estrutura fundamental do sistema bancário, e não ao comportamento dos banqueiros desse sistema. A guerra à instabilidade financeira não exige táticas convencionais, mas uma estratégia de contrainsurreição.

Quando os excessos da década de 1920 resultaram no *crash* de 1929 e na Grande Depressão que se seguiu, houve um exame de consciência semelhante em relação à estrutura institucional do sistema bancário norte-americano. Ontem, como hoje, o gozo irrestrito de apoio estatal da parte de atividades que não eram essenciais ao fornecimento de dinheiro ao público foi identificado como uma das principais causas do problema. Por isso, em 1933 a Lei Glass-Steagall estipulou uma separação rígida das firmas autorizadas a atuar na negociação de títulos — os bancos de investimento — daquelas autorizadas a atuar na captação de depósitos, na concessão de empréstimos e em serviços de pagamentos a pessoas físicas e jurídicas — os bancos comerciais. E a Lei McFadden, de 1927, estabelecia restrições concretas ao tamanho dos bancos, proibindo que os bancos nacionais abrissem filiais fora do próprio estado. Ambas as restrições vigoraram até a década de 1990.[11] E é de notar que foi o relaxamento dessas restrições estruturais sobre as atividades e o tamanho dos bancos que contribuiu para a dimensão inadministrável do problema exposto pelo *crash* de 2007-8. Foi quando acabou o interlúdio de regulamentação estrutural rigorosa, de meados do século, que sobreveio definitivamente a era dos "grandes demais para falir".[12]

Desde a crise, essa experiência histórica constituiu a base da enxurrada de atividade legislativa com a intenção de mudar a estrutura do setor bancário propriamente dita. No início de 2009, o presidente Barack Obama nomeou um Conselho Consultivo de Recuperação Econômica, presidido por Paul Volcker, ex-presidente do Federal Reserve, para elaborar propostas em relação à reforma em andamento no setor financeiro. Do outro lado do Atlântico, em junho de 2010, o governo de coalizão britânico recém-eleito nomeou uma Comissão Bancária Independente, sob a liderança de Sir John Vickers, eminente economista de Oxford. Ambos os grupos recomendaram uma nova segregação das atividades bancárias. As nuances eram diferentes — Volcker optou por distinguir as operações próprias daquelas voltadas para o cliente; Vickers, por uma fronteira entre a atividade dos bancos no varejo e no atacado; e Volcker recomendou que as atividades segregadas fossem feitas em empresas legalmente separadas, enquanto Vickers imagina que basta delimitá-las dentro dos conglomerados já existentes. Mas a filosofia subjacente era a mesma: deixem os negociantes de Wall Street e da City apostar o quanto quiserem, por sua própria conta, desde que o apoio estatal esteja disponível, por lei, apenas para instituições rigorosamente regulamentadas daqui para a frente. Esse era o espírito dos dois conjuntos de propostas.

Portanto, tudo indica haver um raro consenso internacional em relação à tática preferencial de contrainsurreição. Mas um problema permanece. "Tática sem estratégia", reza a famosa máxima do grande pensador militar chinês Sun Tzu, "é o ruído antes da derrota." Qual é, exatamente, o objetivo dessas reformas estruturais? À primeira vista, a resposta parece simples: "estabilidade financeira". As novas instituições, estabelecidas depois da crise, foram encarregadas de manter a estabilidade financeira.[13] Os bancos centrais, tão repreendidos, reconhecem que devem buscar a estabilidade financeira, e não apenas o objetivo excessivamente simplista da inflação reduzida e estável (e talvez o baixo desemprego), ideia fixa do passado. A estabilidade financeira é, acima de tudo, o objetivo anunciado de toda legislação recente.[14] Mesmo assim, apesar de todo som e de toda fúria, um silêncio ensurdecedor persiste quando se trata da pergunta óbvia que isso suscita: o que é, exatamente, estabilidade financeira?

Para essa pergunta, nenhuma das bases intelectuais dominantes para as atuais políticas econômicas é capaz de fornecer uma resposta adequada. Como apontou o presidente do Banco da Inglaterra, à macroeconomia ortodoxa moderna "falta uma abordagem da intermediação financeira, de modo que o dinheiro, o crédito e os bancos não têm nenhum papel significativo".[15] Por isso, como lamentou um dos membros fundadores do Comitê de Política Monetária do Banco da Inglaterra, ela "exclui tudo que é relevante para a busca da estabilidade financeira".[16] Mas tampouco a teoria moderna das finanças, com sua cegueira para o papel macroeconômico da moeda, oferece uma teoria nova e especializada da estabilidade financeira para aplacar os reformistas ansiosos. "Apesar de toda a atenção dada nos últimos anos à análise da estabilidade financeira", concluiu com tristeza, em outubro de 2012, Daniel Tarullo, presidente do Federal Reserve norte-americano, "ela ainda é, em termos relativos, uma iniciativa incipiente."[17] A raiz do fracasso, em ambos os casos, como vimos, é a compreensão convencional do dinheiro. Presos no mundo através do espelho, os responsáveis políticos estão fazendo um voo cego. As tradições alternativas do ceticismo monetário não seriam, em vez disso, de alguma valia?

As medidas mais ousadas são as mais seguras

A crise financeira global tornou o debate sobre a reforma regulatória mais premente. Como resultado, há uma abertura a ideias heterodoxas como não se via fazia décadas. Felizmente, há uma rica jazida desse tipo de ideias a explorar, se olharmos para além dos últimos cinquenta anos de economia e finanças. Alguns pensadores contemporâneos já começaram a apresentar propostas mais audaciosas. Robert e Edward Skidelsky defendem uma campanha de "corações e mentes" — argumentando que se faz necessária nada menos que uma reconstrução ética para que as pessoas possam responder a si mesmas à pergunta fundamental de "quanto é suficiente?", livrando-se, assim, da insaciabilidade militante intrínseca à sociedade monetária.[18] O filósofo Michael Sandel acena, por sua vez, com a estratégia soviética. Ele propõe a contrainsurreição pelo acantonamento — reformas que garantam que algumas coisas que o dinheiro não possa comprar continuem a existir.[19] Para outros, nada menos que a solução espartana adiantará. Para o deputado norte-americano Ron Paul, por exemplo, a maneira de resolver os problemas intrínsecos ao nosso atual sistema monetário é simples: acabem com o Fed.[20]

Porém, a coisa mais importante que a tradição heterodoxa oferece não é nenhuma proposta específica. É a compreensão alternativa do dinheiro não como uma coisa, mas como uma tecnologia social. É preciso reconhecer que o mundo é um lugar inseguro. A advertência bíblica do rei Salomão, segundo a qual "não é o mais veloz que ganha a corrida, nem é o mais forte que vence na batalha, o pão não é para os mais sábios, nem as riquezas para os mais inteligentes, nem o favor para os mais cultos", pode soar derrotista — mas poucos discordariam de seu argumento fundamental de que "tudo depende do tempo e do acaso".[21] No campo da atividade econômica, é tão verdade que existe determinado grau de risco inevitável no mundo quanto em qualquer outro campo. Na visão heterodoxa, o dinheiro é um sistema de decisão de partilha desse risco. No jargão dos economistas, o genuíno risco econômico — a incerteza em relação à colheita farta ou ruim, ou em relação ao sucesso do lançamento, no próximo mês, daquele produto meticulosamente planejado — é "exógeno": está essencialmente além do nosso controle. O risco financeiro, em compensação, é "endógeno": nós decidimos, pela forma como projetamos o sistema monetário, como esses ganhos e perdas econômicos imprevisíveis são distribuídos pela comunidade. O dinheiro responde à pergunta de quem arca com o risco e sob quais circunstâncias. Evidentemente, o dinheiro não é o único sistema de organização social capaz de responder a essa pergunta. Um exemplo óbvio de alternativa é o mecanismo redistributivo do Estado de Bem-estar Social do Ocidente, em que os direitos sociais, mais que o valor econômico, determinam quem recebe o quê. Mas a forma como o dinheiro organiza a distribuição do risco econômico na sociedade — fazendo uma promessa de estabilidade e liberdade simultâneas — foi responsável por seu sucesso epidêmico ao longo da história. É uma promessa ousada.

No que diz respeito ao dinheiro emitido diretamente pelo Estado, vimos que essa promessa funciona porque o Estado, por definição, tem autoridade política. A autoridade do Estado é, por sua vez, função de sua legitimidade. É por isso que, quando governos perdem a confiança de seus cidadãos, fica muito fácil para moedas privadas circularem, como mostrou o exemplo das moedas privadas e provinciais da Argentina. Na sociedade monetária, portanto, uma questão crítica é qual a melhor forma de o Estado preservar sua legitimidade. Ela se torna ainda mais crucial porque a promessa de estabilidade do dinheiro suscita o risco de crises de endividamento — e a tradição cética compreendeu, desde a Antiguidade, que por essa razão um pré-requisito fundamental para a sustentabilidade da sociedade monetária é um padrão monetário variável. O dinheiro soberano só pode funcionar na medida em que os cidadãos concedem ao Estado um poder discricionário para recalibrar a distribuição financeira dos riscos, ajustando o padrão monetário quando ele se torna injusto. É por isso que a compreensão convencional do dinheiro como uma coisa física é tão perigosa. Enquanto em relação aos conceitos físicos é essencial que o padrão usado para medi-los e manipulá-los seja imutável, ou até uma constante da natureza, em relação ao conceito social de valor o certo é o contrário. Para o dinheiro gerar uma sociedade justa, portanto, o essencial não é que o padrão de valor econômico seja fixado de maneira irrevogável, e sim, como mostrou Sólon, que ele seja inflexivelmente reativo às demandas da democracia política.

Isso vale para o dinheiro soberano. No mundo moderno, a maioria esmagadora do dinheiro em circulação não é mais emitida pelo Estado: é emitida pelos bancos. Então, como os bancos realizam a promessa do dinheiro, de proporcionar estabilidade e liberdade juntas? A resposta — pelo menos na teoria — é que os bancos obtêm a "transformação de liquidez": transformam seu passivo de depósitos de curto prazo, líquidos, em empréstimos de longo prazo, ilíquidos. Mas a noção de "transformação de liquidez" é, de maneira bastante literal, um eufemismo.[22] Na verdade, não se está transformando nada. O passivo dos bancos continua a ser de curto prazo e de valor nominal fixo, e seus empréstimos continuam a ser de longo prazo e de valor nominal variável, e os dois nunca vão se encontrar. Em vez disso, o banco dá a impressão de ter realizado uma transformação, por meio de uma hábil sincronização dos pagamentos que entram e saem de seu balanço. Porém, por mais habilmente que isso seja feito, sempre existe a possibilidade de o público perder confiança na capacidade de um banco de fazê-lo. Esse é o problema que atormenta todo emissor privado de dinheiro — e até acabou com o excelente dinheiro dos banqueiros internacionais no século XVI. O setor bancário internacional paralelo e seus reguladores horrorizados reaprenderam essa lição no início dos anos 2000: a moeda privada que se sustenta puramente com seus próprios recursos funciona em tempos favoráveis, mas não nos desfavoráveis. Por isso, o único modo de fazer o dinheiro dos bancos funcionar de forma sustentável é colocar no mesmo barco o Estado e sua autoridade — isto é, fechando um grande acordo monetário. Durante três séculos, essa parecia ser uma solução sensata. Mas a crise expôs o fato de que a distribuição dos riscos feita hoje pelo sistema de dinheiro bancário se tornou intoleravelmente injusta.

Nossa biografia não autorizada descreveu essa compreensão alternativa do dinheiro e a interpretação que ela implica a respeito do que há de errado com o sistema bancário. A estrutura atual do sistema bancário global gera uma distribuição injusta dos riscos, onde as perdas são socializadas — os contribuintes arcam com os pacotes de socorro —, enquanto os ganhos são privados — os bancos e seus investidores, sozinhos, colhem quaisquer lucros. Qual é a melhor forma de consertar essa situação? Duas opções extremas ajudam a elaborar uma resposta. A primeira seria privatizar todos os riscos — reestruturar o sistema bancário de modo que os investidores arquem com todo o custo potencial, assim como com todo o lucro. A outra seria o oposto: redesenhar o sistema de modo que o sistema financeiro socialize todos os riscos. Os contribuintes continuariam a assumir o risco negativo — mas ganhariam o risco positivo também.

A primeira opção é uma versão moderna da solução do escocês — a ideia revolucionária de John Law para uma reforma estrutural da moeda. O princípio central do plano de Law era a transferência do risco do soberano para seus súditos, pela criação daquilo que era, de fato, capital soberano sob a forma de ações em seu sistema conglomerado. A esperança de Law era que essas obrigações variáveis sobre as receitas da economia francesa viessem a substituir as obrigações fixas representadas pelas notas bancárias, *billets* e outros títulos da dívida soberana. A cultura econômica moribunda do Estado rentista seria abolida para sempre, e não haveria mais crises de dívida — já que não haveria mais obrigações fixas a receber, defasadas em relação à arrecadação variável de impostos. Seria matar dois coelhos com uma cajadada.

Surpreendentemente, esse princípio fundamental não é nem de longe estranho à atual reação regulatória à crise. As propostas de reforma estrutural de Volcker e Vickers fazem referência à ideia fundamental de Law de realinhar a distribuição de riscos implícita na estrutura atual do sistema bancário. Também estão em debate atualmente propostas de reforma mais agressivas. Laurence Kotlikoff, economista e intelectual norte-americano reconhecido, lançou uma das mais importantes: o "Banco de Propósito Limitado".[23] Pela proposta radical de Kotlikoff, os bancos, tal como os conhecemos hoje, deixariam de existir. Todo o risco econômico simplesmente passaria, sem restrições, por um espectro infinitamente expansível de fundos mutualistas, dos tomadores de empréstimo aos poupadores. A falsa afirmação dos intermediários financeiros, segundo a qual eles praticam "transformação de liquidez", e os descasamentos intrínsecos que estão na raiz daquilo que há de errado com o sistema atual seriam exorcizados de uma vez por todas. Apenas o câmbio manual seria permitido nos automóveis.

A visão de Kotlikoff é ousada — mas até ela fica aquém da solução do escocês, a conclusão revolucionária que o próprio John Law tentou pôr em prática. Nos Bancos de Propósito Limitado, embora os bancos privados passem a ser proibidos de emitir passivos de curto prazo de valor nominal fixo, ao mesmo tempo que detiverem ativos de longo prazo de valor nominal variável, o Estado não o é. A moeda estatal continua, da mesma forma que hoje, no âmago do sistema: uma promessa segura e líquida de pagamento, em qualquer circunstância. A ideia de Law era livrar os usuários do dinheiro até mesmo desse último recurso de fuga do risco. No cerne de seu novo mundo financeiro, não existiria dívida estatal, mas capital estatal. Uma vez mais, é uma ideia que soa incrivelmente moderna aos ouvidos modernos — porém é uma ideia que tem defensores influentes nos dias de hoje. O economista norte-americano Robert Shiller — um planejador moderno, assim como um dos economistas acadêmicos mais renomados do mundo — defende há muitos anos a ideia de que os governos dividam com os investidores o risco para as finanças públicas inerente ao crescimento econômico, emitindo títulos que paguem juros relacionados ao PIB.[24] A proposta de Shiller conclama a uma mudança gradual em direção a esse tipo de instrumento financeiro inovador. Em meio à maior crise econômica e fiscal que a França já viveu, Law não dispôs do privilégio do tempo.

A estratégia de Law, de criar um sistema monetário que privatize todos os riscos, representa uma opção radical. No extremo oposto do espectro está um sistema monetário reformado, estruturado para socializar todos os riscos. Nessa alternativa extrema, os bancos seriam substituídos não por fundos mutualistas, mas pelo Estado. A promessa sedutora do dinheiro não seria abandonada. Em vez disso, o único emissor capaz de cumpri-la — o Estado — seria o único autorizado a fazê-la. Tanto o mercado de capitais quanto o setor bancário continuariam a coexistir; e o dinheiro continuaria a ser privilégio deste último. Mas, nessa opção radical, ele pertenceria totalmente ao Estado, que seria o único a operá-lo. Uma vez mais, trata-se de uma reforma que soa dramática, mas que não é tão esdrúxula quanto parece à primeira vista. Na verdade, é na direção desse extremo que a crise nos levou de qualquer maneira, com a nacionalização de bancos pelos governos e a intervenção sem precedentes dos bancos centrais nos mercados monetários. Quando o Federal Reserve norte-americano assume mais de 1 trilhão de dólares em hipotecas, e o balanço do Banco Central Europeu absorve tudo, de empréstimos para compra de carros aos recebíveis de cartões de crédito, por que não completar o serviço?[25]

Como estratégias de contrainsurreição, criadas para derrotar a guerrilha monetária e garantir um novo grande acordo monetário, essas estratégias extremas têm o mérito de eliminar, de uma vez por todas, o problema da distribuição de riscos inerente à estrutura atual do sistema bancário. Infelizmente, elas fariam isso ao preço da destruição da sociedade monetária propriamente dita. A solução do escocês representaria a apoteose da visão da ciência financeira moderna: a abolição dos bancos e do dinheiro em favor dos títulos do mercado de capitais, cujo valor variaria em perfeita conjunção com os riscos subjacentes existentes no mundo real.[26] A capacidade do Estado de redistribuir esses riscos cessaria, ajustando o padrão monetário, porque não haveria dívida estatal cujo valor fosse fixado conforme esse padrão. O dinheiro deixaria de ser uma arma do governo. Em vez de uma regra para a anarquia, haveria apenas a anarquia — até que algum outro sistema de organização social assumisse o lugar. Em vez de reimpor um governo legítimo, a insurreição seria derrotada ao permitir o "cada um por si".

Enquanto isso, a alternativa radical de um retorno à moeda exclusivamente estatal — uma sociedade em que todo o dinheiro é emitido pelo Estado, porque todo o setor bancário também é operado por ele — representa uma perspectiva igualmente infernal. O dinheiro deixaria de ser uma arma do governo: passaria a ser o próprio governo. Todos os benefícios da tomada de decisões financeiras descentralizada seriam perdidos e substituídos por um sistema monetário que trocaria a injustiça do contribuinte como segurador compulsório dos banqueiros por outra injustiça, a do contribuinte como segurador de absolutamente todos, o tempo todo. Propor isso seria propor o desespero, um incentivo ao mergulho na anarquia: derrotar a insurreição tornando-se um Estado totalitário.

Se quisermos transformar os gafanhotos em abelhas, precisamos, de fato, de uma reforma radical do sistema bancário. A visão heterodoxa do dinheiro sugere três princípios úteis em que se basear. Dois dizem respeito a onde queremos chegar e um, a como chegar. Em primeiro lugar, a solução para o problema do risco moral no âmago do sistema bancário moderno não está nem na reestruturação do sistema para privatizar todos os riscos financeiros nem para socializá-los. O que falta é um casamento mais próximo — mas não perfeito — entre os custos e os benefícios com que os contribuintes, os banqueiros e seus investidores podem vir a arcar. A reação regulatória atual está no caminho certo. Tanto a proposta norte-americana quanto a britânica e a europeia consideram que mais riscos devem ser assumidos pelos agentes privados e menos riscos devem ser socializados e assumidos pelo contribuinte. Mas as reformas propostas não vão até onde poderiam ir.

Em segundo lugar, já que o dinheiro é uma ferramenta de organização social, e já que a única autoridade com legitimidade política para comandar essa organização é, por definição, o Estado, esse redesenho deve maximizar o espaço para políticas monetárias.

A promessa fantástica do dinheiro, de proporcionar a estabilidade junto com a liberdade, tornou-se uma maracutaia nas mãos dos bancos: a promessa ilusória da "transformação de liquidez" tornou-se camuflagem para uma aposta de sentido único, e deve ser proibida. No entanto, essa mesma promessa nada mais é que a essência do dinheiro, uma das ferramentas mais poderosas e importantes da democracia que o mundo já conheceu. Por isso, enquanto a democracia controlar a válvula de escape de um padrão monetário flexível, ela deve ser preservada.

O último princípio diz respeito à maneira de chegar a um sistema monetário e bancário reformado e alinhado com os dois primeiros princípios. A regra básica deve ser: menos é mais. A guerra convencional seria uma regressão infinita: tentar supervisionar o setor financeiro é um esforço vão. As propostas regulatórias atuais acertam ao considerar que a chave é a reforma estrutural. O difícil é estabelecer o menor número possível de regras e fiscalizá-las com rigor, ao mesmo tempo que, para todo o resto, a iniciativa privada e a inovação estão liberadas. Em questões de dinheiro — a maior tecnologia já inventada para liberar a energia empreendedora do ser humano —, essa regra básica da regulamentação é mais necessária do que nunca.

Existe alguma proposta realista para a reforma bancária que dê conta dessa missão assustadora? Felizmente, existe — e não é nova. Oitenta anos atrás, no auge da Grande Depressão, o notável economista norte-americano Irving Fisher publicou uma proposta famosa, sob o título inspirador *100% Money*.[27] Era incrivelmente simples. Assim como a solução do escocês, ela defendia, basicamente, reequilibrar a balança de riscos no sistema bancário. Como ocorre com a reação regulatória de hoje, advogava que isso fosse feito restringindo o apoio do Estado a um leque limitado de atividades. Mas a proposta de Fisher é simultaneamente mais simples e mais radical. Ela exige que qualquer depósito que possa ser sacado ou usado para um pagamento à vista seja garantido pela moeda estatal — e os bancos que ofereçam esse tipo de depósito não possam exercer nenhuma outra atividade. "O departamento de depósito de cheques", escreveu Fisher, "passaria a ser um mero armazenador do dinheiro ao portador pertencente a seus depositantes, e teria uma existência jurídica própria, como o Banco de Cheques."[28] Quanto ao resto daquilo que os bancos fazem hoje — seja para o cliente pessoa física ou não, seja no atacado ou no varejo —, seria tratado como todas as demais atividades do mercado de capitais, e as instituições que as exercerem não gozariam nem de apoio estatal especial nem sofreriam supervisão estatal especial. O mercado decidiria quais produtos oferecer e quais instituições os ofereceriam. Fora do reino dos "Bancos de Cheques", até a delicada promessa da transformação de liquidez seria permitida. Se os investidores quiserem apostar na capacidade de um intermediário de sincronizar os pagamentos nos dois sentidos em seu balanço, que o façam livremente — porque não poderia mais existir a ilusão, da parte de ninguém, de que esses investidores seriam socorridos caso a promessa não fosse cumprida.

    A proposta de Fisher foi adotada nos anos 1930 por economistas da Universidade de Chicago e é desde então conhecida popularmente como o "Plano de Chicago". Foi ressuscitada nos anos 1960 pelo novo luminar de Chicago, Milton Friedman.[29] Hoje, sob o rótulo de *narrow banking* [bancos limitados], voltou a ser defendida por alguns dos principais economistas "reguladores" do mundo.[30] Foi tema até de um estudo recente do Fundo Monetário Internacional, que concluiu, testando suas consequências com um modelo matemático lógico, que ela corrobora fortemente o argumento de Fisher, de que levaria a uma maior estabilidade macroeconômica e financeira.[31]

    Ela é uma reforma consistente com os princípios expostos acima. A socialização do risco financeiro não seria eliminada, mas seria circunscrita de maneira bem mais rigorosa. A atividade dos *narrow banks* teria a garantia estatal. Nenhuma outra instituição financeira teria: e a distinção clara entre os *narrow banks* e o resto eliminaria a ambígua terra de ninguém onde a ilusão de liquidez e o risco moral fariam a guerrilha monetária prosperar. A moeda estatal permaneceria no coração do sistema, tanto como espécie no bolso da população quanto como único ativo detido pelos *narrow banks*. A política monetária, e com ela a integração do dinheiro na organização democrática da sociedade, ficaria assim preservada. Por fim, as reformas estruturais exigidas seriam simples. As regras dos *narrow banks* seriam poucas, mas draconianas, e quem quisesse autorização para abrir um banco teria de cumpri-las. Para quem não quisesse uma autorização, não haveria regras: apenas a inovação incessante proporcionada pelo próprio dinheiro, que o setor financeiro mostrou tanto talento para explorar.

John Maynard Keynes abriu o capítulo final da obra mais importante da economia do século xx com um diagnóstico realista da situação no sétimo ano da Grande Depressão. "Os principais defeitos da sociedade econômica em que vivemos", escreveu, "são a sua incapacidade de proporcionar o pleno emprego e sua distribuição da riqueza e das rendas arbitrária e desigual."[32] Hoje, no quinto ano de outra monumental calamidade econômica, somos atormentados pelos mesmos defeitos principais do desemprego e da distribuição injusta do risco econômico. O dinheiro e os bancos, incorretamente compreendidos e tão incorretamente configurados, nos levaram à situação atual. O dinheiro e os bancos, corretamente reestruturados, nos tirarão dela mais uma vez.

CAPÍTULO 16

Levando o dinheiro a sério

"Então!", interrompeu meu amigo empreendedor. "Eu já sabia!"
"Já sabia o quê?", perguntei.
"Que você era um revolucionário enrustido. Você não gosta do capitalismo nem de capitalistas como eu. No fim das contas, o que a sua história do dinheiro diz é que os ricos têm que morrer e os banqueiros têm que ser todos fuzilados."
"De onde você tirou essa ideia?"
"Bom, deixe-me resumir seu raciocínio — ou devo chamar de romance policial? Você disse que ia ser uma biografia não autorizada. Para mim, ficou parecendo mais um romance de Agatha Christie."
"É mesmo? E quem é a vítima?"
"O bom senso — segundo você. Mas vamos ver se entendi. Você começa explicando que, ao contrário das aparências, o dinheiro não é uma coisa, e sim uma tecnologia social — um conjunto de ideias e práticas para organizar a sociedade. Para ser mais preciso, você explicou que o dinheiro consiste essencialmente em três coisas: um conceito de valor econômico universalmente aplicável; um sistema de contabilidade pelo qual esse valor pode ser medido e registrado; e o princípio da transferência descentralizada, pelo qual esse valor pode ser transferido de uma pessoa para outra. Você usou a

história de Yap para mostrar que é absurdo imaginar que moedas, ou qualquer outro símbolo, sejam dinheiro em si mesmas. E você usou a história do fechamento dos bancos irlandeses para mostrar que, embora em geral o dinheiro seja emitido pelos governos, nem sempre tem que ser assim. Comprei essa história toda — mas aí eu lhe perguntei que diferença essa abordagem faria. Você falou um monte de coisas, e é por isso que eu estou sentado aqui, ouvindo sua chamada biografia não autorizada."

"Até aqui, tudo bem."

"Aí você começou a explorar as ideias que formam o dinheiro — e principalmente a mais importante: o conceito de valor econômico universal. Você explicou que um dólar, uma libra, um euro ou um iene não são uma coisa física, mas uma unidade de medida. Você explicou como um velho professor polonês..."

"Witold Kula."

"Esse mesmo. Que estudou a história das unidades físicas de medida e descobriu que tanto os conceitos que elas medem quanto os padrões que elas encarnam evoluíram ao longo do tempo. Como bom socialista, você até discorreu com admiração a respeito dos grandes avanços feitos por alguma entidade burocrática internacional."

"Isso mesmo, o Comitê Internacional de Pesos e Medidas."

"Mas a parte útil, se entendi direito, foi o argumento do velho professor Kula de que tanto os conceitos quanto os padrões usados para medi-los são determinados pelo uso que as pessoas dão a eles. Você expôs dois argumentos. O primeiro era que o conceito de valor econômico universal é exatamente como uma unidade física de medida: o alcance de sua aplicabilidade e o padrão que deve ser adotado são determinados adequadamente pelo uso que se lhes dá. Mas o segundo argumento era que o valor econômico universal também é diferente de uma unidade física de medida. É uma propriedade do mundo social, e não do mundo físico — ou, como você diz, é um componente central de uma tecnologia de organização social —, de modo que o padrão também precisa ser político."

"Exatamente. O critério correto para a escolha desse padrão não é a consistência nem a precisão — como seria com uma unidade física de medida —, mas a correção, ou a justiça política, ou o nome que você quiser dar à qualidade característica de uma sociedade bem governada."

"Certo. Essa foi a parte filosófica. Aí você passou para a história."

"Bem, é verdade que argumentei que há evidências que apoiam minha tese sobre a natureza do dinheiro. Afirmei que, porque a ideia central do dinheiro é esse conceito de valor econômico universal, e porque o padrão de valor apropriado tem que ser político, que o dinheiro, tal como o conhecemos hoje, foi inventado pelo encontro das invenções mesopotâmicas do alfabeto, da numeração e da contabilidade com a noção de valor social igualitário de todos os membros da tribo, na Grécia da Idade das Trevas primitiva."

"Ah, é. Bem, você pode até ter razão quanto a isso, mas mesmo que não tenha, acho que não faz tanta diferença. Afinal, o dinheiro continua entre nós, então é possível testar sua tese a respeito do que é certo aqui e agora. Não importa como ele foi inventado. E já que nunca saberemos mesmo, por que se preocupar?"

"É uma maneira de ver as coisas — você sempre banca o espírito de porco. Mas você tem razão quando diz que o verdadeiro teste da minha biografia é ver se ela explica corretamente o dinheiro dos dias de hoje — e nossos problemas com ele, e como começar a resolvê-los. Continue."

"Bom, aí a história se divide. É aí que começa o romance policial. Você começou louvando a clareza do pensamento monetário chinês da Antiguidade. Explicou que os filósofos e imperadores chineses entenderam perfeitamente que o dinheiro é uma arma do governo e que, portanto, o grau de uso do valor econômico para coordenar a atividade social e a questão de qual deve ser o padrão devem ser determinados unicamente em relação à contribuição para um governo bem-sucedido."

"Certo: 'Paz e ordem no reino subcelestial', como eles diziam, de maneira mais poética."

"Se você me perguntar, acho que está mais para 'revolução'. Voltarei a esse assunto. Bom, aí você me contou a história da remonetarização da Europa na Idade Média. A verdadeira questão, você disse, foi uma batalha duradoura entre os soberanos e seus súditos em relação à gestão do padrão. Se entendi direito, você disse que os europeus estavam menos preocupados com a aplicabilidade do conceito de valor universal, mas muito preocupados com qual seria o seu padrão, porque tanto os soberanos quanto os súditos tinham perfeita ciência de que reduzir ou elevar o valor da libra, em termos de bens e serviços concretos, representava a redistribuição da riqueza e das rendas."

"Exatamente. E em especial a redistribuição dos súditos para o soberano."

"Certo. A senhoriagem. A história que você contou foi que, à medida que a economia monetária crescia, havia cada vez mais súditos interessados na questão do padrão — já que eles não queriam pagar ao soberano uma senhoriagem excessiva. Eles reclamavam muito disso. Inventaram todo tipo de argumento inteligente contra isso. Contrataram aquele bispo francês para mostrar por que era errado. Mas nada disso adiantou muito."

"Porque não havia uma alternativa realista — eles não tinham como obrigar o soberano a nada."

"Isso até que alguém teve a brilhante ideia de ressuscitar os bancos e, com eles, um meio viável de emitir moeda privada numa escala monstruosa."

"Exatamente. Essa invenção se revelou bastante lucrativa, mas principalmente para os bancos. O tipo de coisa que eu garanto que você gostaria de ter inventado."

"*Touché*! Voltando: assim que os banqueiros redescobriram o truque para emitir moeda privada, a pressão passou para o outro lado. Agora estava nos ombros dos soberanos e de sua senhoriagem. Era uma situação instável — insurreição monetária, para usar sua metáfora. Mas, com a fundação do Banco da Inglaterra, encontrou-se um jeito de garantir uma paz permanente — pelo menos até recentemente."

"O grande acordo monetário. Você entendeu. Mas me perdoe por interrompê-lo. Onde é que está o assassinato?"

"Percebo que você não costuma ler histórias de detetive. Está para acontecer, é claro — quando menos se espera. Veja só: até agora, todo mundo tem discutido se o Estado deve manipular o padrão para arrecadar a senhoriagem e se os banqueiros devem ser autorizados a emitir moeda privada etc. — mas pelo menos todos compreendiam o que é o dinheiro. Em outras palavras, nos termos da sua teoria 'heterodoxa' do dinheiro, reinava o bom senso. Mas, ao mesmo tempo que o seu grande acordo monetário estava sendo fechado, alguém matou o bom senso monetário. E, o que é o pior, tendo dado cabo da compreensão correta do dinheiro, o perverso criminoso enterrou as evidências e, no lugar delas, colocou um impostor sedutor — uma visão do dinheiro e do valor econômico que parece terrivelmente convincente para ignorantes ilustrados como eu, mas que na verdade, segundo você, cega nossas faculdades morais, trunca nossas políticas econômicas e — o mais terrível de tudo — nos legou os *banksters* que hoje mandam em Wall Street e na City londrina. No melhor estilo de Hercule Poirot, você revelou que o culpado era a última pessoa de que se suspeitaria: ninguém menos que o mais respeitável intelectual desta terra, John Locke."

"Ah, entendi."

"E, para coroar, foi o que os fãs chamariam de um crime perfeito. Ninguém percebeu que a visão correta do dinheiro fora substituída por outra, errada. Por isso, ninguém acusou Locke de assassinato. Pelo contrário, até — parece que ele entrou para a história como uma espécie de herói."

"Exatamente. Afinal, ele estabeleceu as bases intelectuais da democracia liberal moderna."

"Certo. Mas é aí que, lamento dizer, sua história tem um furo. Veja bem, vou aceitar que John Locke tenha conseguido assassinar o bom senso monetário durante aquele debate específico sobre a recunhagem. E vou aceitar até que o impostor que ele pôs no lugar era um substituto bastante convincente. Mas, já que até aqui prevaleceu o bom senso, com todos os pensadores que você citou, como é possível que Locke tenha conseguido mudar a cabeça de todo mundo? Quero dizer, não me importa que John Locke fosse tão influente:

como foi possível que ele enganasse todo mundo? Como as pessoas não perceberam que sua visão do dinheiro estava errada? Não, tenho a impressão de que a sua teoria não fecha, Mr. Holmes."

"Espere aí — o detetive aqui é você. Eu nunca disse que esse era um romance policial. Não acho que seja.

"John Locke não matou ninguém. Ele era o maior filósofo de sua época, um dos maiores de qualquer época, e é difícil duvidar de que foi movido por uma crença sincera na superioridade do liberalismo político e do governo constitucional. Mas, ao tentar fazê-los prevalecer, cometeu um erro. Ele era médico e professor universitário — não era banqueiro nem empresário — e não entendia o mundo das finanças. Ele pensou que a única forma de garantir que o grande acordo monetário não se transformasse num imenso elefante branco para os banqueiros seria pôr o padrão fora do alcance deles — ou do soberano. E, de qualquer forma, era isso que lhe ditava sua teoria política.

"Então, as ideias políticas de Locke estavam corretas — democracia e liberalismo —, mas estava errada sua ideia sobre o padrão monetário, que tinha que ser alterado. John Law era o contrário. Sua ideia sobre o padrão estava correta — ele tem que ser flexível —, mas sua ideia política estava errada — a monarquia absoluta como sistema correto para determinar o ajuste do padrão. Law era, de fato, um assassino — ou pelo menos um duelista —, mas no mundo das ideias nem ele nem Locke eram criminosos. Ambos estavam tentando resolver os problemas políticos e econômicos colocados pelo crescimento da sociedade monetária — e cada um deles acertou metade da resposta."

"O.k. Mas por que a visão monetária de Locke se tornou a dominante, então? Como eu disse: se o erro dele é tão óbvio, por que ninguém chegou e disse: 'Isso tudo que Locke está dizendo não é verdade: o dinheiro não é prata, é crédito transferível'? Ou, melhor que isso, por que ninguém acreditou em Lowndes quando ele disse isso?"

"Ah! Essa é uma boa pergunta. Parte da resposta se deve ao prestígio de Locke, é claro. Para a maioria das pessoas, Locke era uma alta autoridade, ainda que os especialistas em finanças não o considerassem autoridade em dinheiro. Law era um individualista. Mas a principal razão — e é isso que elucida o seu 'crime perfeito' — é mais fundamental. É que Locke sentiu que, para chegar à conclusão que ele julgava necessária para proteger o grande acordo monetário de si mesmo — a necessidade de corrigir o padrão —, seria preciso compreender o dinheiro como prata e o valor como uma propriedade natural. Expliquei quais as consequências práticas desse tipo de raciocínio para as políticas econômicas e do setor financeiro, assim como para as incapacidades éticas da economia. Mas um raciocínio naturalista dessa espécie também tem outro efeito.

"Esse efeito é bem conhecido pelos sociólogos e antropólogos. Quando as pessoas aceitam a ideia de determinado tipo de ordem social como um fato necessário do mundo natural, em vez de uma obrigação social, torna-se quase impossível que elas pensem criticamente a respeito — pouco importa o quanto sejam progressistas e pouco importa o quanto essa ordem seja moralmente errada. A história está repleta de exemplos. No século XIX, estava na moda a 'criminologia positivista', segundo a qual criminosos podiam ser identificados por seus atributos físicos. Hoje achamos estranho que alguém possa ter acreditado ser possível identificar um anarquista pelas orelhas ou um ladrão pela forma do nariz. Mas ocorre que as pessoas que acreditavam nisso não tinham nenhum interesse escuso em prender pessoas com rostos incomuns — simplesmente acreditavam na explicação naturalista da criminalidade como um produto de fatores fisiológicos. Da mesma forma, o 'racismo científico' foi amplamente aceito como verdade nos Estados Unidos do século XIX. Achava-se que a inferioridade dos povos não brancos podia ser 'provada' pelas diferenças físicas. Mais uma vez, a crença nisso foi uma característica de um pensamento liberal, e não reacionário. A questão é que o raciocínio naturalista em ciências sociais — a suposta explicação de fenômenos sociais como verdades objetivas da natureza — reforça a si mesma. Junta preconceitos sociais e políticos numa rede de pseudofatos. Depois que essa rede é tecida, é praticamente impossível fugir dela. Como diz nosso provérbio chinês, raciocínios naturalistas, como o de Locke a respeito do dinheiro, são o que enche o aquário de água.

"Por isso, em relação ao eclipse da visão correta do dinheiro, não acho justo chamá-la de 'assassinato', ou a John Locke de assassino, Monsieur Poirot. O veredicto seria, antes, de morte acidental. E, em relação à forma como a visão convencional do dinheiro tomou conta: você tem razão quando diz que, se aconteceu um crime, então foi um crime perfeito. Mas receio que seja apenas um caso de identificação errada — ainda que seja impulsionada por uma ilusão em massa."

"Certo", disse, cauteloso, meu amigo. "Que seja, pois, um caso de morte acidental e identificação errada. Mas, de qualquer maneira, a intenção da sua argumentação não era dizer que os boatos da morte do bom senso monetário foram enormemente exagerados? Você mesmo disse que havia Law e, com ainda mais razão, Bagehot, Keynes, Kindleberger e os demais personagens que você apresentou. Eles mantiveram o bom senso vivo, ainda que com a ajuda de aparelhos. Para sua sorte, na verdade — pois do contrário, você nem ficaria sabendo. Você pode ter reclamado que a compreensão ortodoxa do dinheiro está por trás dos defeitos das políticas macroeconômicas e do setor financeiro que nos levaram à atual confusão. Mas logo em seguida você se anima e diz que as ideias desses gênios negligenciados podem nos mostrar de novo o caminho. E, se entendi direito, o que você realmente quis propor com isso foi muita inflação e reestruturação da dívida para depenar os riscos capitalistas e socorrer a massa oprimida, tudo isso casado a uma mexida no setor bancário que faria o Big Bang dos anos 1980 parecer brincadeira de criança. Então, a saída não é fácil. Mesmo que eu compre seu argumento de que há algo errado com a visão convencional do dinheiro e de que ela nos levou alguns grandes erros, ainda acho que suas alternativas parecem um grande blá-blá-blá revolucionário e irresponsável."

"Ah, sim, eu tinha esquecido — a acusação de fomentar a revolução. Bem, nesse ponto acho que você me entendeu mal. Afirmei que há três políticas básicas propostas como visão alternativa do dinheiro.

"A primeira tem a ver com a gestão do padrão monetário. Você tem razão quando afirma que uma das principais diferenças entre a visão convencional e a alternativa do dinheiro é que o padrão monetário pode — e deve — ser administrado conscientemente. A visão convencional pressupõe que o valor econômico seja um fato natural. Assim sendo, o papel do dinheiro e das finanças é medi-lo — mas não influenciá-lo. O padrão monetário é o fulcro da balança da justiça política — e, da mesma forma que o fulcro numa balança física, tem que ser posto no lugar correto para ser preciso. Qualquer redistribuição necessária para equilibrar as coisas entre diferentes membros da sociedade deve ser alcançada tirando de quem está de um lado da balança e dando para quem está do outro lado — ou, talvez, tornando mais equitativo o processo de acumulação de coisas propriamente dito, de modo que não seja necessário esse tipo de redistribuição.

"A visão alternativa do dinheiro enxerga o valor econômico não como um fato natural, mas como um conceito inventado com a intenção de organizar a sociedade da maneira mais justa e mais próspera. O papel do dinheiro e das finanças, portanto, não é apenas medir o valor — mas também alcançar esse objetivo. Não há, assim, nada intrinsecamente errado com um reposicionamento do fulcro na balança da justiça, uma vez que o objetivo não é ser preciso — noção sem sentido no mundo social —, mas ser justo e próspero. Na visão alternativa do dinheiro, certamente uma maneira de fazer as coisas é manter o fulcro fixo, enquanto se transfere peso de um braço para o outro da balança, por meio da redistribuição fiscal. É, inclusive, o jeito mais comum numa situação normal. Mas, devido à natureza da sociedade monetária, é inevitável que de tempos em tempos ocorram desigualdades insustentáveis que não podem ser corrigidas dessa forma. Quando isso acontece, é hora de mexer no fulcro para restabelecer o equilíbrio."

"Você e suas balanças, de novo! Entendi. Mas na prática você está falando de inflação mais alta, certo? Você está propondo uma volta aos anos 1970."

"Bom, você tem razão, acho que muitos países estão atualmente em um ponto em que as desigualdades financeiras atingiram dimensões insustentáveis — o ponto em que há um endividamento excessivo. E é verdade que acho que a estratégia atual de buscar queimar gordura dessa montanha de dívidas — tentar amortizar aos poucos o endividamento — não é factível politicamente nem desejável economicamente. Em vez disso, tomando emprestada uma ideia de Sólon, temos que encarar o problema, seja criando alguns anos de inflação significativamente mais alta, seja reestruturando diretamente o fardo da dívida. O certo é que a crise provou que considerar uma inflação reduzida e estável como o bastante para a estabilidade monetária foi um enorme equívoco. O objetivo final da política monetária não é a estabilidade monetária, ou a estabilidade financeira, mas uma sociedade justa e próspera; e não importa o quanto esse objetivo esteja distante da atividade cotidiana do banco central, ele representa o único guia confiável para suas políticas. Então, sim: acho que chegou a hora de abandonar o culto das metas de inflação e voltar à ideia mais ampla daquilo que uma política monetária deve alcançar — e dar aos bancos centrais uma caixa de ferramentas maior para a busca desses objetivos tão difíceis."

"Dar ainda mais ferramentas a um bando de burocratas que não precisa prestar contas? Só um socialista poderia pensar numa coisa dessas!"

"Nem tanto. E isso nos leva à segunda política. Os bancos centrais não devem ser independentes. Ou pelo menos não como são agora.

"Na visão alternativa do dinheiro, a questão de quem decide quem deve emitir moeda e com que padrão é, como vimos, vital. E como o dinheiro é a tecnologia definitiva para a organização descentralizada da sociedade, só existe uma resposta eficaz — a de Sólon. Só a democracia proporciona a sensibilidade à conjuntura e a legitimidade para rechaçar as críticas, ambas necessárias para que o dinheiro funcione de maneira sustentável. De vez em quando será preciso ajustar o fulcro da balança, e só a democracia pode decidir quando e o quanto.

"Por isso, a visão alternativa do dinheiro não está propondo, nem de longe, dar a um banco central que não presta contas uma caixa de ferramentas maior. Pelo contrário. Como resultado de nossa péssima situação econômica atual, estamos reaprendendo um fato: que a política monetária é intensamente política; por isso, nela, como em qualquer política, o desafio é governar bem — em vez de fingir que não é preciso governar. E se nos resta alguma fé em nossos sistemas democráticos, liberais, a única maneira de fazer isso é restabelecer o elo entre as instituições e os legisladores.

"Também há outra implicação. A visão alternativa do dinheiro mostra que o setor bancário se assemelha em muito ao funcionalismo público. O dinheiro é uma tecnologia de governo — num mundo ideal, de autogoverno —, e os bancos são sua burocracia. Por isso, as virtudes burocráticas da confiabilidade, da ética no serviço público e da aversão ao risco são tão importantes no setor bancário quanto no empreendedorismo. E, o que é mais importante, a criação e a administração do dinheiro pelos bancos particulares também devem estar sujeitas à orientação definitiva da democracia. Claro que não estou, nem de longe, propondo uma estatização generalizada dos bancos — muito menos uma escalada na guerra armamentista convencional regulatória que estamos vivendo atualmente. Mas a compreensão alternativa do dinheiro com certeza acarreta uma rigorosa regulamentação das atividades especificamente monetárias dos bancos, conforme as prioridades políticas."

"Ah, sim! Como eu poderia ter esquecido, seu plano de paraíso eterno para a reforma do sistema bancário e do próprio dinheiro!"

"Exatamente. A terceira implicação política da visão alternativa do dinheiro é que temos que buscar uma reforma mais radical do dinheiro e das finanças, de modo que possamos confiar numa regulamentação política atuante apenas na área mais restrita possível."

"Refresque minha memória — isso tudo com que objetivo?"

"O objetivo é tentar reduzir a necessidade de supervisão ativa, por parte do governo, do dinheiro e das finanças — um objetivo nem um pouco socialista, não é? O sistema monetário, em sua configuração atual, é falho: é intrinsecamente instável. A visão alternativa do dinheiro reconhece esse problema e dá a entender que a melhor forma de lidar com ele é dar um passo assustador: realizar uma cirurgia radical, em vez de continuar a prescrever tratamentos paliativos. E reformar o sistema bancário também é a única maneira prática de atacar uma questão ainda mais antiga: qual o papel apropriado do dinheiro na organização de nossa vida."

"O quê? O *narrow banking* vai responder aos Skidelskys 'quanto é suficiente', e ao professor Sandel, 'o que o dinheiro não compra'? É um tanto forçado!"

"Não sei se chega a tanto. Mas a maior diferença de todas entre as visões convencional e alternativa é que a visão alternativa reconhece o dilema genuíno em que as pessoas recaem — hoje como 2500 anos atrás — a respeito do alcance do dinheiro na coordenação da vida social. A tradição cética é útil, porque nos alerta para as respostas erradas em relação àquilo que deve ser pesado ou não na balança do dinheiro: a solução espartana de abolir o dinheiro e retornar à sociedade tradicional, por exemplo; ou a solução soviética de tentar impor restrições administrativas àquilo que pode ou não ser comprado e vendido com dinheiro. Mas é mais útil porque aponta a resposta certa. É a lição do mito de Midas. A raiz da tendência hegemônica irresistível do dinheiro, ela nos ensina, não é a moral, não é o homem nem é o mercado: é o próprio dinheiro. Em sua forma atual, a promessa do dinheiro parece irresistível — mas apenas porque, como descobriu Midas, ela é na verdade irrealizável. Se essa promessa for restrita apenas ao dinheiro soberano, por meio da reforma estrutural do *narrow banking*, o incentivo à mediação de todas as coisas com o dinheiro diminuiria drasticamente. Despojada de sua promessa ilusória, a sociedade monetária talvez encontre seus limites naturais — porque Midas compreenderia de cara que as relações humanas são tão valiosas quanto as financeiras."

"Então, você vai arquivar as metas fixas de inflação e liberar a impressão de dinheiro para escapar da ressaca do endividamento. Você vai armar até o pescoço os bancos centrais e mandá-los atirar até que os políticos peçam para parar. Você vai transformar os bancos num braço do serviço público e dizer aos poupadores que, caso eles queiram um rendimento decente para suas cestas de ovos, é melhor se prepararem para aceitar alguns prejuízos também. E, se alguém reclamar dessa admirável nova mistura política, você dirá que não se preocupe, porque, além de prevenir crises financeiras, é a única maneira de evitar um tirano perturbado de livro infantil. Para mim é um cruzamento de Karl Marx, Ayn Rand e Irmãos Grimm. E tenho dito."

"E estou só começando: estas são apenas as medidas práticas. Considerando que todos esses problemas têm origem na compreensão equivocada do dinheiro, não adianta muito reformar as políticas se não reformarmos também as ideias por trás delas. Então também existem algumas medidas intelectuais.

"O que eu quis afirmar é que a chave é a economia. A economia ortodoxa moderna é um conjunto de ideias incrivelmente poderoso, que permeia não apenas os bancos centrais e ministérios das finanças do mundo inteiro, mas também a cultura popular e a ética pessoal. E a visão convencional do dinheiro está arraigada em seu núcleo. A longo prazo, mais importante que qualquer política prática que acabamos de discutir é a reforma da economia. Assim como ocorre com as políticas concretas, reformas paliativas não vão resolver. Precisamos executar a reforma que nunca aconteceu. Precisamos reformular a economia para que ela parta de uma compreensão realista do dinheiro. Na visão alternativa do dinheiro, compreender corretamente a economia também significa compreender a política, a história, a psicologia — e a ética. O conhecimento prático de finanças e comércio ensinado nas escolas de administração atuais e a compreensão detalhada das instituições e de sua evolução, ensinada nas faculdades de história, precisam ser reintegrados ao ensino de economia, pois, como disse Bagehot, 'nenhum argumento abstrato e nenhuma computação matemática' podem ensinar o que realmente determina a confiança no mundo real. Ao mesmo tempo, a capacidade de abordar de maneira adulta os dilemas morais e políticos discutidos nas faculdades de filosofia e ciências políticas também precisa encontrar um espaço, pois, como disse Keynes, 'a economia é uma ciência moral, e não natural', e por isso o economista deve ser 'um pouco matemático, historiador, estadista e filósofo'."

"Certo. Então, depois que as dívidas desaparecerem e o setor bancário sofrer eutanásia, só nos basta repensar a economia de cima a baixo. Perdoe-me pela falta de imaginação. Mas para mim isso tudo parece radicalmente sem sentido e absolutamente irrealista. Desculpe-me: se você está me pedindo para optar pela sociedade, pela regulamentação e pelo governo, contra o individualismo, a livre escolha e o mercado, pode esquecer — são eles nossas últimas esperanças. E se está me pedindo para jogar fora tudo que a economia nos ensina hoje e começar tudo de novo, não conte comigo tampouco. Se tem uma coisa que a minha carreira empresarial me ensinou é não perder tempo com causas perdidas — por mais que elas sejam justas."

"Mas eu concordo com tudo isso. As medidas práticas e intelectuais que acabei de descrever não têm a intenção de iniciar uma revolução socialista — e sim de evitá-la.

"Hoje, pela primeira vez nesta geração, e até mais, muita gente — e sobretudo aqueles sem interesse em manter o status quo — está perdendo a fé na capacidade do atual sistema econômico de proporcionar paz, prosperidade, liberdade e justiça. Você conhece os fatos. Faz mais de duas décadas que a renda média dos lares norte-americanos sobe muito pouco. As desigualdades de riqueza são maiores agora que em qualquer outra época, desde os anos 1930. Os *baby boomers* detêm toda a propriedade residencial, e ninguém abaixo dos trinta anos consegue se tornar proprietário. Não se trata de problemas de curto prazo — eles vêm crescendo ao longo das décadas. A crise apenas os expôs e agravou. Sei que você vai rir se eu mencionar o movimento Ocupe Wall Street ou os indignados de Madri — mas é gente que faz uma pergunta que parece totalmente razoável, se você olhar apenas para os números: o capitalismo é mesmo isso tudo que dizem que é?

"Agora, estamos de acordo que, no geral, ele é — ou pelo menos é melhor que todo o resto. Mas, a menos que possamos explicar o que deu errado, a discussão será inútil. A minha resposta você conhece: o problema não é o capitalismo, mas o dinheiro e a forma como pensamos nele. Você pode achar que essa resposta induz a políticas excessivamente radicais e que a revolução intelectual é impraticável. Mas as alternativas — seja manter as coisas como estão ou trocar o capitalismo por outra coisa — são piores. Mais uma vez vou ter que recorrer a um pensador mais esperto e convincente para convencê-lo. Mas agora vou ficar com um dos próprios gênios negligenciados. A você não agrada a ideia de manipular conscientemente o padrão monetário e sujeitar os bancos centrais ao controle político, porque você é contra a interferência do governo nos negócios. Num período normal, é um princípio operacional bastante correto. Mas, como advertiu Keynes em 1923, aqueles que seguem de maneira dogmática esse princípio se tornam 'os maiores inimigos daquilo que buscam preservar. [...] Nada pode preservar a integridade do contrato entre indivíduos, a não ser a autoridade discricionária do Estado para revisar aquilo que se tornou intolerável. [...] Os absolutistas do contrato [...] são os verdadeiros pais da revolução'. Da mesma forma, você acha que a reforma da economia é uma causa perdida — e eu concordo que não será fácil. Mas já que, como Keynes escreveu em 1936, 'cedo ou tarde são as ideias, e não os interesses escusos, que são perigosos para o bem ou para o mal', é necessário fazer a reforma para que o dinheiro seja salvo de si mesmo.

"Veja você, então: o que cria o risco de uma revolução não é testar a compreensão alternativa do dinheiro — é aferrar-se à compreensão convencional."

"O.k., o.k.", disse meu exasperado amigo, "eu desisto! Talvez você tenha razão. Eu lhe concedo o benefício da dúvida. Definitivamente, estamos numa tremenda confusão, então acho que devíamos adotar algumas políticas arriscadas. E já que admiti que precisamos pensar de uma maneira diferente em relação ao dinheiro, suponho que é melhor fazer o que é lógico e tentar ensinar nossos futuros economistas de outra forma. Sim, acho que vou escrever para minha antiga universidade e pedir que acrescentem ao currículo alguns desses gênios negligenciados."

"Até que enfim! Aí sim!"

"Vou escrever para minha deputada e pedir que ela apresente um projeto de lei criando o *narrow banking*."

"Isso! Essa é a ideia!"

"E o que fazer com a diretora do Fundo Monetário Internacional? Devo mandar um e-mail para ela também!"

"Claro! Acho até que ela já concorda com isso!"

"Mas primeiro vou escrever para o novo presidente do Banco da Inglaterra e dizer-lhe que pare de se preocupar com a tal da meta de inflação e nos tire dessa ressaca econômica com uma dose da boa e velha inflação!"

"Bravo! Só que... tem mais uma coisa que eu devia ter mencionado."

"O quê? Não me diga que você se esqueceu de alguma política."

"Não, não, não é isso. É só que há outra coisa importante a respeito do dinheiro — em certo sentido, a mais importante — que eu me dei conta de que esqueci de explicar."

"Depois disso tudo? Bom, o que é?"

"É só que, veja bem, na verdade o Estado não controla o dinheiro — por isso acho que algumas dessas cartas que você vai mandar estão com o endereço errado."

"O quê?"

"Não. Veja bem, o dinheiro é um fenômeno social — como a linguagem. Por isso, toda a noção de que o Estado ou o banco central controla seu padrão é na verdade um mito. Ele não controla o padrão monetário, da mesma forma que os editores do *Oxford English Dictionary* não controlam o significado das palavras."

"Você deve estar brincando."

"Receio que não.

"Veja bem, como o dinheiro, da mesma forma que a linguagem, é intrinsecamente social, não é possível simplesmente inventá-lo por conta própria. Certa vez, um economista famoso disse que qualquer um pode emitir dinheiro — o problema é fazer os outros aceitá-lo. É exatamente isso: qualquer um pode criar uma promessa de pagamento — e, conforme as outras pessoas avaliam a credibilidade e a liquidez dessas promessas, elas podem circular como dinheiro. Mas o economista famoso estava pressupondo que essas promessas são denominadas em dólares, euros, libras ou coisa que o valha. Porque o que ninguém pode fazer é emitir a própria moeda — independente da credibilidade do emissor — denominada em sua própria unidade monetária particular. Essas promessas seriam, literalmente, sem sentido. Seria absurdo eu ou você decidir unilateralmente nosso próprio padrão monetário, da mesma forma que é absurdo Humpty Dumpty afirmar a Alice que suas palavras significam apenas o que ele quer que signifiquem.

"Mas o Estado não é exatamente como você e eu, é claro. Seu tamanho e sua influência não têm rival — e, se você tem que lidar com ele regularmente, como a maioria de nós, ele pode, até certo ponto, ditar os termos. Por exemplo, o Estado pode — principalmente se for totalitário — manipular o significado das palavras. E quando a questão é o padrão monetário, o peso das promessas de pagamento do soberano exerce um efeito significativo sobre seu valor e sobre a extensão de seu uso pelo público em geral. É por isso que as hiperinflações estão invariavelmente associadas ao colapso do crédito e da própria legitimidade do Estado.

"Mas o Estado não é a sociedade; por isso, o controle do Estado sobre o padrão nunca é total. Se o padrão monetário, como a linguagem totalitária, se dissocia da realidade a ponto de se tornar inútil aos olhos de seus usuários, a sociedade pode e vai improvisar uma alternativa. É por isso que, quando a inflação foge do controle em mercados emergentes, as pessoas começam a 'redenominar' os preços em dólares, ou euros, mesmo que na verdade praticamente não haja notas de dólar ou euro em circulação. De vez em quando, como os emissores de *crédito* na Argentina ou os banqueiros cambiais italianos do século XVI, as pessoas criam seus próprios padrões. Qualquer que seja o caso, elas lançam mão de um padrão monetário que servirá efetivamente a seu objetivo declarado — a coordenação da sociedade monetária —, substituindo o padrão que o Estado tornou quase literalmente sem sentido."

"O.k.," disse meu amigo, desconfiado, "e daí? Qual o significado de tudo isso para nosso programa revolucionário — ops, conservador? Você está tentando me dizer que não adianta eu escrever para o novo presidente do Banco da Inglaterra, no fim das contas, porque na verdade ele não controla a inflação e na verdade ele não manda no nosso dinheiro?"

"Não — não é bem isso. O Estado exerce, sim, uma grande influência, ainda que indireta, sobre o padrão monetário. Então acho que você pode mantê-lo na sua lista. O mesmo vale para todos os outros que você mencionou. Os legisladores monetários e financeiros, nacionais e internacionais, têm bastante poder sobre o dinheiro. Da mesma forma, os acadêmicos e os profissionais das finanças, que são os sumos sacerdotes da economia, têm enorme influência sobre as ideias que moldam a sociedade monetária. Por isso, você certamente deve fazer lobby junto a todos eles. Só que, como em última análise o dinheiro é um fenômeno social, como a linguagem, nenhuma dessas pessoas é a responsável definitiva por ela, assim como os professores de inglês não são os responsáveis pelo inglês e a Academia Francesa não é responsável pelo francês. Se você concorda que o dinheiro é uma tecnologia social, e não uma coisa; que a maneira convencional de pensar a respeito do dinheiro está equivocada e provoca um defeito nessa tecnologia, mas que a forma correta de pensar a respeito dele está disponível, e permite que o dinheiro realize seu potencial como maior ferramenta de autodeterminação jamais inventada, então não adianta apenas escrever para os especialistas."

"Mas para quem, então, devo escrever? Quer dizer, quem é responsável pelo dinheiro?"

"Ah... você, mais do que ninguém, vai gostar da resposta. O responsável é você."

"Você quer dizer: eu e todo mundo que faz uso dele."

"Sim, acho que é uma maneira mais correta!"

"Então, se realmente queremos reformar o dinheiro..."

"... Receio que a tarefa, no fim, caiba a nós mesmos."

"Eu sabia", disse meu amigo, com o ar satisfeito de quem descobre que tinha razão desde o início. "Se quiser algo bem-feito, faça você mesmo."

AGRADECIMENTOS

São tantos os professores, amigos e colegas com os quais aprendi ao longo dos anos e a quem devo meus sinceros agradecimentos, que chega a ser injusto pinçar este ou aquele. Mas são tão raras as oportunidades de expressar reconhecimento público àqueles que fizeram tanto não apenas por mim, mas por tantos outros estudantes, que eu gostaria de agradecer aqui a Tom Earnshaw, Steve Spowart, John Birkin, Peter Noll e Lorne Denny; Jasper Griffin, Oswyn Murray e o saudoso Oliver Lyne; Mike Veseth e o saudoso Pat McCarthy; e Chris Adam, Anthony Courakis, Colin Mayer, o saudoso John Flemming e meu incomparável orientador de doutorado, Antoni Chawluk.

Este livro é uma obra de síntese, obviamente — e assim sendo tenho uma enorme dívida de gratidão para com os vários estudiosos brilhantes em cujas ideias ele se baseia. Além disso, eu gostaria de fazer um agradecimento especial a vários deles que foram excepcionalmente generosos com seu tempo e seus conhecimentos, comentando ou discutindo comigo o esboço dos capítulos. Nesse sentido, meus mais sinceros agradecimentos a Richard Seaford, Antoin Murphy, James Macdonald, Hannah Dawson, Edward Skidelsky, Arthur Edwards, Wendy Carlin, Simon Wren-Lewis, Colin Mayer, Andy Haldane, Richard Harrison, John Kay, Perry Mehrling, Robert Skidelsky e Mark Bearn. Ben Tobias prestou apoio inestimável na pesquisa. Desnecessário dizer que quaisquer erros ou colocações infelizes que persistirem são de minha responsabilidade.

O trabalho prático de escrever o livro contou com a grande ajuda do Centre for Global Studies, de Londres, que me aceitou como pesquisador associado na primeira metade de 2012. Meu agradecimento sincero a Olga Bogomazova e ao Centre, por terem me cedido o ambiente de trabalho ideal.

Devo um agradecimento especial a duas pessoas — Há-Joon Chang e Robert Skidelsky —, que me incentivaram a escrever este livro, para valer, em vez de simplesmente ficar falando dele. Da mesma maneira, Will Goodlad, Joy de Menil, Philip Delves Broughton, Nicole Aragi, Tim Moore, Barnaby Martin, Joanna Kavenna, Anna Webber, Rory Stewart e Aleksandar Hemon deram incentivo e conselhos práticos brilhantes e enormemente apreciados. Quanto a minha empresária, Natasha Fairweather, ela é simplesmente sem igual. Nenhum agradecimento é o suficiente para ela e o restante de sua equipe na A. P. Watt — Linda Shaughnessy, Lucy Smith e Donald Winchester.

Tive uma enorme sorte de encontrar dois editores exemplares nas figuras de Stuart Williams, na The Bodley Head, e Andrew Miller, na Knopf. É evidente que este livro nunca teria visto a luz sem o apoio e a atenção meticulosa de ambos. E, mesmo que tivesse, teria sido muito pior — e muito mais longo também. Sou enormemente grato a ambos, a Katherine Ailes e ao resto da equipe da The Bodley Head, em Londres.

Por fim, e mais importante, devo agradecer a minhas filhas por terem aguentado minha ausência; e, acima de tudo, a minha esposa, Kristina — sem ela, não existiriam nem este livro nem muitas outras coisas mais importantes. Obrigado por tudo, querida.

NOTAS

1. O QUE É O DINHEIRO? [pp. 9-41]

1   Furness, 1910.
2   Ibid., p. 92.
3   Ibid., p. 93.
4   Ibid., p. 98.
5   Ibid., p. 96.
6   Ibid., p. 97.
7   Ibid., pp. 97-8.
8   Keynes, 1915a.
9   Aristóteles, 1932, I.3, pp. 13-4. Como veremos no cap. 8, Aristóteles também desenvolveu uma teoria bastante diferente, no entanto.
10 Locke, 2009, pp. 299-301.
11 Smith, A., 1981, pp. 37-8.
12 Ibid., p. 38.
13 Ibid., pp. 38-9.
14 O antropólogo David Graeber se exaspera apresentando um catálogo de manuais recentes. Ver Graeber, 2011, p. 23.
15 Dalton, 1982.
16 Humphrey, 1985, p. 48.
17 Kindleberger, 1993, p. 21.
18 Graeber, op. cit., p. 28.
19 T. Smith, 1832, pp. 11 ss.

20 Mitchell Innes, 1913.
21 Estatísticas do Federal Reserve Bank de St. Louis e do Banco da Inglaterra, respectivamente, para nov. 2011.
22 Friedman, 1991.
23 Disponível em: <http://www.centralbankmalta.org/site/currency1b.html>. Acesso em: 18 mar. 2016.
24 Peter Spufford — o maior historiador britânico do dinheiro na Europa medieval — discute as armadilhas historiográficas que resultam desse fato, na introdução de Spufford, 1988.
25 W. Goetzmann e L. Williams, "From Tallies and Chirographs to Franklin's Printing Press at Passy". In: Goetzmann e Rouwenhorst, 2005, pp. 108-9.
26 Ver Clanchy, 1993, pp. 123-4; e Goetzmann e Williams, op. cit.
27 Charles Dickens, do *Speech on Administrative Reform* [Discurso sobre a reforma administrativa], feito no Teatro Real, Drury Lane, em 27 jun. 1855.
28 Ibid.
29 O historiador Michael Clanchy observou nisso uma ironia. No momento em que os governantes da Grã-Bretanha ordenavam, em nome do progresso e da reforma, a destruição proposital e total de seus registros financeiros mais importantes dos seiscentos anos anteriores, eles instruíam os comissários de registros a iniciar a primeira compilação dos registros medievais mais antigos em pergaminho, a começar pelos "rolos de Chancery", dos tempos do rei João. Como lamenta Clanchy, "os comissários não cogitariam queimar o *Domesday Book* ou "rolos de Chancery", porém os registros do Tesouro foram deliberadamente destruídos porque eram de madeira, material tosco demais para os acadêmicos apreciarem" (Clanchy, 1993, p. 125).
30 Goetzmann e Williams (op. cit.) descrevem e analisam uma coleção desse tipo, mas reconhecem espontaneamente o quanto é difícil saber com certeza o significado de talhas isoladas.
31 *Irish Independent*, 1º maio 1970, pp. 1 e 24.
32 Banco Central da Irlanda, 1970, p. 6.
33 *The Times*, 14 jul. 1970, p. 20.
34 *Irish Independent*, 28 maio 1970, p. 30.
35 Ibid., p. 9.
36 *Irish Independent*, 13 jun. 1970, p. 1.
37 Banco Central da Irlanda, op. cit., p. 47.
38 Murphy, 1978, p. 44.
39 Ibid., p. 45.
40 Macleod, 1882, p. 188.
41 Ibid., p. 481.
42 A referência clássica é Knapp, 1924. Voltaremos a falar em cartalismo nos caps. 4 e 8.
43 R. Feynman, "How to Enjoy a Trip to the Dentist: The Mystery of Magnetic and Electrical Forces", terceiro episódio de *Fun to Imagine*, 22 jul. 1983. Disponível em: <http://www.bbc.co.uk/archive/feynman/10702.shtml>. Acesso em: 13 jul. 2014.

2. A MEDIDA DO DINHEIRO [pp. 43-64]

1 A *aristeía* de Diomedes, ou a superioridade individual do herói, por exemplo, abarca todo o Canto V e os primeiros 236 versos do Canto VI da *Ilíada*.
2 O escudo é descrito na *Ilíada*, Canto XVIII, vv. 478-608.
3 Seabright, 2004, p. 15.
4 *Ilíada*, op. cit., Canto II, vv. 272-5.
5 Fragmento 23 do poeta e estadista Sólon, dos séculos VII e VI a.C., a partir da tradução para o inglês de M. L. West. Dístico idêntico também é atribuído a outro poeta aristocrático do século VII, Teógnis de Mégara, nas linhas 1253-6.
6 Ver Seaford, 1994, pp. 42-53. Seaford resume: "A participação coletiva no ritual — assim como na distribuição da carne — numa ordem fixa cria a comunidade (*koinomia*)" (p. 44).
7 Ver, por exemplo, o primeiro capítulo de Macdonald, 2006, p. 14, que fornece uma listagem histórica útil das instituições socioeconômicas dos povos tribais. O estudo comparado clássico do fenômeno da troca de presentes é de M. Mauss, 1954, cuja segunda linha resume numa única frase os resultados de décadas de pesquisa de numerosas sociedades primitivas e arcaicas: "Em [...] muitas [...] civilizações, os contratos são cumpridos e as trocas de mercadorias são feitas por meio de presentes".
8 Parry e Bloch, 1989, pp. 23-4.
9 E que, é claro, sobreviveu até a nossa própria era, sob a forma da Eucaristia cristã.
10 As evidências são os misteriosos menires de Göbekli Tepe, na atual Turquia, onde se inscreveram ilustrações elaboradas de pessoas e animais num passado tão remoto quanto 15 000 a.C.
11 Nissen, 1988, pp. 70-3. A título de comparação, a região urbana da Atenas clássica tinha apenas cerca de 2,5 quilômetros quadrados; e Jerusalém, depois da expansão de c. 43 d.C., atingiu 1 quilômetro quadrado. Estimativas do tamanho da população das cidades da antiga Mesopotâmia, mesmo vagas como aquelas aqui fornecidas, são forçosamente especulativas: ver Van de Mieroop, 1997, pp. 95-7.
12 O relato seguinte de Ur, nos primórdios do período da Antiga Babilônia (2000-1600 a.C.), se baseia em Van de Mieroop, 1992.
13 Ibid., pp. 77-8.
14 Ibid., p. 208.
15 É evidente que o termo "economia planificada" não é estritamente adequado, porque alude às economias socialistas do século XX (d.C.). Em especial no fim do Império Paleobabilônico, como documentado em Van de Mieroop (op. cit., 1992), certas porções das economias urbanas mesopotâmicas estavam aparentemente sob um controle central muito menos rígido. O mais provável é que as economias mesopotâmicas urbanas tenham incorporado uma economia dos templos redistributiva e administrada, à qual se adicionava um tipo de atividade comercial e produtiva de pequena escala, fora do controle direto da burocracia.

16 V. G. Childe, em "What Happened in History", 1954, p. 93, citado por Schmandt-Besserat, 1992, p. 6.
17 Schmandt-Besserat retraça a versão mais precoce dessa teoria a William Warburton, que a propôs em seu *Legado divino de Moisés*, de 1738. Ver Schmandt-Besserat, op. cit., pp. 4 ss.
18 Esta última interpretação não era tão bizarra quanto pode parecer. Jogos de tabuleiro eram, na verdade, uma característica importante da vida mesopotâmica, como atesta o famoso tabuleiro do "Jogo Real de Ur", hoje no Museu Britânico. Mas o número absoluto de artefatos de argila descobertos indicava uma obsessão com o jogo em uma escala um tanto improvável. A conclusão tirada pelo eminente arqueólogo Ernest Mackay em seu relatório de campo do sítio de Jemdet Nasr, em 1931 — "o fato de os jogos realizados com essas peças terem sido extremamente populares é provado pelo grande número delas encontrado" —, não passa de um raciocínio circular.
19 Carleton S. Coon, em seu relatório de campo da caverna Belt, no Irã, citado por Schmandt-Besserat, 1977.
20 Ver Dantzig, 1930, para mais sobre a história do conceito de número.
21 Schmandt-Besserat, 1979.
22 Id., op. cit., 1992.
23 Houve importantes estágios nesse desenvolvimento — sobretudo um estágio antes de 5500 a.C., aproximadamente, em que a maioria dos símbolos carecia de decoração, e o estágio seguinte, em que desenhar nos símbolos usando um cálamo era um meio de introduzir uma flexibilidade adicional no sistema. Ver Schmandt-Besserat, op. cit., 1992.
24 UET 5: número 572 (RS 9), citado em Van de Mieroop, op. cit., 1992, p. 83.
25 Ver Hudson e Wunsch, 2004, para mais sobre esse tópico fascinante.
26 Embora a ausência de dinheiro na Idade das Trevas grega seja incontroversa, há certo debate a esse respeito em relação ao Oriente Próximo. Seaford, 2004, dedica um apêndice (pp. 318-57) a uma extensa revisão das evidências dessa ausência; mas admite que uma discordância entre os acadêmicos ainda persiste. Qualquer resposta dependerá crucialmente da definição exata de dinheiro. Pela interpretação que seguimos aqui, os sistemas de contabilidade financeira desenvolvidos na antiga Mesopotâmia não fizeram de maneira descentralizada a transição para o emprego de uma moeda de uso geral, baseada num conceito universal de valor econômico espalhado por toda a sociedade, mas, em vez disso, criaram um sistema sofisticado de unidades de emprego limitado, para uso da burocracia clerical em sua planificação econômica.
27 Kula, 1986, p. 8.
28 Ibid., p. 22.
29 Ibid., pp. 4-5.
30 O conjunto de seis unidades básicas, propriamente dito, fora na verdade apoiado como a Resolução 6 do X Encontro da Conferência Geral, em 1954 — mas foi a Resolução 12 da XI Conferência Geral que o estabeleceu como *Système International*, incluindo abreviações oficiais e uma lista de unidades adicionais e derivadas. No XIV

Encontro da Conferência Geral, em 1971, uma sétima unidade básica, o mol (quantidade de substância), foi acrescentada. A história da criação do SI — e muito mais — é contada em Crease, 2011.

31 Mais precisamente, "em termos do comprimento de onda no vácuo da radiação correspondente à transição entre níveis específicos de energia do átomo do krípton 86". Em 1983, a XVII Conferência Geral de Pesos e Medidas redefiniu o metro como o comprimento de onda percorrido pela luz no vácuo durante uma fração específica de segundo (embora ainda não tenha sido possível operacionalizar essa redefinição).

32 Kula, op. cit., p. 42.

33 "Slicing an Apple", *The Economist*, 10 ago. 2011. As proporções apresentadas são as do valor total em dólares.

3. A INVENÇÃO DO VALOR ECONÔMICO PELOS EGEUS [pp. 65-82]

1 Mitchell Innes, 1914, p. 155.

2 B. Applebaum, "A Life's Value May Depend on the Agency, but It's Rising: As U.S. Agencies Put More Value on a Life, Businesses Fret". *The New York Times*, 16 fev. 2011.

3 Esses versos anunciam que a taça é o famoso vaso de beber pertencente ao herói homérico Nestor — e por isso representam um exemplo de sofisticação técnica instantânea capaz de rivalizar com Tristram Shandy, de Sterne, já que esta amostra precoce da escrita grega também é a mais antiga alusão literária — a uma passagem da *Ilíada* — e a mais antiga subversão irônica de tal alusão —, já que a taça homérica de Nestor era tão grande e ornamentada que mal podia ser erguida, enquanto a taça com inscrições é uma humilde tigela de barro. Ver O. Murray (1993, pp. 92-101) para mais detalhes sobre a transmissão do alfabeto e seu impacto.

4 A fonte moderna da análise do impacto da alfabetização na cultura grega é o artigo de Jack Goody e Ian Watt, publicado em 1963, "The Consequences of Literacy", republicado em J. Goody, 1968. Goody e Watt eram antropólogos, e não historiadores da Antiguidade — e suas hipóteses foram fortemente influenciadas pela pesquisa antropológica do psicólogo soviético Alfred Luria, que realizou um estudo extraordinário dos efeitos cognitivos da transição da cultura oral à escrita nas circunstâncias singulares encontradas na Ásia Central soviética nos anos 1920 e 1930 (publicado em inglês na sua obra de 1976, "Cognitive Development: Its Cultural and Social Development"). "Orality and Literacy", publicado em 1982 pelo jesuíta Walter Ong, fez outra contribuição básica. Desde então, o tema passou a ser visto como fundamental para a compreensão da história grega arcaica. Ver O. Murray (1993, pp. 98--101) para uma discussão concisa.

5 É claro que não foi apenas o fluxo de novas tecnologias do antigo Oriente o catalisador dessa revolução intelectual: houve igualmente empréstimos de grande importância. Ver West, 1971.

6   O. Murray, op. cit., p. 248.
7   Nissen, Damerow e Englund, 1993, p. 51.
8   É muito difícil provar de forma conclusiva a hipótese de que foi especificamente o ritual da distribuição de sacrifícios que forneceu a matéria-prima para a ideia do valor econômico universal. No entanto, os argumentos a favor dela não se limitam a seu papel incomum na expressão da igualdade do indivíduo no seio da tribo. Também há importantes evidências circunstanciais: as unidades monetárias gregas mais antigas eram o óbolo — nome dos espetos em que se distribuíam as porções de carne de sacrifício dos celebrantes — e o dracma — cujo sentido original era "punhado", presumivelmente desses espetos. Ver Parker (1996) para os detalhes do ritual propriamente dito; Seaford (1994 e 2004) para a exposição da teoria da qual deriva a hipótese. A evidência em favor da hipótese geral de que as unidades monetárias abstratas derivam originalmente de instituições sociais nesse sentido amplo foi fornecida por Grierson, 1977; a famosa aula de Grierson defendeu de forma análoga a ideia de que as unidades monetárias europeias medievais surgiram sob uma ideologia política igualitária semelhante, entre as tribos germânicas da Idade das Trevas europeia, neste caso ritualizada pela instituição do *wergild*, a compensação convencional a danos pessoais.
9   Ver, por exemplo, *Supplementum Epigraphicum Graecum* XII. 391, citado em Von Reden, 2010, p. 36.
10 Plutarco, *Sólon*, 23.4, citado em Von Reden, 2010, p. 37.
11 L. H. Jeffrey e A. Morpurgo Davies, *Kadmos*, 1970, fig. 1, lado A; citado em Von Reden, 2010, p. 36.
12 Peter Spufford (1988) demonstrou a conexão intrínseca entre dinheiro e mercados na Idade Média: "Um dos fenômenos marcantes do século X, tanto na Alemanha quanto na Inglaterra, é o grande número de novos centros comerciais criados deliberadamente por decisão imperial ou real [...]. A dupla concessão do direito de realizar uma feira e de cunhar moeda deu uma nova dimensão à vida urbana [...]. A feira e a cunhagem andavam juntas. A feira não era de escambo, mas de venda e compra com dinheiro, e para viabilizar isso a cunhagem era necessária" (p. 75). Sobre um dos exemplos mais precoces de tal concessão — à abadia de Saint Gall, pelo sacro imperador romano Otto I em 947, Spufford escreve: "A cunhagem e a feira estão firmemente ligados. Sem dinheiro não pode haver feira" (p. 77).
13 H. Kim, "Archaic Coinage as Evidence for the Use of Money", p. 8, in Meadows e Shipton, 2001. A cunhagem lídia mais antiga foi feita a partir de electrum, uma liga natural de ouro e prata. A maioria das moedas gregas era cunhada com prata — embora metais-base às vezes também fossem usados.
14 Von Reden, 2010, p. 40.
15 Isto é, a primeira experiência de monetização na Europa. Aparentemente o dinheiro também foi inventado, sem influência dos gregos, na Índia e na China — sem falar da controvérsia a respeito de sua possível invenção no antigo Oriente Próximo.
16 Píndaro, *Ístmicas*, 2.11-12. Era um sentimento compartilhado amplamente, porém: Alceu também o citou em um de seus poemas: ver Seaford, 2004, p. 161.

17 Ou, nas palavras de Parry e Bloch (1989): "Por uma notável revolução conceitual [...] os valores da ordem de curto prazo foram transformados numa teoria de reprodução de longo prazo. Aquilo para que nossa cultura (assim como outras) reservara espaço num domínio separado e subordinado tornou-se, pelo menos em alguns setores, uma teoria da ordem abrangente — uma teoria em que apenas o vício particular em estado bruto pode sustentar o benefício público" (p. 29).
18 Este exemplo e os seguintes são tirados de M. Sandel, "What isn't for sale?", *The Atlantic*, abr. 2012. Disponível em <http://www.theatlantic.com/magazine/archive/2012/04/what-isn-8217-t-for-sale/8902/>.
19 A frase ("Lembra que és inglês, e por conseguinte ganhaste o primeiro prêmio na loteria da vida") é atribuída a Cecil Rhodes por Peter Ustinov, no cap. 4 de sua autobiografia de 1977, *Dear Me*. Alhures, é atribuída a Kipling.
20 Sandel, 2012.
21 Locke, 2009, cap. 11, §106.

4. SOBERANIA FINANCEIRA E INSURREIÇÃO MONETÁRIA [pp. 83-100]

1 De la Torre, Levy Yeyati e Schmukler, 2003.
2 T. Catan, "Argentina Snowed under by Paper IOUs: Pesos or Pacificos? A Dizzying Array of Quasi-currencies Now Fill up the Tills", *Financial Times*, 11 abr. 2002. O peso era a moeda argentina. O *lecops*, ou *Letra de Cancelación de Obligaciones Provinciales*, era uma quase-moeda denominada em pesos, emitida pelo Tesouro Nacional argentino. O *patacón*, ou *Letra de Tesoreria para Cancelación de Obligaciones*, era uma quase-moeda denominada em pesos, emitida pelo Tesouro da Província de Buenos Aires. Onze outras províncias e cidades emitiam suas próprias quase-moedas. Ver De la Torre et al., op. cit., p. 77.
3 Colacelli e Blackburn, 2006, p. 4, nota de rodapé 8.
4 *L'Armée des Ombres* [O exército das sombras] é o título de um famoso relato sobre o Maquis, de Joseph Kessels, publicado em 1943 e transformado em filme por Jean-Pierre Melville em 1969.
5 FMI, "Introductory remarks on the Role of the IMF Mission in Argentina by Anoop Singh, Director for Special Operations, IMF", briefing para a imprensa, Buenos Aires, 10 abr. 2002. Disponível em <http://www.imf.org/external/np/tr/2002/tr020410.htm>.
6 Aukutsionek, 1998.
7 P. Ryabchenko, "Talony vmeste deneg", *Nezavisimaya Gazeta*, 13 out. de 1998, citado no capítulo de Caroline Humphrey em Seabright, 2000, p. 290.
8 Seabright, 2000.
9 Relatório Anual do WIR Bank, 2011, resumido em um press release disponível em <www.wir.ch>.
10 Na verdade, pode-se aprender muito a respeito do dinheiro a partir daí, uma das suas encarnações mais simples — como costuma observar o ganhador do Nobel Paul

Krugman. Uma famosa análise daquilo que se pode aprender — e a primeira a atrair a atenção de Krugman — está em Sweeney e Sweeney, 1977.

11 Há exemplos históricos dessa ocorrência durante o início dos anos 1930 na Europa, quando as cooperativas de crédito mútuo angariaram popularidade como forma de fugir à depressão econômica. Na Alemanha, por exemplo, o proprietário de uma mina na cidade bávara de Schwanenkirchen pôs em circulação uma "moeda social", com espetaculares resultados econômicos: "A notícia da prosperidade da cidade, em meio à Alemanha assolada pela depressão, espalhou-se rapidamente", escreveu o economista norte-americano Irving Fisher. "De todo o país vinham repórteres para testemunhar e escrever a respeito do 'Milagre de Schwanenkirchen'." Quando o governo alemão soube da notícia, em novembro de 1931, sancionou uma lei de emergência proibindo todas as "moedas sociais" privadas. Ver Greco, 2001, pp. 64 ss.

12 A Constituição dos Estados Unidos, artigo 1º, Seção 8, estabelece que: "Será da competência do Congresso [...] cunhar moeda e regular o seu valor".

13 Menos populares ainda foram as propostas ocasionais de endossar oficialmente a cocirculação de moedas nacionais existentes. Friedrich von Hayek (1976), por exemplo, propôs isso. Quando o Tesouro britânico adotou essa política como proposta séria de transição eficaz para o euro, no início dos anos 1990, ela foi interpretada pelos demais Estados-membros da União Europeia como uma tentativa de sabotagem.

14 J. Madison, 1788, "Federalist 51: The Structure of the Government Must Furnish the Proper Checks and Balances Between the Different Departments", in Genovese, 2009, p. 120.

15 O protagonista de um debate constitucional mais recente também faz exatamente a mesma conexão: "Numa sociedade verdadeiramente moral, mal seria necessária uma Constituição escrita. Os princípios morais que garantiriam uma moeda forte, e que seria desnecessário um banco central para mantê-la, são a honestidade, que não aceitaria a fraude, e a palavra honrada" (Paul, 2009, p. 149). O dr. Paul, porém, acredita que essa utopia seja realizável.

16 Plutarco, *Péricles*, 12; citado em J. Trevett, "Coinage and Democracy at Athens", in Meadows e Shipton, 2001, p. 24.

17 Ibid.

18 Fundo Monetário Internacional, 2012, Tabela Estatística 5, p. 65.

19 Esta é a essência da teoria cartalista do dinheiro, cujo texto fundador é Knapp, 1924.

20 Essa é uma simplificação radical da visão lançada pelo grande filósofo alemão Georg Simmel em seu livro de 1907. Ver Simmel, 1978.

21 Platão, *Leis* 5.741e-742b.

22 Essa estimativa do número de cidadãos atenienses na segunda metade do século IV a.C. vem de Hansen, 1985, pp. 67-78.

23 Aristóteles, 1932, I.3.13-14.

24 *Guanzi* 73, "Guoxu" III: 70, citado em Von Glahn, 1996, p. 29.

25 *Guanzi* 74, "Shanguoshi" III: 71, citado ibid., p. 33.

26 Sima Chen, "Shi Chi 30: Treatise on the Balanced Standard". In Watson, 1961, p. 80.

27 Citado em Von Glahn, op. cit., p. 36.
28 *Guanzi* 73, op. cit., p. 30.

5. O NASCIMENTO DOS JUROS [pp. 101-17]

1 'Hão de outros, sim, mais molemente os bronzes/ Respirantes fundir, sacar do mármore/ Vultos vivos; orar melhor nas causas;/ Descrever com seu rádio o céu rotundo,/ O orto e sidério curso: tu, Romano,/ Cuida o mundo em reger; terás por artes/ A paz e a lei ditar, e os povos todos/ Poupar submissos, debelar soberbos", Virgílio, *Eneida*, VI. 881-8. Trad. de Manuel Odorico Mendes. Cotia/ Campinas: Ateliê/ Unicamp, 2005.
2 O general romano Marco Cláudio Marcelo resgatou instrumentos astronômicos da academia de Arquimedes, depois do saque de Siracusa — Cícero os viu na casa do neto —, provavelmente similares ao Mecanismo de Antikythera, o extraordinário computador da Antiguidade, cujas engrenagens foram decifradas em 2006 por um projeto de pesquisa internacional. Os entalhes no túmulo de Marco Virgílio Eurisace, um magnata romano das padarias do período augusto, descrevem orgulhosamente a produção mecanizada e massiva de pão.
3 Cícero, *Dos Deveres*, 3.59, citado em Harris, 2008, p. 176.
4 Ovídio, *Arte de amar*, I.428, citado ibid., p. 178.
5 Horácio, *Arte poética*, I.421.
6 A título de exemplo, o jurista Scaevola se refere a certo banqueiro que *paene totam fortunam in nominibus* [*habebat*] ("tinha quase toda a fortuna em títulos"). O *Digesto* de Justiniano, 40.7.40.8. Ver Harris, 2006, p. 6.
7 Andreau, 1999.
8 Cícero, *Dos Deveres*, 2.87. Citado em Jones, 2006. Jano era, é claro, o deus de duas faces — embora para os romanos isso não tivesse as mesmas conotações que tem para nós.
9 A lei era *de modo credendi possidendique intra Italiam* ("reguladora de crédito e título dentro da Itália").
10 Tácito, *Anais*, 6.16.
11 Tácito, *Anais*, 6.17. A história desta e de outras crises bancárias é analisada em Andreau, 1999, cap. 9.
12 Ver W. Harris, "The Nature of Roman Money", in Harris, 2008, p. 205.
13 Ibid.
14 Spufford, 1988, p. 9.
15 Spufford, 2002, pp. 60 ss. Nas regiões da Europa mais avançadas economicamente e coerentes politicamente, começara ainda mais cedo: "Nos arredores de Gênova e Lucca os aluguéis em mercadorias deram lugar a aluguéis em dinheiro durante o século XI, e na Campânia a exploração patrimonial começou com trabalho contratado por salários em dinheiro" (Spufford, 1988, p. 97).
16 Id., 2002, p. 63.

17 Por exemplo, na Inglaterra, onde a taxação direta ressurgiu no final do século XII. Ver ibid., p. 65.
18 Para o impacto da monetização na mobilidade social e para os papéis sociais da ambição e da avareza, ver em particular A. Murray, 1978.
19 Hildebert de Lavardin, *Carmina misc.*, 50, citado em A. Murray, 1978, p. 81. "O dinheiro é o homem!" era o famoso aforismo atribuído a Aristodemo, aristocrata de Argos, citado tanto por Píndaro quanto por Alceu; ver cap. 3.
20 Rolnick, Velde e Weber, 1996, p. 797.
21 Ibid.
22 Ibid.
23 Sumption, 2001, p. 195.
24 Johnson, 1956.
25 Ibid., p. 10.
26 Ibid., pp. 19-20.
27 Ibid., p. 38.
28 Ibid., p. 40.
29 Ibid., p. 6.
30 Ibid., p. 17.
31 Ibid., p. 44.
32 Ibid., p. 42.

6. A HISTÓRIA NATURAL DA LULA-VAMPIRA-DO-INFERNO [pp. 119-34]

1 Descrito em Frankel, 1977, p. 15.
2 Élie Brackenhofer foi informado em 1634 de que a feira de Lyon fora fundada no ano de 172 d.C. Ver Braudel, 1992.
3 Ver Spufford, 2002, pp. 19 ss.
4 Braudel, op. cit., p. 91.
5 A frase é de Braudel, citada em Frankel, op. cit., p. 15.
6 Amis, 1984, pp. 119-20.
7 De Rubys, 1604, parte IV, cap. 9, p. 499. A libra (*livre*) era a moeda contábil abstrata, enquanto o *sou* era uma moeda do rei francês.
8 Para ser mais preciso, não funcionou exatamente como gostariam, No século XVI, as depreciações excessivas da Idade Média já eram coisa do passado, e a moedas soberanas espanhola e francesa eram, comparativamente falando, razoavelmente estáveis — no caso francês, graças em parte à pressão dos contribuintes para limitar a senhoriagem. Para detalhes, ver o cap. 3 de Macdonald, 2006.
9 Esta é uma descrição de como se obtém a transformação da maneira mais genérica, e suficiente para os bancos privados na Idade Média. Como veremos mais adiante neste capítulo e no cap. 14, um elemento crucial para os bancos de hoje é a assistência externa no negócio de transformar créditos ilíquidos em líquidos.
10 Tampouco isso é exclusividade dos bancos: fundos mútuos, por exemplo, também gerem o risco de crédito nesses mesmos três aspectos.

11 A característica geral mais importante do risco de liquidez administrado pelos bancos atuais é o descasamento entre o fato de que grande parte de seu passivo é composta de depósitos disponíveis para saques à ordem e o fato de que seus ativos consistem, em geral, de empréstimos e títulos que não amadurecem nem podem ser realizados de outra forma no mesmo período. Na verdade, Walter Bagehot, em seu clássico fundador da literatura financeira moderna, identificou essa característica como aquela que diferençava a atividade dos bancos das demais atividades financeiras. "Os srs. Rothschild", escreveu em *Lombard Street*, "são enormes capitalistas, tendo em mãos, sem dúvida, muito dinheiro tomado emprestado", e "um estrangeiro poderia imaginar que nada são além de banqueiros". Mas "eles não tomam cem libras pagáveis à ordem, e as restituem em cheques de cinco libras cada, como fazem nossos bancos ingleses. O dinheiro, eles o tomam emprestado em enormes quantias, por prazos mais ou menos longos. Os banqueiros ingleses lidam com um conjunto de pequenas quantias, todas reembolsáveis no curto prazo, ou à ordem" (Bagehot, 1873, pp. 212-3). O que distingue a atividade bancária, em outras palavras, é a "transformação de maturidade", no jargão técnico — pois os bancos "transformam" dívidas de curto prazo para com seus depositantes em empréstimos de longo prazo a seus clientes. É claro que esse jargão é um eufemismo. Transformação alguma ocorre — como nas ciências naturais, a alquimia é impossível nos bancos. O que ocorre na verdade é um descasamento, sustentável apenas na medida em que os depositantes continuam a confiar no crédito e na liquidez de suas dívidas. Vamos descobrir mais sobre os bancos no cap. 14.
12 Spufford, 2002, p. 38.
13 Ibid., pp. 38-9.
14 Ibid., p. 39.
15 Johnson, 1956, p. 34.
16 Spufford, op. cit., p. 40.
17 Huerta de Soto, 2006, p. 75.
18 Na essência: os detalhes completos eram complexos. Para um apanhado do sistema em toda a sua complexidade, escrito por um especialista, ver Boyer-Xambeu, Deleplace e Gillard, 1994.
19 Na verdade, Boyer-Xambeu et al. (ibid.) afirmam que as políticas monetárias soberanas obtidas em meados do século XVI garantiam, essencialmente, os lucros aos banqueiros de câmbio.
20 Ver ibid., pp. 91-4, para maiores detalhes sobre os protocolos da feira de Lyon.
21 Ibid., p. xvi.

7. O GRANDE ACORDO MONETÁRIO [pp. 135-50]

1 Introdução de R. H. Tawney a Wilson, 1925, p. 83. "E o terceiro personagem dessa trindade desarmônica", acrescentou Tawnet, "estava em guerra perpétua com os dois primeiros."

2   Mayhew, 1999, p. 54.
3   *Hist. MSS. Comm., MSS. Of the Marquis of Salisbury*, parte I, pp. 162-4, citado na introdução de Tawney a Wilson, op. cit.
4   Montesquieu, *Mes Pensées*, citado em Hirschman, 1977, p. 74.
5   Montesquieu, *Esprit des lois*, Livro XXII, 13, citado ibid., p. 74 (onde é erroneamente atribuído ao Livro XXII, 14).
6   Montesquieu, *Esprit des lois*, Livro XXI, 20, citado ibid., pp. 72-3.
7   Ibid.
8   James Carville, citado em *Wall Street Journal*, 25 fev. 1993, p. A1.
9   Foi publicado na Inglaterra em 1767, nove anos antes de *Uma investigação sobre a natureza e as causas da riqueza das nações*, de Adam Smith.
10 Steuart, 1966, v. 1, p. 278. Citado em Hirschman, 1977, p. 85.
11 Boyer-Xambeu et al., 1994, p. 30.
12 O grau de atraso do desenvolvimento das finanças na Inglaterra, em relação à Europa continental, até o final do século XVII, é demonstrado pelo fato de, no seu *Discurso sobre o comércio exterior* de 1621, Thomas Mun tratar como desconhecidas na Inglaterra práticas tradicionais latinas, como os pagamentos por transferência entre contas bancárias. Ver também Clapham, 1944, v. 1, p. 5.
13 Em 1680, Sydney Godolphin, conselheiro do rei, em busca de um empréstimo para a Coroa de Guilherme de Orange, ofereceu 8% por um empréstimo "garantido pela renda hereditária do rei". A intenção era dissuadir seu alvo de emprestar nos mercados de crédito holandeses, onde "neste momento ninguém dá mais que 4% pelo dinheiro". Ver Macdonald, 2006, pp. 170-1.
14 Para uma discussão detalhada dos principais projetos, ver Horsefield, 1960, pp. 114-24.
15 Ideia de Thomas Neale, diretor da Casa da Moeda e conselheiro próximo do Tesouro. Alguns anos depois, outra loteria, ainda maior, foi lançada para captar ainda mais dinheiro. Foi batizada, de forma criativa, "A aventura de dois milhões".
16 Richards, 1958, pp. 112-3.
17 Curiosamente, o regulamento original do banco — ele próprio propositalmente embutido numa lei de finanças públicas mais genérica — não autorizava explicitamente a emissão. Explícito ou não, mais de 750 mil libras em notas já haviam sido emitidas quando da elaboração do primeiro balanço público do banco, em novembro de 1696. Para detalhes, ver Clapham, op. cit., p. 43.
18 Roseveare, 1991, pp. 14-5.
19 *Clarke v. Martin 1702 per Holt C. J.*, citado em Carswell, 1960, p. 18. Os esforços de Holt para reverter a onda e proibir a perigosa prática comercial da transferibilidade foram derrotados estatutoriamente ao fim de dois anos. A Lei de Notas Promissórias de 1704 legalizou a transferência de notas de crédito privado.
20 Steuart, 1966, v. 2, p. 477.
21 A. Smith, 1981, II.ii.85, p. 320.
22 A regulamentação de 1709 proibiu a emissão de qualquer tipo de nota pagável à or-

dem, por parte de sociedades com mais de seis membros, com maturidade inferior a seis meses — resultado de uma campanha orquestrada pelos diretores do Banco da Inglaterra para conter seu maior rival de então, o Sword Blade Bank. Porém, o Banco da Inglaterra só veio a adquirir o monopólio da emissão com a Lei do Regulamento Bancário de 1844 — e mesmo assim os bancos emissores já existentes puderam continuar a fazê-lo até serem adquiridos por bancos sem esse privilégio. Por isso, só em 1921, quando a pequena sociedade Fox, Fowler e Co., de Somerset, que recebera o privilégio em 1787, foi absorvida pelo Lloyds Bank é que as últimas notas privadas inglesas foram retiradas de circulação.

23 H. V. Bowen, "The Bank 1694-1820", in Roberts e Kynaston, 1995, p. 10.
24 Clapham, op. cit., p. 102.
25 Discurso de 13 jun. 1781 no Comitê de Meios e Recursos, relatado por William Cobbett (1806-20) em *Parliamentary History of England from 1066 to 1803*, v. XXII, col. 517-20, por sua vez citado em H. V. Bowen, "The Bank 1694-1820", in Roberts e Kynaston, 1995, p. 3.
26 *Guanzi* 73, "Guoxu" III: 70, citado em Von Glahn, 1996, p. 30; Steuart, op. cit.

8. AS CONSEQUÊNCIAS ECONÔMICAS DO SR. LOCKE [pp. 151-68]

1 O preço da prata cunhada — a quantidade oficial de prata nas unidades monetárias esterlinas — fora de sessenta *pence* por onça desde 1601, exceto no período de 1604 a 1626, quando a senhoriagem foi de meio *penny* a mais, e o preço passou, portanto, a 59,5 *pence*. Entrementes, o preço de mercado da prata raramente ficou abaixo disso, mantendo-se em geral entre 62 e 64 *pence* por onça. Ver Feavearyear, 1931, pp. 109-10.
2 O preço do metal cunhado foi elevado por lei a 62 *pence* por onça. Ver ibid., p. 110.
3 Por Lowndes, em seu relatório ao Parlamento de 1695. Ver Mayhew, 1999, p. 97.
4 L. Desmedt, "Les Fondements monétaires de la 'révolution financière' anglaise: Le Tournant de 1696", in B. Théret (Org.), *La Monnaie dévoilée par ses crises*, 2007, citado em Ormazábal, 2012, p. 158. O preço de mercado da prata atingiu 77 *pence* por onça em 1695, segundo o relatório de William Lowndes daquele ano.
5 Lowndes, 1695, p. 56.
6 No intuito de simplificar, descrevo a seguir a mecânica de uma "recunhagem". A solução favorita de Lowndes era, na verdade, realizar a desvalorização oficial pelo método mais usado ao longo da história inglesa de depreciar o valor tarifário nominal da cunhagem existente, em vez de passar pelo processo de recunhagem, caro na prática e administrativamente complicado. Uma redução de 20% no conteúdo em prata equivaleria aproximadamente a uma depreciação de 25% na cunhagem em vigor, com o peso completo. Ver Lowndes, op. cit., p. 123.
7 Feavearyear, 1931, p. 122.
8 Locke, 1695, pp. 1-2.
9 Ibid., p. 9.

10 Ibid., p. 12.
11 Ver Feavearyear, op. cit., p. 124.
12 A aritmética distributiva completa era mais complexa. A contrapartida dessas perdas e ganhos era, antes de tudo, o Tesouro — uma vez que cabia a ele subsidiar a recunhagem das moedas recolhidas, no peso "cheio", dentro do prazo, e que ele não tivesse mais que aceitar as moedas leves pelo valor nominal "cheio" depois dele. Mas o Tesouro teria que arrecadar fundos para o subsídio (o que fez por meio de um imposto provisório). Assim, o que ele deu com uma mão, podia tirar com a outra logo em seguida.
13 Feavearyear, op. cit., pp. 129-30.
14 Citado em Mayhew, op. cit., p. 101.
15 Keynes, 1931, p. 394. O livro era *Prices and Production*, de Hayek (1931).
16 N. Barbon, *A Discourse Concerning Coining the New Money Lighter*, 1696, citado em Magnusson, 1995.
17 Liddell e Scott, 1996. Richard Seaford explica assim a etimologia da palavra *nomisma*: ela "vem de *nomisdein* (reconhecer), objeto ou consequência de *nomisdein*" (Seaford, 2004, p. 142). *Nomisdein* era o verbo usado pelos gregos para se referir a compromissos cognitivos, como a crença nos deuses, que eram resultado de convenções, e não de deliberação ativa. Para dar sabor às conotações de *nomisma*, Seaford explica que "o registro conhecido mais antigo de *nomisma* se encontra em Alceu, fragmento 382, edição padrão de Lobel e Page: 'Em verdade ela [Atena?] unia um exército disperso, inspirando-o com *nomisma*'. O *nomisma*, aqui, misterioso a ponto de ser de inspiração divina, é a confiança coletiva, baseada na tradição, que pode unir um exército [...]. A prática coletiva tradicional [*nomisma*], seja a cunhagem ou numa batalha, torna objetiva e depende da confiança coletiva da comunidade, a quem traz ordem diante do caos em potencial" (ibid., p. 143).
18 Platão, *República*, 2.371b.
19 Aristóteles, *Ética a Nicômaco*, 1113a. Da mesma forma, em 1133b: "Deve haver, pois, uma unidade, estabelecida por comum acordo (*nomos*) [por isso se chama ela dinheiro (*nomisma*)]; pois é ela que torna todas as coisas comensuráveis, já que todas são medidas pelo dinheiro".
20 Seaford, 2004, p. 146.
21 Heródoto, *Histórias*, 8.26.
22 Tomás de Aquino, *Sententia Libri Politicorum*, livro 1, l. 7, n. 6.
23 Id., *Sententia Ethica*, livro 5, l. 9, n. 12.
24 Id., *Octo Libros Politicorum*, v. XXVI de *Omnia Opera*, 1: 7. Igualmente em *Sententia Ethica*, livro 5, l. 9, n. 5.
25 Ver cap. 1 e 4. A tradição de São Tomás de Aquino nem de longe era isolada no pensamento monetário medieval. Na verdade, uma parte importante da tradição legal rejeitava o nominalismo monetário, e criou uma teoria essencialista. Para uma visão fascinante e detalhada do debate medieval, ver Sargent e Velde, 2002, cap. 5.
26 J. Briscoe, 1696, *A Discourse on Money*, p. 18, citado em Appleby, 1976, p. 65.

27　Feavearyear, op. cit., p. 137.
28　Mandeville, 1705.
29　Id., 1988, v. 1, p. 369.
30　A. Smith, 1981, III.iv.4, p. 412 [ed. bras., p. 157].
31　Ibid., III.iv.10, p. 419 [ed. Bras., p.159].
32　Ibid., IV.ii.9, p. 456 [ed. bras., p. 181].
33　Ibid.
34　Ibid., III.iv.15, p. 421. Mayhew, op. cit., p. 54.

9. O DINHEIRO ATRAVÉS DO ESPELHO [pp. 169-84]

1　Ou, pelo menos, o fizeram na sede das instituições financeiras internacionais em Washington. Pouco depois do início da crise, em abril de 2007, fui à biblioteca conjunta do FMI e do Banco Mundial pegar emprestado um exemplar da clássica história das crises financeiras escrita por Kindleberger (2000). Todos os exemplares da biblioteca, pela primeira vez em muitos anos, tinham sido emprestados — na semana anterior.
2　Kindleberger, 1993, p. 264.
3　Reinhart e Rogoff, 2009.
4　Marx e Engels, 1985, seção 1: Burgueses e proletários.
5　Keynes, 1923, pp. 67-8.
6　Ibid.
7　Ibid.
8　France, 1908, p. 82.
9　"Charity as a Remedy in Case of Famine", *The Economist*, 29 nov. 1845, p. 192.
10　"Feeding the Irish", *The Economist*, 21 mar. 1846, p. 370.
11　Ibid.
12　Ibid. Os leitores poderão reconhecer, nos argumentos desse editorial, o mesmíssimo arsenal de estratégias retóricas que o grande historiador intelectual Albert O. Hirschman identificou no estudo *A retórica da intransigência: Perversidade, futilidade ameaça*, de 1991, como características do raciocínio reacionário ao longo da história. No entanto, tais argumentos estavam sendo usados por uma das principais revistas reformistas da época, pela causa da política econômica liberal radical. Isso mostra que talvez os conservadores não detenham o monopólio dessas estratégias evidentemente convincentes.
13　Ibid.
14　Citado em Woodham-Smith, 1962, p. 93.
15　"Faith in Principles", *The Economist*, 2 jan. 1847, p. 3.
16　Citado em Woodham-Smith, op. cit., pp. 162-3.
17　Citado ibid., pp. 375-6. Jowett estava sendo um tanto dissimulado: ele era praticamente um economista, tendo dado um ciclo de palestras sobre economia política durante vários anos em Balliol, até se tornar professor. Ver "Benjamin Jowett" in Pigou, 1925, pp. 292-4.

10. AS ESTRATÉGIAS DOS CÉTICOS [pp. 185-202]

1 Heródoto, *Histórias*, 8.138. Heródoto situa na Macedônia o jardim — mas Midas era uma figura histórica, e o episódio pode ter sido transposto da Frígia.
2 A história de Midas é contada por vários autores clássicos, com diversas variações. Esta versão segue, em linhas gerais, aquela reunida por Seaford (2004, pp. 305-6), com detalhes do relato de Ovídio em *Metamorfoses*, xi.
3 Ovídio, *Metamorfoses*, xi. ll. 118-9.
4 Ibid., xi. ll. 127-8.
5 Aristófanes, *Os sapos*, l. 141.
6 Aristófanes, *Pluto*, ll. 189-97. O talento era uma moeda de alto valor. Essa era a expressão cômica e clássica de uma ideia mais antiga. Sólon, o legislador do século vi, escrevera: "Quanto à riqueza, não há limite estabelecido para a humanidade; posto que os mais ricos dentre nós se apressam a obter o dobro do que têm, e quem poderá satisfazer a todos?" (Sólon, fragmentos 13 ll. 71-3). Hirschmann (1977) segue a pista desse aspecto específico do dinheiro ao longo da transformação do pensamento monetário pelos filósofos iluministas do século xviii. Nas mãos deles, demonstra Hirschmann, o desejo insaciável pelo dinheiro, por tanto tempo "considerado o aspecto mais perigoso e repreensível dessa paixão", "por uma estranha reviravolta [...] passou agora a ser virtude, por implicar constância". Como ele observa, essa espantosa acrobacia moral exige algo mais: "Dotar o desejo 'obstinado' pelo lucro de uma qualidade adicional: a inocuidade" (ibid., pp. 55-6).
7 Sandel, 2012, p. 6.
8 Skidelsky e Skidelsky, 2012.
9 Ver, por exemplo, Frank, 2011.
10 Aristóteles, *Política*, 1257b 16.
11 Ésquilo, *Sete contra Tebas*, l682.
12 Ibid., ll. 688-9.
13 Ibid., l. 697.
14 Era o que garantia o maior líder ateniense, Péricles, no famoso discurso exaltando-lhe as virtudes, tal como relatado por Tucídides em sua *História da Guerra do Peloponeso*, 2.41.
15 Como rito de passagem à idade adulta, os jovens espartanos de sexo masculino eram filiados a clubes secretos e soltos no meio do mato no interior, onde se escondiam de dia e surgiam de noite para assassinar quaisquer membros da casta camponesa que encontrassem pela frente. Ver O. Murray, 1993, p. 179.
16 Ibid., p. 160. Murray afirma que tanto Platão quanto Aristóteles admiravam a Constituição espartana, cujo defeito, para eles, era a ênfase incessante em incutir valores marciais nos cidadãos, no lugar de um leque mais amplo e esclarecido de virtudes.
17 Na *República*, 2.371b, Platão admite que seu Estado ideal teria que ter dinheiro, mas na *República*, 3.416e-17a, ele proibia os guardiães — a mais elevada casta — de usá-lo. Nas *Leis*, 741e-742b, ele expôs as condições impostas à massa para o uso do di-

nheiro, pregando a emissão de moedas separadas para os comércios doméstico e exterior (aquele, representado por uma cunhagem sem valor intrínseco; este, pela cunhagem com metal precioso) e explicando que o Estado deve controlar a distribuição, a seus cidadãos, do dinheiro para o comércio exterior.

18 More, 1975, Livro II, última página.
19 Bellers, 1696, p. 12.
20 Marx e Engels, 1985, Seção 1: Burgueses e proletários.
21 Ilf e Petrov, 1962, p. 29. Devo o exemplo do romance de Ilf e Petrov, como ilustração da política monetária soviética dos anos 1920 e 1930, ao estudo superlativo de David Woodruff (1999).
22 Ilf e Petrov, 1962, p. 30.
23 Ibid.
24 Ibid.
25 Ibid., p. 294.
26 Fora, em parte, transformar em virtude o que era uma necessidade. Por exemplo, a hiperinflação galopante causada pela impressão de dinheiro, para pagar a trabalhadores indispensáveis nos meses seguintes à revolução, foi logo saudada como um esforço deliberado para acelerar a derrocada do dinheiro, ao destruir a confiança pública nele. Na verdade, não passava de uma perda de controle sobre o orçamento e de um colapso total da confiança política e econômica. Ver Arnold, 1937, pp. 105 ss.
27 G. Ya. Sokolnikov, *Financial Policy of the Revolution*, I, 114, 1925-28, citado ibid., p. 112.
28 L. N. Yurovsky, *Currency Problems and Policy of the Soviet Union*, 1925, p. 34, citado ibid., p. 107.
29 Commissariado de Finanças, *Social Revolution and Finance*, 1921, p. 42, citado ibid., p. 107.
30 Ibid.
31 V. I. Lênin, "The Importance of Gold Now and After the Complete Victory of Socialism", in Lênin, 1965, v. 33, pp. 109-16.
32 Ibid.
33 *Collected Decrees*, 1922, Decreto 46, citado em Arnold, 1937, p. 112.
34 Citado em Woodruff, 1999, p. 21.
35 Muito tempo atrás, o economista norte-americano e especialista em União Soviética Gregory Grossman observou uma ironia nisso tudo: que "do ponto de vista do teórico monetário (ocidental), o dinheiro passivo no setor produtivo da economia soviética talvez seja o que mais se aproxime desse fenômeno puro e abstrato que é o dinheiro neutro, neutro por ser quase impotente como determinante ativo do comportamento social". Esse mito do "dinheiro neutro" — a ideia de que o dinheiro não é uma força proativa na sociedade ou na economia — é um dos mais importantes descendentes intelectuais do naturalismo monetário de Locke, e vamos encontrá-lo no cap. 13. Claro, não é menos falso que o dinheiro seja "neutro" em sua forma soviética restrita do que o é nas economias capitalistas, como Grossman apontou: "Mas

do ponto de vista do cientista social, ele é tudo, menos neutro, justamente por ser impotente: isto é, ele foi transformado em passivo de modo a não desafiar a autoridade política do regime". Ver G. Grossman, "Gold and the Sword: Money in the Soviet Economy", in Rosovsky, 1966, p. 234.

36 Citado em Woodruff, op. cit., p. 54.

37 Uma exceção a esse postulado geral é o crescimento de quase-moedas, como os sistemas de pontos dos supermercados e das companhias aéreas, que tiraram proveito de mudanças tecnológicas para criar formas modernas e viáveis de dinheiro de propósito limitado.

11. SOLUÇÕES ESTRUTURAIS [pp. 203-25]

1 Law havia sido protegido de Thomas Neale, o inventor da "Aventura do milhão" que conhecemos no cap. 7.

2 O Banco da Escócia fora criado em 1695, mas, em comparação com o Banco da Inglaterra, permaneceu subdesenvolvido, e em 1704 foi vítima de uma corrida calamitosa.

3 Law, 1705.

4 Ibid., p. 100.

5 Law, 1720, p. 91.

6 Ibid.

7 Ver o cap. 5.

8 Law, 1720, p. 94.

9 Ibid.

10 Law, 1705, p. 118.

11 Ibid. Em suas primeiras obras (seu *Ensaio sobre um banco de terras*, de 1704, e *Dinheiro e comércio*, de 1705), Law defendeu usar a terra como padrão de valor monetário — e é à terra que ele se refere aqui. Ele considerava a terra preferível aos metais preciosos, porque as pessoas comuns a viam como algo valioso, de disponibilidade limitada (o que impunha, assim, um limite às emissões do soberano, evitando o risco de emissões em excesso), e sob controle e propriedade nacionais. Como veremos, porém, quando lhe coube implementar suas teorias, uma década depois, seu pensamento evoluíra e ele passara a acreditar que o uso da terra seria, no máximo, uma solução provisória.

12 Para detalhes, ver Velde, 2007, pp. 276-9.

13 N. du Tot, *Réflexions politiques sur les finances et le commerce*, 1935 [1738], v. 1, p. 106, citado em Murphy, 2009, p. 69.

14 J. Law, *Oeuvres complètes*, v. 3, p. 53, citado em Macdonald, 2006, p. 201.

15 O duque D'Antin, citado em Murphy, 1997, p. 259.

16 Lee, 1869, p. 189.

17 Como observa James Macdonald, porém, não faltou um precedente, pois havia um paralelo próximo na estrutura corporativa criada para organizar as finanças públi-

cas na república medieval de Gênova (ver Macdonald, 2006, pp. 94-100). Além disso, embora à frente de seu tempo, o princípio por trás da ideia de Law não é mais tão absurdo quanto antes — como veremos no cap. 15.

18 Embora de modo algum exclusivamente em democracias, mesmo que tomemos como indicador principal a evidência circunstancial do uso da cunhagem. Ver J. Trevett, "Coinage and Democracy at Athens", in Meadows e Shipton, 2001, p. 32.
19 Aristóteles, *Política*, 1317b, 35-8.
20 Plutarco, *Péricles*, 12, citado em J. Trevett, op. cit., p. 24.
21 A situação política e social hipotética, anterior às reformas de Sólon, aqui apresentada é a de Fustel de Coulanges, exposta em seu livro *La Cité Antique*, de 1864, e privilegiada por O. Murray, 1993, cap. 11.
22 Sólon, fragmento 13, linhas 5-6.
23 Ibid., linhas 7-8.
24 Ver Hudson e Van de Mieroop, 2002, pp. 29 ss.
25 Ibid.
26 Bíblia do Rei James, Levítico 25:8 ss.
27 O. Murray, 1993, p. 187.
28 Sólon, fragmento 37, linhas 9-10.
29 Como magistrado supremo, Sólon também adotou novos padrões de pesos e medidas para Atenas (Aristóteles, *A Constituição Ateniense*, x). É a indicação mais clara de que, nos primeiros dias do dinheiro, era mais fácil distinguir um padrão social de um físico.
30 Ibid., ix.1.
31 Segundo Murray (1993), "esses objetos sobreviveram e chegaram a ser discutidos por acadêmicos do século III a.C.; e deles Plutarco viu fragmentos trezentos anos depois, conservados no conselho de Atenas" (p. 183). As leis de Sólon, na verdade, não foram o primeiro código legal escrito de Atenas. Uma geração antes, o magistrado supremo de 621 a.C., Draco, redigira um código. Infelizmente, 'o alcance e a natureza precisos [do código de Draco] são desconhecidos' — embora ele fosse conhecido por ser 'de extremo rigor' (daí o termo moderno 'draconiano')" (ibid., p. 182).
32 Bíblia do Rei James, Levítico 25:10.
33 Law, 1720, pp. 103-4.
34 Ibid., p. 86.
35 Impossível dizer até que ponto era próxima e causal a relação entre a monetarização e a democracia na Grécia Antiga. Evidentemente, no caso de Atenas, a autointitulada "escola grega" para assuntos políticos, havia um elo, feito aqui, entre a revolução social trazida pelo dinheiro e o desenvolvimento de sua cultura democrática política e legal. Alguns estudiosos alegam que esse elo era muito mais amplo — pelo menos no que diz respeito à tecnologia da cunhagem — e que, por exemplo, "o ideal antidemocrático era de um mundo sem cunhagem. Inversamente, a pólis democrática, e Atenas em particular, era um mundo de moedas" (J. Trevett, op. cit., p. 34).

12. *HAMLET* SEM O PRÍNCIPE: COMO A ECONOMIA SE ESQUECEU DO DINHEIRO...
[pp. 227-50]

1. *Focus LSE*, primavera de 2009. Disponível em: <http://www2.lse.ac.uk/study/meet-LSE/pdf/focus/FocusNewsLetter10.pdf>.
2. A lista de participantes na conferência da Academia Britânica pode ser encontrada em <http://www.britac.ac.uk/events/archive/forum-economy.cfm>.
3. Besley e Hennessy, 2009, p. 3.
4. Ibid., p. 2.
5. Ibid.
6. 110º Comitê da Câmara de Representantes do Congresso sobre Supervisão e Reforma Governamental, *The Financial Crisis and the Role of Federal Regulators*, audiência de 23 out. 2008. Disponível em: <https://house.resource.org/110/gov.house.ogr.20081023_hrs15REF2154.raw.txt>.
7. O debate no qual Wolf e Summers fizeram esses comentários está disponível em: <http://ineteconomics.org/net/video/playlist/conference/bretton-woods/V>. A resposta de Summers a que se faz referência aqui é aquela à primeira pergunta da entrevista, a partir de 6'04".
8. Ibid. Summers também mencionou James Tobin, Nobel de 1981, como uma influência importante, bem como fez alusão à literatura microeconômica a respeito de corridas bancárias.
9. Ibid., segunda pergunta, a partir de 10'18".
10. Ibid.
11. Foi provavelmente Arnold Toynbee, historiador de vida curta, mas enorme influência, quem cunhou esse nome, em palestras que deu em Oxford no final dos anos 1870 e que foram publicadas após sua morte, em 1883, como *A Revolução Industrial*.
12. Mesmo no auge da popularidade do quacrismo, no final do século xvii, havia menos de 70 mil amigos, e pouco mais de 20 mil no início do século xix. Ver J. S. Rowntree, "Quakerism Past and Present: Being an Inquiry into the Causes of its Decline in Great Britain and Ireland", 1859, citado em Walvin, 2005, pp. 71-4.
13. Anônimo, "The Snake in the Grass: or Satan Transformed into an Angel of Light", 1697, citado em ibid., p. xvi.
14. Na verdade, o Barclays é resultado da fusão de três bancos quaker do século xix, inclusive o banco Gurney, de Norwich, e até pouco tempo atrás, na virada do milênio, um membro da família Gurney era considerado o maior acionista particular do Barclays. Ver Elliott, 2006.
15. O catalisador dessa evolução no papel dos corretores de títulos parece ter sido a crise financeira de 1825, em que os bancos comerciais saíram bastante machucados. Os corretores de títulos entraram em ação para realizar a intermediação de seus balanços, onde os bancos já não eram capazes. Ver Flandreau e Ugolini, 2011, pp. 8-9.
16. Debate entre diretores do banco e membros do comitê de 1858, citado em Clapham, 1944, v. 2, p. 237.

17 Capie, 2012, p. 16. Os dois maiores bancos da época eram o Midland e o Westminster. Como observa Capie, a razão pela qual a Overend, Gurney podia suportar um balanço tão grande era o fato de possuir uma taxa muito menor de capital em relação aos ativos: ao falir, a taxa da Overend, Gurney era 2%, enquanto a maioria dos bancos tinha taxas de capital ativo entre 9% e 11%.
18 Bagehot, 1999, p. 275.
19 Ibid., pp. 183 e 289.
20 Ibid., p. 164.
21 Famosa afirmação de William Huskisson, presidente do Board of Trade, citada ibid., p. 200.
22 O banco adiantara 9 milhões de libras aos corretores de títulos e apenas 8 milhões aos bancos. Ver ibid., p. 298.
23 Xenos, 1869, p. 64.
24 Ibid., p. 84.
25 Stefanos Xenos, citado em Elliott, 2006, p. 82. Elliott, porém, afirma que Edwards, considerado pela maioria dos estudiosos anteriores como principal responsável por muitos dos piores investimentos da empresa, foi na verdade nomeado para apagar incêndios depois que os problemas surgiram. Elliott põe a maior parte da culpa nos próprios sócios.
26 Outra importante sociedade de negociação de títulos — Goldman Sachs — fez uma oferta pública cujo bom timing foi parecido, em 1999. Apesar da sorte dos sócios, que venderam meses antes do estouro da bolha ponto.com em março de 2000, não há insinuação de que, naquela ocasião, a transformação em empresa pública tivesse o objetivo de fugir da falência.
27 *The Economist*, n. 1142, 15 jul. 1865, p. 845.
28 W. King, 1936, p. 240.
29 *Bankers' Magazine*, 1866, p. 639, citada, ibid., p. 243.
30 *The Times*, 12 maio 1866, p. 243, citado, ibid., p. 243.
31 *The Times*, 11 maio 1866, p. 11.
32 Sir Launcelot Holland, em depoimento ao encontro de 13 de setembro de 1866 da Corte de Proprietários do Banco da Inglaterra, citado em Bagehot, op. cit., p. 165.
33 Clapham, op. cit., p. 265.
34 Ibid., p. 270.
35 Citado em Elliott, 2006, p. 188.
36 Bagehot, op. cit., p. 273.
37 Citado em Keynes, 1915b, p. 375. Bagehot acreditava que isso lhe favorecia — pois considerava essencialmente inócua a poderosa influência de Mill sobre o pensamento econômico. "Há pouca coisa absolutamente original em sua grande obra", escreveu (nada menos que no obituário de Mill na *The Economist*), "e, desse pouco, muita coisa é desprovida, a nosso ver, de grande valor". Citado em Keynes, 1915b, p. 374.
38 Ibid., p. 269.

357

39 Ibid., p. 371.
40 Bagehot, op. cit., p. 1.
41 Ibid., p. 189.
42 Ibid., pp. 158-9.
43 Ibid., p. 22.
44 Ibid., p. 323.
45 Ibid., pp. 68-9.
46 Ibid., p. 35.
47 Ibid., p. 20.
48 Ibid., p. 35.
49 Ibid., p. 42.
50 Ibid., p. 196.
51 Ibid., pp. 197-8.
52 Ibid., p. 107.
53 Ibid.

13. ... E POR QUE ISSO É UM PROBLEMA [pp. 251-71]

1 Say, 2001, i.xxi.32.
2 Mill, 1848, iii.7.9.
3 Bagehot, 1999, pp. 66 e 190.
4 Say, op. cit., i.xv.3.
5 Joplin, 1832, p. 219. O próprio Say também observou os resultados da crise britânica de 1825 e revisou substancialmente seus ensinamentos anteriores, como apontado por DeLong, 2012, pp. 7-9. A argumentação desta seção deve muito à brilhante pesquisa de DeLong, em andamento, sobre as lições dos debates macroeconômicos do século xix para o atoleiro teórico e político de hoje.
6 A. Smith, 1981, ii.4.4., p. 351.
7 Say, op. cit., i.xv.7.
8 Mill, 1848, Comentários preliminares 9.
9 Ibid., iii.7.8.
10 J. M. Keynes, carta a Lydia Lopokova, 18 jan. 1924, citada em Skidelsky, 1992, p. 175. Claramente, Keynes havia se esquecido da máxima atribuída a Gladstone, segundo a qual "nem mesmo o amor enganou tantos homens quanto a reflexão sobre a natureza do dinheiro".
11 Keynes, 1936. Antes disso ele também escrevera seu *Tratado sobre a moeda*, de 1930.
12 Ver o cap. 12, n. 9.
13 Nos regimes monetários de hoje, os dois estão interligados. Enquanto na época de Bagehot o Banco da Inglaterra só podia emitir moeda soberana contra ouro (em circunstâncias normais) ou dívida privada (numa crise), os bancos centrais atuais costumam ter autorização para emitir apenas contra dívida do governo — ao menos até a crise de 2008-9 ter forçado muitos deles a começar a emitir moeda contra vários

tipos de dívida privada (sobretudo títulos hipotecários, no caso do Federal Reserve norte-americano; títulos de empresas no caso do Banco da Inglaterra; e um leque variado de dívida privada no caso do Banco Central Europeu).

14 Walras, 1874.
15 Hicks, 1937.
16 Arrow e Debreu, 1954.
17 F. Hahn, "On Some Problems of Proving the Existence of a General Equilibrium in a Monetary Economy", in Hahn e Brechling, 1965, pp. 126-35. Na verdade, o artigo pioneiro de Arrow e Debreu, de 1954, fora bastante explícito ao provar a existência de equilíbrio geral numa economia desprovida de dinheiro — algo estranho de provar, pode-se dizer, mas provado por eles mesmo assim. O alvo real da crítica de Hahn era uma segunda geração de modelos de "equilíbrio geral monetário" (especificamente, em Hahn e Brechling, 1965, o modelo apresentado por Patinkin, 1956), cujo objetivo era provar o resultado de Arrow-Debreu para uma economia *com* dinheiro. O desafio básico que esses modelos tinham que superar era mostrar por que uma mercadoria seria escolhida e avaliada como meio de troca em um equilíbrio geral. A famosa crítica de Hahn demonstrou que esses modelos foram malsucedidos nesse desafio. O tipo de modelo de equilíbrio geral introduzido por Arrow e Debreu, 1954, é intrinsecamente um modelo de economia não monetário: soluções que incluem o dinheiro sempre são englobadas por outras, mais simples, que não o incluem.
18 McCallum, 2012, p. 2.
19 Essa maneira foi aceitar o pressuposto de que os preços nominais são "pegajosos" — isto é, levam tempo para se ajustar. Isso gera tanto uma argumentação para uma política monetária proativa — já que os preços pegajosos causarão mudanças ineficientes dos preços relativos em presença de inflação — e os meios para que ela seja eficaz — já que, ao alterar a taxa de juros nominal, o banco central pode manipular a taxa de juros real. Uma vez que o dinheiro, propriamente dito, não existe no modelo, o crédito e o risco de liquidez — e outros fatores enfatizados pela visão heterodoxa do dinheiro — não aparecem, e assim não são considerados nem fatores de instabilidade nem alvos da política econômica.
20 M. King, 2012, p. 5.
21 As referências clássicas a respeito dessas inovações são Markowitz (1952), Sharpe (1964) e Black e Scholes (1973).
22 Mehrling, 2011, p. 85.
23 Tobin, 1969.
24 F. Black, "Hedging, Speculation, and Systemic Risk", *Journal of Derivatives*, v. 2, n. 4, pp. 6-8, 1995, citado em Mehrling, 2005, p. 10. Mehrling cita isso como um exemplo do quão diametralmente opostas se tornaram, em meados dos anos 1990, as visões de mundo da macroeconomia acadêmica e a ciência financeira acadêmica, qualificando-o de "uma afirmação chocante" para "um macroeconomista".
25 Inflação alta e volátil é um mal macroeconômico, nos modelos neokeynesianos, essencialmente porque, em presença de preços pegajosos, gera alterações ineficientes nos preços relativos, que fazem a produção cair abaixo de seu potencial.

26 A ideia da independência do banco central, ao contrário das metas de inflação, não está especificamente associada à teoria neokeynesiana — sua origem se deve a literatura anterior, especialmente Rogoff (1985) —, embora tenha tido impacto institucional concreto somente depois que a abordagem neokeynesiana se tornou uma base mais utilizada para a tomada de decisões políticas.
27 Turner, 2012.
28 H. Minsky, "The Financial Instability Hypothesis: Capitalist Processes and the Behaviour of the Economy", in Kindleberger e Laffargue, 1982.
29 M. King, 2002, pp. 162 e 173.
30 Ibid.

14. COMO TRANSFORMAR GAFANHOTOS EM ABELHAS [pp. 273-96]

1 Ver <http://en.wikipedia.org/wiki/Locust_(finance)>. O termo passou a ter amplo uso no debate político na campanha para as eleições federais de setembro de 2005 na Alemanha.
2 Ver o cap. 8.
3 O título de E. Novi, *La dittatura dei banchieri: L'economia usuraia, l'eclissi della democrazia, la ribellione populista*, 2012.
4 "Banksters: How Britain's Rate-fixing Scandal Might Spread — and What To Do About It", *The Economist*, 7 jul. 2012.
5 "How To Tame Global Finance", entrevista com Adair Turner na revista *Prospect*, 27 ago. 2009.
6 "The Only Useful Thing Banks Have Invented in 20 Years is the ATM", *New York Post*, 13 dez. 2009.
7 Nos Estados Unidos, a Lei Dodd-Frank de Defesa do Consumidor e Reforma de Wall Street, que incorpora a Norma Volcker e estabelece o Comitê de Supervisão da Estabilidade Financeira, tem 849 páginas. No Reino Unido, houve o Relatório Turner, de 2009, sobre o que deu errado com a supervisão do setor bancário, que levou a uma completa reorganização das instituições regulatórias britânicas, e o relatório da Comissão Independente sobre os Bancos, de 2001, no qual se baseou o Projeto de Lei de Serviços Financeiros (Reforma Bancária). Até na zona do euro — onde ainda mais desafios existenciais monopolizaram as atenções dos responsáveis políticos — foram propostas importantes reformas estruturais, em outubro de 2012, pelo Grupo de Grandes Especialistas para a Reforma da Estrutura do Setor Bancário da União Europeia.
8 De novembro de 2008. A afirmação foi registrada e ridicularizada com ceticismo pelo *Wall Street Journal* de 28 jan. 2009, disponível em: <http://online.wsj.com/article/SB123310466514522309.html>.
9 UK Financial Services Authority, 2007.
10 Esse era o título do relatório de 2008 da Comissão do Tesouro da Câmara dos Comuns britânica sobre o episódio e a reação das autoridades: UK House of Commons Treasury Committee, 2008.

11 Ver o cap. 6.
12 UK Financial Services Authority, 2007.
13 A estatização do Northern Rock se deu sob legislação especial, sem que se tenha levado em conta a parte que cabia aos acionistas. Em 1º jan. 2010, o Tesouro — já então o único acionista — injetou 1,4 bilhão de libras de capital no banco. Ver UFKI, 2012, p. 26.
14 UK House of Commons Treasury Committee, 2008, v. 1, p. 74.
15 Num debate na Câmara dos Comuns britânica, em 10 dez. 2008, o então primeiro-ministro Gordon Brown cometeu um lapso que se tornou célebre. Ele disse que as políticas de seu governo, no auge da crise, "salvaram o mundo", antes de se corrigir e afirmar, mais humildemente, que elas apenas "salvaram os bancos".
16 Para os detalhes, Laeven e Valencia, 2012, tabela 1, p. 6, e pass. Além da liquidez e do socorro ao capital, todos esses países, menos três, ampliaram as garantias do Estado aos depósitos bancários e outras dívidas — mais uma forma de socorro estatal.
17 No ano fiscal de 2011, os gastos federais com defesa atingiram 4,7% do PIB. Ver Congressional Budget Office, 2012, tabela F.4, p. 139.
18 Thomas Jefferson para John Taylor, Monticello, 28 maio. 1816, in Ford, 1892-99, v. 2, p. 533.
19 A despesa total do Departamento de Saúde britânico era de 7,6% do PIB em 2011-2. Ver HM Treasury, 2012, tabela 5.1, p. 73, e tabela F.2, p. 206.
20 Alessandri e Haldane, 2009, p. 2 e tabela 1.
21 870 milhões de euros. Ver K. Whelan, "Anglo's January 31st Bond", 2011, disponível em: <http://www.irisheconomy.ie/index.php/2011/01/>. Um debate animado e bem informado sobre os méritos dessa estratégia, particularmente radical, de socorro à liquidez e ao capital realizada pelo Estado irlandês, está disponível no excelente blog coletivo The Irish Economy (<www.irisheconomy.ie>), no qual esse post foi publicado.
22 A origem multinacional do iPhone da Apple, mencionada no cap. 2, é um exemplo contemporâneo do tipo de organização industrial que resultou na indústria de consumo de eletrônicos.
23 A parcela de títulos de empresas no financiamento total da dívida das empresas (excluindo hipotecas) foi, na média, de 51% entre 1980 e 1984. Esse dado e aqueles relacionados a ele, neste parágrafo, foram calculados a partir da tabela B.102 do Board of Governors do Federal Reserve System, 2012.
24 Martin, 2011, 1. Dados do Citibank Credit Investment Research.
25 Homer, 1968, pp. 27-9.
26 Aqui se descreve o processo de intermediação de crédito genérico, ilustrativo, do setor bancário paralelo internacional, como exposto em Pozsar, Adrian, Ashcraft e Boesky, 2010, pp. 10-2 e documentos 2 e 3.
27 Fundo Monetário Internacional, 2006, p. 51.
28 Ibid.
29 Em defesa do FMI, diga-se que, na mesma página da famigerada frase acima, advertia-se que "enquanto esses mercados facilitam cada vez mais a transferência 'pri-

mária' de risco de crédito, ainda falta liquidez no mercado secundário em alguns segmentos, criando potencial para rupturas de mercado" — afirmação que, pelo menos, pressupunha a expectativa de que o novo sistema de mercado de crédito gerisse tanto a liquidez quanto o crédito de risco, capacidade que até ali não fora testada.

30 Poszar e Singh, 2011, p. 5. Estimativa para o final de 2007.
31 Bouveret, 2011, p. 18. Note-se que essa estimativa é do final de 2010, e por isso não pode a rigor ser comparada com a estimativa acima, de Poszar e Singh para os Estados Unidos (e sim com sua estimativa para o final de 2010 do tamanho do sistema bancário paralelo dos Estados Unidos, de 18 trilhões de dólares).
32 Os detalhes de como a assistência dos bancos centrais chegou ao setor bancário paralelo — assim como uma excelente história da evolução do setor financeiro americano e sua relação com a evolução da teoria econômica e financeira — encontram-se em Mehrling, 2011, um livro brilhante e profundo ao qual devo imensamente neste parágrafo.
33 Os ativos totais do Federal Reserve norte-americano subiram de 927 bilhões de dólares para 1,8 trilhão de dólares. Ver o site do Board of Governors do Federal Reserve System, Credit and Liquidity Programs and the Balance Sheet, disponível em: <http://www.federalreserve.gov/monetarypolicy/bst_recenttrends.htm>. Os ativos totais do Banco da Inglaterra subiram de 93 bilhões de libras para 292 bilhões de libras. Ver Bank of England Bank Return, disponível em: <www.bankofengland.co.uk>.
34 No início de 2012, os ativos totais do Banco Central Europeu atingiram o dobro do nível de outubro de 2008, de 1,5 trilhão de euros.

15. AS MEDIDAS MAIS OUSADAS SÃO AS MAIS SEGURAS [pp. 297-314]

1 Comitê da Basileia de Supervisão Bancária, 2006, mais conhecido como Basileia II. O Comitê da Basileia é simplesmente um fórum internacional, e até a crise seu foco principal era a harmonização da medição do capital bancário (e não a liquidez) e dos padrões de sua adequação. O grosso da definição e de toda a implementação dos padrões de regulamentação prudencial, porém, continua nas mãos dos reguladores nacionais — e, depois da crise, muitos reguladores nacionais também propuseram exigências mais rigorosas de capital ou liquidez, além daquelas acertadas no Acordo de Basileia III (ver nota 4, abaixo)
2 Alessandri e Haldane, 2009, p. 3 e gráfico 2.
3 Ibid., p. 3 e gráfico 3.
4 Comitê da Basileia de Supervisão Bancária, 2010, conhecido como Basileia III. Como sugere o nome, Basileia III incorporava um foco mais explícito em medidas e padrões de liquidez bancária, assim como de capital, coordenados em nível internacional.
5 Analogia tirada de Haldane, 2010.
6 Ibid.
7 Haldane (ibid.) apresentou estimativas ilustrativas do valor atual do custo econômico total da crise financeira global, dependendo do quanto da perda de produção

se revelou permanente. Essas estimativas variaram entre 90% e 350% da produção mundial em 2009.
8 Alistair Milne, Perry Mehrling e outros propuseram modelos de seguro contra riscos sistêmicos e prêmios para sustentá-lo, que poderiam ser arrecadados junto aos bancos. Ver Kotlikoff, 2010, pp. 172 ss. para uma discussão e referências.
9 J. Kay, "Should We Have Narrow Banking?", in Turner et. al, 2010, p. 219.
10 Tarullo, 2012a, p. 9.
11 Na prática, a restrição às atividades bancárias foi solapada com o passar do tempo, mas foi só em 1999 que a Lei Gramm-Leach-Bliley, de modernização dos serviços financeiros, revogou as disposições principais da Lei Glass-Steagall. A restrição da Lei McFadden foi revogada pela Lei Riegle-Neal de Eficiência das Agências e Bancos Interestaduais, de 1994.
12 Relativamente estável por mais de seis décadas, dos anos 1930 aos 1990, o tamanho médio dos bancos norte-americanos, em relação à renda nacional, triplicou no espaço de vinte anos (ver Haldane, 2010, p.8 e gráfico 1). E os maiores monstros foram os que mais cresceram. Em 1990, os três maiores bancos norte-americanos representavam apenas 10% de todos os ativos do setor bancário. Em 2007, atingiam 40% (ibid., p. 9 e gráfico 2).
13 O Comitê de Supervisão da Estabilidade Financeira, nos Estados Unidos, o Comitê de Política Financeira do Banco da Inglaterra, no Reino Unido, e o Board Internacional de Estabilidade Financeira, fundado pelo G20 em Londres em abril de 2009 (o Board de Estabilidade Financeira foi, na verdade, recriado, como instituição sucessora do Fórum de Estabilidade Financeira do G7 — para detalhes, ver <http://www.financialstabilityboard.org/about/history.htm>).
14 Na expressão de Daniel Tarullo (2012b, p. 1), principal especialista regulador no Board of Governors do Federal Reserve, "o objetivo primário" da Lei Dodd-Frank é "uma reorientação da regulamentação financeira, no sentido de resguardar a 'estabilidade financeira' por meio da contenção do 'risco sistêmico', termos que reaparecem dezenas de vezes ao longo do texto".
15 M. King, 2012, p. 5.
16 W. Buiter, "The Unfortunate Uselessness of Most 'State of the Art' Academic Monetary Economics", Maverecon, blog de Willem Buiter no site do *Financial Times*, 3 mar. 2009. Disponível em: <http://blogs.ft.com/maverecon/2009/03/the-unfortunate-uselessness-of-most-state-of-the-art-academic-monetary-economics/#axzz-2AgdwP9Yz>.
17 Tarullo, op. cit., p. 22.
18 Skidelsky e Skidelsky, 2012.
19 Sandel, 2012.
20 Paul, 2009.
21 Bíblia do rei James, Eclesiastes 9:11.
22 O *Oxford English Dictionary* define eufemismo como "a figura de linguagem que consiste na substituição de uma palavra ou expressão rude ou ofensiva, que designaria

com mais precisão aquilo que se pretende, por outra, de conotação comparativamente favorável ou associações menos desagradáveis".
23 Os detalhes completos das propostas do prof. Kotlikoff podem ser encontrados em Kotlikoff, 2010.
24 Essa é apenas a menos ousada das ideias de Shiller (títulos ligados ao PIB são costumeiramente emitidos por vários Estados de mercados emergentes); ele tem várias outras. Para uma visão geral, ver Shiller, 2003.
25 A atual crise da dívida soberana europeia forçou o Banco Central Europeu a ampliar o espectro de ativos que aceita como garantias colaterais para seu socorro à liquidez do setor bancário, muito além do que fizeram o Federal Reserve norte-americano ou o Banco da Inglaterra. Causou espécie em 2011 a revelação de que o BCE emprestara até mesmo contra títulos australianos para financiamento da compra de automóveis. Ressalve-se que, no caso do BCE, tais ativos são aceitos como colaterais em acordos de recompra, de modo que o risco de crédito em que o banco central incorre não é, na acepção da palavra, do título financeiro em questão, mas do banco que recebeu socorro à liquidez. Da mesma forma, o Federal Reserve é, em princípio, indenizável por perdas de crédito incorridas em sua participação na dívida hipotecária do Tesouro norte-americano. Em outras palavras, nos dois casos, teoricamente, não se está concedendo socorro ao crédito.
26 James Tobin (1969, p. 26) percebeu que esse mundo atingiria o limite lógico implícito nos modelos financeiros acadêmicos, em que "não haveria espaço para discrepâncias entre as taxas de retorno sobre o capital naturais e as de mercado, entre a avaliação do mercado e o custo de reprodução. Não haveria espaço para que a política monetária afetasse a demanda agregada. A economia real daria o tom do setor financeiro, sem feedback na direção contrária".
27 Fisher, 1936. A origem real do plano de Fisher pode ser encontrada em um livro publicado em 1926 pelo pensador monetário britânico Frederick Soddy (1926). O livro de Soddy teria sido desprezado, como um clássico instantâneo de birutice monetária, não fosse sua credibilidade de ganhador do prêmio Nobel de Química. Mesmo assim, teve pouca repercussão na opinião pública e entre as autoridades, em parte por ter sido ofuscado por outra proposta de reforma monetária, mais popular, mas no fim das contas decepcionante: o Movimento de Crédito Social do major C. H. Douglas (1924). As ideias de Soddy foram adotadas por Frank Knight em Chicago, e por intermédio deste Fisher as descobriu.
28 Fisher, 1936, p. 10.
29 Friedman, 1960 e 1967.
30 Ver, por exemplo, Kay (2009) e J. Kay ("Should We Have Narrow Banking?", in Turner et al., 2010). Da mesma forma, a proposta de Laurence Kotlikoff, de Bancos de Propósito Limitado, inclui na prática o *narrow banking* como um de seus componentes. Ver Kotlikoff, 2010, pp. 132 ss.
31 Benes e Kumhof, 2012. De modo a explorar detalhadamente as consequências do Plano de Chicago, no contexto de um modelo formal da economia norte-americana,

Benes e Kumhof são obrigados a ir além da receita restrita de Fisher para a reforma das atividades monetárias dos bancos e detalham uma nova estrutura para a realização dos serviços de créditos. Esse é um exercício extremamente útil, ainda que desnecessário — e talvez, como afirma J. Kay ("Should We Have Narrow Banking?", in Turner et al., 2010, pp. 4-5), indesejável — receitar antecipadamente uma estrutura para esse nível não utilitário do sistema financeiro.

32 Keynes, 1936, p. 372.

REFERÊNCIAS BIBLIOGRÁFICAS

ALESSANDRI, P.; HALDANE, A. *Banking on the State*. Londres: Banco da Inglaterra, 2009.

AMIS, M. *Money: A Suicide Note*. Londres: Vintage, 1984 [Ed. bras.: *Grana: O bilhete de um suicida*. São Paulo: Rocco, 1993].

ANDREAU, J. *Banking and Business in the Roman World*. Trad. de J. Lloyd. Cambridge: Cambridge University Press, 1999.

APPLEBY, J. "Locke, Liberalism; The Natural Law of Money". *Past and Present*, n. 71, pp. 43-69, 1976.

ARISTÓTELES. *Politics*. Londres: William Heinemann Ltd, 1932 [Ed. bras.: *A política*. São Paulo: Escala Educacional, 2006].

ARNOLD, A. Z. *Banks, Credit and Money in Soviet Russia*. Nova York: Columbia University Press, 1937.

ARROW, K.; DEBREU, G. "Existence of an Equilibrium for a Competitive Economy". *Econometrica*, v. 22, n. 3, pp. 265-90, 1954.

AUKUTSIONEK, S. "Industrial Barter in Russia". *Communist Economies and Economic Transformation*, v. 10, n. 2, pp. 179-88, 1998.

BAGEHOT, W. *Lombard Street*. Nova York: John Wiley & Sons Inc., 1999 [1873].

BANCO CENTRAL DA IRLANDA. *Report on Economic Effects of Bank Dispute 1970*. Dublin: Banco Central da Irlanda, 1970.

BELLERS, J. *Proposals for Raising a Colledge of Industry of all Useful Trades and Husbandry, with Profits for the Rich, a Plentiful Living for the Poor; a Good Education for the Youth*, 1696. Disponível em: <http://archive.org/stream/proposalsforrais00bellrich#page/n7/mode/2up>.

BENES, J.; KUMHOF, M. "The Chicago Plan Revisited". *International Monetary Fund Working Paper*, n. 12/202, 2012.

BESLEY, T.; HENNESSY, P. *Letter to Her Majesty the Queen*, 22 jul. 2009. Disponível em: <http://www.britac.ac.uk/news/newsrelease-economy.cfm>.

BLACK, F.; SCHOLES, M. "The Pricing of Options and Corporate Liabilities". *The Journal of Political Economy*, v. 81, n. 3, pp. 637-54, 1973.

BOARD OF GOVERNORS DO FEDERAL RESERVE SYSTEM. *Flow of Funds Accounts of the United States*. Washington: Board of Governors do Federal Reserve System, 2012.

BOSWELL, J. *The Life of Samuel Johnson*. Nova York: Penguin Classics, 1986.

BOUVERET, A. "An Assessment of the Shadow Banking Sector in Europe". *Observatoire Français des Conjonctures Economiques Working Paper*, 2011. Disponível em: <http://papers.ssrn.com/sol3/papers.cfm?abstract_id=2027007>.

BOYER-XAMBEU, M.-T.; DELEPLACE, G.; GILLARD, L. *Private Money and Public Currencies*. Londres: M. E. Sharpe, 1994.

BRAUDEL, F. *The Wheels of Commerce: Civilization and Capitalism 15-18th* Century. Berkeley: University of California Press, 1992. v. 2.

CAPIE, F. "200 Years of Financial Crises: Lessons Learned and Forgotten". Trabalho acadêmico, 2012. Disponível em: <http://www2.uah.es/financial_crisis_spain/congreso2012/papers/Forrest%20Capie.pdf>.

CARSWELL, J. *The South Sea Bubble*. Londres: Cresset Press, 1960.

CLANCHY, M. *From Memory to Written Record: England 1066-1307*. Oxford: Blackwell, 1993.

CLAPHAM, J. *The Bank of England: A History*. Cambridge: Cambridge University Press, 1944. 2 v.

COLACELLI, M.; BLACKBURN, D. J. H. "Secondary Currency: An Empirical Analysis". Trabalho acadêmico, 2006. Disponível em: <http://la-macro.vassar.edu/SecondaryCurrency.pdf>.

COMITÊ DA BASILEIA DE SUPERVISÃO BANCÁRIA. *International Convergence of Capital Measurement and Capital Standards: A Revised Framework*. Basileia: Banco de Compensações Internacionais, 2006.

COMITÊ DA BASILEIA DE SUPERVISÃO BANCÁRIA. *International Framework for Liquidity Risk Measurement, Standards and Monitoring*. Basileia: Banco de Compensações Internacionais, 2010.

COMITÊ DO TESOURO DA CÂMARA DOS COMUNS DO REINO UNIDO. *The Run on the Rock, Fifth Report of Session 2007-08*. Londres: The Stationary Office Limited, 2008.

CONGRESSIONAL BUDGET OFFICE. *The Budget and Economic Outlook: Fiscal Years 2012-2022*. Washington: Congressional Budget Office, 2012.

CREASE, R. *World in the Balance: The Historic Quest for an Absolute System of Measurement*. Nova York e Londres: W. W. Norton, 2011.

DALTON, G. "Barter", *Journal of Economic Issues*, v. 16, n. 1, pp. 181-90, 1982.

DANTZIG, T. *Number: The Language of Science*. Londres: Allen and Unwin, 1930 [Ed. bras.: *Número: A linguagem da ciência*. Rio de Janeiro: Zahar, 1970].

DE LA TORRE, A.; LEVY YEYATI, E.; SCHMUCKLER, S. L. "Living and Dying With Hard Pegs: The Rise and Fall of Argentina's Currency Board". *Economia*, v. 5, n. 2, pp. 43-107, 2003.

DELONG, B. "This Time, It Is Not Different: The Persistent Concerns of Financial Macroeconomics". Trabalho acadêmico, 2012. Disponível em: <http://delong.typepad.com/20120411-russell-sage-delong-paper.pdf>.

DE RUBYS, C. *Histoire véritable de la ville de Lyon*. Lyon, 1604.

DOUGLAS, C. H. *Social Credit*. Londres: C. Palmer, 1924.

EATWELL, J.; MILGATE, M.; NEWMAN, P. (Orgs.). *The New Palgrave: The Invisible Hand*. Londres: Macmillan, 1989.

ELLIOT, G. *The Mystery of Overend and Gurney*. York: Methuen Publishing Ltd, 2006.

FEAVEARYEAR, A. E. *The Pound Sterling*. Oxford: Clarendon Press, 1931.

FISHER, I. *100% Money.* Nova York: Adelphi Company, 1936 [1935].

FLANDREAU, M.; UGLIONI, S. "Where It All Began: Lending of Last Resort and the Bank of England During the Overend, Gurney Panic of 1866". *Norges Bank Working Paper*, 2011/3. Disponível em: <http://papers.ssrn.com/sol3/papers.cfm?abstract_id=1847593>.

FORD, P. L. (Org.). *The Writings of Thomas Jefferson.* Nova York: G. P. Putnam's Sons, 1892-9.

FRANCE, A. *The Red Lily.* Trad. de W. S. Whale. Londres: John Lane, The Bodley Head, 1908 [Ed. bras.: *O lírio vermelho.* Rio de Janeiro: Pongetti, 1964].

FRANK, R. *The Darwin Economy.* Princeton; Oxford: Princeton University Press, 2011.

FRANKEL, S. H. *Money: Two Philosophies — The Conflict of Trust and Authority.* Oxford: Blackwell, 1977.

FRIEDMAN, M. *A Program for Monetary Stability.* Nova York: Fordham University Press, 1960.

_____. "The Monetary Theory and Policy of Henry Simons". *Journal of Law and Economics* 10, pp. 1-13, 1967.

_____. "The Island of Stone Money". *Hoover Institution Working Papers in Economics*, pp. E91-3, 1991.

FUNDO MONETÁRIO INTERNACIONAL. *Global Financial Stability Report 2006.* Washington: Fundo Monetário Internacional, 2006.

_____. *Fiscal Monitor April 2012.* Washington: Fundo Monetário Internacional, 2012.

FURNESS, W. *The Island of Stone Money: Uap of the Carolines.* Filadélfia: Washington Square Press, 1910.

GENOVESE, M. (Org.). *The Federalist Papers.* Nova York: Palgrave Macmillan, 2009.

GOETZMANN, W. N.; ROUWENHORST, K. G. (Orgs.). *The Origins of Value: the Financial Innovations the Created Modern Capital Markets.* Oxford: Oxford University Press, 2005.

GOODY, J. (Org.). *Literacy in Traditional Society.* Cambridge: Cambridge University Press, 1968.

GRAEBER, D. *Debt: The First 5000 years.* Brooklyn: Melville House Publishing, 2011.

GRECO, T. *Money: Understanding and Creating Alternatives to Legal Tender*. White River Junction: Chelsea Green, 2001.

GRIERSON, P. *The Origins of Money*. Londres: Athlone Press, 1977.

HAHN, F.; BRECHLING, F. (Orgs.). *The Theory of Interest Rates: Proceedings of a Conference by the International Economic Association*. Londres: Macmillan, 1965.

HALDANE, A. *The $100 bn Question*. Londres: Banco da Inglaterra, 2010.

HANSEN, M. *Demography and Democracy: The Number of Athenian Citizens in the Fourth Century B.C*. Herning: Forlaget Systime, 1985.

HARRIS, W. V. "A Revisionist View of Roman Money". *The Journal of Roman Studies*, n. 96, pp. 1-24, 2006.

_____. *The Monetary Systems of the Greeks and Romans*. Oxford: Oxford University Press, 2008.

HICKS, J. "Mr. Keynes and the 'Classics': A Suggested Interpretation". *Econometrica*, v. 5, n. 2, pp. 147-59, 1937.

HIRSCHMAN, A. *The Passion and the Interests: Political Arguments for Capitalism before Its Triumph*. Princeton: Princeton University Press, 1977.

_____. *The Rhetoric of Reaction: Perversity, Futility, Jeopardy*. Cambridge e Londres: Belknap Press da Universidade Harvard, 1991 [Ed. bras.: *A retórica da intransigência*. São Paulo: Companhia das Letras, 1992].

HOMER, S. *The Bond Buyer's Primer*. Nova York: Salomon Bros. & Hutzler, 1968.

HOMERO. *Ilíada*. Trad. de Frederico Lourenço. São Paulo: Penguin-Companhia das Letras, 2013.

HORSEFIELD, J. K. *British Monetary Experiments*. Cambridge & Harvard University Press, 1960.

HUDSON, M.; VAN DE MIEROOP, M. (Orgs.). *Debt and Economic Renewal in the Ancient Near East*. Bethesda: CDL Press, 2002.

HUDSON, M.; WUNSCH, C. (Orgs.). *Creating Economic Order: Record-keeping, Standardization and The development of Accounting in the Ancient Near East — A Colloquium Held at the British Museum*. nov. 2000.

HUERTA DE SOTO, J. *Money, Bank Credit; Economic Cycles*. Auburn: Ludwig Von Mises Institute, 2006.

HUMPHREY, C. "Barter and Economic Disintegration". *Man*, v. 20, n. 1, pp. 48-72, 1985.

ILF, I.; PETROV, I. *The Golden Calf*. Trad. de J. Richardson. Londres: F. Muller, 1962 [1931] [Ed. bras.: *O bezerro de ouro*. Lux, 1961].

JOHNSON, C. (Org.). *The De Moneta of Nicholas Oresme and English Mint Documents*. Londres: Nelson, 1956.

JONES, D. *The Bankers of Puteoli*. Stroud: Tempus, 2006.

JOPLIN, T. *An Analysis and History of the Currency Question*. Londres: James Ridgway, 1832.

KAY, J. *Narrow Banking: The Reform of Banking Regulation*. Trabalho acadêmico, 2009. Disponível em: <http://www.johnkay.com/wp-content/uploads/2009/12/JK-Narrow-Banking.pdf>.

KEYNES, J. M. "The Island of Stone Money". *Economic Journal*, v. 25, n. 98, pp. 281-3, 1915a.

_____. "The Works of Walter Bagehot — Review Article". *Economic Journal*, v. 25, n. 99, pp. 369-75, 1915b.

_____. *A Tract on Monetary Reform*. Londres: Macmillan, 1923.

_____. *A Treatise on Money*. Londres: Macmillan, 1930.

_____. "The Pure Theory of Money. A Reply to Dr. Hayek". *Economica*, v. 13, n. 34, pp. 387-97, 1931.

_____. *The General Theory of Employment, Interest; Money*. Londres: Macmillan, 1936 [Ed. bras.: *A teoria geral do emprego, do juro e da moeda*. Trad. Mário R. da Cruz. Rev. téc. de Cláudio Roberto Contador. São Paulo: Atlas, 2007].

KINDLEBERGER, C.; LAFFARGUE, J-P. (Orgs.). *Financial Crises: Theory, History; Policy*. Cambridge: Cambridge University Press, 1982.

KINDLEBERGER, C. *A Financial History of Western Europe*. Nova York e Oxford: Oxford University Press, 1993.

_____. *Manias, Panics, and Crashes: A History of Financial Crises*. Nova York e Chichester: Wiley, 2000 [1978] [Ed. bras.: *Manias, pânicos e crashes*. Rio de Janeiro: Nova Fronteira, 2000].

KING, M. "No Money, No Inflation: The Role of Money in the Economy". *Bank of England Quarterly Bulletin*, verão 2002.

_____. "Twenty Years of Inflation Targeting". Discurso na London School of Economics, 9 out. 2012.

KING, W. *History of the London Discount Market.* Londres: Routledge, 1936.

KNAPP, G. *The State Theory of Money.* Londres: The Royal Economic Society, 1924.

KOTLIKOFF, L. *Jimmy Stewart is Dead: Ending the World's Ongoing Financial Plague with Limited Purpose Banking.* Hoboken: Wiley, 2010.

KULA, W. *Measures and Men.* Princeton e Guildford: Princeton University Press, 1986.

LAEVEN, L.; VALENCIA, F. "Systemic Banking Crises Database: An Update". *IMF Working Paper*, n. 12/163, 2012.

LAW, J. *Money and Trade Considered, with a Proposal for Supplying the Nation with Money.* 1705.

_____. *The Present State of the French Revenues and Trade; of the Controversy betwixt the Parliament of Paris and Mr. Law.* Londres: J. Roberts, 1720.

LEE, W. (Org.). *Daniel Defoe: His Life; Recently Discovered Writings: Extending From 1716 to 1729.* Londres: John Camden Hotten, 1869. v. 2.

LÊNIN, V. I. *Obra reunida.* Disponível em: <http://www.marxists.org/archive>. 1965.

LIDDELL, H. G.; SCOTT, R. *Greek-English Lexicon.* Oxford: Clarendon Press, 1996.

LOCKE, J. *Further Considerations Concerning Raising the Value of Money, Wherein Mr. Lowndes's Arguments for it in his late Report Concerning An Essay for the Amendment of the Silver Coins, are particularly Examined.* Londres: A. and J. Churchill, 1695.

_____. *Two Treatises of Government.* Org. de P. Laslett. Cambridge: Cambridge University Press, 2009 [1698] [Ed. bras.: *Dois tratados sobre o governo.* Trad. de Julio Fischer. São Paulo: Martins Fontes, 1998].

LOWNDES, W. *A Report Containing an Essay for the Amendment of the Silver Coins*, 1695. Disponível em: <http://openlibrary.org/books/OL23329564M/A_report_containing_an_essay_for_the_amendment_of_the_silver_coins>.

LURIA, A. *Cognitive Development: Its Cultural and Social Foundations.* Cambridge e Londres: Harvard University Press, 1976.

MACDONALD, J. *A Free Nation Deep in Debt: The Financial Roots of Democracy*. Princeton e Oxford: Princeton University Press, 2006.

MACLEOD, H. *The Principles of Political Economy*. Londres: Longmans, Green, Read; Dyer, 1882.

MAGNUSSON, L. (Org.). *Mercantilism*. Londres: Routledge, 1995.

MANDEVILLE, B. *The Grumbling Hive, or, Knaves Turn'd Honest*. Londres, 1705.

_____. *The Fable of the Bees, or, Private Vices, Publick Benefits*. Indianápolis: Liberty Classics, 1988 [1732]. 2 v.

MARKOWITZ, H. "Portfolio Selection". *Journal of Finance*, v. 7, n. 1, pp. 77-91, 1952.

MARTIN, F. "Global High Yield: The Big Winner from the Banking Crisis". *Thames River Capital Monthly Newsletter*. Londres: Thames River Capital, 2011.

MARX, K.; ENGELS, F. *The Communist Manifesto*. Londres: Penguin, 1985 [1848] [Ed. bras.: *Manifesto do Partido Comunista*. São Paulo: Penguin-Companhia das Letras, 2012].

MAUSS, M. *The Gift: Forms and Functions of Exchange in Archaic Societies*. Trad. de I. Cunnison. Londres: Cohen e West, 1954.

MAYHEW, N. *Sterling: The Rise and Fall of a Currency*. Londres: Allen Lane, 1999.

MCCALLUM, B. "The Role of Money in New Keynesian Models". *Banco Central de Reserva del Perú Working Paper*, n. 2012-9.

MEADOWS, A.; SHIPTON, K. (Orgs.). *Money and its Uses in the Ancient Greek World*. Oxford: Oxford University Press, 2001.

MEHRLING, P. "The Development of Macroeconomics and the Revolution in Finance". Trabalho acadêmico, 2005. Disponível em: <http://economics.barnard.edu/profiles/perry-mehrling/perry--mehrling-recent-papers>.

_____. *The New Lombard Street: How the Fed Became the Dealer of Last Resort*. Princeton: Princeton University Press, 2011.

MILL, J. S. *Principles of Political Economy: With Some of Their Applications to Social Philosophy*. Londres: J. W. Parker, 1848 [Ed. bras.: *Princípios de economia política*. Coleção Os Economistas. São Paulo: Abril, 1983].

MITCHELL INNES, A. "What is Money?". *Banking Law Journal*, v. 30, n. 5, pp. 377-408, 1913.

_____. "The Credit Theory of Money". *Banking Law Journal*, v. 31, n. 2, pp. 151-68, 1914.

MORE, T. *Utopia*. Nova York: Norton, 1975 [1516] [Ed. bras.: *A utopia*. Rio de Janeiro: Rideel, 2005].

MURPHY, A. E. "Money in an Economy without Banks: The case of Ireland". *The Manchester School of Economic and Social Studies*, v. 46, n. 1, pp. 41-50, 1978.

_____. *John Law: Economic Theorist and Policy-Maker*. Oxford: Clarendon Press, 1997.

_____. *The Genesis of Macroeconomics: New Ideas from Sir William Petty to Henry Thornton*. Oxford: Oxford University Press, 2009.

MURRAY, A. *Reason and Society in the Middle Ages*. Oxford: Clarendon Press, 1978.

MURRAY, O. *Early Greece*. Londres: Fontana Press, 1993.

NISSEN, H. J. *The Early History of the Ancient Near East: 9000-2000 BC*. Chicago e Londres: University of Chicago Press, 1988.

NISSEN, H. J.; DAMEROW, P.; ENGLUND, R. K. (Orgs.). *Archaic Bookkeeping: Early Writing and Techniques of Economic Administration in the Ancient Near East*. Chicago e Londres: University of Chicago Press, 1993.

ONG, W. *Orality and Literacy: The Technologizing of the Word*. Londres: Methuen, 1982.

ORMAZÁBAL, K. "Lowndes and Locke on the Value of Money". *History of Political Economy*, v. 44, n. 1, pp. 157-80, 2012.

PARKER, R. *Athenian Religion: A History*. Oxford: Clarendon Press, 1996.

PARRY, J.; BLOCH, M. *Money and the Morality of Exchange*. Cambridge: Cambridge University Press, 1989.

PATINKIN, D. *Money, Interest, and Prices: An Integration of Monetary and Value Theory*. Evanston: Row, Peterson, 1956.

PAUL, R. *End the Fed*. Nova York: Grand Central Pub, 2009 [Ed. bras.: *O fim do Fed*. São Paulo: É Realizações, 2011].

PIGOU, A. (Org.). *Memorials of Alfred Marshall*. Londres: Macmillan, 1925.

POZSAR, Z.; ADRIAN, T.; ASHCRAFT, A.; BOESKY, H. "Shadow Banking". *Federal Reserve Bank of New York Staff Report*, n. 458, 2010.

POZSAR, Z.; SINGH, M. "The Nonbank-Bank Nexus and the Shadow Banking System". *International Monetary Fund Working Paper*, n. 11/289, 2011.

REINHART, C.; ROGOFF, K. *This Time is Different: Eight Centuries of Financial Folly*. Princeton e Oxford: Princeton University Press, 2009 [Ed. bras.: *Oito séculos de delírios financeiros*. Rio de Janeiro: Campus, 2010].

RICHARDS, R. D. *The Early History of Banking in England*. Londres: Cass, 1958.

ROBERTS, R.; KYNASTON, D. (Orgs.). *The Bank of England: Money, Power and Influence 1694-1994*. Oxford: Oxford University Press, 1995.

ROGOFF, K. "The Optimal Degree of Commitment to an Intermediate Monetary Target". *The Quarterly Journal of Economics*, v. 100, n. 4, pp. 1169-89, 1985.

ROLNICK, A.; VELDE, F.; WEBER, W. "The Debasement Puzzle: An Essay on Medieval Monetary History". *Journal of Economic History*, v. 56, n. 4, pp. 789-808, 1996.

ROSEVEARE, H. *The Financial Revolution, 1660-1760*. Londres: Longman, 1991.

ROSOVSKY, H. (Org.). *Industrialization in Two Systems: Essays in Honour of Alexander Gerschenkron*. Nova York: John Wiley, 1966.

SANDEL, M. *What Money Can't Buy: The Moral Limits of Markets*. Londres: Allen Lane, 2012 [Ed. bras.: *O que o dinheiro não compra: Os limites morais do mercado*. Rio de Janeiro: Civilização Brasileira, 2012].

SARGENT, T.; VELDE, F. *The Big Problem of Small Change*. Princeton e Oxford: Princeton University Press, 2002.

SAY, J.-B. *A Treatise on Political Economy*. New Brunswick e Londres: Transaction Publishers, 2001 [1803] [Ed. bras.: *Tratado de economia política*. Coleção Os Economistas. São Paulo: Abril, 1983].

SCHMANDT-BESSERAT, D. "The Earliest Precursor of Writing". *Scientific American*, v. 238, n. 6, pp. 50-8, 1977.

_____. "Reckoning before Writing". *Archaeology*, v. 32, n. 3, pp. 22-31, 1979.

SCHMANDT-BESSERAT, D. (Org.). *Before Writing*. Austin: University of Texas Press, 1992. v. 1.

SENNER, W. (Org.). *The Origins of Writing*. Lincoln e Londres: University of Nebraska Press, 1991.

SEABRIGHT, P. (Org.). *The Vanishing Rouble: Barter Networks and Non-monetary Transactions in Post-Soviet Societies*. Cambridge: Cambridge University Press, 2000.

_____. *The Company of Strangers: A Natural History of Economic Life*. Princeton e Oxford: Princeton University Press, 2004.

SEAFORD, R. *Reciprocity and Ritual in Tragedy: Homer and Tragedy in the Developing City-State*. Oxford: Clarendon Press, 1994.

_____. *Money and the Early Greek Mind*. Cambridge: Cambridge University Press, 2004.

SHARPE, W. "Capital Asset Prices: A Theory of Market Equilibrium Under Conditions of Risk". *Journal of Finance*, v. 19, n. 3, pp. 425-42, 1964.

SHILLER, R. *The New Financial Order: Risk in the 21st Century*. Princeton e Woodstock: Princeton University Press, 2003.

SIMMEL, G. *The Philosophy of Money*. Trad. de T. Bottomore. Londres: Routledge e Kegan Paul, 1978 [1907].

SKIDELSKY, R. *John Maynard Keynes: The Economist as Saviour, 1920-37*. Londres: Macmillan, 1992 [Ed. bras.: *Keynes*. Rio de Janeiro: Zahar, 1999].

SKIDELSKY, R.; SKIDELSKY, E. *How Much is Enough?* Londres: Allen Lane, 2012.

SMITH, A. *An Inquiry into the Nature and Causes of the Wealth of Nations*. Indianápolis: Liberty Press, 1981 [1776] [Ed. bras.: *Investigação sobre a natureza e as causas da riqueza das nações*. São Paulo: Abril, 1974].

SMITH, T. *An Essay on Currency and Banking*. Filadélfia: Jesper Harding, 1832.

SODDY, F. *Wealth, Virtual Wealth; Debt: The Solution of the Economic Paradox*. Londres: Allen & Unwin, 1926.

SPUFFORD, P. *Money and its Use in Medieval Europe*. Cambridge: Cambridge University Press, 1988.

_____. *Power and Profit: The Merchant in Medieval Europe*. Londres: Thames & Hudson, 2002.

STEUART, J. *Inquiry into the Principles of Political Oeconomy*. Edimburgo e Londres: publicado para a Scottish Economic Society por Oliver & Boyd, 1966 [1767]. v. 1.

SUMPTION, J. *The Hundred Years War: Part II — Trial by Fire*. Londres: Faber & Faber, 2001.

SWEENEY, J.; SWEENEY, R. "Monetary Theory and the Great Capitol Hill Baby Sitting Co-op Crisis". *Journal of Money, Credit; Banking*, v. 9, n. 1, pp. 86-9, 1977.

TARULLO, D. "Shadow Banking After the Crisis". Washington: Board of Governors do Federal Reserve, 2012a.

_____. "Financial Stability Regulation". University of Pennsylvania Distinguished Jurist Lecture 2012. Washington: Board of Governors do Federal Reserve, 2012b.

TESOURO DE SUA MAJESTADE. *Public Expenditure Statistical Analysis 2012*. Londres: The Stationary Office Limited, 2012.

TOBIN, J. "A General Equilibrium Approach to Monetary Theory". *Journal of Money, Credit; Banking*, v. 1, n. 1, pp. 15-29, 1969.

TURNER, A. "Macro-prudential Policy for Deflationary Times". Discurso durante visita regional do Comitê de Política Financeira a Manchester, 20 jul. 2012. Disponível em: <http://www.fsa.gov.uk/library/communication/speeches/2012/0720-at.shtml>.

TURNER, A. et al. *The Future of Finance Report*. Londres: London School of Economics, 2010.

UKFI LTD. *Annual Report and Accounts 2010-11*. Londres: The Stationary Office Limited, 2012.

UK FINANCIAL SERVICES AUTHORITY. Statement: "Liquidity support for Northern Rock plc", 14 set. 2007. Disponível em: <http://www.fsa.gov.uk/library/communication/statements/2007/northern.shtml>.

USTINOV, P. *Dear Me*. Londres: Heinemann, 1977.

VAN DE MIEROOP, M., *Society and Enterprise in Old Babylonian Ur*. Berlim: D. Reimer, 1992.

_____. *The Ancient Mesopotamian City*. Oxford: Clarendon Press, 1997.

VELDE, F. "John Law's System". *The American Economic Review*, v. 97, n. 2, pp. 276-9, 2007.

VON GLAHN, R. *Fountain of Fortune: Money and Monetary Policy in Chi-*

na, 1000-1700. Berkeley e Londres: University of California Press, 1996.

VON HAYEK, F. *Prices and Production.* Londres: G. Routledge, 1931.

_____. *Denationalisation of Money: An Analysis of the Theory and Practice of Concurrent Currencies.* Londres: Institute of Economic Affairs, 1976 [Ed. bras.: *Desestatização do dinheiro.* São Paulo: Instituto Ludwig von Mises Brasil, 2011].

VON REDEN, S. *Money in Classical Antiquity.* Cambridge: Cambridge University Press, 2010.

WALRAS, L. *Éléments d'économie politique pure; ou Théorie de la richesse sociale.* Lausanne, 1874 [Ed. bras.: *Compêndio dos elementos de economia política pura.* Coleção Os Economistas. São Paulo: Abril, 1983].

WALVIN, J. "Quakers, Business, and Morality". Palestra no Gresham College, 25 abr. 2005. Disponível em: <http://www.gresham.ac.uk/lectures-and-events/quakers-business-and-morality>.

WATSON, B. *Records of the Grand Historian of China.* Nova York e Londres: Columbia University Press, 1961.

WEST, M. *Early Greek Philosophy and the Orient.* Oxford: Clarendon Press, 1971.

WILSON, T. A *Discourse Upon Usury, by Way of Dialogue and Orations, for the Better Variety and More Delight of All Those That Shall Read This Treatise.* Londres: G. Bell, 1925 [1572].

WOODHAM-SMITH, C. *The Great Hunger: Ireland 1845-9.* Londres: Hamish Hamilton, 1962.

WOODRUFF, D. *Money Unmade: Barter and the Fate of Russian Capitalism.* Ithaca e Londres: Cornell University Press, 1999.

XENOS, S. *Depredations, or Overend, Gurney e Co. and the Greek e Oriental Steam Navigation Company.* Londres, 1869.

CRÉDITOS DAS IMAGENS

p. 14: A moeda de pedra de Yap, de *The Island of Stone Money*, de William Henry Furness

p. 27: Talhas do Tesouro britânico © Science & Society Picture Library/ Getty Images

p. 32: Recorte de jornal do *Irish Independent*, 4 maio 1970, reproduzido por cortesia do Irish Newspaper Archives e do *Irish Independent*

p. 61: "Use of the New Measures" [Uso das novas medidas], gravura francesa © Giraudon/ The Bridgeman Art Library

p. 76: Friso ateniense do Partenon, mostrando um touro de sacrifício © akg-images/ Nimatallah

p. 87: Nota de cinco *créditos* © <http://blog.truekenet.com>

p. 106: Conjunto de pingentes de moeda de ouro com *solidus* de Valentiniano II © Trustees do Museu Britânico

p. 125: Gravura de banqueiros mercantis do século XVI, por Jost Amman © coleção particular/ The Bridgeman Art Library

p. 142: James Steuart, por David Scougall © Universidade de Edimburgo/ The Bridgeman Art Library
James Carville © Dave Allocca/ DMI/ Time e Life Pictures/ Getty Images

p. 156: John Locke, por John Greenhill © National Portrait Gallery, Londres

p. 177: Ilustração de John Tenniel para *Alice através do espelho* © Lebrecht Music & Arts Photo Library

p. 200: "The Power of the Dollar" [O poder do dólar], cartaz soviético de propaganda © the Sergo Grigorian collection, reproduzido por cortesia de <www.redavantgarde.com>

p. 217: John Law, por Leonard Schenk © National Portrait Gallery, Londres

"Arlequin Actionist", de *Het groote Tafereel der dwaasheid* © Museu Boerhaave Leiden

p. 230: Caricatura de Ingram Pinn, do *Financial Times* © Ingram Pinn/ The Financial Times Limited. Todos os direitos reservados

p. 244: *Mezzotinta* de Walter Bagehot, por Norman Hirst © coleção particular/ The Bridgeman Art Library

p. 285: "Same Old Game!" [O mesmo joguinho de sempre!], charge da revista *Punch* © Punch Limited

p. 300: Basileia © Hiroshi Higuchi/ Getty Images

ÍNDICE REMISSIVO

Números de página em itálico referem-se a ilustrações.

Abissínia, 18
Academia Britânica, 229-30
ações: no sentido de títulos do Tesouro, 27
açúcar: uso como moeda, 18, 22
agricultura: invenção, 52
Alemanha: colônias no Pacífico, 12; cooperativas de crédito mútuo, 344; indenizações da Primeira Guerra Mundial, 174
alfabeto: disseminação, 71-7; origens, 53-7
Alice através do espelho (Carroll), 177
América do Norte francesa, 212, 215
Anglo-Irish Bank, 287
Aquino, São Tomás de, 130, 350
Argentina: crise econômica (2001-2), 85-8
Aristodemo, 79
Aristófanes, 189-90
Aristóteles: e a política do dinheiro, 95; sobre a natureza do dinheiro, 161, 191-2; sobre Esparta, 352; sobre o dinheiro em relação ao escambo, 20, 96; sobre o entusiasmo das cidades-estados pelo dinheiro, 218; sobre Sólon, 221
armazenamento, 291
Arrow, Kenneth, 262-3
astecas, 54
astronomia, 72
Atenas: adoção do dinheiro, 77, 79, 93; antiga, *76*; área urbana, 339; controle sobre o dinheiro, 95; crítica do dinheiro, 193; reformas de Sólon, 219-21

bacalhau: uso como moeda, 18, 22
Bagehot, Walter, *244*; legado, 265; sobre a Overend, Gurney, 237; Summers sobre, 232, 259; teoria do dinheiro e das finanças, 242-50, 254-6, 259, 279, 347
Banco Central Europeu, 268, 296, 310
Banco da Escócia, 354

383

Banco da Inglaterra: atitude dos conservadores do século XVIII em relação ao, 166; criação, 144-9; e a crise financeira de 1866, 238, 241-2; e crises financeiras recentes, 277, 280, 296; e padrões monetários, 153-4; independência, 268; papel nas corridas aos bancos, 279, 281; papel nas crises financeiras, 246-50, 254

bancos: ascensão dos bancos modernos, 121-7, *125*, 129-34; ausência na Galeria do Dinheiro do Museu Britânico, 46; britânicos do século XIX, 235-42; capital acionário, 280; como funcionam, 127-9; corretores de títulos, 235-8, 240, 242; corridas aos, 85-8, 278-83; diferença de maturidade, 278; e a crise econômica argentina (2001-2), 86, 88; e confiança, 245; função de compensação, 129; greve dos bancos irlandeses (1970), 31-8, 88; luta contra o soberano pelo controle do dinheiro, 137-50, 320; mudanças nas finanças modernas, 288-96; na França do século XVIII, 209-11, 213-5; na União Soviética, 199, 201-2; *narrow banking* [bancos limitados], 313-4, 328; reestruturação do sistema bancário, 308-14, 326-8; regulamentação e reforma, 238, 299-305; regulamentação medieval, 130; relação com os economistas, 264; reputação atual dos banqueiros, 275-6; riscos e problemas dos, 143; romanos, 104-5; sistemas bancários paralelos, 268, 295; socorro aos, 279-88

bancos centrais e nacionais: importância, 246-50; independência, 268, 312, 327; poder de emitir moeda, 358; primeiros, 144-50, 320

Barbon, Nicholas, 160
Barcelona, 129-30
Barclays, banco, 235

Basileia, *300*
Bear Stearns, banco de investimentos, 283
Bellers, John, 195
Benes, J., 364
Bernard, Samuel, 209
Bezerro de ouro, O (Ilf e Petrov), 196-7
Black, Fischer, 267
Bloch, Maurice, 51, 343
Bohun, Edmund, 160
Bolonha, 108
bolsa de valores *ver* capitais próprios, mercado de
Boyer-Xambeu, M. T., 347
Braudel, Fernand, 122
Brown, Gordon, 361
Buridan, Jean, 112
butins, distribuição dos, 50-1

câmbio de moedas: e a Inglaterra do século XVI, 138-9; medieval, 131-2, 134
Capie, Forrest, 357
capitais próprios, mercado de, 265-6, 289
capital e ativos, relação entre, 300, 302, 357
capitalismo: relação com a monetarização, 81-2
Carlos II, rei da Inglaterra, Escócia e Irlanda, 144
Carlos V, rei da França, 111-2
Carlos Magno, rei dos francos, 107
Carroll, Lewis, *177*
cartalismo, 38, 344
Carville, James, 141, *142*
Casas do Parlamento: incêndio (1834), 29
Castello, Francesch, 130
Cavallo, Domenico, 86
Cecil, William, 139
cédulas: francesas do século XVIII, 211-2, 215, 217; primeiras inglesas, 147, 154
cheques: e a greve dos bancos irlandeses (1970), 33-5; natureza dos, 34

Chicago, Plano de, 313
China antiga, 54, 95-100, 342
Churchill, Winston, 249
Cícero, 103-4, 345
ciência social, dificuldade para estudar, 30-1
Citibank, 45
Clanchy, Michael, 338
Clarendon, conde de, 147
comércio: e o surgimento dos bancos modernos, 121-9, 131; medieval, 122
Comitê da Basileia de Supervisão Bancária, 299-302
Companhia da África (francesa), 212
Companhia da China (francesa), 212
Companhia das Índias Orientais (francesa), 212
Companhia do Mississippi (Companhia das Índias), 212-4, 216
Companhia do Ocidente (francesa), 212
Companhia do Senegal (francesa), 212
computadores na Antiguidade, 345
conchas: uso como moeda, 18
Conferência Geral sobre Pesos e Medidas (1960), 58-63
contabilidade: disseminação, 71-7; origens, 57-8
Corner House *ver* Overend, Gurney and Co.
corretores de títulos, 235-8, 240, 242
corvée, 107
couro: uso como moeda, 18
crédito: cooperativas de crédito mútuo, 89-90, 92, 125; crescimento do mercado de créditos, 290-6; dinheiro como, 36-41, 245-8, 254-6, 259-61, 264; e confiança, 245-8; importância da liquidez, 266; papel na recente crise financeira, 233; socorro ao crédito de instituições financeiras, 280-8, 296
criminologia, positivista, 323
crise financeira, recente: causas, 266-71; custo econômico, 301; incapacidade de prever, 299-314, 325-34; ordem dos acontecimentos, 233-4, 278, 280-96; paralelo histórico, 234-42; prevenção futura, 299-314, 325-34; reação à, 275-7
crises financeiras: antiga Atenas, 218-22; Argentina, 85-8; causas, 171-80; como evitar, 246-50, 299-314, 325-34; século XVIII, 209-18; século XIX, 234-42, 256; século XX, 31-6, 88, 282
Crozat, Antoine, 209, 212
Cummins, Nicholas, 182-3

Dalton, George, 20
De Rubys, Claude, 124, 137
Debreu, Gerard, 262-3
deflação *ver* inflação e deflação
Defoe, Daniel, 215
democracia: controle democrático do dinheiro, 221-2, 224, 327
derivativos, 267
Dickens, Charles, 28
dinheiro: ciladas na busca pelo, 187-93; cocirculação de moedas nacionais, 344; como crédito e tecnologia social, 36-41, 245-8, 254-6, 259-61, 264; como mercadoria, 21-31, 153-64, 253-8, 261-2, 321-4; controle bancário *versus* estatal, 137-50, 320; controle democrático, 221-4, 327; controle estatal, 85-100, 111-7, 223, 320, 327, 332-3; controle pelos bancos centrais, 246-50; controle real, 332-4; definição de mercadoria como calcanhar de Aquiles da sociedade monetária, 176-84; definição de tecnologia social como solução para o futuro, 305-14; e gestão de risco, 305, 307; e liberdade pessoal, 192; efeitos sobre a sociedade, 79-82; existência física, 24; invenção, 71-82; mercadorias que serviram historicamente como, 17-8, 22; moeda fiduciária, 211, 213-8; moedas substitutas e pri-

385

vadas, 85-90; natureza do, 21-41; origem, 16-21; poder dos bancos centrais de emitir, 358; quase moedas, 88, 294, 343, 354; relação com a moeda, 23; relação com o crédito, 37-41; relação com o escambo, 16-7, 20, 96; sociedades anteriores ao, 47-58; sociedades sem, 193-4, 196; tentativas de contenção, 196-202; tentativas de reforma estrutural, 205-25
dívida, crise da *ver* crises financeiras
dívidas, cancelamento, 221
Douglas, major C.H., 364
Downing, sir Charles, 147
Draco, 355

economia: apanhado de estudos dos séculos XIX e XX, 253-71; como disciplina corrompida, 175-84; divergência entre os modelos macroeconômico e da ciência financeira acadêmica, 255-71; incapacidade de prever a recente crise financeira, 229-33; nascimento da disciplina, 153-68; necessidade de reforma futura, 329; primeiro verdadeiro manual, 243; relação entre economistas e banqueiros centrais, 264
economias planificadas, 48, 74, 196-202, 220
Eduardo VI, rei da Inglaterra, 138-9
Edwards, Edward Watkin, 239
Egito, antigo, 54, 105
eletromagnetismo, 40
Elizabeth II, rainha da Grã-Bretanha e Irlanda do Norte, 229-30
Elliott, Geoffrey, 357
Emanuel, Rahm, 277
Eneida (Virgílio), 103
Engels, Friedrich, 172, 195, 198
escambo, 16-7, 20, 96
Escócia, 18, 22, 205-6, 354; *ver também* Grã-Bretanha
Espanha, 12, 286

espartanos, 193-4, 196
estabilidade monetária, 268
Estado: controle sobre o dinheiro, 85-100, 111-7, 223-4, 320, 327, 332-3; disputa com os bancos pelo controle do dinheiro, 137-50, 320; gastos do governo como percentual do PIB, 93; Keynes sobre a autoridade do, 331; relação com os bancos centrais, 146-50, 320; teorias de Locke sobre o governo constitucional, 162-4
Estados Unidos: Churchill sobre, 249; corrida aos bancos, 279; crescimento dos bancos (1990-2010), 363; crise financeira recente, 230-4, 282-3, 290-1, 295-6, 360; direito de imprimir dinheiro, 90; gastos do governo como percentual do PIB, 93; Grande Depressão, 282, 303, 314; mercadorias usadas como dinheiro, 18, 22; regulamentação financeira, 302-3, 309; relação entre ativos e capital nos bancos, 300
ética e a sociedade monetária, 70, 176-84, 189, 191-3, 324-6, 330
Eurípides, 192

Feavearyear, sir Albert, 164
Federal Reserve norte-americano, 231, 296, 302, 310
feiras mercantis, 121-4, 132, 134
Ferguson, Charles, 176
Feynman, Richard, 40
fiduciária, moeda, 211, 214-6, 218
finanças: mudanças recentes, 288-96; *ver também* bancos; mercado de títulos
Fisher, Irving, 312-3, 344
Florença, 129
FMI *ver* Fundo Monetário Internacional
França: criação do Banco Geral/Real, 210, 214; feiras mercantis medievais, 121-4, 132; gastos do governo como percentual do PIB, 93; guerras

com a Holanda, 144; Iluminismo francês sobre o dinheiro, 140-1; senhoriagem, 111-7, 346; sob Luís XIV e Luís XV, 208-18
francos, 107
Friedman, Milton, 24, 263
Fundo Monetário Internacional (FMI), 88, 292, 313
Furness, William Henry, III, 12-5
Fustel de Coulanges, Numa Denis, 355

garantias financeiras, 265; *ver também* securitização
Gênova, 129, 355
Gladstone, William Ewart, 241, 358
Glass-Steagall do sistema bancário, Lei (1933), 303
Godolphin, Sydney, 348
Goetzmann, William, 338
Goldman Sachs, banco, 357
Goody, Jack, 341
Grã-Bretanha: crise financeira dos anos 1970, 282; crise financeira recente, 277-84; crises financeiras do século XIX, 234-42, 256; regulamentação financeira, 303, 309; relação capital-ativos dos bancos, 300; retirada dos romanos, 106; Revolução Industrial, 234; *ver também* Escócia
Graeber, David, 21, 337
Gramm-Leach-Bliley de Modernização dos Serviços Financeiros, Lei (1999), 363
Grécia Antiga: atitude em relação ao dinheiro, 161, 187-90, 191-6, 224; Idade das Trevas, 47-51; invenção do valor econômico e do dinheiro, 71-81; reformas de Sólon, 218-22, 224
Greenspan, Alan, 231
Gresham, sir Thomas, 138-9
Grierson, P., 342
Grossman, Gregory, 353
Guanzi, 96-7, 99
Guerra de Cem Anos (1337-1453), 112

Guerra de Independência norte-americana (1775-83), 90, 148
Guilherme III (Guilherme de Orange), rei de Inglaterra, Escócia e Irlanda, 144, 146-8, 348
Gurney, família, 235; *ver também* Overend, Gurney and Co.

Hahn, F., 359
Haldane, A., 363
Hayek, Friedrich von, 160, 344
Henrique VIII, rei da Inglaterra, 138
Heródoto, 161
Hicks, John, 262
Hildeberto de Lavardin, 108
Hildebrand, Bruno, 21
hiperinflação *ver* inflação e deflação
Hirschman, Albert O., 351-2
Holanda, 144, 146
Holland, sir Launcelot, 357
Holt, chefe de justiça John, 147
Homer, Sidney, 291
Homero, 48-51
Horácio, 104
Huan, duque de Qi, 95
Humphrey, Caroline, 20
Huskisson, William, 357

Ilf, Ilya, 196-7
Ilíada, 47-51
Índia, 18, 342
Índias Ocidentais, 18, 22
inflação e deflação: e o crédito estatal, 333; e o equilíbrio do poder financeiro, 207; e o padrão monetário, 333; hiperinflação alemã, 174; hiperinflação soviética, 353; Keynes sobre sua importância, 259; nos modelos neo-keynesianos, 268-9; romana, 105; teorias na China antiga, 97
Inglaterra: controle da moeda no século XVI, 139; criação do Banco da Inglaterra, 144-64; emissão de cédulas bancárias privadas, 349; recunha-

gem do século XVII, 153-64; registros contábeis históricos do Tesouro, 26-9; taxação, 145, 346, 350; união com a Escócia, 205-6; *ver também* Grã-Bretanha
Innes, Alfred Mitchell, 22, 68
inovação: e o dinheiro, 79, 172, 194, 202
Irlanda: crise financeira recente, 284; fomes do século XIX, 180-4; greve dos bancos (1970), 31-6, 88
irrigação: invenção, 52
Ithaca, estado de Nova York, 89

J. P. Morgan (banco), 283
Jefferson, Thomas, 284
Jerusalém, 339
Jixia, academia, 96, 98
João II, rei da França, 111-2
Joplin, Thomas, 256
Jowett, Benjamin, 184
Júlio César, 104

Kay, John, 302
Keynes, John Maynard: e a recente crise da dívida, 232; sobre a autoridade do Estado, 331; sobre a ciência econômica, 329; sobre a importância das ideias, 331; sobre a moeda de pedra de Yap, 16, 24; sobre a natureza do dinheiro, 260-1; sobre a necessidade de regulamentar a sociedade monetária, 173-5; sobre a sociedade econômica contemporânea, 314; sobre Bagehot, 243-4; sobre Hayek, 160; tentativa de conciliar suas teorias com as dos economistas clássicos, 262; "teoria macroeconômica neokeynesiana", 264, 268
Kindleberger, Charles, 20, 171, 232, 263
King, Mervyn, 269
Kipling, Rudyard, 343
Knight, Frank, 364
Kotlikoff, Laurence, 309, 364
Krugman, Paul, 343-4

Kula, Witold, 59, 62, 318
Kumhof, Michael, 364

Law, John, 205-18, *217*, 223-4, 322
Law, Sistema de, 210-8, 308, 310
Lehman Brothers, banco, 229, 283, 285
lei, e controle sobre o dinheiro, 222, 224
Lênin, Vladimir Ilyich, 198
letras de câmbio, 123, 131-4
liquidez: crises de liquidez bancária, 278-9; e os mercados de títulos modernos, 293-6; risco de, 128; transformação de, 307
Lloyds TSB, banco, 235
Locke, John, *156*; concepção do dinheiro, 157-60, 162-4, 176, 178-9, 321-2; consequências de suas teorias monetárias, 176-84, 257; razões para a aceitação popular de suas teorias, 322, 324; sobre a relação entre o dinheiro e o escambo, 20; sobre o poder, 82
London School of Economics (LSE), 229
Londres: libra de Brixton, 89
loterias estatais, 145
Lowndes, William, 155, 157, 159-63, 176
Luís XIV, rei da França, 209
Luria, Alfred, 341
Lyon, 121-4, 132

Macdonald, James, 339, 354
Mackay, Ernest, 340
Macleod, Henry Dunning, 37-8
Madison, James, 92
Mandeville, Bernard, 165-7, 275
Mantineia, Grecia, 194
Marcelo, Marco Cláudio, 345
Marlborough, John Churchill, duque de, 165-6
Marx, Karl, 172, 195, 198
matemática: origem, 55-7
maturidade, transformação de, 347
Mauss, Marcel, 339
McFadden, Lei (1927), 303
Mecanismo de Antikythera, 345

Mehrling, Perry, 359, 363
mercado: fraudes, 191; pré-requisitos, 78; santidade, 181; teoria do equilíbrio geral, 262-4
mercados de títulos, 265, 267, 289-95
Mesopotâmia, antiga, 51-8, 71, 73-7, 220, 339-40
metro: definição, 60
metrologia: padronização de pesos e medidas, 59-60, *61*, 61-4
México: sociedade asteca, 54
Midas, rei da Frígia, 187-93
Midland, banco, 357
Mileto, 72
Milken, Michael, 290
Mill, John Stuart, 243, 250, 253, 258
Milne, Alistair, 363
Minsky, Hyman, 232, 263, 269
mobilidade social, e dinheiro, 80, 107, 172
Modelo de Precificação de Ativos Financeiros, 265
moeda: relação com o dinheiro, 23
moedas: abandono na Idade das Trevas europeia, 105-6; depreciação, 110; e democracia, 355; importância, 26, 29; invenção, 78; medievais, 109-10; recunhagem inglesa do final do século XVII, 153-64; romanas, *106*
Montesquieu, Charles-Louis de Secondat, barão de la Brède e de, 140-1
moralidade *ver* ética
More, Thomas, 195
Movimento de Crédito Social, 364
Mun, Thomas, 348
Müntefering, Franz, 275
Murphy, Antoin, 36
Murray, Oswyn, 352, 355
Museu Britânico: Galeria do Dinheiro, 46
mútuo, cooperativas de crédito, 89-90, 92, 125

narrow banking [bancos limitados], 313-4, 328

Neale, Thomas, 348, 354
nomisma, 161
North, lorde, 148
Northern Rock, banco, 277-8, 280-1, 283
números: disseminação, 71-7; origens, 55-7

Obama, Barack, 303
Ocupe Wall Street, movimento, 173, 330
Odisseia, 47
Ong, Walter, 341
Oresme, Nicole, 112-6
Orleans, Filipe, duque de, regente da França, 210, 212-5
Overend, Gurney and Co. ("Corner House"), 235-40, 242
Ovídio, 104

Pacioli, Luca, 123
padrão monetário: controle sobre, 333; defesa de Locke de um padrão fixo, 157-60, 162-4, 176-80, 322; *écu de marc*, 132; flexibilidade, 206-23, 325-6; gestão justa do, 70, 222-5, 307, 325-6; Keynes sobre, 260; padrão fiduciário, 211, 213-8; padrão-ouro, 260; papel do Banco da Inglaterra, 146, 153-4, 163-4; papel do soberano, 97-9, 108-17, 320, 346; terra como, 354; *ver também* valor econômico universal
padrão-ouro, 260
Países Baixos *ver* Holanda
Paris, Antoine e Claude, 209
Parry, Jonathan, 51, 343
Paterson, William, 146
Paul, Ron, 305, 344
Peel, sir Robert, 182
Péricles, 93, 352
pesos e medidas: Conferência Geral sobre (1960), 58-63; padrões atenienses, 355; padronização, 59-60, *61*, 61-4
Petrov, Evgueny, 196-7
Platão, 94, 161, 195, 352

Plutarco, 355
Poplar, hospital, 242
preços: *ver* inflação e deflação
preços pegajosos, 359
pregos: uso como moeda, 18, 22
presentes, troca de, 50-1

quakers, 234-5
Quiggin, A. Hingston, 11

racismo científico, 323
recessões: causa, 255-6; luta contra, 261
regulamentação financeira, 299-314, 327
Reinhart, Carmen, 171
Revolução Industrial, 234
Rhodes, Cecil, 343
Ricardo, David, 250
Richardson, Overend (corretores), 235
Riegle-Neal de Eficiência de Agências e Bancos Interestaduais, Lei (1994), 363
riqueza, desigualdades, 324-6, 330; *ver também* ética
risco: distribuição no sistema bancário atual, 284-5, 308; futura reestruturação, 308-14; papel do dinheiro na organização do, 306
risco de crédito, 128
Rogoff, Kenneth, 171
romanos, antigos, 103-6
Routh, Sir Randolph, 180
Royal Bank of Scotland, 127

sacrifícios, distribuição dos, 50-1, 75-7
sal: uso como moeda, 18
Samos, ilha grega, 77
Sandel, Michael, 81, 190, 202, 305
Sang Hongyang, 99
Say, Jean-Baptiste, 250, 253-5, 258, 358
Say, Lei de, 255-6, 260, 262
Scaevola, 345
Schmandt-Besserat, Denise, 55-6, 340
Seabright, Paul, 48
Seaford, Richard, 339-40, 350

securitização, 291-6
senhoriagem, 98, 109-10, 112-7, 320, 346
Senior, Nassau, 184
Shakespeare, William, *Noite de Reis*, 205
Shiller, Robert, 309
Sima Chen, 98
Simmel, Georg, 344
Sistemas Comunitários de Intercâmbio Comercial (Local Exchange Trading Schemes, LETS), 89
Skidelsky, Edward e Robert, 190-1, 305
Smith, Adam: sobre as origens do dinheiro, 17-8, 20, 22; sobre o Banco da Inglaterra, 147; sobre o mercado, 181; teoria da sociedade monetária, 168, 173, 250, 258
Smith, Thomas, 22
soberano, dinheiro: controle estatal sobre o dinheiro, 85-100, 111-7, 223-4, 320, 327, 332-3; disputa do Estado com os bancos pelo controle, 137-50, 320; papel futuro, 309-14, 326-7; viabilidade, 306
sociedade: tradicional *versus* monetária, 190-202
sociedade monetária: e a ética, 70, 176-84, 189, 191-3, 324-6, 330; e o progresso, 172; justificativa de Adam Smith, 167-8; vulnerabilidade, 171-84
Soddy, Frederick, 364
Sófocles, 192
Sólon, 218-22, 224, 339, 352
Spufford, Peter, 338, 342, 345
Stalin, Joseph, 199
Steuart, James, 141, *142*, 147
Suécia, 146
Suíça, 90, 92
Summers, Lawrence, 231-3, 261, 271
Sun Tzu, 304
Sword Blade, banco, 349

tabaco: uso como moeda, 18, 22
Tácito, 105

Tales, 72
talhas, 26-8
Tarullo, Daniel, 302, 304, 363
taxação: antiga Atenas, 221; como medida regulatória dos bancos, 302; França, 212; Inglaterra, 145, 346, 350; medieval, 109-10; ressurgimento após a Idade das Trevas europeia, 107
Teodorico, rei da Itália, 115
Teógnis de Mégara, 339
teoria de precificação de opções, 265
teoria do equilíbrio do portfólio, 265
teoria do equilíbrio geral, 262-4
teoria financeira acadêmica, 264, 266-8, 270, 304
teorias de oferta e procura, 49, 245, 256, 260, 262
teorias macroeconômicas, 19, 255-64, 270-1, 304
terra: como padrão de valor monetário, 354; unidades tradicionais para medição de terras agrícolas, 62
Terra Nova, 18, 22
The Economist, 62, 181-2, 239, 242, 276
Tibério, imperador romano, 104
Tobin, James, 267, 356, 364
Toynbee, Arnold, 356
Trevelyan, Charles Edward, 180
Tucídides, 352
Turner, Adair, 276
Turquia: menires de Göbekli Tepe, 339

Ucrânia, 89, 93
União Soviética: contenção do dinheiro, 196-202, *200*; moedas substitutas durante a desintegração, 88-9, 91, 94; produção de pão, 48
Ur, Mesopotâmia, 51-3
Uruk, Suméria, 52, 54-6
Ustinov, Peter, 343
utopias, 195

Valeta, sítio de (1565), 25
valor econômico universal: abordagem de Law, 216; consequências de vê-lo como propriedade natural, 257-8, 307; consequências do compromisso com a ideia, 191; e justiça, 178-9, 318, 325-6; invenção, 71-82; na União Soviética, 202; natureza do, 67-71; persistência na Idade das Trevas europeia, 107
Veneza, 129-30
Versalhes, Tratado de (1919), 173-4
Vickers, sir John, 303, 309
Virgílio, 103
Virgílio Eurisace, Marcos, 345
Volcker, Paul, 276, 303, 309

Walras, Léon, 262
Warburton, William, 340
Watt, Ian, 341
Wellington, Arthur Wellesley, duque de, 182-3
Wen, imperador chinês, 98
Westminster, banco, 357
WIR, cooperativa de crédito mútuo, 90-1
Wu, imperador chinês, 99

Yap: moeda de pedra, 11, 13, *14*, 15-6, 19-21, 23-4

TIPOGRAFIA Arnhem Blond
DIAGRAMAÇÃO acomte
PAPEL Pólen Soft
IMPRESSÃO Geográfica, junho de 2016

A marca FSC® é a garantia de que a madeira utilizada na fabricação do papel deste livro provém de florestas que foram gerenciadas de maneira ambientalmente correta, socialmente justa e economicamente viável, além de outras fontes de origem controlada.